KB153907

북한과 중국의 영화 교류사

: 1945~1955

북한과 중국의 영화 교류사: 1945~1955

초판 인쇄 2018년 9월 10일
초판 발행 2018년 9월 17일

지은이 유우(喆宇) ▎**펴낸이** 박찬익 ▎**편집장** 황인옥 ▎**책임편집** 강지영
펴낸곳 ㈜ **박이정** ▎**주소** 서울시 동대문구 천호대로 16가길 4
전화 02) 922-1192~3 ▎**팩스** 02) 928-4683 ▎**홈페이지** www.pjbook.com
이메일 pijbook@naver.com ▎**등록** 2014년 8월 22일 제305-2014-000028호

ISBN 979-11-5848-392-0 (93680)

북한과 중국의 영화 교류사

1945-1955

유우 지음

(주)박이정

머리말

영화는 교류의 성격을 지닌 예술 장르이다. 뤼미에르 형제(Auguste Lumière & Louis Lumière)가 1895년 12월 28일 프랑스 파리의 그랑 카페에서 영화, 정확히 활동사진(motion picture)을 일반인들에게 공개한 그 이듬해부터 영화는 시네마토그라프(Cinématographe)라는 이름으로 국경을 넘어 상영되었다.

영화는 19세기 서구에서 산업혁명의 풍조가 일으킨 과학기술의 진보와 사회 구조의 변화의 총체이자 인간의 새로운 의지와 욕구를 대체할 수 있는 결정체였다. 이는 역사라는 거대한 흐름 안에서 등장한 산물로서 교류를 통해 그 영향력을 전 세계로 신속히 전파시킬 수 있는 가능성을 지니고 있었다.

영화가 국경을 넘어 소통의 기능을 갖춘 특정한 흥행물로 유통된다는 측면에서 생각해 보면, 영화 교류사는 영화사의 외연이라는 의미보다 완전히 영화사 내면에 속한 것으로 이해할 수 있다. 북한과 중국 양국 사이에 펼쳐진 영화 교류에 관한 연구는 크게 한반도와 중국의 영화교류사로 바라볼 수 있는데 이것은 광역의 한국영화사, 중국영화사, 북한영화사, 심지어 아시아 영화사에서 새로운 연구 영역이라 할 수 있다. 특히 영화의 수출입을 비롯한 다양한 교차상영, 영화합작과 제작지원 내지 학술적 교류 증진 등 대외 영화 교류가 다양하게 이루어지는 상황에서 이러한 연구는 영화사 서술의 공백을 일정한 정도로 메워줄 수 있는 시도라는 점에서 큰 의미와 가치를 지니고 있다.

이 책은 저자의 박사학위 논문 『북한과 중국의 영화교류 연구(1945-1955)』를 수정, 보완한 것이다. 연구 내용은 1945년부터 1955년에 이르는, 제2차 세계대전이 끝난 직후 10여년의 흐름 속에서 파묻혀 버린 북·중 사이의 영화교류 활동을 다양한 희귀 문헌을 통해 살핀다. 이러한 실증적 연구는 단지 이 시기 제작된 영화의 제목과 장르에 대한 가벼운 접근에만 그치지 않고, 영화의 구체적 내용과 교류의 양상, 특징 및 의미를 검토함으로써 최대한 누락 없이 북·중 영화교류사를 체계적으로 복원시킨다.

과거 북한이나 중국의 영화사만 집중하여 다룬 일방적인 연구가 많이 있었다. 이러한 연구는 양국 사이의 교류에 관한 문제를 배제한 채 단지 자국 영화 중심의 영화사 서술만을 할 뿐이었다. 아쉽게도 영화교류사에 대한 중요성과 필요성에 대해 충분히 인식하지 못하고 있는 것이 지금까지의 연구의 경향이다. 일부 북·중 영화교류사와 관련한 관심을 표명한 연구들도 해당 자료가 부족하고 정보가 너무도 제한되어 있기 때문에 정확성과 완전성을 결여하고 있다.

영화사 연구는 연구 범위에 대한 단일성과 배타성에 갇힌 폐쇄적인 인식을 뛰어 넘어 탈국경적인 고찰로 확대될 필요가 있다. 영화라는 것이 절연체가 아니다. 다양한 정치적, 경제적, 사회적 요인들이 언제나 그의 내용과 형식을 결정짓는 중요한 요인이다. 이러한 요인은 한 나라의 영화사 발전 및 대외 영화교류의 전개까지 깊은 영향을 미친다. 이 책이 담고 있는 시기, 북한과 중국의 영화 창작은 모두 사회주의 종주국인 소련의 문예이론에 영향을 받았다. 그렇기 때문에 당성, 계급성과 인민성을 특징으로 한 '사회주의 리얼리즘'이라는 기본적 수법을 토대로 하여 혁명적 주제, 영웅주의와 개인숭배를 절대화하는 '스탈린주의'를 창작 방법으로 적용해 왔다. 이렇듯 소련의 문예이론 전파와 확산을 통해 알 수 있듯이 북한과 중국에서 영화는 국가와 당의 지배적 이데올로기를 효과적으로 선전·선동하는 일종의 도구로 쓰였고 사회주의 진영 국가인 북·중 양국 영화교류를 전개하고 촉진할 수 있게 한 직접적인 원인이기도 했다.

그런 의미에서 북한과 중국 사이의 영화교류를 다룬 이 책은 이후 이어질 영화사 연구의 바탕이 될 뿐 아니라 다른 국가나 지역 간의 문화예술교류사, 정치·군사·경제 관계사, 내지 냉전시기 사회주의 정권관계의 내용 분석 등 다른 연관 분야 연구에 보탬이 될 것이다.

이 책은 중국인 유학생으로 한국유학 생활의 결과물이다. 2012년 여름에 한국 유학을 떠나 어학공부를 시작하고 2014년 대학원 생활을 시작해 2018년 초에 박사논문을 제출하기까지 약 6년을 거쳤다. 어떻게 보면 20대의 거의 대부분을 한국에서 보냈다. 낯선 환경에서 분투하면서 적지 않은 곤란과 곡절을 겪었다. 지금 지나온 시간을 돌아보면 매우 보람 있는 시절이었다. 또한 박사논문을 쓰기 위해 자료 수집이나 집필에서 겪었던 수많은 어려움 역시 좋은 경험과 추억이라 본다. 처음부터 후회하지 않으려고 노력해 왔던 것은 다행이라고 생각한다.

박사학위심사위원은 정태수, 한상언, 함충범, 임대근, 한영현 선생이었다. 논문의 계획과 단계적 작성부터 초고의 완성 이어 여러 차례의 수정작업에 이르기까지 내내 세심하게 지도해 주신 이분들에게 깊은 존경과 감사의 마음을 표한다. 전해주신 수많은 조언들은 나의 연구가 벽에 부딪혔을 때 난관을 극복하여 헤쳐 나갈 길을 찾을 수 있도록 큰 도움이 되었다.

과거 석·박 과정에서 다양한 방면에서 챙겨준 한양대학교 연극영화과 대학원 선배인 박일아, 문지용, 이순화, 오랫동안 함께 동고동락하는 소중한 동기인 남기웅, 박태연, 어려운 일이 있을 때 마다 항상 도움을 준 박상우, 박소연, 이준엽에게 고맙다는 말을 표하다. 그리고 세심한 배려와 격려를 해준 한양대학교 국제어학원 이유미, 원진영 선생에게도 감사의 말씀을 올린다.

또한 나의 유학 계획을 흔쾌히 허락하여 지속적으로 응원하여 주신 우리 사랑하는 부모님, 그리고 대학 시절부터 석·박 과정을 걸쳐 박사학위를 수여받을 때까지 언제나 저의 말을 잘 들어주고 저를 믿어주고 이해하고, 좌절과 불안의 시간을 이겨낼 수 있도록 힘을 준 나의 부인인 동사운에게 그동안 수고했고 고맙다는 말을 전한다. 그리고 끝까지 책 내용을 전심으로 교정해 준 한양대학교 이준엽, 정수현에게 감사를 표한다. 무엇보다 이 책을 선뜻 출판해준 (주)박이정출판사 박찬익 대표와 직원 여러분에게 감사를 드린다.

마지막으로 아낌없는 지지와 격려를 해주시고 영화공부와 영화사연구의 옳은 의미를 깨달을 수 있게 지도해 주시고 유학생으로 부모님과 멀리 떨어져 있는 유자(遊子)인 나에게 가족과 같은 사랑을 주신 정태수 선생 그리고 언제나 나를 믿고 겪은 어려운 난관을 돌파하여 연구에 매진할 수 있도록 가르침을 주신 한상언 선생에게 다시 한 번 존경과 감사의 마음을 올린다.

2018년 7월
유우 치宇

차례

머리말 4

제1장 북·중 영화 교류의 시작_10

제2장 소련 영화이론의 수용과 북·중 영화교류의 기반 구축_20

2.1. 사회주의 종주국 소련의 영화이론_20

2.2. 사회주의 리얼리즘의 구현과 사회주의 영화_37

    2.2.1. 사회주의 리얼리즘의 기원과 개념_37

    2.2.2. 북한에서의 사회주의 리얼리즘_43

    2.2.3. 중국에서의 사회주의 리얼리즘_58

2.3. 선전·선동 수단으로서 스탈린주의_79

제3장 국가성립기 북·중 영화 교류(1945-1950)_90

3.1. 국가의 성립과 북·중 영화 교류_90

3.2. 북·중 영화 교류의 양상과 특징_115

제4장 한국전쟁기 북·중 영화 교류(1950-1953)_134

4.1. 한국전쟁 발발과 중국에서 북한영화 제작_134

4.2. 한국전쟁기 중국에서 상영된 북한영화_146

4.3. 한국전쟁을 기록한 중국영화_171

    4.3.1. 시보영화_171

    4.3.2. 기록영화_195

제 5 장 **전후복구기 북 · 중 영화 교류(1953–1955)_215**

5.1. 전후복구와 북 · 중 친선을 기록한 중국 기록영화_215

5.2. 전후복구기 북 · 중 영화 교류 양상_241

　　5.2.1. 중국에서 상영된 북한영화_241

　　5.2.2. 북한에서 상영된 중국영화_270

제 6 장 **맺음말_338**

참고문헌_346

찾아보기(인명, 작품명)_358

제1장

북·중 영화 교류의 시작

 1945년 제2차 세계대전이 일본의 패망으로 끝나자 조선인과 중국인 모두 조국의 해방을 맞이하였다. 그러나 한반도에서는 분단으로 인하여 남북이 대립하는 국면이 형성되었다. 1947년 2차 미소공위가 성과없이 끝난 후 통일된 민족국가 건설은 실패했고 대한민국 정부와 조선민주주의인민공화국 정부가 1948년 8월 15일과 9월 9일에 잇따라 수립되었다. 중국에서는 모택동(毛澤東)을 수반으로 하는 중국공산당 정권과 장개석(蔣介石)이 지도하는 국민당 정부간의 '국공내전(國共內戰)'이 발발하였다. 모택동 지휘하의 공산당군은 국민당군과 무려 4년에 걸친 대결, 특히 1948년 가을, 동북(東北)부터 화북(華北), 화중(華中)에 걸친 광대한 지역에서 전개된 '3대전역(三大戰役)'에서의 결정적 승리를 통해 내전의 최종 승리를 거두어 1949년 10월 1일에 중화인민공화국을 건국하였다. 곧이어 10월 6일 북한과 중국 양국은 정식으로 수교를 맺으면서 상호 독특한 동맹관계를 기반으로 정치와 경제, 문화 등 각 영역에서의 교류를 적극적으로 전개했다.

[자료] 1949년 10월 1일 중화인민공화국 중앙인민정부 북경에서의 성립과 관련된 기사
《人民日報》, 1949.10.2.)
북한과 중국의 정식으로 수교 및 대사 서로 파견과 관련된 기사(《人民日報》,
1949.10.8.)

북한과 중국은 1953년 11월 23일에 이르러 최초의 문화협정인 〈조선민주
주의인민공화국과 중화인민공화국 간의 경제 및 문화합작에 관한 협정〉을
체결했다. 하지만 양 정권 사이에 영화를 비롯한 문화교류는 한국전쟁기,
심지어 신중국 수립 전인 중국공산당 정권 치하의 점령지인 '해방구(解放
區)'에서부터 이미 시작되었다.[1]

1 〈조선민주주의인민공화국과 중화인민공화국 간의 경제 및 문화합작에 관한 협정〉에 관한
내용은 다음과 같다. "제1조, 체약 쌍방은 우호 협조와 평등 호혜의 기초 위에서 량국
간의 경제 및 문화관계를 강화 발전시키며 피차간 각종 가능한 경제적 및 기술적 원조를
호상 제공하며 필요한 경제적 및 기술적 합작을 진행하고 량국 간의 문화교류 사업을
촉진시킴에 노력할 것을 보장한다. 제2조, 본 협정을 실시하기 위하여 체약 쌍방은 량국의
경제, 무역, 교통, 문화, 교육, 유관기관들로부터 본 협정에 근거하여 각각 구체적 협정을
체결한다. 제3조, 본 협정은 신속히 비준되여야 하며 비준된 날로부터 효력을 발생하며
그 유효기간은 10년으로 한다. 비준서는 평양에서 교환하며 만기된 지 1년 전에 체약 일방
이 폐지하자는 통지를 하지 않을 때에 본 협정은 자연적으로 10년간 연장된다."(〈조선민
주주의인민공화국과 중화인민공화국 간의 경제 및 문화 합작에 관한 협정〉,《로동신문》,
1953.11.25; 〈中華人民共和國和朝鮮人民民主主義共和國經濟及文化合作協定〉,《人
民日報》, 1953.11.24.) 북한이 정부 수립 이후 1949년 3월 소련과 문화협정을 체결한 다음
에 두 번째로 협정을 체결한 국가는 중국이었다. 이후 북한은 친선관계 및 문화교류를
유지하고 극대화하기 위해 수교 국가를 대상으로 1955년부터 알바니아, 불가리아, 루마니

[자료] 1953년 11월 23일 북경에서 열린 〈조선민주주의인민공화국과 중화인민공화국
간의 경제 및 문화합작에 관한 협정〉 조인식 현장, 앞줄에 앉아 서명하는 양국의
전권 대표는 김일성(좌)과 주은래(周恩來, 우)(《人民日報》, 1953.11.24.)

북한과 중국의 영화교류에 있어서 상징적인 사건은 한국전쟁기에 있었
다. 전쟁기간 미군의 폭격으로 북한 대부분 지역은 파괴되어 영화제작은 더
이상 정상적으로 이루어질 수 없었다. 이러한 열악한 상황에서 중국정부는
북한영화인들을 동북영화촬영소에 수용하여 북한영화가 제작될 수 있게 협
조하였다. 전후 북한 경제복구건설 특히 북조선국립영화촬영소의 재건 그
리고 문학예술사업에 대한 당적 지도가 강화됨에 따라 북한영화의 자주제
작을 위한 기본적 능력이 급속히 회복되었다. 이로써 북한의 중국과의 영화
교류도 점차 정상화·활성화되어 오늘날까지 이어지고 있다.

또한 북한과 중국 사이에 전개된 영화교류 활동은 단지 양국 영화국(電影
局)의 계약을 통해 이루어진 영화의 정상적 수출입, 즉 역제편(譯製片)2의

아, 몽골, 독일(동독), 헝가리, 체코슬로바키아, 소비에트 사회주의공화국연맹 등 나라와
순차적으로 문화협정을 맺었다. 김준엽 외, 『北韓研究資料集《第二輯》』, 고려대학교 아
세아문제연구소, 1974, 615~851쪽, 참조.
2 중국에서 역제편이란 외국영화를 수입한 다음에 상영할 때 중국 관객들에게 영화 내용을
이해하게 하기 위해 극 중 대화와 해설을 중국어로 더빙하고 다시 믹스 녹음하는 방식을

제작 및 상영활동에 국한되지 않고, 상대방 영화를 집중적으로 홍보 · 상영하는 '특별영화상영주간'을 비롯한 각종 행사도 존재했다. 1949년 신중국 수립 직후부터 1966년 '문화대혁명(文化大革命)'이 발발하기 전까지 17년간 중국에서 거행된 '조선영화주간' 횟수는 소련에 이어 2위를 차지하고 있었으며 수입한 북한영화는 단지 소련과 체코슬로바키아보다 적었을 뿐이었다.[3] 북한에서도 '중국영화주'나 '중국영화특별상영주'와 같은 상영활동이 지속적으로 전개되었고 소련영화에 버금가는 수많은 중국영화가 이 시기 상영되었다. 특히 북한과 중국은 1955년 4월 21일 〈중 · 조 영화발행권 상호 구매 계약〉의 체결, 1956년 3월 30일 〈중 · 조 시보영화소재 호환 계약〉의 체결과 〈중 · 조 영화발행권 상호 구매 계약〉의 실행 연장에 대한 결정[4], 1957년 5월 11일 〈중 · 조 영화발행권 상호 구매 계약〉의 2년 재계약[5], 그리고 1960년 8월 25일 '조선영화대표단'이 북경에서 거행된 '조선해방15주년 조선영화주'에 참여하는 동안 '중국영화발행방영회사'와 새로운 〈중 · 조 영화발행권 상호 구매 계약〉을 맺음에 따라 북 · 중 사이의 영화교류가 문화교류의 큰 틀에서 독립되어 단독적 계약을 통해 이루어졌다.

1960년대 김일성과 모택동은 자신의 집권통치에 불리한 흐루쇼프를 수반으로 하는 소련공산당의 개인숭배 비판과 평화공존론을 한결같이 수정주의라 반대하고 있었기 때문에 북 · 중 관계는 급속히 밀착되어 밀월시대를 맞이했다. 1961년 7월 11일 〈조선민주주의인민공화국과 중화인민공화국 간의 우호, 협조

의미한다.

3 柳迪善, 『新中国译制片史1949-1966』, 中国电影出版社, 2015, 112쪽.

4 1955년 4월 21일 체결된 〈중 · 조 영화발행권 상호 구매 계약〉의 유효기한은 1955년 12월 31일인데 1956년 3월 30일에 조선영화관리국과 중국영화발행공사(中國電影發行公司)의 회의에서 1956년 12월 31일로 연장되었다. 「我國電影新聞-朝鮮電影管理局崔錫彬副局長等來我國訪問」, 『大衆電影』, 1956년 7호, 1956.4, 18쪽; 中國電影發行放映公司, 『中國電影發行放映統計資料匯編(1949-1957)-第二冊 輸出輸入業務部分』, 中國電影發行放映公司, 1958, 294쪽, 참조.

5 中國電影發行放映公司, 위의 책, 294쪽.

및 호상원조에 관한 조약〉의 체결로 북한과 중국의 동맹관계는 공고하게 되고 경제 및 과학 기술적 상호 협조와 함께 문화교류도 추진되었다.[6] 같은 해 9월 개최된 조선노동당 제4차 대회에서 주체노선의 고창과 유일체제의 확립에 따라 영화를 비롯한 다양한 문예 창작에서 이전과 다른 경향을 보이게 된다. 하지만 중국과의 영화교류는 여전히 활기찬 모습을 보여주었다.

[자료] 1961년 7월 11일 북경에서 열린 〈조선민주주의인민공화국과 중화인민공화국 간의 우호, 협조 및 호상원조에 관한 조약〉 조인식 현장, 앞줄에 앉아 서명하는 양국의 전권 대표는 김일성(좌)과 주은래(周恩來, 우)(《人民日報》, 1961.7.12.)

---

6 〈조선민주주의인민공화국과 중화인민공화국 간의 우호, 협조 및 호상원조에 관한 조약〉에 관한 내용은 다음과 같다. "제1조, 체약 쌍방은 아세아 및 세계의 평화와 각국 인민의 안전을 수호하기 위하여 계속 모든 노력을 다 할 것이다. 제2조, 체약 쌍방은 체약 쌍방 중 어느 일방에 대한 어떠한 국가로부터의 침략이라도 이를 방지하기 위하여 모든 조치를 공동으로 취할 의무를 지닌다. 체약 일방이 어떠한 한 개의 국가 또는 몇 개 국가들의 련합으로부터 무력 침공을 당함으로써 전쟁상태에 처하게 되는 경우에 체약 상대방은 모든 힘을 다하여 지체 없이 군사적 및 기타 원조를 제공한다. 제3조, 체약 쌍방은 체약 상대방을 반대하는 동맹도 체결하지 않으며 체약 상대방을 반대하는 어떠한 집단과 어떠한 행동 또는 조직에도 참가하지 않는다. 제4조, 체약 쌍방은 양국의 공동 리익과 관련되는 일체 중요성 국제 문제들에 대하여 계속 협의한다. 제5조, 체약 쌍방은 주권에 대한 호상 존중, 내정에 대한 호상 불간섭, 평등과 호혜의 원칙 및 친선 협조의 정신에 계속 립각하여 량국의 사회주의 건설 상업에서 호상 가능한 모든 경제적 및 기술적 원조를 제공하며 량국의 경제, 문화 및 과학기술적 협조를 계속 공고히 하며 발전시킨다. 제6조, 체약 쌍방은 조선의 통일이 반드시 평화적이며 민주주의적인 기초 우에서 실현되어야 하며 그리고 이와 같은 해결이 곧 조선인민의 민족적 리익과 극동에서의 평화 유지에 부합된다고 인정한다. 제7조, 본 조약은 비준서를 교환한 날로부터 효력을 발생한다. 비준서는 평양에서 교환된다. 본 조약은 수정 또는 폐기할 데 대한 쌍방 간의 합의가 없는 이상 계속 효력을 가진다. 본 조약은 1961년 7월11일 북경에서 조인되었으며 조선문과 중국문으로 각각 2통씩 작성된 이 두 원문은 동등한 효력을 가진다."《로동신문》, 1961.7.12; 〈加強兩國友好關係 保障兩國人民安全 維護亞洲和平安全－中國朝鮮簽訂友好合作互助條約〉, 《人民日報》, 1961.7.12, 참조.

[자료] 북·중 〈우호, 협조 및 호상원조에 관한 조약〉의 체결과 관련된 기사
(《로동신문》, 1961.7.12., 좌, 《人民日報》, 1961.7.12., 우)

이렇듯 북·중 영화교류가 이루어지고 촉진되었던 이유는 무엇 때문이었을까?

첫째는 이념(이데올로기)적 동질성이다. '사회주의 형제국가'로서 북한과 중국은 소련이 주도해 왔던 국제사회주의 진영의 두 지류였다. 그들은 1948년과 1949년 잇따라 정부를 수립함에 따라 단순한 '당 대 당'이라는 관계에서 '국가 대 국가'로 바뀌어 본질적으로 같은 사회주의·공산주의적 이데올로기에 입각한 '프롤레타리아 국제주의적 동맹관계'를 보여주었다.

사회주의 문화예술은 국가와 당에 복무하여 정치적 노선, 각종 정책 및 최고지도자의 직접적 결정이나 지시를 선전·선동하는 도구와 같은 존재이다. 루이 알튀세르에 의하면 문화예술은 군대, 경찰, 법원, 감옥을 비롯한 폭력을 통해 작동한 '억압적 국가장치'와 달리, 이른바 '이데올로기적 국가장치'로서 비폭력적이고 인민대중을 선동하는 효과적인 방식으로, '억압적 국가장치'와 서로 협력하여 국가 질서를 유지하게 만드는 것이다.[7] 사회주의국가의 문화예술교류는 예술성에 대한 탐구 혹은 상업성 즉 흥행에 대한 요구보다 정치적 소통의 의미에 더욱 집중되어 있다. 따라서 일치된 정치적 이데올로기 즉 이데올로기적 동질성은 사회주의국가 간 문예교류의 대전제

---

7   루크 페레티 지음, 심세광 옮김, 『루이 알튀세르의 이데올로기』, 앨피, 2014, 157~159쪽.

라 할 수 있다. 이는 곧 북·중 양국 사이에 영화교류가 정상적이고 적극적으로 전개될 수 있는 근본적인 원인이었다. 특히 이데올로기적 대립과 갈등으로 가득 찬 해방기부터 북한에서 유일사상과 사회주의 체제가 정식으로 확립된 1961년에 이르기까지, 북·중 문화교류는 양국의 정치적 소통에 큰 기여를 하였다.

둘째는 역사적 친밀성이다. 북한과 중국 사이에 맺어진 역사적 관계는 항일전쟁시기 조선인 공산주의자들과 중국인 공산주의자들의 연합으로 구성된 항일연군(抗日聯軍)이 만주 전역에서 전개한 항일무장투쟁부터 시작되었다. 과거에 이러한 '전우'관계가 있었음에도 불구하고 양국 사이를 더 공고하게 만든 것은 바로 일제패망 직후부터 1949년까지 지속된 '국공내전'과 1950년 6월에 발발한 '한국전쟁'이었다.[8] 중국 국공내전에서 북한의 김일성은 "우리는 중국 동북지방에 조성된 긴장한 정세와 어려운 정황을 그저 보고만 있을 수 없습니다."라며 "중국인민의 혁명투쟁을 지원하는 것은 조선 공산주의자들과 전체 조선인민의 숭고한 국제주의적 의무로 됩니다." 또한 "중국인민의 혁명투쟁을 지원하기 위하여 조선인민혁명군의 우수한 군사정치 간부들을 중국 동북지방에 파견할 데 대한 중요한 조치를 취하"라는 지시를 내렸고, 이에 따라 중국공산당의 최종 승리를 위해 많은 지원이 이루어졌다.[9] 김일성은 1945년 9월부터 연변(延邊)에서 군사지기와 같은 근거지를 건설하기 시작하여 군대 창설뿐만 아니라 중국공산당과 인민정권기관, 대중단체를 조직하는 사업에 대한 협조도 적극적으로 전개함으로써 국공내전 시기 중국공산당의 "국가적 후방"[10]을 마련하였다. 또한 중국공산당

---

8 이종석, 『북조선사회주의체제성립사 1945~1961』, 중심, 2000, 7쪽.
9 길재준, 리상전, 『중국 동북해방전쟁을 도와』, 외국문출판사, 2016, 11,18쪽.
10 김일성은 평양에서 '조선주재 동북국판사처'의 설립을 통해 부상병 철수, 인원 통과, 물자 수송, 경제 무역 거래, 조·중의 우호합작관계 발전, 화교들과 사업진행을 보장하며 중국 공산당 군대에 무기와 탄약, 폭약, 군복, 의약품, 전기(수풍발전소의 전기를 안산(鞍山)변전소를 통해 안산을 비롯한 중국동북지역으로 보내준다.)까지 서슴없이 지속적으로 지원

의 조선인부대는 중국인부대와 긴밀한 협력, 협동으로 사평(四平)해방전투, 길림(吉林)해방전투, 금주(錦州)해방전투, 제2차 장춘(長春)해방전투, 심양(瀋陽)해방전투[11]에 참여하여 승리를 거두어 중국동북지역의 전체적 해방을 도왔다.[12] 국공내전에서 북한의 지속적이고 적극적 지원은 중국공산당 정권이 국민당군보다 열세에 몰리는 국면에서 주도권을 장악하고 동북지역에서의 승리를 확보할 수 있게 하는 매우 중요한 힘이 되었다. 이로써 국공내전은 북한과 중국이 혁명의 승리와 사회주의·공산주의 사회의 성공적 건설이라는 공동 목표의 달성을 위해 정치, 경제, 군사, 문화 등 모든 측면에서 상호 지원·협력·협동이라는 긴밀한 관계를 형성하는 중요한 계기가 되었다. 이러한 공동 투쟁성이 프롤레타리아 국제주의의 구현이고 이는 1950년 6월에 발발한 한국전쟁에서도 반영되었다.

한국전쟁 시기 중국은 대규모 인민지원군을 파견하는 동시에 대량의 물자 지원으로 북한을 도왔다. 1950년 10월 유엔군과 국군은 평양을 점령한 데 이어 중국과의 국경지대로 북진했는데 중국은 북한과의 '순망치한' 관계에 의거하여 '항미원조 보가위국(抗美援朝 保家衛國)'이라는 구호를 내세워 참전을 결정했다. 중국군의 즉시 참전 그리고 이어진 무기, 탄약, 식량, 소금, 군복, 약품, 의료장비, 구호품, 생활용품 등의 물질적 지원과 철도, 교량 수리, 연료 공급 등 공사 지원은[13] 무엇보다 당시 괴멸의 위험에 빠진 김일성 정권을 기사회생시키고, 유엔군의 후퇴와 전세의 역전을 만들어 냈으며 결국 휴전으로 가는 데에 결정적 영향을 미쳤다. 이러한 북한에 대한 전면적 지원과 전후 복구에 대한 지속적 원조는 당시 10여 년의 항일전쟁과

하고 있었다. 즉 북한은 전쟁 가운데서 중국동북지역에서 중국공산당군의 튼튼한 후방지원이라는 역할을 맡았다. 위의 책, 71~103쪽, 참조.

11 심양해방전투는 요심전역(遼瀋戰役) 가운데 중국공산당이 심양을 해방시키기 위해 1948년 10월 29일부터 11월 2일까지 벌였던 전투이다.

12 길재준, 리상전, 앞의 책, 182쪽.

13 왕원주, 「한국전쟁기간 중국의 군비지출과 대북지원」, 『통일인문학』 제52호, 2011, 258~263쪽.

국공내전을 거친 건국 직후의 중국공산당정권에게 막대한 재정적 부담을 가져다주었다. 3년 간 거액의 전비와 대량의 물적·인적 자원의 투입으로 인하여 중국 국내 경제 발전은 그만큼 지체되었다.[14] 국공내전과 한국전쟁에서 북한과 중국 사이의 프롤레타리아 국제주의적 지원은 북·중 관계에 커다란 영향을 끼쳤다. 공통된 혁명적 경험을 통해 북·중 양국은 전우 내지 혈맹으로 정치적·경제적·군사적 동맹관계로 정립되었다. 이러한 양국 사이의 역사적 친밀성에 기반한 유대 관계가 문화예술 영역에도 작용하게 되었다. 이는 단순히 영화를 비롯한 문예작품의 수출입에 집중되었던 것이 아니라 기술과 장비, 자재의 교류라는 국제주의적 지원의 형태로도 구현되었다. 한국전쟁기 북조선국립영화촬영소는 폐허상태가 되어 영화제작이 불가능한 상황이었고, 이에 북한영화인들은 중국으로 건너가 중국의 물질적 도움과 인적 지원을 받아 계속 활동할 수 있었다. 전쟁 이후 문화 인프라 구축은 북한의 본국 문화사업 건설과 대외문화교류를 막론하고 가장 시급히 해결해야 한 문제였다. 중국은 전쟁이 끝난 후 이듬해인 1954년 1월부터 무대 장치 및 도구용 각종 기자재들과 화장품 그리고 카메라와 다양한 악기들을 지원했고, 1955년에는 영화 녹음 테이프를 비롯한 문화기자재들을 북한으로 보냈다.[15] 전후 복구기간에도 중국은 북한 문예창작이 정상화되기 위해 지속적으로 지원하였고 양국 간의 문화교류가 최대화되는 것에 적극적으로 협조하였다.

셋째는 지리적 인접성이다. 북한과 중국의 지리적 인접성이 양국 간의 영화교류의 가능성과 편리성을 열어주었다. 이웃집과 같은 가까운 관계는 영화교류 과정 가운데 필름의 교환, 영화 기자재의 지원이나 반입, 영화인 사이의 방문과 교류가 효율적으로 전개될 수 있는 지리적 이점이라 할 수 있

---

14 이종석, 「한국전쟁과 북한-중국관계(Ⅱ)」, 『전략연구』 제6호, 1999, 252쪽.
15 조선중앙통신사, 『조선중앙년감 1954-1955년』, 조선중앙통신사, 1954, 469쪽; 조선중앙
   통신사, 『조선중앙년감 1956년』, 국제생활소, 1956, 144쪽, 참조.

다. 특히 한국전쟁 시기 중국동북영화제작소가 북한영화인을 수용하고 북한영화가 제작될 수 있게 협조했는데, 지리적 인접성이 전시 북한 영화제작의 전형적 모델 즉 '북한 전선에서 로케이션 촬영을 하고 중국에서 후기 제작을 완성시킨 다음에 또 다시 북한에서 상영'을 가능하게 하여 시간을 단축할 수 있었다. 지리와 이데올로기, 즉 공간과 인간을 막론하고 매우 가까운 관계를 맺고 있는 두 나라로서 상호 간 영화예술 교류활동의 활발한 전개는 당연한 것이다.

넷째는 문예 이론적 유사성이다. 북한과 중국 공산당 정권은 건국 전인 민주주의 혁명기부터 정치적으로 사회주의 종주국인 소련의 지도 노선에 따라 소비에트화 되기 시작했다. 김일성과 모택동의 공산주의 정권은 지속적으로 스탈린주의의 영향 아래 있었기 때문에 철저한 스탈린식 공산주의 체제를 북한과 중국에 이식하였고 그것을 본국의 실제적 국정에 접목할 수 있었다. 북·중 문예계에서도 마찬가지로 소련 문예 작품의 대대적인 수용 과정에서 소련 문예정책, 구체적으로 사회주의 리얼리즘이라는 문예창작·비평 수법과 스탈린주의 문예이론을 자국 문예 창작에 적용하고 있었다. 즉 북한과 중국으로 유입된 소련 영화의 특징들이 향후 양국의 고정적 영화 창작 모델로 형성되는데 결정적 영향을 끼쳤다. 이는 북·중 간 정상적·지속적 영화교류가 이루어질 수 있는 기본적 요소였다.

이 책은 1945년 해방 이후부터 1955년 말까지 10년이 넘는 세월을 세 가지 시기— 1. 국가성립기(1945~1950), 2. 한국전쟁기(1950-1953), 3. 전후복구기(1953-1955)로 나누어 단계적으로 파악하면서, 동시에 매 단계의 영화교류의 내용, 즉 교류활동에서 등장한 영화들에 대한 정보, 그리고 시기별 교류활동의 양상 및 특징을 살펴보고 분석할 것이다.

제2장

소련 영화이론의 수용과
북·중 영화교류의 기반 구축

2.1. 사회주의 종주국 소련의 영화이론

제2차 세계대전 후 한반도에서 38선 이북과 이남에 소련군과 미군이 각각 진주하면서 분단시대가 개막되었다. 사회주의 종주국 소련은 북한의 정치·경제·문화 각 방면에서 원조를 시작했다.[1] 이에 따라 소련식 문화가 거침없이 북한에 들어왔다. 이 가운데 소련 문화가 북한으로 전파 보급된 소련 문화가 북한에서 정치적 영향력을 공고히 하고 확대시키는 목적으로 자국의 이데올로기를 직접적이고 감각적으로 주입하기 위한 것이었다. 소련은 영화라는 매체를 이용함으로써 자국의 영향력을 북한에서 극대화하고

---

[1] "쏘련군대는 북조선에 진주한 첫날부터 정치·경제·문화 각 방면에 있어서 북조선 인민에게 진정한 원조를 주었으며 북조선 인민들로 하여금 자기 손으로 자기의 정권을 수립하고 위대한 민주개혁을 실시하고 민주주의 자주독립국가 건설을 위한 강력한 민주기지로 전변시킬 수 있는 조건들을 지어주었고 조선의 통일과 독립과 자유를 위한 조선인민의 투쟁을 백방으로 원조했다." 국사편찬위원회, 「"쏘련군대철거와 제 정당사회단체들의 과업에 대한 결정서", 북조선민주주의통일전선 제33차 중앙위원회, 1948년 10월 4일」, 『北韓關係 史料集 32』, 국사편찬위원회, 1999, 95쪽.

문화적 동화를 촉진했다. 또한 김일성은 북한 내 소련영화 상영을 통해 선진과 선동 수단으로서 영화와 같은 문화물이 북한민중들을 적절하게 통제할 수 있는 매우 효과적인 방식 혹은 정권의 공고화에 유리한 무기라 인식하게 되었다.[2] 이에 따라 북한에서는 소련 문화를 우수하고 선진적인 문화로 인식하고 적극적으로 수용했으며 소련과의 문화 교류 과정에서 역동적인 모습을 보여주었다.

"조쏘 양국인민간의 친선을 더욱 강화하며 세계의 평화와 자유의 성새(城塞)인 위대한 쏘베트연맹과의 문화교류를 발전시킬 것을 목적으로 하는 조쏘문화협회가 1945년 11월 11일에 창립된 후"[3] 많은 소련 영화들이 북한에 소개되었다. 이를 통해 소련은 자국의 문화를 급속하게 확대시켰는데 북한은 소련과 우호적 관계를 유지하면서 "선진적 쏘베트문화의 고귀한 경험과 우수한 성과들을 체계적으로 연구 섭취하여 광범한 인민대중에게 보급시킴"[4]으로써 일제잔재를 숙청하여 민주주의적 민족문화의 급속한 발전을 보장하고 급진적인 향상을 이루었다.[5] 협회 규모의 지속적 성장[6]에 따라 소련 문화의 영향력은 북한 전역에 전파되었다. 따라서 사회주의 국가의

---

2 정태수, 「스탈린주의와 북한 영화 구조 연구」, 『영화연구』 18호, 한국영화학회, 2002, 135쪽.

3 "朝鮮兩國人民間의 親善을 더욱 强化하며 世界의 平和와 自由의 城塞인 偉大한 쏘베트聯盟과의 文化交流를 發展시킬것을 目的으로하는 朝鮮文化協會가 1945年11月11日에 創立된後" 조선중앙통신사, 『조선중앙년감 1950년』, 조선중앙통신사, 1950, 362쪽.

4 위의 책, 362쪽.

5 조선중앙통신사, 『조선중앙년감 1949년』, 조선중앙통신사, 1949, 146쪽.

6 통계에 의하면 조소문화협회(Северно-корейское общество культурной связи с СССР)'는 1945년 초창기였을 때 회원수가 375명뿐이었는데 1946년 말까지 회원수가 2,752명, 1947년 말까지 636,795명, 1948년 말까지 1,225,849명, 1949년 9월까지 1,341,817명으로 급증해 전쟁기간에도 회원수 증가는 그치지 않아 1951년 7월말 한 달에 회원수가 7만 여명 증가되는 사실을 기록하게 되었다.(〈조 쏘 문화협회 회원 七월중에만 七만여명 증가〉, 《로동신문》, 1951.10.17.) 1956년에 이르러 회원수가 2,763,051명에 되었다. 조직 체계는 중앙 위원회와 각 도 위원회들과 시, 군 위원회 그리고 생산 직장, 농촌 사무 직장, 학교, 가두들에 9,890개의 초급 위원회가 조직되어 있다. 조선중앙통신사, 『조선중앙년감 1950년』, 조선중앙통신사, 1950, 362쪽. 조선중앙통신사, 『조선중앙년감 1956년』, 국제생활소, 1956, 144쪽, 참조.

선진적인 문화를 표방한 소련 문화는 북한 민중들의 생활에 있어서 필수적인 것이 되었으며 그 가운데 소비에트 이데올로기가 준 영향은 실로 막대한 것이었다.[7]

북한은 영화산업의 재건을 위해 1946년 1월 조선공산당 중앙위원회 선전부 안에 '영화반'을 조직하고 동년 8월에는 '북조선영화제작소'를 창설해 기록영화와 시보영화를 제작하면서 가시적인 성과를 만들어 내기 시작했다.[8] 따라서 북한 최초의 기록영화 〈우리의 건설〉이 제작되었다. 이 영화는 질적으로 관객들을 만족시켜줄 만한 수준에는 이르지 못했다. 때문에 자연스럽게 해방공간 가운데 '혁명 후 사회문화변화', '2차 대전', '10월 혁명' 등을 주제로 한 소련영화들이 북한 극장을 점령하였다.[9] 소련영화들은 1948년 평양 소련문화원의 설립과 1949년 3월 북한과 소련 사이에 '조 쏘 경제적 및 문화적 협조에 관한 협정'의 체결을 계기로 본격적으로 유입되기 시작했다. 소연방대외문화교류협회(Всесоюзное общество культурной связи с загран ицей , ВОКС)는 북한 내 사회주의 이데올로기와 소련식 문화의 선전과 북한에 대한 문화, 예술, 영화 창작에 대한 지원 확대를 강화할 목적으로 1948년 7월 25일 평양의 소련문화원을 개원했다. 문화원은 북한과 소련 간의 문화교류를 촉진할 전문기구로서 '냉전'이 고조되어가는 시기에 소비에트 이데올로기와 그 문화 선전사업을 수행하는 일종의 "이데올로기문화센터"로 자리를 잡게 되었다. 북한에서는 이를 통해 국내 문화 인프라를 구축할 수 있었다.[10] 〈위대한 변혁, Великий перелом〉을 비롯한 〈맹세, Клятва〉, 〈베를린, Берлин〉, 〈차파에프, Чапаев〉, 〈발틱 대위

---

7   조선중앙통신사, 『조선중앙년감 국내편 1951-1952』, 조선중앙통신사, 1952, 390쪽.

8   한상언, 『해방 공간의 영화 · 영화인』, 이론과 실천, 2013, 153~154, 173~175쪽.

9   이명자, 「해방공간에서 북한의 근대 경험이 매개체로서 소련영화의 수용 연구」, 『통일문제 연구』 제 54호, 2010, 257~261쪽.

10   강인구, 「1948년 평양 소련문화원의 설립과 소련의 조소문화교류 활동」, 『한국사연구』 90 호, 한국사연구회, 1995, 414쪽.

원, Депутат Балтики〉, 〈10월에서의 레닌, Ленин в октябре〉, 〈1918년에서의 레닌, Ленин в 1918 году〉 등 레닌과 스탈린의 영웅성과 우상화를 묘사하거나 극대화된 당(黨)의 역할을 강조한 주제로 한 영화들이 다양한 정치적 행사를 통해 북한 전 지역에서 소개되었다.[11]

북한과 소련이 1948년 10월 12일 공식적으로 수교한지 얼마 안 된 "1949년 3월에 북한 정부는 대표단을 모스크바에 파견하여 소련과의 10년을 기한으로 한 조·소 양국 간의 경제적 및 문화적 협조에 관한 협정들을 체결하였다."[12] 김일성은 1949년 9월 조선민주주의인민공화국 최고인민회의 제4차 회의에서 "이 협정은 조쏘 량국간의 친선을 더욱 공고히 하였으며 우리 공화국의 민주건설을 더욱 촉진시키는 중요한 담보로 됩니다."[13] 또한 "이 협정들은 해방후 조·소 양국간의 새로운 관계의 발전에 있어서 새 페이지를 열어 놓았으며 우리의 젊은 신생공화국의 국제적 위신을 제고시키며 그의 무한한 번영과 장례 발전을 보장하여 주는 거대한 정치 경제적 의의를 가지고 있다."[14]라는 매우 긍정적 평가를 내렸다. 이 협정을 통해 북한은 소련의 시종일관한 물질적 원조와 지지를 받아 민족 경제의 부흥을 발전시켰을 뿐만 아니라 양국의 문화 분야에서의 교류를 위한 제도적 기반을 정식적으로 마련했다. 양국의 문화교류가 계획적으로 빈번하게 전개됨에 따라 북한은 선진적 소련 문화예술을 거침없이 흡수하여 본국의 영화예술을 한층 더 급속히 발전시키고 전체 인민대중들의 문화수준을 급속히 향상시켰다. 즉 이 결정을 통해 북한의 경제적 토대는 반석의 무게로 확고부동한 것이며

11   정태수, 앞의 논문(ㄱ), 139쪽.
12   김일성, 「조·소 경제적 및 문화적 협조에 관한 협정 체결 一주년에 제하여─ 一九五〇년 三월一七일」, 『김일성선집』 2권, 조선로동당출판사, 1954, 525-542쪽. 김준엽 외, 『北韓研究資料集《第一輯》』, 고려대학교 아세아문제연구소, 1969, 565쪽, 재인용.
13   김일성, 「조선민주주의인민공화국창립 1주년─ 조선민주주의공화국 최고인민회의 제4차 회의에서 한 보고 1949년 9월 9일」, 『김일성저작집』 5권, 조선로동당출판사, 1980, 256쪽.
14   김준엽 외, 앞의 책, 563쪽(ㄱ).

민족적 문화의 발전에 대한 필수적인 조건을 마련한 것이다.[15]

1949년 무렵 북한에서는 소량의 중국, 동유럽 등 사회주의 국가의 영화들도 소련영화와 함께 상영되었다. 1950년대에 들어서면서 북한은 국제적 친선과 외교 및 문화교류를 위해 중국, 불가리아, 알바니아, 폴란드 등 수십 개의 국가와 문화협조협정을 체결하였다. 따라서 북한은 소련과의 단일적 대외 문화교류 모델에서 점차 벗어나 타국과의 문화교류를 제도화하고 이를 바탕으로 외화수입과 본국영화의 대외소개, 즉 다원적 대외문화교류의 역동적인 모습을 보여줄 수 있었다. 북한에서 소련영화 상영활동은 더이상 독점적 위치가 아니었다. 그럼에도 불구하고 북한에서 소련영화는 계속 주도적 지위를 차지하고 있었다.[16]

---

15 「조쏘 경제 및 문화협정과 조선영화 발전에 대하여」, 『영화예술』 1949년 제2호, 조선영화예술사, 1949.8, 11쪽.

16 기존 문헌에서 "1949년에 외국으로부터 수입된 영화 총수는 극영화 123편, 기록영화 78편, 뉴스영화 11편(1949年에 外國으로부터 輸入된 映画总数는 劇映画 123篇 記錄映画 78篇 뉴-쓰 11篇)"(조선중앙통신사, 『조선중앙년감 1950년』, 조선중앙통신사, 1950, 359쪽.)과 "1949년 한해더라도 122편의 소련영화들이 상영되었다"(강인구, 「1940년도 후반기에 북한과 소련의 문화 협력(КультуРНОЕ СОТРУДНИЧЕСТВО СОВЕТСКОГО СООЗА И СЕВЕРНОЙ КОРЕИ во второй половинЕ 40-х годов)」, 상트페테르부르그대학교, 박사학위 논문, 1995. 정태수 앞의 논문(ㄱ), 141쪽, 재인용.)를 통해 1949년도 북한에서 상영된 영화들 가운데 소련영화가 매우 높은 비중을 차지하는 것을 파악할 수 있다. 또한 아래와 같은 일부의 1950년대 북한 외화수입에 대한 기록인 "1953년 1년간에 외국영화 1,312 코피를 수입하였는 바 그중에는 쏘련 영화 1,155코피, 중국 영화 78코피 기타 인민 민주주의 국가 필름들이 수입 제공되었다. 또한 1954년 상반기에는 127종의 쏘련 영화 905코피와 25종의 중국 영화 79코피 기타 인민민주주의 국가 영화 23종 35코피를 수입하여 각 영화관에 제공되어 광범한 대중물에게 관람되었다."(조선중앙통신사, 『조선중앙년감 1954-1955년』, 조선중앙통신사, 1954, 468쪽.), "1955년도에 외국 영화 364종 2,282꼬피가 수입되었다. 그중에는 쏘련 영화 318종 2,150꼬피, 중국 영화 29종 105꼬피를 비롯하여 파란, 체크슬로바키야, 독일 민주주의공화국, 웽그리야, 루마니야, 월남 민주공화국, 인도의 영화 등 17종 27꼬피가 들어있다." (조선중앙통신사, 『조선중앙년감 1956년』, 국제생활소, 1956, 143쪽.), "1956년도에 외국 영화 327종 5,091꼬피가 수입되었다. 그 중에는 쏘련 영화 178종 1,337꼬피, 중국 영화 18종 64꼬피를 비롯하여 파란, 체크슬로바키야, 독일 민주주의 공화국, 루마니야, 월남 및 일본 영화 등 21종 62꼬피가 들어 있다."(조선중앙통신사, 『조선중앙년감 1957년』, 조선중앙통신사, 1957, 121쪽.), "1957년도에 쏘련 영화 176종 1,801꼬피, 중국 영화 39종 210꼬피를 비롯하여 몽고, 월남, 파란, 웽그리야, 체크슬로바키야, 볼가리아들에서 233종 2,025꼬피의 예술 영화, 기록 영화들

광복이후 낙후한 기재, 빈약한 기술에 있어서, 즉 물질적인 부족 때문에 북한은 자주적으로 영화사업을 하는 것이 매우 어려운 일이었다. 소련영화를 자기의 "귀중한 교재"[17], "지향하는 등불" 혹은 "좋은 표본"으로 삼아 "쏘련영화에 우수한 작품들을 봄으로써 그 속에 포함한 사상의 가치나 기술상의 문제를 연구하고 무제한으로 섭취할 수 있는 쏘련의 선진영화이론을 주체의 사업과정에서 완전히 소화하여 자기의 힘을 키우고 개성을 발전시킨 것"[18]은 북한 영화 발전의 기본적인 노선이었다. 이어서 1950년대 북한과 소련 양국 간의 문화 교류가 빈번하게 됨에 따라 이른바 세계에서 가장 선진적인 영화예술인 소련 영화는 지속적으로 북한 영화사업의 발전에 크나큰 영향력을 끼쳤으며 북한 인민대중의 지극한 사랑을 받으면서 북한 전역에서 넓게 보급되어 대중들 속에서 심대한 교양적 역할을 수행하고 있었다.[19] 북한에서는 역시 "쏘련을 향해 배우자", "쏘련의 선진 경험을 꾸준히 따라 배우자"와 같은 선동적인 호소에 호응하여 소련영화의 제반 성과와 경험, 즉 그것이 가지고 있는 우수한 이론과 기술을 "꾸준히 창조적으로 섭취하여" 소비에트 문화의 큰 틀 가운데 북한 영화의 창작을 적극적으로 시도하고 높은 단계에로 발전시켰다.[20] 때문에 같은 사회주의 국가인 소련의 영화 이론의 토대 위에 구성된 북한영화는 소련영화와의 주제적 일관성, 이데

이 수입되었다."(조선중앙통신사, 『조선중앙년감 1958년』, 조선중앙통신사, 1958, 154쪽.) 를 통해 북한과 타국의 영화교류가 더욱 빈번하게 된 까닭에 소련영화가 북한의 수입외화에 차지한 비중이 해마다 떨어지고 있었던 사실을 알 수 있지만, 북한영화의 발전 해온 길에서 소련영화가 광복 이후 북한 영화 사업 초창기에 절대적 위치를 차지하고 있으며 한국전쟁 이후에도 북한의 대외문화 교류 가운데 내내 가장 중요한 역할을 맡고 있었다는 것을 확인하게 된다.

17 박임, 「共和國北半部에 있어서의 劇場 映畵事業에 對하여」, 『영화예술』 1949년 제3호, 조선영화예술사, 1949.9, 15쪽.
18 윤두헌, 「映畵藝術에 對한 나의 提意」, 『영화예술』 1949년 제2호, 조선영화예술사, 1949.8, 13~14쪽.
19 박용선, 〈조 쏘 량국간의 문화 교류는 우리 문화 발전의 중요 담보이다〉, 《로동신문》, 1957.3.13.
20 〈조 쏘 량국간의 문화 교류는 우리 문화 발전의 중요 담보이다〉, 《로동신문》, 1957.3.13.

올로기적 동질성 혹은 유사성의 존재가 필연적인 결과라 간주될 수 있다.

스탈린의 사망 후 1956년 2월 개최된 소련공산당 20차 전당대회에서 소련공산당은 스탈린의 개인숭배를 강력하게 비판하고 맑스-레닌주의라는 전통을 부활시켰다. 스탈린 우상화를 부각시켰던 스탈린 시기 영화와 달리 흐루쇼프시대의 영화에서는 스탈린의 개인숭배를 청산하여 혁명 당시의 원칙과 정신으로 복귀하는 것이 중요한 정치적 목표가 되었다. 이에 따라 해빙기 영화들은 인간 내면, 그리고 객관적 현실부터 도출된 진실에 대해 본격적으로 탐구하기 시작했다. 그러나 이러한 해빙기 소련 영화의 새로운 경향은 당시 북한영화에 큰 영향을 끼치지 못했다. 스탈린의 사망으로 인한 사회주의 진영의 이완과 이데올로기의 유연하고 모호한 적용은 직접적으로 북한의 김일성 정권을 경악케 했다. 이는 그의 안정성에 심각한 위험의 요소로 작용할 수 있었다. 이러한 상황에서 김일성은 종파투쟁을 통해 자신의 정치적 기반을 견고히 하고 당의 유일지배체제를 강화했으며 개인숭배에 대한 저항을 반영한 소련을 비롯한 동유럽의 정치적 상황과 연관된 외래문화물의 수입을 철저히 차단했다. 따라서 이 시기의 북한에서는 당의 역할이 강조되거나 김일성의 개인숭배 특히 항일전쟁 시기 조국의 해방을 위해 세웠던 공적이 칭송되고, 이어서 김일성에 관한 유일사상의 등장을 알리는 영화들이 다수 등장하게 되었다. 이들은 해빙기 소련 영화의 추종이 아닌 오히려 스탈린 시기 소련 영화의 계승으로 간주될 수 있다.[21]

북한과 마찬가지로 중국도 영화 사업의 발전 과정에서 소련영화의 영향을 크게 받았다. 1950년대 중국과 소련 사이의 변화무쌍한 관계에 따라 중국에서는 "소련을 따라서 배울까 말까", "소련식 사회주의 발전 노선이 확실히 올바른 것인가"와 같은 자문(自問)에 따라 대소(對蘇) 태도의 변화가 지속적으로 나타나고 있었다. 중국은 건국초기 경제적으로 매우 낙후되었

---

21 정태수, 앞의 논문(ㄱ), 149~153쪽.

고 경험이 부족한 어려운 상황에서 구체적으로 소련 측에서 온 저리(低利) 대출 제공, 핵심 (공업)프로젝트 건설 원조, 상호무역 발전, 주식합자회사 개설, (과학)기술 자료 제공, 소련 전문가 파견, 중국 전문가 배양, 경제계획 작성 협조 등 온갖 지원을 받아 정식적으로 "소련을 따라 전면적으로 배워라"라는 방침의 실행 시기에 들어갔다.[22] 1949년 10월 1일 신중국 정부의 성립선언이 발표되자 10월 5일 다양한 문화 교류를 위해 "중소우호협회(中蘇友好協會)"가 발족했다. 회장 유소기(劉少奇)는 "과거의 중국 혁명은 소련을 스승으로 삼아 따라서 배워왔다. 건국 이후도 마찬가지로 소련을 스승으로 간주해야 된다."라고 언급하고 교시하였다.[23] 그리고 1950년 '중소우호동맹조약(中蘇友好同盟條約)'의 체결을 통해 중국과 소련의 우의를 명문화한 동맹관계를 형성하였다.[24] 따라서 양국 사이에는 대표단의 친선 방문을 비롯하여 유학생과 연수원의 파견이나 교환, 문예단체의 국제적 방문 공연, 상대방의 문화나 영화 등 다양한 예술성과를 소개한 문화예술전람이나 문화·영화주간의 전개, 체육 친선경기의 거행 등 온갖 문·예·체 교류가 제도화의 바탕에서 이루어졌다. 1952년 11월 11일 "간부들이 소련전문가에 따라 성심성의로 공부하는지 안 하는지에 대한 문제를 반드시 해결해야 된다. 겸손하지 않게 공부하는 사람은 비판을 받아야 된다."[25]와 1953년 2월 7일 '전국정치협상 1회 4차 회의(全國政協一屆四次會議)' 폐막식에서 "우리는 위대한 '5개년 계획'을 건설해야 되는데, 일이 힘들고 경험도 부족하기 때문에 소련의 선진적 경험을 배워야 한다 (우리는)반드시 전국적으로

22 沈志华, 『冷战中的盟友─社会主义阵营内部的国家关系』, 九州出版社, 2013, 4~37쪽, 참조.

23 〈中蘇友好協會成立大會上, 劉少奇會長報告全文〉, 《人民日報》, 1949.10.18.

24 中华人民共和国外交部 中国中央文献研究室, 「缔结中苏条约和协定的重大意义(一九五〇年四月十一日)」, 『毛泽东外交文选』, 中央文献出版社 世界知识出版社, 1994, 131~132쪽.

25 中共中央文献研究室, 『建国以来毛泽东文稿 第三册』, 中央文献出版社, 1989, 607~608쪽. 沈志华, 앞의 책(ㄱ), 77쪽, 재인용.

소련을 배우는 고조를 일으켜 우리의 국가를 건설하라!"[26]를 비롯한 국가 최고 지도자인 모택동의 구체적인 지시에 따라 "선진적인 소련의 경험을 섭취하고 배워야만 조국의 건설이 잘 될 수 있다."라는 이념이 중국 전역으로 전파되었다.

이 시기에 소련영화도 거침없이 중국에 들어왔다. 〈구역 위원회 서기, Секретарь рай кома〉, 〈병사 알렉산드르 마트로소프, Рядовой Александр Матросов〉, 〈젊은 친위대, Молодая Гвардия〉, 〈스탈린그라드 전투, Сталинградская битва〉, 〈위대한 변혁, Великий перелом〉, 〈베를린 함락, Падение Берлина〉 등 조국의 평화사업에서 전적으로 투쟁하고 심지어 헌신하는 영웅적 병사를 묘사하는 전쟁을 주제로 한 영화들, 〈10월에서의 레닌〉, 〈1918년에서의 레닌〉, 〈맹세〉 등 레닌과 스탈린의 위대한 통치 아래 소련이 '10월 혁명'과 '공업화'를 거쳐 강대한 사회주의 나라가 되는 것을 통해 레닌과 스탈린을 나라의 영웅과 인민의 우상으로 부각시킨 혁명을 주제로 한 영화들, 또한 〈쿠반의 코사크, Кубанские казаки〉, 〈황금별 수훈자, Кавалер Золотой звезды〉, 〈코오르디의 광명, Свет в Коорди〉를 비롯한 소련 사회주의 공업화와 농업집단화의 성공적 전개과정에 대한 묘사를 통해 소비에트 사회주의 정권의 당위성을 입증하고 그의 우월성을 찬양하는 영화들이 1949년 말 1950 초부터 중국에서 소개되었다.[27] 1949년 10월 30일 《인민일보》에 게재된 중공중앙선전부 부장인 육정일(陸定一)의 문장인 〈소련영화 환영(歡迎蘇聯電影)〉에서는 미국영화를 "타락하고 비천하고 저급하고, 제국주의와 봉건주의, 파시즘을 선전하는 영화"로 비난하는 동시에 소련영화를 "모든 자본주의 국가를 넘어선 사상성과 예술성이 높은 것"으로 인정했다. 또한 그는 "우리에게 우량한 문화 식

---

26 中共中央文献研究室, 「在全国政协一届四次会议闭幕会上的讲话 (一九五三年二月七日)」, 『毛泽东文集 第六卷』, 人民出版社, 1999, 263~264쪽.
27 中國電影發行放映公司, 앞의 책, 165~183쪽, 참조.

량을 제공할 수 있는 나라가 소련밖에 없다.", "양팔을 벌려 대량의 소련 영화를 환영하라!"라고 하며 소련영화의 독보적인 진보성을 강조했다.[28] 이 렇듯 당시 중국에서 '제국주의의 침략도구'이자 '반드시 벗어나야 할 인민의 사상을 부식하고 독해(毒害)하는 마수'로 여겨진 미국영화와 반대로 이러한 소련영화들은 "세계적으로 가장 선진적이고 사상성과 예술성이 높은 영화예술"[29]로서 "민중들의 열렬한 환영을 받아 그들은 소련을 공부하는 도구"[30]이자 중국영화인들이 적극적으로 배워야 할 모범이 되었다. 1949년부터 1955년 7년 동안 중국에 소개된 소련영화는 총 188편이었다. 이 시기에 제작되었던 중국 본토영화가 136편밖에 안 되었던 것을 보면 소련영화가 중국에서는 매우 중요한 위상을 차지하고 있었던 것을 알 수 있다.[31] 1953년부터 소련은 영화를 공부하러 가는 중국 영화인들을 받아들였고, 1957년까지 5년 동안 영화 창작, 관리, 기술에 권위가 높은 영화전문가 28명을 중국으로 파견하였다. 그들은 중국영화 제작에 직접적으로 참여하여 전수, 훈련, 강습을 통해 영화이론뿐 아니라 촬영을 비롯한 미술, 녹음, 현상·프린트 등 다양한 기술적 분야에 100여 명이 넘은 중국영화인재를 배양했다.[32] 또한 양국 간의 문화 교류를 가일층 진전시키기 위하여 중국과 소련

---

28 陸定一, 〈歡迎蘇聯電影〉, 《人民日報》, 1949.10.30.

29 蔡楚生, 「向十月革命歡呼！向蘇聯電影學習！」, 『中國電影』 1957년 Z1호(11월,12월 합본), 1957.12, 4쪽.

30 〈蘇聯影片在我國放映受到觀眾熱烈歡迎, 已被當作學習蘇聯的重要工具〉, 《人民日報》, 1950.3.9

31 1949년부터 1955년까지 중국에서 수입한 소련영화 수량을 연도별로 구분하면 1949년 1편, 1950년 60편, 1951년 36편, 1952년 28편, 1953년 17편, 1954년 18편, 1955년 28편, 총 188편이었다. 또한 신중국 성립인 1949년부터 문화대혁명의 시작인 1966년까지의 17년 동안 수입한 외화가 857편인데, 그 중에 소련영화가 421편이며 이는 압도적인 비중인 총수의 49%를 독점한 것이다. 柳迪善, 『新中國譯製片史1949-1966』, 中國電影出版社, 2015, 99~100쪽.

32 張駿祥, 「更好地學習蘇聯, 保衛社會主義的電影事業」, 『中國電影』 1957년 Z1호(11월,12월 합본), 1957.12, 9쪽; 李蓓蓓, 「苏联电影"社会主义现实主义"及对中国"十七年电影"的影响」, 『电影文学』, 2009년 14호, 2009.7, 37쪽, 참조.

은 1954년 5월 "중국에서의 소련영화 배급 계약서(蘇聯影片在中國發行合同)"[33]와 1955년 7월에 "영화 발행권 대응구매 계약서(互購影片發行權合同)"[34]를 공통 체결했다. 그럼에도 불구하고 1956년 2월 소련공산당 20차 전당대회 개최를 기점으로 중 · 소 간에 발전노선상의 차이가 생겨 중국은 "전면적으로 소련을 배운다."라는 단계에서 "소련을 거울로 삼아 자신의 길을 찾아간다."라는 새로운 시기로 넘어가게 된다. 이러한 기본적인 노선과 방침의 변화에 따라 소련영화도 더 이상 중국영화인들이 무조건 따라서 배워야 될 완벽한 모범이 아니라 단지 참고대상이 되었을 뿐이다.

1956년 2월에 개최된 제20차 소련 공산당 전당대회에서 '스탈린의 개인 우상화와 그의 유산의 극복에 관한 공산당중앙위원회의 결의 사항'이 가장 중요한 핵심적 자료가 되었다. 니키타 흐루쇼프를 수반으로 하는 소련 지도층이 "개인숭배가 맑스─레닌주의의 실질적인 정신과 서로 뜻이 맞지 않다."[35]라고 판단하여 스탈린에 대한 개인숭배를 비판하면서 대내외적으로 '탈스탈린화'를 적극적으로 추진하기 시작하였다. 이에 대해 모택동은 1956년 4월 5일 《인민일보(人民日報)》에 게재된 〈프롤레타리아 독재정치의 역사적 경험에 관하여〉라는 문장을 통해 중국공산당(약칭 '중공')의 입장과 관점을 분명하게 밝혔으며 '소련공산당(약칭 '소공') 20대'의 역사적 공적에 대해 긍정적인 평가를 내렸다. 그러나 모택동은 이 문장에서 개인숭배가 사회주의국가에서만 존재하는 것이 아니고 우연히 드러난 현상도 아니라고

---

33 〈中蘇簽訂蘇聯影片在中國發行合同〉, 《人民日報》, 1954.5.30.
34 1954년 5월에 체결했던 "소련영화 중국에서 배급 계약서"의 계약 기간이 5년이며 1955년 7월에 체약했던 "(중 · 소)영화 발행권 대응구매 계약서"의 계속 기간이 1년 6개월뿐이고 1957년 1월에 재체결하게 된 것이다. 中國電影發行放映公司, 앞의 책, 219쪽.
35 3월 28일 소련 《프라우다(Пра́вда)》는 〈왜 개인숭배가 맑스─레닌주의의 실질적인 정신과 서로 뜻이 맞지 않는 것인가?〉라는 사설을 통해 처음으로 정식적으로 개인숭배에 대한 비판은 바로 스탈린에 대한 개인숭배를 가리킨다고 밝혔다. 이 문장은 3월 30일에 중국 《人民日報》에서 번역하고 전재하게 되었다. 〈為什麼個人崇拜是違反馬克思列寧主義精神的〉, 《人民日報》, 1956.3.30.

하였으며 스탈린의 착오를 전반적으로 개인숭배로 귀결하면 안 된다고 주장했다. 또한 이 대회에서 소공은 새로운 대외 정책을 채택했는데 그것은 "첫째, 전쟁 불가피론의 부정과 평화 공존. 둘째, 사회주의로의 이행의 다양성. 셋째, 사회주의혁명의 평화적 발전 가능성" 세 가지 이론이었다.[36] 이는 1927년부터 8월 7일 중국 한구(漢口)에서 개최된 '팔칠회의(八七會議)'에서 확정되었던 "정권은 총구에서 나온다!"라는 중공 군사 핵심적 이론, 즉 무력을 통해 정권의 창립과 견고를 이룬다는 것과 위배되었다. 이는 모택동의 불만을 일으켰으며 그로 하여금 중국에서 독립적 사고능력과 창조적 정신이 현시점에 급히 필요한 것이라고 요구하게 하였다.[37] '소공 20대'에서 선양했던 개인숭배에 대한 비판이 중국에서 전개되자 중국에서 민중들 사이에서 모택동에 대한 존경이나 칭송이 개인숭배인지에 대한 의문으로 인한 다양한 토론이 펼쳐졌으며, 이는 모택동의 불만을 일으켰다.[38] 이에 대해 모택동은 같은 해 10월 31일 폴란드대사인 키리루크(S.Kiryluk)와의 회견 가운데 "단순하게 개인숭배를 반대하는 것으로 문제를 해결하면 안된다. 쇼비니즘, 개인전제와 개인독재와 같은 개인숭배를 반대해야 되는 것이다."[39]라고 하였다. 또한 1958년 3월 '성도회의(成都會議)'에서 모택동은 개인숭배를 '정확한 개인숭배'와 '부정확한 개인숭배' 두 가지로 엄격하게

---

36 정태수, 『세계영화예술의 歷史(개정증보)』, 박이정, 2016, 369쪽.

37 〈關於無產階級專政的歷史經驗〉, 《人民日報》, 1956.4.5.

38 '소공 20대'에서 선양했던 개인숭배에 대한 비판이 중국에서 전개된 후에 중국 신화사(新華社)가 발간한 간행물인 《내부참고(內部參考)》에서 "스탈린을 칭송하는 것이 개인숭배이다면 우리는 '동방홍(東方紅)'라는 노래를 엮어 모주석을 칭송하는 것도 개인숭배라 할 수 있는가?"(1956년 3월 7일, 45호, 55~56쪽.), "'모주석, 만수무강!'라는 말이 부당하다. 봉건적이고 개인숭배이며 당의 집단적 영도력이 없다."(1956년 3월 13일, 51호, 150~151쪽.), "우리나라에서도 '모주석, 만세!'라는 말을 더 이상 부르면 안 되겠다."(1956년 4월 18일, 87호, 394~396쪽.)를 비롯한 일련의 모택동을 칭송하는 것과 관련하여 개인숭배 여부에 대한 토론이 지속적으로 전개되고 있다. 沈志華, 앞의 책(ㄱ), 145~146, 149~150쪽, 참조.

39 李捷, 「1956年10月31日毛泽东会见波兰大使基里洛夫的谈话」, 『毛泽东与新中国的内政外交』, 中国青年出版社, 2003, 98쪽. 위의 책, 150쪽, 재인용.

구분했으며 "정확한 개인숭배라는 것은 맑스, 엥겔스, 레닌, 스탈린의 정확한 이론과 같은 것이다. 우리는 이를 반드시 숭배해야 되며 영원히 숭배해야 되며 숭배하지 않으면 안 된다. 그들은 진리를 갖고 있는데 (우리가)왜 숭배하지 않는가? 진리는 객관적인 존재를 반영하는 것이니 우리는 진리를 믿는다. 부정확한 숭배는 분석하지 않고 맹목적으로 복종하는 것이다. 이는 맞지 않는다."라고 해명했다.[40] 이를 통해 당시 모택동은 공산당정권과 개인의 절대적인 통치권을 지키고 중국에서 자신의 위신이 추락하는 것을 막기 위해 흐루쇼프가 스탈린 개인숭배를 전반적으로 비판하는 것에 대한 부정적인 인식, 혹은 개인숭배 비판에 대한 일종의 보수적인 태도를 보였다. 그럼에도 불구하고 '소공 20대' 직후 소련에서 전면적으로 전개된 스탈린 개인숭배에 대한 비판 문제가 중·소관계에 있어 부정적인 영향을 크게 끼치지 않았다. 중공과 소공은 1956년 폴란드·헝가리 폭동 사건에 대한 해결과 소공 6월 전당대회에서 몰로토프 집단을 청산하는 것에서 표출된 친밀성, 협동성과 일치성, 그리고 1956년 소련은 대중(對中) 철로 건설과 공업 발전에 대한 지원을 강화시키기 위해 중국과 '진일보로 경제적 합작을 발전하는 두 항목의 협정(進一步發展經濟合作的兩項協定)'의 체결[41], 또한 1957년 '중·소 국방신기술협정(中蘇國防新技術協定)'을 체결하여 기술, 경제, 과학과 문화, 군사 분야 수많은 전문가들을 중국으로 지속적으로 보내는 것을 통해 1956~1957년 즈음 중국과 소련은 사회주의 형제국가로서 상호 지원하고 뒷받침하면서 다양한 친선 교류가 적극적으로 전개되어 양국은 여전히 밀월기(蜜月期)에 있었던 사실을 알 수 있다.[42] 그러나 중공이 소공의 지시에 무조건 복종하는 일종의 상하 종속관계는 모택동의 불만

---

40 中共中央文献研究室, 「在全国政协一届四次会议闭幕会上的讲话 (一九五三年二月七日)」, 『毛泽东文集 第七卷』, 人民出版社, 1999, 369쪽.
41 〈中蘇簽訂關於進一步發展經濟合作的兩項協定〉, 《人民日報》, 1956.4.8.
42 沈志华, 앞의 책(ㄱ), 151쪽.

을 일으켰다. 또한 '소공 20대'에서의 '자아비판'으로 인한 사회주의 종주국인 소련의 국제적 위신이 추락하였기 때문에 모택동은 소련의 경험을 분별없이 그대로(기계적으로) 섭취하고 전반적으로 신중국의 건설에 적용하는 "전면적으로 소련을 배운다."라는 교조주의적 노선을 더 이상 관철시키지 않고 "소련을 감안한다."라는 새로운 발전 노선을 요구하기 시작했다.

'소공 20대'가 끝난 약 2개월 후인 1956년 4월 25일 '중공중앙정치국확대회의(中共中央政治局擴大會議)'에서 모택동은 〈논십대관계(論十大關係)〉를 발표했다. 발표가 시작되자 모택동은 "특히 주목해야 한 일은 바로 최근 소련 측에서 사회주의 건설 과정중 있었던 부족한 점과 착오가 이미 드러나고 있는 것이다. 그들이 지나온 굽은 길을 걷고 싶은가? 과거에 우리는 소련의 경험과 교훈을 감안하여 일부의 굽은 길을 피했으나 지금은 (이들을) 거울로 삼아야 된다."라고 하며 다음에 상세하게 언급한 열 개의 문제를 모두 소련과 연관시켰다. 특히 열 번째 문제인 "중국과 외국의 관계"에서 그는 "모두 민족과 국가의 장점을 배워야 하고, 정치, 경제, 과학, 기술, 문학, 예술의 모든 참된 좋은 것을 배워야 한다. 그러나 반드시 분석적이고 비판적으로 배워야 하고, 맹목적으로 배우면 안 되고, 그대로 베껴 기계적으로 적용하면 안 된다. 그들의 단점과 부족한 점을 당연히 배우면 안 된다."라는 방침을 해명했다. 맹목적이거나 미신적으로 소련의 경험을 그대로 옮기는 '교조주의'에 대한 비판과 반성, 그리고 '소련의 속박을 벗어나 독립적으로 사고하고 분석한 후에 소련의 부정확한 것을 버리고 정확하고 중국의 국정과 맞는 것만 섭취하여 중국 자신만의 길을 찾아가야 된다'는 새로운 노선이 발표의 핵심이었다.[43] 또한 모택동은 1958년 3월 '성도회의'에서도 '남에게 큰 해를 끼친 소련 경험을 전반적으로 섭취하는 교조주의'를 비판하고 '독창적 정신'의 중요성을 반복하여 강조했다.[44]

---

43 中共中央文献研究室,「在全国政协一届四次会议闭幕会上的讲话 (一九五三年二月七日)」『毛泽东文集 第七卷』, 人民出版社, 1999, 23~48쪽, 참조.

[자료] 1958년 3월 개최된 '성도회의' 일부 참석자들

'전면적으로 소련을 배운다'에서 '소련을 감안한다'로의 중공 기본적 노선
의 전변과 일치하여 문화 분야에서 '백화제방, 백가쟁명(百花齊放, 百家爭
鳴, 즉 쌍백雙百)'이라는 시대를 맞이하였다. 모택동은 우선 1956년 4월
28일 '중공중앙정치국확대회의'에서 "예술문제에서의 백화제방과 학술문제
에서의 백가쟁명은 우리의 방침이 되어야 한다."라고 제시했다.[45] 곧이어
그는 5월 2일 '최고국무회의 제7차 회의(最高國務會議第七次會議)' 상의
연설에서 '백화제방, 백가쟁명'이라는 방침이 실행될 필요성을 강조하고 정
식적으로 이를 국가의 방침으로 공포했다.[46]

44 위의 책, 365~366쪽.
45 위의 책, 54쪽.
46 "1956년부터 1961년까지 사이에 중국에서는 수입한 소련영화 수량을 연도별로 구분하
    면 1956년 36편, 1957년 47편, 1958년 34편, 1959년 31편, 1960년 23편, 1961년 18편,
    총 189편이었다." 中共中央文献研究室, 『毛泽东文艺论集』, 中央文献出版社, 2002,
    144쪽.

[자료] 1956년 5월 개최된 '최고국무회의 제7차 회의' 현장

'쌍백' 방침의 추진은 중국에서는 소련과 다른 사회주의 문화건설의 길을 탐색하기 시작하는 것이었으며, 예술적 자유가 어느 정도 허용되어 1950년 초반부터 상대적으로 개방된 분위기가 조성되었다. 따라서 이때부터 중국 국내영화의 제작편수가 급증하였다. 1961년 10월 '소공 22대'의 개최를 기점으로 1956년부터 1961년 말까지의 6년 동안 중국영화는 과거 7년 (1949~1955년)의 세 배 이상인 435편이 제작되었다. 그러나 이 시기 수입된 소련영화 편수는 189편으로 과거 7년 동안 수입된 총 편수와 거의 똑같다.[47] 그럼에도 불구하고 당시 "중국영화의 발전을 위하여 열정을 가지고 소련영화를 배워라!"[48]라는 구호처럼 소련영화는 여전히 중국영화인들이 배워야 할 모델이었다. 그러나 중국은 '쌍백'방침이 실행된 후에 국산영화의 제작에 집중했을 뿐만 아니라 수입한 외화에 대한 검열도 엄격해졌다. 이로 인하여 당시 중국의 정치 이데올로기와 부합하지 않은 소련 영화는 모두 검열을 거쳐 상영금지 처분을 받았다. 1960년만 상영 금지된 소련과 동

---

47 柳迪善, 앞의 책, 100쪽.

48 干学伟, 「蘇聯電影是社會主義電影文化的拓荒者」, 『中國電影』 1957년 Z1호(11월, 12월 합본), 1957.12, 90쪽.

유럽 영화는 167편이고 1962년까지 288편에 이르렀다.[49] 반면 소련은 자신들의 모든 간행물에서 "쌍백"방침을 소련민중들에게 소개시키지 않았으며 중국에서의 문화 정책의 실행을 지속적으로 지지하거나 찬양하는 태도를 보여주지 않고 침묵을 지키고 있었다. 1959년에 이르러 흐루쇼프는 〈소련 당정대표단 중국행 관한 보고서〉에서 모택동의 '백화제방, 백가쟁명'방침을 공식적으로 비판하였으며 이것을 중국 문화 분야에서 반사회주의적 경향이 활약하게 되고 우파의 반혁명적 공세가 커지게 되는 근본적인 원인으로 꼬집었다.[50] 다시 말하자면 중국의 '쌍백'방침과 소련의 '해빙'사조, 즉 이 시기 양국 문화예술정책의 차이로 인하여 중국은 외화수입정책 가운데 해빙 시기 제작한 소련 영화를 수입하지 않았고 스탈린 시기 영화의 재상영에 집중하고 있었던 것이다. 중국에서의 소련 영화의 수입과 공부, 그리고 소련 경험의 습득과 이용은 진보적인 것만 받아들이는 노선으로의 변경을 의미하며 이는 소련영화의 비중이 중국 영화시장에서 쇠퇴하고 있음을 보여주는 것이다.

상술한 바와 같이, 제2차 세계대전 이후 이어진 1950년대 북한과 중국은 자국의 경제적 건설과 과학기술의 발전이 정상 궤도에 오르는 과정 가운데, 특히 정권수립 초기 정권의 공고화와 전후 경제의 복구과정에서 사회주의 종주국인 소련의 지원을 받아들임으로써 소련의 정치 · 군사 · 경제 · 이데올로기를 가장 중요한 요소로 인식하였다. 따라서 소련의 대북(對北), 대중(對中) 문학 · 예술 교류는 빈번하였고 영화 분야도 마찬가지였다. 영화가 거침없이 대량 유입되었기 때문에 북한과 중국의 영화는 소련영화의 영향을 받았으며 소련영화가 담고 있는 이데올로기의 큰 틀 속에서 자국의 영화가 발전할 수밖에 없는 상황을 맞이하였다. 이로 인해 각 개별국가의 민족적 형식과 내용의 독자성에도 불구하고 북한과 중국은 이데올로기의 유사

---

49 胡菊彬, 『新中国电影意识形态史(1949–1976)』, 中国广播电视出版社, 1995, 73쪽.
50 沈志华, 『中苏关系史纲』, 社会科学文献出版社, 2011, 271쪽.

성이 존재하게 되었고 양국 간의 문화교류가 이루어질 수 있는 기초를 마련했다.

2.2. 사회주의 리얼리즘의 구현과 사회주의 영화

2.2.1. 사회주의 리얼리즘의 기원과 개념

'사회주의 리얼리즘'은 일종의 예술적 원칙으로서 이데올로기적 상부구조를 구성하고 있는 예술의 한 구성부분이며 사회적 의식의 형식으로 인식하는 맑스주의 역사적 유물론과 맑스가 '사회주의 리얼리즘'을 노동자 계급의 학문적 세계관으로 정의하는 것을 바탕으로 한 레닌의 모방이론을 거쳐 이루어진 것이다. 레닌은 사회주의 문화를 구축하는데 존재하는 문화의 최고의 모범과 전통 그리고 그 결과를 발전시킨 것을 요구하는데 있어 인간의식의 내용은 모사이고 객관적 현실의 반영이자 철학의 일반규정으로서 물질이라 규정했다. 이와 같은 예술이론, 즉 '반영이론'은 예술과 학문이 변증법 과정에서 객관적 현실을 능동적으로 반영하고 사회주의 리얼리즘에서 부각되고 있는 것이다.[51]

1920년대를 지나 1930년대로 넘어 오면서 프롤레타리아 리얼리즘(글라드코프, 리벤딘스키)을 비롯하여 경향적 리얼리즘(마야코프스키), 기념비적 리얼리즘(알렉세이 톨스토이), 공산주의적 리얼리즘(그론스키) 등 여러 가지 제안이 나왔다. 사회주의 리얼리즘이라는 명칭은 1932년 10월 스탈린이 고리키의 집에서 열린 작가모임에서 다음과 같이 제안하면서 기원했다고 한다.[52]

---

51 피종호, 『동독 영화』, 사곰, 2016, 15~17쪽.
52 C. V. James 지음, 연희원 옮김, 『사회주의 리얼리즘론-기원과 이론』, 녹진, 1990, 130쪽.

만일 예술가가 우리의 삶을 올바르게 묘사하려면, 사회주의를 향한 삶이 무엇을 낳는가를 관찰하고 지적해야만 한다. 이런 작품이 바로 사회주의 예술인 것이다. 그것은 사회주의 리얼리즘이 될 것이다.[53]

1934년 8월 17일 모스크바에서 열린 '제1차 작가대회'에서 '사회주의 리얼리즘'은 정식으로 소련 작가 연맹의 정관에 기입되었으며[54] 곧이어 다른 연맹들의 정관에도 똑같이 쓰이게 되었다. 따라서 소련 모든 문예 창작활동의 기본적 원칙 혹은 규범은 사회주의 리얼리즘이라는 이론으로 강력하게 조절되고 통제되기 시작하였으며 미학적 가치를 지닌 채 소련 영화 예술에도 스며들었다.[55]

사회주의 국가의 공식적인 예술론인 사회주의 리얼리즘은 사회주의 정신으로 노동자를 교육하고 사상적 개조의 임무를 가진 혁명 발전 속에서 진리적이고 역사적 현실의 구체적 묘사의 창작 방법으로서 이해되었다.[56]

사회주의 리얼리즘 문학은 부르주아문학의 폐쇄성과 순수성을 배척하면서 맑스-레닌주의의 프롤레타리아트 예술관을 사상적이고 이론적 기초로 하여 생활의 본질을 반영하고 사회주의 체제에서의 특정한 경향성을 지향하는 것이다. 이 가운데 '특정한 경향성'에 대한 추구는 바로 엥겔스가 언급한 "전형적인 상황 하에 있는 전형적인 성격의 충실한 재현"[57]이라는 것이

---

53 위의 책, 131쪽.

54 "소비에트의 문학과 문학비평의 중요한 방법을 나타내어 주는 사회주의 리얼리즘은 예술가에게 혁명적 발전 과정에 있는 현실을 진리에 충실하게 그리고 역사적으로 또 구체적으로 표현해 줄 것을 요구한다." Schmitt, Schramm, Sozialistische Realismuskonzeptionen, Taschenbush, 1974, p.159. 스테판 코올 지음, 여균동 옮김, 『리얼리즘의 歷史와 理論(개정판)』, 미래사, 1986, 159쪽, 재인용.

55 알렉산드르 모르조프, 「소련 사회주의 리얼리즘에 관하여: '국민과 예술'의 문제(К пробл еме 〈народ и искусство〉. Опыт соцреализма в СССР)」, 『미술이론과 현장』 제7호, 2009, 142쪽.

56 정태수, 『러시아-소비에트 영화사 I』, 하제, 1998, 209쪽.

57 스테판 코올, 앞의 책, 158쪽. 또한 아래와 같이 예술작품의 '리얼리즘'에 대한 엥겔스의 설명을 통해 그는 리얼리즘이 단순히 세부묘사의 충실함 외에 '작가의 견해' 즉 '전형적인

다. 즉 예술작품이 지닌 고도의 사상성을 보장하기 위해 객관적 현실에 대한 충실한 묘사에 그치지 않고 사회주의의 정치적 이념과 밀접하게 연결된 '전형적 인물'의 창조와 '전형적 사건'의 전개가 필수적인 것이자 이룩되어야 할 목표라는 것이다. 다시 말해 사회주의 리얼리즘 문학은 노동하는 인간들을 사회주의 정신으로 개조하고 교육시키는 과제를 떠안고 있으며, 정치를 비롯하여 사회, 경제, 문예 정책의 추진이 불러일으킨 상황의 변화에 따라 이 과제를 탄력적으로 수행해 왔다. 즉 사회주의 문화·예술의 창작 과정 가운데 단지 예술에 대한 개인적 인식과 견해가 중요한 것이 아니라, 프롤레타리아 이념에 대한 철저한 관철과 의도적 생산이 가장 본질적인 것이다. 그렇기 때문에 사회주의 문예는 정치와 불가분의 관계를 갖고 있다고 말할 수 있다.

사회주의 영화도 역시 정치적 기능성을 갖고 있다. 1917년 '10월 혁명' 이후 영화가 소비에트 정부의 직접적인 통제를 받게 되어 국가의 관리체제로 편입되었다. 따라서 영화는 일종의 직접적이고 가시적이고 인상적인 예술 형식으로서 사실성과 실재성이라는 표현 수단을 지니고 있는 정부의 이데올로기를 전달하는 매우 효과적인 매체로 인식되었다. 혁명 이후 소비에트 정부가 영화 창작과정에 개입함에 따라 영화는 정치적 효과를 창출할 수 있는 역할을 맡고 민중들에게 사회주의 이념과 이데올로기에 대한 긍정적이고 우호적인 인식을 갖도록 하는 경로가 되었다. 레닌은 "영화가 우리들에게 모든 예술 중에서 가장 중요한 예술이다"고 천명한 바 있다. 이처럼 영화는 소비에트 혁명 정부에게 있어 혁명의 당위성과 이념, 이데올로기를 선

성격'에 대한 충실한 재현도 필요하다는 인식을 파악할 수 있다. "작가의 견해가 더 많이 숨겨지게 될 수록 더 나아진다는 예술작품에 대한 일반적 인식이 있음에도 불구하고, 내가 말하고 있는 리얼리즘은 작가의 전망에도 나타날 수 있다(Je mehr die Ansichten des Autors verborgen bleiben, desto besser für das Kunstwerk. Der Realismus, von dem ich spreche, kann sogar trotz den Ansichten des Autors in Erscheinung treten.)." H.Steinecke, 『Theorie und Technik des Romans im 19.Jahrhundert』, Taschenbuch, 1970, p.132

전·선동할 요구를 수행할 최적의 매체로 간주되어 소련에서 가장 중요한 예술로 인정받게 되었다.[58]

사회주의 체제에서 영화의 정치성은 구체적으로 당성, 계급성, 인민성으로 나누어 볼 수 있다. 간단히 말하자면, 당성은 당의 지도를 따른다는 개념으로 혁명에 대해 많은 사상적 충돌이 있던 시기에 올바름을 담보해 줄 전위정당의 필요성에서 나온 것이다. 계급성은 부르주아 자본가의 이익에 맞는 문화예술이 아닌 노동계급의 이익을 위한 문화예술을 의미한다. 인민성은 인민대중의 취향과 요구, 사상에 맞도록 창작하는 문화예술이며 인민대중이 예술생산의 주체가 될 수 있다는 것을 의미한다.[59] 그렇다면 이러한 특징들이 발현되어 어떻게 관계를 맺고, 사회주의 국가 공식적인 창작수법인 사회주의 리얼리즘으로 수용되는지를 구체적으로 살펴보도록 하겠다.

우선, 사회주의 국가 예술의 원칙으로서 사회주의 리얼리즘은 예술의 당성과 밀접한 연관을 지닌다. 소련을 비롯한 사회주의 국가에서 문화를 직접 담당하는 주체는 공산당이다. 따라서 예술가들은 창작 작업을 하면서 당성의 원칙을 따라야 하고, 이것이 예술 창작의 전제 혹은 예술가의 책임이라 해도 과언이 아니다. 이는 최고 지도자 혹은 공산당 지도부의 방침, 정책 및 지시에 대한 예술의 절대적 충성을 의미하는 것이다. 예술창작광정에서 당성이란 레닌이 1905년 11월 볼셰비키의 합법적 신문인 〈새생활(Новая Жизнь)〉 12호에 게재한 논문, 「당조직과 당문학」 가운데 정당과 문학과의 관계, 즉 '당문학'이라는 개념에 대한 설명에서 사회주의적 프롤레타리아트의 경우 문학은 개인이나 집단의 치부수단이 아닌 프롤레타리아트의 공동대의(共同大義)의 일부분이며, 전 노동계급의 정치의식화된 전위(前衛)에 의해 가동되는 단일하고 거대한 사회민주주의적 기계장치의 '톱니바퀴와 나사'이며 조직적·계획적·통일적인 사회민주당 작업의 구성요소가 되어

---

58 정태수, 앞의 책(ㄱ), 107~112쪽.
59 이명자, 『북한영화사』, 커뮤니케이션북스, 2007, 9~10쪽.

야만 한다고 했다. 이는 문학이 당조직 작업의 한 요소로 반드시 그리고 필연적으로 되어야 하며 모든 문예가들에게 반드시 당조직의 성원이 되어 사회주의적 프롤레타리아트로서 모든 작업을 주시하고 전체적으로 감독하며 시종일관 프롤레타리아 대중에게 삶의 흐름을 주입시켜야 한다는 것을 의미한다.[60] 따라서 사회주의 문학은 당문학, 즉 당 자신의 목소리를 노동계급에 펼치는 기관지라 할 수 있다. 문학을 비롯한 문화예술에 대한 공산당의 직접적인 통치와 함께 예술분야에 있어서 온갖 교육업무를 통해 이루어지게 되는 대중적 정치선동은 바로 "계급투쟁의 정신을 이어받아" "부르주아지를 전복시키고 계급을 종식시켜" "모든 형태의 착취에 대항에 투쟁하는 최후의 단계로서 프롤레타리아트 독재"를 성공적으로 이룩하기 위해 취한 효과적인 조치였다.[61] 이러한 이론적 토대 위에 예술가들은 의식적으로 진정한 사회주의 건설을 위한 '투쟁'이 프롤레타리아 문화의 발전 및 보급을 가능케 할 수 있다. 이러한 정치적 이데올로기를 문예 분야에 그대로 전이시켜 적용함으로써 '당성'은 사회주의 리얼리즘의 가장 중요한 원칙이 되어왔다.

문예작품에서의 '문학'과 '정치학'과의 관계가 진전된 것으로 보아 사회주의 리얼리즘의 핵심요소로서 당성의 도입과 주도는 결코 불합리한 일이 아니다. 1932년 소련에서 「문학·예술단체의 개조에 대하여」라는 당중앙위원회 결의문의 공포에 따라 이때까지 존립하고 있었던 모든 "프롤레타리아 작가협회들을 해산하고", 당이 직접적으로 지도하고 관리하는 '전(全) 소련 작가동맹'이 결성됨에 따라 "소비에트 정부의 강령에 귀의하고 사회주의 건설에 참여하기를 원하는 모든 작가들을 단일한 소비에트 작가동맹으로 결속"시켰다.[62] 1930년대 중후반부터 당의 주도, 특히 스탈린 자신의 개인적

---

60 V. I. 레닌 지음, 이길주 옮김, 『레닌의 문학예술론』, 논장, 1988, 52~53쪽.
61 V. I. 레닌, 「프롤레타리아 문화에 관하여」, C. V. James, 앞의 책, 170쪽.
62 위의 책, 181~182쪽.

통제 하에 있어서, 영화 검열제도의 변경에 따라 "공식적인 당 정책의 노선에서 벗어난 영화들은 곧바로 창고에 처박히거나 상영 금지되었다."[63] 이에 따라 소련문화예술은 새로운 단계로 진입하게 되었으며 '당성'을 중심으로 한 문예 창작 이론이 더욱 더 공고화되었다.

당의 사상과 정책을 반영·전달·보급하는 사회주의 문화예술의 본질적 특징인 '당성'에 입각하여, 가장 선진적이고 혁명적 계층인 노동계급 그리고 투쟁과 건설의 주체인 근로인민대중의 이미지를 형상화하며 그들의 정신을 철저하게 표출하는 것은 자연스레 사회주의 문예작품 창작 과정에서 기본적이고 필수적인 요구가 되었다. 즉 '계급성'과 '인민성'에 대한 구현은 '당성'의 외연적인 특징이자 '당성'이 문예작품 속으로 그대로 전이되고 스며들어 표출되는 목적을 형상화 및 구체화하는 경로라 할 수 있다. 이는 사회주의 문화예술이 당이 직접적으로 개입하여 지배하는 사회주의 사회 건설과정에서 매우 중요한 요소로서 사회주의에 토대를 둔 '계급문예' 및 인민대중의 사상, 감정, 취향에 맞도록 창작하는 '인민문예'라는 것을 의미한다. 또한 사회주의 리얼리즘이라는 수법이 다른 리얼리즘과 구분되는 것은 내용상 사회주의를 적용하는 것 뿐 아니라 형식상 민족적 형식을 취하는 데 있다. 민족주의 형식이라는 것은 바로 현실에서 가져온 정서와 감각에 맞는 그 시대 인민대중의 취향과 부합한 것이다. 인민대중은 사회주의 문예의 영향을 받는 주체이다. 때문에 사회주의 리얼리즘 예술이 지니는 효용성과 매우 깊은 관계를 가지고 있다. 사회주의 문예 창작 가운데 이러한 효용성을 최대화시키기 위해서는 인민대중과 긴밀하게 결부되어야 한다. 때문에 문화예술가들은 어떤 예비지식을 갖추지 않은 보통 인민대중들로 하여금 명료하게 납득하고 쉽게 이해할 수 있는 평이한 언어를 써야 될 뿐만 아니라 진실성과 순수성을 갖는 리얼리즘적 스타일을 취해야 한다.[64] 그러므로 사

---

63 정태수, 앞의 책(ㄴ), 247쪽.
64 알렉산드르 모르조프, 앞의 논문, 142~143쪽.

회주의 리얼리즘을 유일한 문예 창작원칙으로 받아들여 사회주의적 내용과 민족적 형식의 결합, 즉 '당성'과 '계급성', '인민성'을 예술작품에 구현하는 것이 사회주의 문예가들의 예술창작 가운데 시종일관한 과업이 되었다.[65]

영화예술은 일종의 효용성이 높은 시각적 문화예술로서 대중에게 정치적 이데올로기를 주입하고 선전·선동하고 애국주의 교육을 시킴으로써 정치적 및 사회적 그리고 역사적 측면에서 중요하게 다루어졌다. 사회주의 국가, 정부 혹은 당은 예술과 정치의 통일성 내지는 예술의 정치화에 대한 요구에 부응하여 사회주의 국가의 엄격한 검열과 통제를 받는다는 점에서 '독자성'과 '자율성'을 대신하며 "혁명 역사의 테마"를 바탕으로 "영웅적 노동자", "긍정적 역사 인물"과 "부정적 적대자"를 대비적으로 부각시킴으로써 사회주의 혁명정부의 당위성과 당의 노선을 선명하게 보여주고 관철시킨다. 이러한 이유에서 사회주의 리얼리즘 영화예술이야말로 '정치의 예술화'라는 수동적인 방식에 그치지 않고, '예술의 정치화' 혹은 예술의 '당성화'나 '국가화'라는 능동적인 경지로까지 올라간다.[66]

2.2.2. 북한에서의 사회주의 리얼리즘

소련영화의 크나큰 영향을 지속적으로 받은 북한영화도 역시 당성, 계급성, 인민성의 반영에 초점을 두고 있었으며 다른 사회주의 국가들과 마찬가지로 사회주의 리얼리즘을 영화 창작의 기본적이고 핵심적인 창작방법으로 받아들였다. 북한의 『정치용어사전』에서 사회주의 리얼리즘(사회주의적 사실주의)은 "현실을 혁명적 발전 속에서 력사적 구체성을 가지고 진실하게 묘사하는 우리 시대의 유일하게 옳은 창작방법이다."[67]라고 정의한다. 시대

---

65 최척호, 『북한영화사』, 집문당, 2000, 186~190쪽.

66 피종호, 앞의 책, 21~22쪽.

67 조선민주주의인민공화국 사회과학원, 『정치용어사전』, 사회과학출판사, 1970, 337쪽.

의 요구와 인민의 지향에 맞는 높은 사상예술성을 바탕으로 사회주의 리얼리즘에 비추어 보는 것이 북한에서 말하는 '훌륭한 문학예술작품' 창작의 기본원칙이자 유일한 올바른 창작방법인 것이다.[68]

광복 이후 북한은 "맑스-레닌주의적 당 건설원칙을 확고히 견지함으로써 참다운 혁명적 당을 건설하여야" 할 지도적 사상으로 하여 "일제잔재와 봉건잔재를 쓸어버리고 나라의 민주주의적 발전을 이룩하며 조국의 완전자주독립을 쟁취하여야"[69] 한다는 정치적 노선을 결정했다. 따라서 토지개혁을 필두로 하여, "경제, 정치, 문화의 모든 부문에서 진정한 민주주의의 과업을 행동 강령으로 하는 동시에 이것을 적극적으로 건설하기를 시작했다"[70]. 1946년 3월 23일 「조선임시정부수립을 앞두고 二〇개조 정강」에서 문화의 기초적 건설, 즉 영화관 수효를 확대시키고 예술사업을 적극적으로 전개하는 것에 대한 요구를 제시했다.[71] 같은 해 5월 24일 김일성은 「문화인들은 문화전선의 투사로 되여야 한다」라는 연설에서는 '낡은 것' 즉 일본제국주의의 사상적 잔재에 대한 철저한 청산의 필요성을 강조했으며 문화인들에게는 인민대중을 '진보적인 것' 즉 애국주의와 민주주의 정신으로 교양할 책임을 요구했다.[72] 김일성은 1946년 11월 25일 열린 북한 임시인민위원회 제3차 확대위원회에서 「북조선 민주선거의 총결과 인민위원회의 당면과업」이라는 보고를 통해 현 단계의 투쟁임무는 "새 조선을 건설하기 위한 정신상

---

68 "훌륭한 문학예술작품의 특징은 시대의 요구와 인민의 지향에 맞는 높은 사상예술성에 있습니다. 이러한 가치 있는 작품들은 현대의 유일하게 옳은 창작방법인 사회주의적 사실주의에 의하여서만 창조될 수 있습니다." 김일성, 『김일성저작선집』 3권, 조선로동당출판사, 1968, 129쪽.

69 「우리 나라에서의 맑스-레닌주의 당건설과 당의 당면과업에 대하여」, 김일성, 『김일성저작집』 1권, 조선로동당출판사, 1979, 310, 319쪽.

70 "民主主義戰線은 經濟 政治 文化의 모든 部門을 通하여 眞正한 民主主義的 課業을 그의 行動 綱領으로 하는 同時에 이것을 積極的 實踐하기를 宣言한다." 「民主主義民族戰線 宣言 及 決議文」, 김준엽 외, 앞의 책(ㄱ), 48쪽.

71 위의 책, 54쪽.

72 김일성, 『김일성저작집』 2권, 조선로동당출판사, 1979, 231~234쪽.

대개혁을 의미하는 것이요 새로운 민주조선의 일꾼다운 국민다운 정신과 풍습과 도덕과 전투력을 창조하기 위한 일종 사상 혁명"이라 규정하고 이 임무를 완수하기 위해 "지난날 일본 제국주의가 남겨놓고 간 일체 타락적 말세기적 퇴폐적 유습과 생활 태도를 청산하고 생기발랄하게 향상하며 약진하는 새로운 민족적 기풍을 창조하여야 할 것"이라는 구체적 요구를 제시했다.[73] 이 연설보고 가운데 언급한 "전국민적으로 되는 군중적으로 되는 건국정신 총동원과 사상의식을 개조하기 위한 투쟁"인 "건국사상총동원운동"은 바로 낡은 사상적 잔재인 "일본제국주의가 그 장구한 통치의 악독한 결과로 우리민족 가운데 남겨 놓고간 나쁜 관념과 악습"을 없애고 새로운 민주주의 혁명 사상으로 교양하는 일련의 운동을 의미한다.[74] 이에 관한 토론은 12월 3일에 열린 '노동당 중앙위원회 제14차 상무위원회'에서 지속적으로 진행되었으며 「사상 의식 개혁을 위한 투쟁 전개에 대하여」라는 결정을 채택하기에 이르러 "배타적 경향과 허무주의적 경향을 배격하면서 사실주의적 방향을 확립했다."[75]

1947년 1월 1일 신년사인 「신년을 맞이하여 전국인민에게 고함」에서 김일성은 "급진적 발전을 위하여 투쟁"을 하기 위해 문학 예술인에게 "민주개혁의 성과를 정확하게 반영하여 앞으로 추진시키는 사상적 정치적 예술적으로 고상한 작품을 생산할 것"이라는 구체적인 임무를 부여했다.[76] 이른바 '고상한 작품'이라 할 수 있는 것이 바로 1947년 1월 15일부터 18일까지 3일간에 걸쳐 진행되었던 '북조선문학예술총동맹 제1차 확대상임위원회'에서 「민주 건국을 위한 노력과 투쟁을 고무하자」라는 결정을 통해 "(모든 참을 수 없는 결점을 급속히 극복하고 참으로 조국과 인민에게 복무하는 문학예

---

73 「북조선 민주선거의 총결과 인민위원회의 당면과업」, 김준엽 외, 앞의 책(ㄱ), 170쪽.
74 위의 책, 168~169쪽.
75 민병욱, 『북한영화의 역사적 이해』, 역락, 2005, 112쪽.
76 「신년을 맞이하여 전국인민에게 고함」, 김준엽 외, 앞의 책(ㄱ), 182쪽.

술의 중요한 역할을 원만히 조성하기 위하여)고상한 사상과 고상한 예술성으로 충실된 창작"으로 구체화되었다. 이 '고상한 사상과 고상한 예술성'이라는 문학예술 창작의 기준이 바로 전에 신년사에서 언급한 '고상한 작품'을 창출하는 요구를 구체화하는 것이며, 이후 '고상한 사실주의'라는 개념의 근거로 작용하는 그 추형(雛形)이라 간주할 수 있다.[77] 1947년 3월 29일에 열린 '노동당 중앙위원회 제29차 상무위원회'에서 문학예술 분야에서 진행하고 있는 '건국사상 총동원 운동'을 재검토한 후 「북조선에 있어서의 민주주의 민족 문화 건설에 관하여」라는 새로운 방침을 결정했으며 "공장 · 철도 · 광산 · 농촌 · 어장 등 군중 깊이 들어가며 조선 민족의 전(全)생활 분야에서 조선의 큰 예술적 주제를 찾으며 조선 사람의 영웅적 노력과 투쟁과 승리와 영광을 고상한 사실주의적 방법으로 그리며 전 재능과 역량을 긴장한 창조적 노력에 바치어 조선 사람들의 고상한 민족적 품성을 형성하는 사업에 헌신적 조직가가 되며 민주주의 새 조선사회를 건설하는 투사들의 선진 대열에 나서라고 문학자 예술가들에게 호소"했다.[78] 이 문헌에서 북한 문화예술의 창작 강령이라 할 수 있는 '고상한 사실주의'가 처음으로 나오게 된다.

이로써 북한의 민족주의적 민족문화 건설의 기본적 노선이자 유일한 창작법칙으로 '고상한 사실주의'가 확립된다. 고상한 사실주의는 문화예술 분야에서 문예가들이 이론화하고 실천해야 할 것이 되었다. 따라서 일제 잔재를 비롯하여 자연주의 잔재, 상업주의 잔재, 신파적 잔재, 형식주의 잔재 등 온갖 잔재를 완전히 청산하는 동시에 문예가들이 고상한 사실주의 수법을 체득하고 엄수하여 우수한 문화예술을 창조하는 구체적인 임무가 부여되었다.[79] 또한 북한에서 고상한 사실주의란 견실한 사실주의와 진실한 낭

---

77 김재용, 『북한 문학의 역사적 이해』, 문학과지성사, 2004, 99~100쪽.
78 위의 책, 100~101쪽.
79 주영보, 「연출과 사실주의」, 『조선문학』 1948년 2호, 41~43쪽; 이명자, 『신문 · 잡지 · 광고

만주의의 유기적 결부에서 탄생되는 것이었다.[80] 이는 사회주의 문화예술
은 인민들을 긍정적이고 효과적으로 교양하는 교재라 할 수 있는 중요한 도
구로서 객관적 현실을 그대로 반영하기보다는 당의 정치 노선에 맞는 현실
만 포착하거나 아예 현실을 재단하는 상황에 빠져들고, 현실의 객관성에 기
초하지 않은, 주관적 지향에 기울어진 혁명적 낭만주의 경향으로 가게 되는
것이다. 그러므로 이른바 '고상한 사실주의'가 북한 문화예술의 주된 흐름
으로 자리를 잡게 되는 것은 일종의 북한에서 특유한 '도식주의'의 시발점으
로 간주 될 수 있다.[81] 이러한 경향은 북한에서 토지개혁과 일제잔재의 청산
등 일련의 사회주의 개혁이 성공적으로 이루어지면서 새 조국 건설에 대한
낙관적 기대가 높아지게 되는 사회적 분위기와 갈라놓을 수 없는 밀접한 관
계가 있었고, 또한 정치뿐만 아니라 경제적, 사회적, 문화적 통일을 요구하
는 김일성과 조선노동당의 정치적 목적과 맞물려 있었다.[82] 이렇듯 북한 문
화예술 분야에서 본격적인 사회주의 리얼리즘의 수용은 '고상한 사실주의'
로부터 시작되는 것이다.

북한에서는 1950년대 한국전쟁과 그 이후 분단체제가 고착화되는 것을
계기로 독자적 사회주의체제를 구축하면서 사회주의 리얼리즘에 바탕한 문
화예술을 형성해갔다. 북한에서는 전시(戰時) 「모든 힘을 전쟁의 승리를 위
하여」[83]라는 기본적 방침과 「우리의 예술은 전쟁 승리를 앞당기는 데 이바
지하여야 한다」[84]라는 문화예술분야의 구체적 지시를 1953년 8월 5일 '조선
로동당 중앙위원회 제6차 전원회의'에서 「모든 것을 전후 인민경제복구발전

로 보는 남북한의 영화·연극·방송 1945~1953』, 민속원, 2014, 764~765쪽.
80 이명자, 위의 책, 767쪽.
81 김재용, 앞의 책, 101쪽.
82 함충범, 「북한영화 형성 과정 연구―소련과의 관계를 중심으로」, 『현대영화연구』 1호(창간
    호), 현대영화연구소, 2005, 141~142쪽.
83 김일성, 「모든 힘을 전쟁의 승리를 위하여」, 『김일성저작집』 6권, 조선로동당출판사, 1980,
    9쪽.
84 김일성, 「우리의 예술은 전쟁 승리를 앞당기는 데 이바지하여야 한다」, 위의 책, 225쪽.

을 위하여」라는 결정의 핵심 "모든 민주시기 강화를 위한 전후 인민경제 복구 발전에로!"라는 슬로건을 통해 각 분야에서 새로운 발전의 길로 들어섰다. 이로써 사회주의 리얼리즘을 기본적 이념으로 하여 문예조직의 개편과 함께 정치·사상적이고 예술·미학적인 반(反)종파주의투쟁으로서 문화예술 창작이 이루어지는 가운데 '부르주아 미학사상 잔재'에 대한 지속적인 비판 또한 이루어졌다.

1953년 9월 26, 27일 양일에 걸쳐 개최된 '제1차 전국작가예술가대회'에서는 북한 문화예술분야에 있어서 전면적인 조직개편이 있었다. '조선문학예술총동맹(문예총)'이 해체되고 조선작가동맹, 조선작곡가동맹, 조선미술가동맹 등 3개 동맹만 남게 되었다. 조선연극동맹을 비롯하여 조선음악동맹, 조선영화동맹 등 기타 문예총 산하 조직들이 잇따라 해산되었고 맹원은 그가 소속되어 있는 해당 기관, 단체에 이관되었다. 이는 조직개편을 통해 임화, 김남천, 이원조와 이태준 등 기존 남로당 계열의 인물들을 축출함으로써 부르주아 미학의 잔재에 대한 이론 투쟁과 정치적 공세의 기반을 마련하는 것이었다. 이렇듯 문화예술 분야에서 조직 및 제도의 개혁과 함께 시작된 부르주아 잔재에 대한 철저한 비판은 이 시기의 주도적 사상으로 확립되었다.

1953년 9월 제1차 전국작가예술가대회에서 "현실의 거대한 전변 속에 대담하게 들어가 노동계급의 실제 생활을 체득할 것"이 결정되었다. 이는 사회주의 리얼리즘이 북한 문화예술의 유일한 미학적 기초가 되었다는 사실을 알려준다.[85] 이어서 "부르주아 미학사상 잔재"를 비판한 이데올로기 투쟁이 전개되었다. 1955년 12월 28일 김일성은 「사상사업에 있어서 교조주의와 형식주의를 퇴치하고 주체를 확립할 데에 대하여」에서 사대주의, 교조주의, 민족허무주의, 종파주의를 반동적 사상으로, 이태준을 반동적 부르주

---

85 경남대학교 북한대학원, 『북한현대사 1』, 한울, 2004, 316~317쪽.

아 작가로 비판한 다음에 1956년 1월 7일 조선작가동맹 중앙위원회 제 22차 상무위원회에서 기석복, 정률, 민병균, 김조규를 비판했다. 이어서 1956년 1월 18일 당 중앙위원회 상무위원회에서 채택된 결정인 「문학예술분야에서 반동적 부르주아사상과의 투쟁을 강화할 데 대하여」에서는 김남천, 이태준, 임화 등을 반동적 작가로, 기석복, 김조규, 민병균, 정률을 부르주아 작가라 비판했다.[86] 1956년 4월 노동당 제3차 대회 문학예술부문에서는 「우리 현실과 혁명 발전의 요구에 맞게 문학예술을 더욱 발전시키기 위하여」라는 보고서가 공포되는데, 일부 과거 사회에서 물려받은 자유주의적 산만성을 극복하지 못한 문화예술인들을 비판하면서 이광수, 임화, 이태준, 김남천 등 부르주아 반동 작가들이 전파한 사상적 악영향을 완전히 숙청하지 못한 문제를 제시했다. 석상에서는 반동적 부르주아 사상을 반대하는 것뿐만 아니라 사회주의 리얼리즘 창작 방법에 엄격하게 입각하여 자연주의와 순수 예술주의의 각종 표현들을 반대하면서 예술작품의 질 즉 당성, 계급성과 인민성이 높은 작품의 창작을 요구했다.[87] 이로써 1956년 8월 종파사건 가운데 정치적인 청산과 함께 문화예술계의 조직개편, 반동 작가에 대한 비판과 청산의 적극적 전개를 비롯한 '반종파 투쟁'을 통하여 사회주의 리얼리즘이 북한 문화예술의 창작 과정에 있어서 이론적 토대로서 견고하게 되면서 기본적 노선임이 재확인되었다. 이렇듯 문화예술 분야에서 '부르주아 미학 사상 잔재'를 비판하는 것은 일종의 이데올로기 투쟁으로서 그의 본질은 정치와 부합한 '반종파 투쟁'의 일환으로 볼 수 있다.

1954년 12월 열린 소련 제2차 작가대회, 그리고 1956년 2월 소련 제20차 당 대회의 적지 않은 영향을 받아 1956년 10월 개최된 제2차 조선작가대회에서는 '부르주아 미학적 잔재'를 청산하는 사상적·이론적 투쟁과, 해

---

86 민병욱, 앞의 책, 130~131쪽.
87 국토통일원 조사연구실, 『朝鮮勞動黨大會 資料集《第Ⅰ輯》』, 국토통일원, 1988, 366~367, 506쪽 참조.

당 문화예술 정책의 전개과정 가운데 역기능으로 형성된 '사회주의 리얼리즘'의 좌경적 오류에 대한 자기반성, 즉 '도식주의 비판'이 시작되었다. 소련 제20차 당 대회에 채택된 '개인숭배 배격', 즉 '스탈린주의의 청산'은 소련에서뿐만 아니라 각 사회주의 국가에서도 전파되어 적극적으로 전개되었는데, 북한의 문화예술 창작에 이론적 · 미학적 영향을 미치게 된다.[88] 도식주의 퇴치를 요구하는 것은 사회주의 사실주의의 기치를 고수하기 위하여 당면한 과업인데, 작가 자신의 주관적 견해를 도해하는 대신에 객관적 현실에 엄격히 충실하며 주관적 욕망을 섞지 않고 그대로 묘사하는 창작 방식을 의미한다. 따라서 "현실에 대한 주관주의적 조급성"을 버리는 동시에 "현실에 대한 랭철하고 세심하고 형안적인 관찰력과 아울러 겸허한 태도"를 요구하게 되었다.[89] 또한 비속사회화적 경험을 극복하며 사회주의 문학의 다양성을 추상적이지 않고 구체적 분석에 기초하여 연구할 필요가 있으며 당성을 위한 투쟁으로서 민족적 특성에 대한 구현도 이룩해야 할 것이다.[90]

제2차 조선작가대회에서는 '도식주의'와 생활 현상을 선택하여 일반화하는 대신에 주제적 과업을 맹목적으로 복종하고 이것저것을 복사하는 '기록주의', 현실에 존재하는 모순을 예리하게 표현하는 대신 현실을 미화하는 '무갈등론'에 대한 날카로운 비판이 전개되었다.[91] 이러한 경향이 사회주의

---

88 전에(1956년 4월 23일부터 7일간) 개최된 노동당 제3차 대회에서 개인우상화 즉 개인숭배에 관한 토론이 이미 진행되었다. 그러나 김일성은 자신과 관련된 언급을 회피하였으며 오히려 종파분자로서 계속 활동하고 있는 박헌영에 대한 '우상화'와 '무원칙한 개인숭배 사상'을 들어 그 책임을 남로당계에 전가했다. 또한 김일성은 소련 제20차 당 대회의 결정을 지명하여 비판하지 않으나 당 사상 분야의 '교조주의와 형식주의를 배경하고 주체를 확립할 것'이라는 과업을 명확하게 하였으며 소련의 방침을 측면적으로 지적하고 거부했다. 서동만, 『북조선사회주의체제성립사 1945~1961』, 선인, 2011, 540쪽.
89 윤두헌, 「사회주의 사실주의의 길에서— 제2차 작가 대회 이후의 우리 문학 창작상에 나타난 문제들에 대하여」, 『조선문학』 1957년 4호, 9쪽.
90 김민혁, 〈사회주의 사실주의에 대한 중상과 외곡을 반대하여〉, 《로동신문》, 1957.3.14.
91 조선작가동맹, 「제二차 조선 작가 대회 보고 『전후 조선 문학의 현 상태와 전망』에 관한 결정서」, 『제2차 조선작가대회 문헌집』, 조선작가동맹출판사, 1956, 309~311쪽.

리얼리즘에 대한 기계적 이해 즉 리얼리즘론의 핵심개념인 '전형화'에 대한 일면적 이해로 인한 것으로 예술 작품에서 전형화라는 것은 "일반화와 개성화의 유기적 통일에서 지어지며, 호상 유기적 침투되면서 동시에 진행되는" 것[92]이라 정의를 내렸다. 전형화에 대한 올바른 이해는 사상적으로는 교조주의의 극복, 미학적으로는 비속 사회화주의의 극복으로 나누어 볼 수 있다. 구체적으로 맹목적인 당성 중심의 사고방식에서 벗어나 기왕에 있었던 '주제의 협애성'과 '장르의 국한성', '현실 소재의 결여'를 바탕으로, '교조주의와 사대주의, 형식주의, 도식주의적 경향'의 창작기법을 가다듬고, 생활 긍정의 정서와 비판정신의 유기적 통일에서 구체적인 형상화가 이루어지는 창작방법을 채택해야 하는 것을 의미한다.[93] 제2차 조선작가대회를 계기로 전개된 일련의 도식주의 문화예술에 대한 비판 분위기에도 불구하고, 당 문예정책에 대한 구체적이고 공공연한 토론의 결과는 1958년 무렵에 이르러 부르주아 미학 잔재로 간주되어 우경적 오류 즉 수정주의라는 강한 반발을 받게 되었다. 약 2년 동안의 짧은 시간에 북한 문화예술정책 및 비평에서 적극적으로 진행된 '도식주의 비판'은 곧바로 '수정주의 비판'의 전개와 파급 가운데 묻혀버리고 만다. 쉽게 말하자면 이는 '도식주의 비판' 자체가 김일성 권력의 중앙집권화를 직접적으로 위협했기 때문에 그러했던 것으로 보인다.

'반종파투쟁'의 중요한 일환인 1956년 '8월 종파사건'에서 거둔 승리와 중공업 중심으로 한 사회주의 사회 건설의 성공적 집행을 통해 김일성 정권의 정치적·경제적 기반은 안정화되고 있었다. 그러나 갑작스러운 스탈린주의 '개인숭배'의 비판과 그에 따른 문화예술계의 '도식주의 비판'은 김일성의

---

92 한설야, 「『전후 조선 문학의 현 상태와 전망』에 대하여- 제二차 조선 작가 대회에서 한 한설야 위원장의 보고」, 위의 책, 41쪽.
93 김일성, 「현실을 반영한 문학예술작품을 많이 창작하자」, 『김일성저작집』 10권, 조선로동당출판사, 1980, 455~457쪽. 경남대학교 북한대학원, 앞의 책, 326~330쪽 참조.

개인집권 통치를 느슨하게 할 수 있었고, 심지어 무너트릴 수도 있는 위험한 지경이 되고 있었다. 그러므로 김일성 정권은 이 사태를 뒤집기 위하여 '도식주의 비판'을 억제하고 '수정주의 비판'을 통해 대중의 사상적 풍향계를 잡아 정권의 안정을 도모했다. 1958년 10월 14일 김일성은 작가와 예술가들 앞에서 한 연설인 「작가, 예술인들 속에서 낡은 사상 잔재를 반대하는 투쟁을 힘있게 벌릴데 대하여」 가운데, 낡은 사상인 자본주의 사상의 잔재를 청산하고 공산주의 사상으로 무장시키는 것을 기본적 임무라 다시금 밝히며 "자본주의 사상 잔재를 버리고 당과 당파 혁명을 위하여, 인민을 위하여 복무하는 영화인"을 칭찬하며 모범으로 규정하였다. 이와 아울러 회의석상에서는 특별히 예술인의 임무를 "개인이기주의, 공명주의, 자유주의, 가족주의"[94] 위주의 "자본주의 사상 잔재를 뿌리뽑기"로 규정한다. 또한 예술인은 무조건 철저하게 반성하고 최대한 빠르게 자신에게 남아 있는 자본주의 사상의 잔재를 없애버려야 될 뿐만 아니라 공산주의 사상 교육을 제대로 받으면서 당의 정책을 관철하고 사회주의 건설을 위해 몸 바치는 투사이자 근로자가 되는 과업을 강조하게 된다.[95]

이러한 교시에 의하여 1959년 4월 '조선작가동맹중앙위원회 제4차 전원회의'에서 「공산주의 교양과 우리 문학의 당면과업」[96]이라는 결정서가 채택

---

94 더 구체적으로 설명하자면 비판대상 즉 자본주의 사상 잔재인 '개인이기주의, 공명주의, 자유주의, 가족주의'라는 것은 바로 개인의 이익을 위해 문예 창작을 진행하는 현상, 자기의 공명, 출세만 중시하고 내세우는 현상, 당의 지도와 정당한 비판을 시끄럽게 여기며 성실하게 받지 않고 제멋대로 행동하는 무규율적인 현상 그리고 반동 작가와 친하게 지내어 엄중한 결함을 서로 싸고도는 현상을 의미한다. 김일성, 「작가, 예술인들 속에서 낡은 사상 잔재를 반대하는 투쟁을 힘있게 벌릴데 대하여– 작가, 예술인들 앞에서 한 연설 1958년 10월 14일」, 김일성, 『김일성저작집』 12권, 조선로동당출판사, 1981, 551~556쪽 참조.

95 위의 책, 557~558쪽.

96 '조선작가동맹중앙위원회 제4차 전원회의'에서 「공산주의 교양과 우리 문학의 당면과업」 이라는 결정서중 '공산주의 문학건설'이 당면 과업으로 규정되는 것은 1958년 11월 20일 '전국 시·군당위원회 선동원들을 위한 강습회'에서 「공산주의 교양에 대하여」라는 정치적 노선을("우리의 전체 근로자들이 다 붉은 사상 공산주의 사상으로 무장한 혁명가가 되도

된다. 이를 통해 '공산주의 문학건설'이 당면 과업이라며 사상을 강화하고 서만일을 비롯해 윤두헌, 안막 등을 겨냥해 부르주아 작가라 집중적으로 비판했다.[97] 그런 의미에서 '제2차 조선작가대회' 자체가 김일성에게 오히려 문학예술분야에서 자신의 정치적 적대세력이 누군가를 명확하게 구분하고, 그의 유일지배체제가 강화될 수 있는 계기가 되었다.[98]

광복이후 십여 년 동안 '사회주의 사실주의'에 입각한 창작 방법이 북한에서 실행되고 있었으며 그것은 다른 사회주의 국가의 문화예술과 마찬가지로 당, 계급, 인민을 위한 것이라 할 수 있었다. 당과 노동계급, 인민대중에 복무하는 요구에 따라 북한 문화예술의 특성인 당성, 계급성, 인민성 세 가지가 거론되는데, '당성 원칙', '계급성 원칙'과 '인민성 원칙'은 북한 문예 창작 가운데 무조건 엄격히 의지해야 한 3대 원칙이었다. 1958년 1월 17일 영화예술인들 앞에서 「영화는 호소성이 높아야 하며 현실보다 앞서나가야 한다」라는 연설 중 "당성은 곧 로동계급성, 인민성이며 당성을 떠난 로동계급, 인민성이란 있을 수 없습니다. 따라서 당성이 부족하면 로동계급과 인민을 위하여 몸 바쳐 싸울 수 없습니다."라고 하였으며 당성과 계급성, 인민성 사이의 관계를 천명하였다. 즉 당성은 북한 문화예술 창작의 핵심인데 이는 계급성과 인민성의 구현, 즉 주제내용의 구체화와 인물설정의 전형화를 통해 전개된다는 것이다. 혁명 사상과 그의 구현인 당 정책에 철저히 입각하여 노동계급과 인민대중에 복무하는 것은 바로 북한 영화인들이 꾸준

록 노력해 줄 것을 희망합니다." 「공산주의 교양에 대하여」, 김준엽 외, 『北韓研究資料集《第三輯》』, 고려대학교 아세아문제연구소, 1978, 725쪽.) 문화예술 분야에서의 구체화와 강화라 간주할 수 있으며 1958년 12월 7일 열린 '전국 작가 예술인 협의회' 석상 「사회주의적 사실주의 기치를 높이 들고- 당의 붉은 문예 전사로」라는 토론에서 "맑스-레닌주의 미학 사상과 사회주의 사실주의 창작 방법을 고수하여야 하며", "휘황한 공산주의의 높은 봉우리를 향하여"(《로동신문》, 1958.12.7.)라는 논의를 공시적으로 확정한 것이라 할 수 있다.

97 민병욱, 앞의 책, 133쪽.
98 정태수, 앞의 논문(ㄱ), 150쪽.

히 완수해야 한 직책이었다. 또한 이 연설에서 김일성은 영화예술인들의 임무가 "예술을 위한 예술" 즉 "순수예술을 주장하는 예술지상주의"를 포기하고, "머리속에 남아있는 낡은 사상 잔재를 철저히 뿌리 뽑고" "높은 당성, 로동계급성, 인민성을 가지고 혁명적 원칙에 튼튼히 서서" "당과 혁명을 위한 예술, 로동계급과 인민을 위한 예술", "우리의 혁명위업에 이바지할 좋은 영화를 만들어 내"는 것이라 명확히 밝혔다.[99] 이는 문화예술인들에게 높은 당성, 계급성, 인민성의 토대위에 사회주의 리얼리즘 수법으로 한 사회주의 현실을 반영하고, 당의 노선과 구체적 정책의 고양에 이바지하는 호소성 즉 선전·선동성이 높은 문예작품을 실천하자는 요구였다.

김일성은 "당성이란 당의 정책과 결정을 관철하기 위해서는 물불을 가리지 않고 자기의 모든 힘, 필요하다면 생명까지 바쳐 싸우려는, 당과 인민에게 무한히 충성스러운 그러한 전투 정신을 가리켜 말하는 것"[100]이라고 정의한다. 이로써 당성 원칙은 북한 노동당 기본적 노선과 정책의 당위성을 긍정하는 판단이고 문화예술 창작 과정에서 그에 대한 끊임없는 충실성을 요구하는 것을 뜻한다. 당이라는 개념은 북한에서 지고무상의 상징이라 할 수 있으며 당의 모든 노선과 정책, 결정 역시 무조건 따라야 되는 것이다. 당의 사상을 제대로 반영하는 당성이 자연스레 북한 모든 문화예술 창작의 가장 중요한 원칙이자 절대 어길 수 없는 종지(宗旨), 모든 예술 창작의 이론적 시발점으로 여겨지며 반복하여 강조되는 것이다. 북한 사회주의 체제에서 당이 모든 힘을 이끌어내는 주체였으므로 올바른 노선에서 가장 선진적이고 정확한 사상을 갖는 인민대중 가운데 지고무상의 존재라 할 수 있다. 이것은 바로 정치, 경제뿐만 아니라 문화예술 분야에서도 꾸준히 당성

---

99 김일성, 「영화는 호소성이 높아야 하며 현실보다 앞서나가야 한다」, 『김일성저작집』 12권, 조선로동당출판사, 1981, 11~12쪽.
100 『김일성선집』 6권, 141쪽. 안함광, 「우리의 사회주의적 사실주의 문학예술의 발전을 위한 조선 로동당의 정책의 정당성」, 『조선문학』 1963년 9호, 1963, 10쪽, 재인용.

을 강화하는 방식으로 사상을 절대화하는 과정의 산물이다. 당은 항상 문화예술 작품이 계급적, 당적 성격을 띠어야 된다는 사회주의 문예의 특질을 천명하고 강조하면서 조국, 노동계급과 인민대중의 이익을 위하여 철저히 복무하는 정신으로 작가들에게 사상교양을 교육시키는 역할을 맡고 있었다. 작가들이 오직 당성 원칙을 철저히 관철하고, 즉 당성을 충실히, 당의 사상을 제대로 받아들이고 튼튼히 무장해야만 복잡한 현실 속에서 새 것과 낡은 것을 가려낼 수 있으며 본질적인 것을 정확하게 찾아낼 수 있다. 이로써 당의 민주주의 노선, 사회주의 노선 이어진 공산주의 노선과 각 시기의 정책과 결의를 호소성 높은 문예 작품의 창작과 보급을 통해 인민대중에게 주입시킨다.

계급성 원칙은 문화예술 창작 과정에서의 노동계급성을 뜻하며 당성 원칙과 상호 밀접하게 연관되는 것이다. 당의 노선은 곧 계급투쟁의 노선이다. 계급성의 원칙은 당성 원칙의 요구를 구현함에 있어서 당성을 지향하고 이를 표현하는 강한 계급성이라 할 수 있다.[101] 구체적으로 말하자면 계급성 원칙은 노동계급의 입장을 고수하고 그의 관점을 대변하며 노동계급의 이익을 옹호함으로써 문화예술 창작으로 하여금 가장 선진적 계급인 노동계급에 복무하고 사회주의, 공산주의 건설을 지지하는 예리한 사상적 무기로 되게 하는 것을 의미한다. 김일성은 "세상에서 고귀하고 아름다운 것은 모두다 근로자들의 손으로 창조되었습니다. 오늘 우리의 로동 계급은 벌써 정치적으로 나라의 주인이 되었을 뿐만 아니라 경제 건설에서나 문화생활에서도 자기의 모든 힘과 재능을 발휘할 수 있는 생활의 주인으로 되었습니다."라는 언급과 1961년 당 제4차 대회 가운데서 "력사의 창조자는 인민 대중이며 사회주의 공산주의는 수백만 근로자들의 자각적이고 창조적 로동에

---

101 "당성의 원칙을 구현함에 있어서 영화 예술을 응당 계급투쟁의 무기로써 적극 복무하면서 근로대중에 대한 공산주의 교양에 이바지하는 것이 무엇보다 중요하다.(〈조선영화〉)" 최척호, 『북한예술영화』, 신원문화사, 1989, 20쪽, 참조.

의해서만 건설될 수 있습니다."라는 보고 내용에서 수많은 노동자들로 구성된 노동계급이 당 정책을 철저히 실현시킨 집행자이자 사회주의 공산주의 건설의 확고부동한 주인공이라는 높은 위상을 확인시켰다.[102] 따라서 계급의 편에 서야하며 노동계급성을 띠어야 한다는 논리가 북한 작가들의 문화예술 창작 과정에서 불가결한 기준이자 우선적으로 고려해야만 하는 원칙이 되었다. 북한의 노동계급성으로 가득 찬 영화를 비롯한 다양한 문화예술 작품은 계급투쟁 가운데서 노동계급의 무기임과 동시에, 인민대중들에 대한 사회주의, 공산주의를 위한 노동계급의 혁명 투쟁에서 제국주의, 자본주의를 꾸준히 반대하는 계급 교양의 수단이라 할 수 있다.

인민성은 북한 문예 창작 가운데서 "인민들 속에서 나왔고 인민들의 생활을 반영한 인민적 예술", "인민들의 생활과 사상 감정에 맞는 인민적인 예술"[103], "인민들의 문화적 욕구를 최대한으로 충족시키며 그들의 예술적 소양을 백방으로 발양시키기 위한 예술"[104], "인민의 이익에 의식적으로 복무하는 인민 교양의 무기로서의 예술"[105]이라는 원칙으로 작용했다. 따라서 작품의 소재 선택과 주인공 설정에서 인민을 대상으로 형상화하고 언제나 인민대중의 생활과 관련된 사실들과 사상 및 감정을 진실하게 반영하는 것은 북한 문예 창작의 내용적 요구이며, 인민 대중에게 쉽게 이해될 수 있는 사회주의 리얼리즘 수법으로 작품의 내용이 인민들에게 잘 수용될 수 있도록 하는 사회주의 문화예술은 사상교양의 무기로서 교육기능을 확대할 수 있도록 만들어져야 하는 것이다. 김일성은 "우리 작가 예술가들은 위대한 예술의 창조자는 인민이라는 것을 언제든지 잊지 말아야 하겠습니다."[106]라

---

102 안함광, 앞의 잡지, 8~9쪽.
103 김일성, 「사회주의예술의 우월성을 온 세상에 널리 시위하자— 제7차 세계청년학생축전에 참가할 예술인들과 한 담화 1959년 7월 1일」, 『김일성저작집』 13권, 조선로동당출판사, 1981, 346~350쪽, 참조.
104 동봉섭, 〈인민에게 복무하는 당적 문학 예술〉, 《로동신문》, 1959.8.11.
105 안함광, 앞의 잡지, 7쪽.

는 교시와 1953년 제1차 전국작가예술가대회에서 "현실의 거대한 전변 속에 대담하게 들어가 노동계급의 실제 생활을 체득한 것"[107]에 대한 결의안, 즉 '현지 파견 사업'을 지시했다. 이에 따라 당의 지도하에 북한 지식노동자인 작가들이 직접적으로 인민대중의 생생한 노동생활을 체험하고 취재함으로써 얻는 경험을 작품화했다.

김일성은 항상 당은 인민, 민족, 국가를 위한 모든 힘을 다 기울여 투쟁하는 유일한 조직이라는 것을 밝힘으로써 당과 인민의 불가분의 관계를 강조하고 있었다.[108] 또한 예술인들이 당성을 문예 창작의 기본적 원칙으로 삼으면서 당은 철두철미하게 인민대중의 현실적 생활을 자기의 지반으로 하면서 인민에게 의거하여 인민의 이익에 의식적으로 복무하는 것이 되어야 한다는 예술작품의 인민성에 대한 요구를 꾸준히, 엄격하게 관철하고 있었다. 또한 문예작품은 대중교양의 강력한 무기로서 인민대중을 사회주의적 애국주의로 교양하며 항상 인민의 앞에 서서 당 노선과 정책을 적시 선전·선동하며 그의 성과적 실현을 위한 투쟁에 인민 대중을 고무 추동하는 것이다. 이를 통해 문화예술 창작 가운데서 당성과 인민성은 밀접한 상하관계이여 양자는 불가분리적 통일체로 당성은 인민성의 '최고 형태'라 할 수 있다.[109]

---

106 위의 잡지, 8쪽.
107 경남대학교 북한대학원, 앞의 책, 317~318쪽.
108 "우리 나라에서 오직 우리 당만이 전체 인민의 리익을 위하여, 우리 민족의 행복을과 번영을 위하여, 조국의 통일 독립을 위하여 어떠한 곤난 속에서도 전심 전력을 다하여 투쟁하며 전체 인민에게 투쟁의 앞길을 가리켜 주고 있습니다." 『김일성선집』 5권, 359쪽. 안함광, 앞의 잡지, 7쪽, 재인용.
109 위의 잡지, 7쪽.

2.2.3. 중국에서의 사회주의 리얼리즘

사회주의 리얼리즘이 1950년대 초반에 중국의 문예창작과 비판의 기준으로 확립되었는데 역사를 거슬러 찾아보면 그것의 중국으로의 유입은 1930년대 무렵에 주양(周揚)을 비롯한 좌익작가들이 외국문헌에 대한 번역과 발표를 함으로써 이루어졌다.

1933년 11월 주양은 상해의 문학 간행물인『현대(現代)』(제4권 1호)에서「"사회주의적 사실주의와 혁명적 낭만주의"에 관하여(關於"社會主義現實主義與革命的浪漫主義")」라는 문장의 발표를 통해 사회주의 리얼리즘을 공식적으로 중국에 소개했다. 이 글에서는 사회주의 리얼리즘을 진실에 입각하고 정치와 이데올로기에 의존하여 창작함으로써 인민대중의 정신과 심리, 의식에 강력한 교육적 영향을 끼칠 수 있는 문학 창작 수법으로 설명하며 특히 노동계급성과 인민대중성을 강조했다. 또한 주양은 사회주의 리얼리즘과 혁명적 낭만주의의 관계 즉 전자는 후자를 포함하고 후자는 전자의 고유적 구성이자 전자로 하여금 더 풍부하게 발전될 수 있는 정당성을 가진 필연적 요소라는 것을 밝힌 채, 중국에서 소련의 혁명적 낭만주의와 유기적으로 결합한 사회주의 사실주의 이론에 대한 기계적이지 않은 공부와 중국의 구체적인 정치상황에 적용하는 실천이 프롤레타리아 계급 문학운동 가운데 급히 필요한 것이라 주장하였다.[110] 항일전쟁과 국내내전의 잇따른 폭발, 즉 외부세력의 영향과 중국 국내 정권의 대립과 분쟁으로 중국 국내정세의 지속적 불안으로 이데올로기는 오랫동안 통일되지 않았다. 때문에 사회주의 리얼리즘은 신중국 수립 전에 공식적으로 유일하거나 무조건 따라야 될 문화예술 창작 준칙으로 규정되지 않았다.

1949년 6월 말[111] 이르면 모택동이 중국공산당 탄생 28주년 기념을 맞이

---

110 周揚,「关于"社会主义现实主义与革命的浪漫主义"」,『周揚文集 第一卷』, 人民文学出版社, 1984, 110~114쪽, 참조.

하여 〈논인민민주전정을 논하여(論人民民主專政)〉라는 글을 작성한다. 이 글은 7월 1일《인민일보》에 게재되었는데 이 글에서 중국공산당의 '일변도(一邊倒)[112]'라는 정치적 노선이 언급된다. 이는 중국이 무조건 완전히 사회주의 진영에 기울어져야 되고, "제국주의"와 "제국주의의 편에 서 있는 장개석 반동파" 그리고 "세 번째 도로" 즉 중간지역에서 서 있는 기회주의자를 무조건 철저히 반대하야 한다는 주장이었다.[113] 이러한 사회주의 건국 노선의 확립 뒤에 비로소 중국 문화예술계에서 소련 사회주의 리얼리즘에 대한 적극적인 공부와 광범위한 적용이 펼쳐졌다. 이어 사회주의 리얼리즘이라는 창작 수법이 중국문화예술계에서 깊이 뿌리를 내리며 중국 문화예술인들에게 받아들여져 점차 신중국 영화 창작의 기본적 원칙이 되었다.

당시 중국공산당 중앙선전부 부부장 겸 문화부 부부장, 중국작가협회 부주석인 주양은 1951년 5월 12일 중앙문학연구소에서 「모택동 문예노선을 단호히 관철해야 한다(堅決貫徹毛澤東文藝路線)」라는 한 연설을 통해 "제국주의와 봉건주의 사상 잔재를 치워야 되고 부르주아계급과 소부르주아계급에서 온 자유주의와 관습적 비속한 사상을 극복해야 한다."라며, 중국 문예 일꾼들이 급히 자아 성찰과 비판을 해야 한다는 내용을 밝히면서, "중국 인민과 수많은 지식청년에게 가장 유익한 정신적 식량"인 '사회주의 리얼리즘 문학예술'에 대한 무조건적 공부가 "자기 민족의 역사적, 문화적 전통의 발전과 풍부에 큰 도움이 된다"고 주장했다.[114] 이는 중국 문예 일꾼에

---

111 1945년 일본의 무조건 항복으로 제2차 세계대전이 끝나자 중국에서 공산당과 국민당 사이에 '국공내전(國共內戰)'이 터졌다. 이 가운데 1948년 9월부터 5개월에 걸친 "삼대전역(三大戰役)" 즉 요심전역(遼沈戰役), 회해전역(淮海戰役), 평진전역(平津戰役)이 모두 공산당의 완승으로 끝나게 되었다. 1949년 4월 23일 공산당군인 '해방군(解放軍)'이 국민당 정부의 수도인 남경을 점령한 다음에 내전의 절대적 우세를 차지하여 도시의 물질적 건설과 인민대중의 사상개조를 시작했다.

112 문면에 '한쪽으로 기울어지다'는 뜻이다.

113 毛澤東, 〈論人民民主專政〉, 《人民日報》, 1949.7.1.

114 周扬, 「堅決貫徹毛澤东文艺路线」, 『周揚文集 第二卷』, 人民文学出版社, 1985, 61~64쪽.

게 "혁명예술 창작 방법 중 최고의 기준"[115]인 사회주의 리얼리즘을 적극적 공부하여 그를 이론적 바탕으로 삼아 문예 창작 활동을 진행하도록 요구하는 것이었다. 1952년 말 중국공산당 중앙선전부 부부장인 호교목(胡喬木)은 문예 작가들이 사회주의 리얼리즘에 대한 공부에 적극성 및 열의를 불러일으키기 위한 문예창작 문제에 관한 보고 가운데 "문예 속 낙후한 현상을 극복하고 위대한 현실을 높게 반영하기 위해 문예 종사자들이 반드시 사회주의 리얼리즘이라는 원칙을 공부하여 파악해야 된다."라고 하였으며 중국에서 사회주의 리얼리즘이 필수적 이론 토대로서 무엇으로도 대체할 수 없는 중요성을 가지고 있다고 강조하였다.[116] 이어 중국공산당 중앙선전부 부장인 습중훈(習仲勳)은 「영화작업에 대한 의견(對於電影工作的意見)」이라는 글에서 "소련에 대한 공부, 사회주의 리얼리즘이라는 창작 방법에 대한 공부는 확고부동한 것이자 흔들지 못한 것이다."라고 했으며 사회주의 리얼리즘이 중국 문화예술 발전 가운데서 유일무이한 지도 사상이자 준칙이라 명확히 밝혔다. 1952년 12월 주양은 소련 문학잡지인 『기치(Знамя)』의 요청을 받아 「사회주의 리얼리즘-중국문학이 나아가는 길(社會主義現實主義-中國文學前進的道路)」이라는 글을 발표했다.[117] 이 글에서 주양은 소련 문학계에 당시 중국에서는 "정치뿐만 아니라 문학예술도 소련의 길에 오르고 있다"라는 실황을 전달했다. 또한 그는 사회주의 리얼리즘을 "전 세계 모든 진보적 작가의 기치"로 규정하고 "중국인민의 문학은 이 기치하에 나아가고 있으며 세계적 사회주의 리얼리즘 문학의 구성부분이 되었다."[118]라며 중국에서 사회주의 리얼리즘의 이행 과정을 높이 평가했다.

115 周扬, 「毛泽东同志《在延安文艺座谈会上的讲话》发表十周年」, 위의 책, 145쪽.

116 「全國文協組織第二批作家深入生活」, 『文藝報』, 1952년 24호, 1952. 李道新, 「当代中国电影:现实主义50年(上)」, 『電影藝術』 1999년 5호. 1999, 19쪽, 재인용.

117 이 글은 소련 문학잡지인 『기치』 1952년 12월호에서 개제되어 1953년 1월 11일 중국《인민일보》에서 전재되었다.

118 周扬, 「社会主义现实主义-中国文学前进的道路」, 앞의 책(ㄴ), 182~183쪽.

1953년에 들어서면서 중국 문화예술계에서 사회주의 리얼리즘에 대한 공부와 이를 둘러싸고 전개된 토론의 분위기가 더욱더 농후해졌다. 북경에서만 전국문학창작위원회(全國文學創作委員會)가 조직한 작가, 비평가, 문예계 지도자 및 간부 사이에 사회주의 리얼리즘 이론적 문제에 대한 토론이 무려 14회나 개최되었다.[119] 중국문예계 내부에서의 전파와 보급이 가속화됨에 따라 사회주의 리얼리즘은 문화 창작 가운데서의 가장 우수한 수법에서 유일한 이론적 토대로 확립되어 갔으며, 최종적으로 사회주의 리얼리즘은 어떠한 문화예술작품의 우수여부를 판정할 결정적인 준칙이 되었다.

1953년 2, 3월 '제1회 전국 영화 시나리오 창작회의'와 '제1회 영화예술 근무회의'가 북경에서 개최되었다. 회의석상에서 주양은 사회주의 리얼리즘이 "문학예술의 최고봉"으로서 "우리 영화 작업의 수준과 창작 가운데 존재한 문제를 달아보는 척도이자 가장 올바른 표준이다."라고 하여 사회주의 리얼리즘이 중국 문화예술 발전의 방법론적 토대, 지도적 위치임을 강조했다. "자국의 문학예술전통과 결합하고", "중국의 실제 상황부터 출발하여" "사회주의 리얼리즘을 목표로 삼아 나아가리라!"라는 주양의 호소에 따라 사회주의 리얼리즘이야말로 중국영화인들이 우수한 영화 작품을 창작하기 위해 "무조건 갖춰야 할 기본적 태도"가 되었다. 또한 주양은 중국영화인에게 '현실을 묘사하면서 전형적인 인물, 즉 선진적이고 영웅적이며 고상한 인물을 형상화하고 악당과 대비적으로 부각시켜야 한다.', '사회 속 모순에 대한 깊은 폭로를 통하여 공산주의가 사회생활의 전진을 인도·촉진하는 힘이라는 것을 강조하며 사회주의 정신을 이용함으로써 인민을 교육·개조시켜야 한다.', '생활을 깊이 연구하고 생활에 철저히 충실해야 한다.', '중국공산당은 30여 년의 혁명투쟁과 신민주주의 건설 중 쌓인 거대한 경험, 혁명적 전략사상, 모택동의 철학사상과 당중앙이 하달한 온갖 정책과 사

---

119 李道新, 앞의 논문, 19쪽.在全国第一届电影剧作会议上关于学习社会主义现实主义问题的报告

상들을 모두 반영해야 한다.'라는 네 가지 구체적인 요구를 영화 시나리오 창작 과정에서 무조건 따라야 할 임무로 규정하였다.[120]

1953년 9월 23일부터 10월 6일까지 북경에서 개최된 '제2회 전국 문학예술 일꾼대표 대회'에서 중국 공산당정부 지도자인 국가총리 주은래의 「총노선을 위해 분투하는 문예 일꾼의 임무(為總路線而奮鬥的文藝工作者的任務)」라는 보고서에서 공식적으로 사회주의 리얼리즘이 "우리(중국)문예계 창작과 비평의 최고의 준칙"[121]이 되었다. 회의에서 사회주의 리얼리즘에 대한 토론은 주양과 문예계 작가대표인 모순(茅盾, 즉 심안빙沈雁冰)과 소전린(邵荃麟)에 의해 이루어졌다. 주양은 「더 많은 우수한 문학예술작품을 창조하기 위해 분투하리라(為創造更多的優秀的文學藝術作品而奮鬥)」라는 보고서에서 작품의 수준은 사회주의 리얼리즘을 고도로 향상시켜야만 창작할 수 있다고 주장했는데, "노동계급 작가들에게는 사회주의 리얼리즘의 궤도로 옮겨와 사회주의 리얼리즘을 제대로 공부하고 철저히 적용하는 것 말고는 첩경이 없다"[122]라고 주장했으며 앞서 주은래가 사회주의 리얼리즘에 대해 언급한 '최고의 원칙'이라는 정의 즉 문화예술 창작과 비평 활동 가운데서 가장 유일무이한 유일성이 다시 강조되었다. 주양은 "나날이 커가는 대중들이 문학에 대한 요구를 만족시키기 위해 우수하고 진실한 문학예술 작품을 창작함으로써 애국주의와 사회주의의 숭고한 사상을 인민을 교육시키고 인민들로 하여금 사회주의 사회로 향해 앞으로 나아가게 고무하는 것이 문학예술작업분야에서의 장엄한 임무이다."라고 하였으며 구체적으로 "부르주아 사상에서 근원한 온갖 표현을 지속적으로 비판하고" "역사의 창조자인 공농병(工農兵, 즉 노동자과 농민, 병사)의 생활과 투쟁을 묘사하

---

120 周扬, 「在全國第一屆電影劇作會議上關於學習社會主義現實主義問題的報告」, 앞의 책(ㄴ), 192~233쪽, 참조.

121 周恩來, 「为总路线而奋斗的文艺工作者的任务」, 文化部文学艺术研究院, 『周恩来论文艺』, 人民文学出版社, 1979, 50쪽.

122 周扬, 「为创造更多的优秀的文学艺术作品而奋斗」, 앞의 책(ㄴ), 248~249쪽.

고" "실생활에서의 날카로운 문제를 반영하고" "현 단계의 정치적 임무에 긴밀하게 복종하는" "당과 국가의 정책을 지침으로 삼아 표현하고" 이어서 "인민을 적극적으로 교육하고 인민의 투쟁과 국가의 건설에 기여할 수 있는 사회주의 리얼리즘 문학예술"을 창작해야 한다고 주장했다.[123]

모순은 「새로운 현실과 새로운 임무(新的現實和新的任務)」라는 보고서에서 "우리국가의 정치 및 경제의 급속한 건설과 나날이 새로워진 인민생활, 대중들의 문예에 대한 요구에 비하여 우리의 문예작업이 현실보다 뒤떨어져 있다."라며 '새로운 현실'을 자각하고, 문예계의 '새로운 임무'가 "국가 사회주의 공업화와 사회주의 개조라는 '정치적 총 임무'를 위한 일부"라고 정의하였으며 구체적으로 "문학의 진실한 묘사를 통해 광대한 인민들로 하여금 오늘의 현실과 내일의 현실을 정확히 인식하게 만들고, 그들의 복잡한 계급투쟁 가운데 자기를 개조하고 장애를 극복하며, 사회주의 사회로 점차 이행하는 과정에서의 조국을 건설하는 역사적이며 위대한 임무를 맡게 교도한다"고 언급했다. 이와 함께 모순은 이 임무를 완수하기 위하여 세 가지 '요구', 즉 "반드시 사회주의 리얼리즘이라는 방법으로 창작을 진행할 것을 엄격히 요구하고, 반드시 사회주의 리얼리즘을 더 잘 공부할 것을 엄격히 요구하고, 맑스-레닌주의의 좋은 학생이 될 것을 엄격히 요구해야 한다." 라는 방법론적 요구를 문화예술인들에게 제시했다.[124]

소전린은 대회의 최종 보고인 「사회주의 리얼리즘의 방향에 따라 전진하리라(沿着社會主義現實主義的方向前進)」에서 "사회주의 사실주의는 중국 신(新)문학 발전의 방향일 수밖에 없다"[125]라고 하였으며 사회주의 리얼리즘이 중국에서는 창작과 비평 활동의 전개와 진행의 최고의 원칙일 뿐만

---

123 周扬, 「为创造更多的优秀的文学艺术作品而奋斗」, 위의 책, 234~247쪽, 참조.

124 茅盾, 「新的現實和新的任務」, 『人民文學』, 1953년 11호, 1953.11, 17~19쪽.

125 邵荃麟, 「沿着社會主義現實主義的方向前進」, 『人民文學』, 1953년 11호, 1953.11, 55쪽.

아니라 모든 선진적 작가들이 함께 노력하여 끊임없이 추구할 방향 혹은 목표라는 점을 다시 강조했다. 이렇듯 '제2회 전국 문학예술 일꾼대표 대회'의 개최를 통해 사회주의 리얼리즘은 공식적으로 문화예술 창작에 있어 핵심적 개념이 되었다.

문화예술인에게는 사회주의 리얼리즘이 단지 일종의 우수한 창작수법일 뿐만 아니라 무엇보다 먼저 고려해야 할 선결적 '조건', 절대로 위배하거나 벗어나면 안 되는 '원칙', 작품에 철저히 적용하기 위해서 끊임없이 공부하는 '원천'이었다. 이 시기 중국의 문화 창작과 비평에서는 이미 사회주의 리얼리즘이 유일한 준칙과 척도로서 절대적 영향을 행사했다.

중국 문예계에서 사회주의 리얼리즘을 충실히 따르라는 문예정책은 신중국 건국 전후 중국공산당이 처음으로 결정한 것이 아니었다. 이는 1930, 40년대 항일전쟁과 국공내전시기 공산당 점령지, 해방구(解放區)에서 이행되었던 문예정책의 계승 혹은 그에 입각해 발전한 것이었다. 모택동은 1942년 5월에 「연안문예좌담회에서의 강화(在延安文藝座談會上的講話)」(약칭 「강화」)를 발표했다. 이는 향후 결성된 모든 새로운 문예정책이 무조건 본보기로 삼아야 할 이론적 토대였다. 「강화」에서 언급한 사회주의 리얼리즘의 내면적 특성인 당성과 계급성, 인민성에 대한 정의 및 상호관계에 대한 해명이 중국 문화예술인들의 사회주의 리얼리즘에 대한 연구와 연설문과 저작, 특히 국가와 당이 내린 해당 지시 및 정책에서 지속적으로 나타났다. 1942년 중국공산당은 당원 사상의 통일화, 당 조치 규율의 강화 그리고 당 내부의 공고화를 이루기 위해 "주관주의, 종파주의, 당팔고(党八股)[126]에 반대하여 학풍(學風), 당풍(黨風), 문풍(文風)을 전변하다"[127]라는

---

[126] 팔고 즉 팔고문이란 원래 문체의 한 이름으로 명·청 양대에서 과거시험의 문제에 답으로 채택된 문체이다. 이 문체는 내용이 부실하고 형식에만 집착하는 문자를 놀리는 것으로 인식하게 되었다. 모택동은 여기에서 팔고문에 빗대어 당대의 선전사업과 작가 지식인들의 문제가 한결같이 팔고문제처럼 틀에 박히고 형식주의적인 것을 비판하고 있었다. 그는 "당팔고가 나쁜 사람과 악행을 감싸주는 것이고 일종의 주관주의와 종파주의 표현

목적을 가지고 '정풍운동(整風運動)'을 적극적으로 전개했다. 1942년 4월 3일 중국공산당중앙선전부가 '정풍'의 목적, 내용, 방침, 방법과 공부서류를 명확히 규정한「연안에서 중앙의 결정 및 모택동동지의 삼풍정돈보고를 토론하는 결정에 관하여(關於在延安討論中央決定及毛澤東同志整頓三風報告的決定)」를 발표했다. 이에 따라 문예계의 정풍운동은 1942년 5월 연안에서 개최된 '문예좌담회' 석상에서 정식으로 토론되었다.

[자료] 1942년에 개최된 〈연안문예좌담회〉 참석자

「강화」에서는 문예와 정치 그리고 문예 창작과 비평 가운데서 정치성과 예술성의 관계를 명확히 해명하였다. 모택동은 "세상에 모든 문화나 문학예

형식이다. 이는 남에게 해를 끼친 것이고 혁명에 불리한 것이니 우리 반드시 숙청해야 된다."라고 주장했다. (毛澤東,「整頓党的作风」,『毛泽东选集 第三卷』, 人民出版社, 1991, 827~828쪽.) 모택동은 당팔고의 폐단을 "끊임없이 빈말을 늘어놓고 실제적 내용이 없는 것", "허장성세로 사람들을 윽박지르는 것", "과녁 없이 활을 마구 쏘는 듯이 대상을 보지 않는 것", "말이 '망나니'처럼 무미건조한 것", "약방에서 그렇듯 갑을병정 이것 저것 나열하는 것(즉 형식주의적인 방법으로 문제해결 안 된다는 뜻이다)", "책임을 지지 않고 곳곳에서 남을 해친 것", "당 전체에게 해독을 끼치고 혁명을 방해하는 것", "그것을 전파시켜 나라를 망치고 인민을 해치는 것"의 여덟 가지로 정리하였다. 이어서 그는 당팔고를 철저히 없애버려야만 새로운 문풍이 충실히 발전될 수 있으며 당의 혁명사업이 본격적으로 추진하게 될 수 있는 것이라 주장했다. 毛泽东,「反对党八股」, 위의 책, 833~841쪽.

127 毛泽东,「关于整顿三风」, 中共中央文献研究室,『毛泽东文集 第二卷』, 人民出版社, 2001, 413쪽.

술은 어떤 계급에 속하고 어떤 정치적 노선에 속하는 것이다. 예술을 위한 예술, 초계급적(계급성을 초월하는) 예술, 또한 정치와 병행하거나 상호 독립한 예술이 사실상 존재하지 않는다."라고 하였으며 문예의 절연성을 부정하고 문예와 정치 사이에 떨어질 수 없는 깊은 관계 즉 문예의 정치성의 존재를 주장했다. 또한 모택동의 「강화」 가운데 "문예는 정치에 속하고 반대로 정치에 위대한 영향을 끼친다." "문예는 정치에 복종한다."라는 내용을 통해 문예와 정치는 밀접한 관계를 갖고 있을 뿐만 아니라 중국에서 프롤레타리아트 문예는 프롤레타리아트 혁명의 일부로서 혁명의 최고 지도자인 중국공산당이 규정한 혁명 임무 즉 당의 정치 노선과 당이 내린 온갖 정책과 결정, 지시를 무조건 따르면서 그 영향력이 최대한 확산되어 효과적으로 실행되도록 추진해야 한다고 했다.[128] '당의 직속'이라는 성격에 맞게 문예의 창작 과정 가운데 '당성'에 대한 반영은 반드시 이행해야 할 임무이자 문예인에게는 회피할 수 없는 책임이라 할 수 있다. 즉 혁명 사업의 부속품이자 당의 정치적 정책을 적극적으로 선전, 선동하는 도구로서 간접적이지만 매우 효과적이고, 보조적이지만 매우 중요한 이데올로기적 국가장치와 같은 역할을 맡고 있었다.

　문예 비평 활동에서도 마찬가지였다. 작품의 가치에 대한 판단 역시 그 정치성에 달려 있었다. 모택동은 "문예비평은 기준이 두 개 있다. 하나는 정치적 기준이고 다른 하나는 예술적 기준이다."라고 했다. "정치적 기준이 1위이고 예술적 기준이 2위이다."라며 문예 작품을 비판하는 최고의 준칙을 정치성이라 명확히 밝혔다.[129] 정치성은 당성, 계급성과 인민성으로 구체화되는데 그중에 당성이 우선적이다. 당성은 계급성과 인민성의 가장 집

128 毛泽东, 「在延安文艺座谈会上的讲话」, 『毛泽东选集 第三卷』, 人民出版社, 1991, 865~866쪽.
129 毛泽东, 「在延安文艺座谈会上的讲话」, 『毛泽东选集 第三卷』, 人民出版社, 1991, 868~869쪽.

중적인 표현이며 문예작품에서 반드시 반영되어야 하는 것이다. 중국에서 "국가와 당의 정책은 사회발전의 객관적 규율에 의거하여 인민의 근본적 이익을 집중적으로 반영하고 대변하는 가장 우월한 것"으로 인식되었으며 "작가들이 생활을 관찰하고 묘사하는 과정 가운데서 지남침(指南針)"과 같은 필수인 것으로 간주되었다. "모든 현상을 당 정책의 관점으로 살펴보고 판정해야 한다."라는 문예인에게 제시된 요구는 바로 당성이 현실을 파악하는 중요한 척도라는 것이다.[130] 또한 모택동은 "보통의 실제적 생활에 비해서 문예작품 속의 생활은 더 높고, 더 강렬하고, 더 집중적이고, 더 전형적이고, 더 이상적으로 반영되어야 한다."[131]라고 설명하고 진실성보다 전형성을 강조했다. 즉 그는 문예를 정치적 맥락으로 끌어들이고 당의 시각으로 한 사실 즉 '전형적 사실'과 '전형적 인물'에 대한 묘사를 통해 당 정책을 관철 · 반영 · 전달 · 선양하는 것을 중국문예의 임무라 하였다. 이로써 문예작품은 단순히 일종의 당과 인민 사이의 유대보다 당의 선전을 위한 '확성기'의 역할을 맡게 되었던 것이다.

'중국문예는 누구를 위한 것인가'에 대해 모택동은 "우리의 문화예술은 모두 인민대중을 위한 것이며 우선적으로 공농병(工農兵)을 위한 것이다. (이는) 공농병을 위해 창작한 것이자 공농병으로 하여금 이용하게 한 것이다."[132]라고 중국문예의 '계급성'과 '인민성'을 밝히면서 계급성 즉 "중국문예의 지도자는 노동계급(프롤레타리아)"[133]이라며, 의심할 바 없는 가장 중요한 위상임을 강조했다. 또한 그는 중국의 문예 창작은 반드시 노동계급의

---

130 周扬, 「为创造更多的优秀的文学艺术作品而奋斗」, 앞의 책(ㄴ), 243쪽.
131 毛泽东, 「在延安文艺座谈会上的讲话」, 『毛泽东选集 第三卷』, 人民出版社, 1991, 861쪽.
132 毛泽东, 「在延安文艺座谈会上的讲话」, 『毛泽东选集 第三卷』, 人民出版社, 1991, 863쪽.
133 毛泽东, 「在延安文艺座谈会上的讲话」, 『毛泽东选集 第三卷』, 人民出版社, 1991, 856쪽.

입장에 서서 전개하여 부르주아 문예, 제국주의 문예를 비롯한 모든 반(反)
노동계급 문예들이 중국에서의 뿌리를 내리고 꽃을 피우는 것을 철저히 막
아야 한다며 노동계급 문예만이 정당성을 가지고 있다고 보았다. 그런 노동
계급을 바탕으로 한 지도 사상을 주제로 구성된 문예작품이 인민의 현실적
생활과 투쟁을 정확히 반영하고 인민을 교도하는 유일하고 올바른 것이라
인식되었다.[134]

공농병의 생활에서 취재하고 그들의 사상과 감정 특히 그 중 선진자의
사상과 감정을 표현함으로써 그들의 '투쟁에 대한 완강한 의지', '노동에 대
한 희생적 열정', '집단, 국가, 인민에 대한 무한한 충심'을 칭송하고 이어
서 대중교양을 시키는 것이 문예인들의 꾸준한 임무였다.[135] 1949년 7월
북경(당시 북평)에서 개최된 '중화전국문예일꾼대표대회'의 7월 19일 채택
된 결의안에서, 모택동의 「강화」에서 언급된 '공농병에 봉사하기 위한 문예'
라는 정책의 정확성과 중요성을 강조하고 "이 방침을 계속 관철하고 광대
한 인민, 공농병과 진일보하게 결합해야 한다."는 것을 신중국 문예의 기본
적 방향으로 삼았다.[136] 이러한 계급성에 바탕한 지도사상에 따라 신중국
건국 초기부터 영화 작품에서 노동자, 농민, 병사 그리고 우수한 공산당원
등 과거 예술적·상업적 가치를 중시하는 상해영화에서 찾기 힘든 주인공
들이 부각되기 시작했다. 그들의 삶을 다루고 영웅적 전투면모, 선진적 혁
명사상 등 긍정적인 이미지를 묘사하고 표현하는 것이 신중국 영화의 주력
군이 되었다.

당성과 계급성에 이어 인민성도 중국문예 창작 가운데서 빼놓을 수 없는

134 邵荃麟, 「沿着社會主義現實主義的方向前進」, 『人民文學』, 1953년 11호, 1953.11, 56쪽.
135 毛澤東, 「文艺工作者要同工农兵相结合」, 中共中央文献硏究室, 『毛泽东文艺论集』,
　　中央文献出版社, 2002, 88~90쪽; 周扬, 「为创造更多的优秀的文学艺术作品而奋斗」,
　　앞의 책(ㄴ), 240쪽, 참조.
136 中華全國文學藝術工作者代表大會宣傳處, 『中華全國文學藝術工作者代表大會紀念
　　文集』, 新華書店, 1950.3, 149쪽.

매우 중요한 특징이었다. 인민성은 중국문예 창작과 매우 밀접한 연관성을 가지고 있었다. 구체적으로 인민성은 "인민의 생활을 문화예술 창작의 원료로 삼아 작가의 창조적인 노동을 통해 이루어진 인민대중을 위한 이데올로기적 문예"[137]로 정의되었다. 문화예술 창작 사업에서 작품의 예술성과 상업성은 더 이상 고려 대상이 아니었다. 정치성을 최우선으로 한 문예 작품들은 "혁명적 기계의 일부분이며 인민을 단결하고, 인민을 교육하고, 적을 타격하고, 적을 소멸하는 유력한 무기"라는 인식이 중국문예계에 자리잡았다.[138]

문예 창작 과정에서 '인민성'의 표현은 구체적으로 세 가지로 나누어진다. 첫째는 '문예언어문제'이다. 즉 인민대중들이 이해할 수 있는 언어를 써야되는 것을 의미한다. 작가들은 "무조건 모택동의 「당팔고를 반대하여(反對黨八股)」라는 지시에 따라서 인민의 언어를 공부하고, 외국의 언어 중 필요한 성분을 섭취하고, 고(古)인의 언어 중 생명력이 있는 것만 공부하고"[139], 풍부하고 순수한 언어를 이용함으로써 인민대중과 소통하여 그들을 제대로 교육시켰다. 둘째는 '문예원천문제'이다. 모택동은 문화예술의 원천이라는 문제에 대하여 "반드시 인민대중 가운데에 들어가고, 반드시 장기적·무조건적·전심전력으로 공농병 가운데에 들어가고, 치열한 투쟁 가운데에 들어가고, 가장 광대하고 풍부한 원천 가운데에 들어가서 관찰·체험·연구하여 모든 사람, 계급, 대중, 생동한 생활형식과 투쟁형식, 문학과 예술의 원시 자료를 분석해야만 창작을 시작할 수 있다."[140]라는 지시를 내렸으며 중국문예인에게 공장, 농촌과 부대로 '내려가 생활을 체험'하고 인민대중들

---

137 毛泽东, 「在延安文艺座谈会上的讲话」, 『毛泽东选集 第三卷』, 人民出版社, 1991, 863쪽.
138 毛泽东, 「在延安文艺座谈会上的讲话」, 『毛泽东选集 第三卷』, 人民出版社, 1991, 848쪽.
139 邵荃麟, 「沿着社會主義現實主義的方向前進」, 『人民文學』, 1953년 11호, 1953.11, 62쪽.
140 毛泽东, 「在延安文艺座谈会上的讲话」, 『毛泽东选集 第三卷』, 人民出版社, 1991, 861쪽.

의 일상생활 속 사상과 감정을 느껴보아야 된다고 요구했다. '현지 파견 및 생활체험'이라는 지시의 이행은 중국문예인에게 경험주의와 교조주의를 떠나 사회주의 리얼리즘 수법으로 사회현실에 대한 취재와 묘사에 집중하게 되는 기회였다. 그럼에도 불구하고 이로 인한 중국문예의 도식주의화 경향이 심해졌다. 셋째는 바로 사회주의 리얼리즘의 틀에 맞는 중국문예의 뚜렷한 특징적인 전형적 인물을 형상화하는 것이다. 공부하고 본받을 대상인 영웅적 인물에 대한 형상화는 인민대중을 감화시키고 교양하기 위한 사회주의 문예 창작의 가장 중요한 임무였다.

즉 인민의 일상생활을 다루면서 이데올로기적으로 전형적 인물인 "적과 모든 낙후한 현상에 절대로 타협하지 않고 인민에 무한히 충실하는 고상한 품성"[141]을 가진 영웅을 치켜세우는 특수한 문예 창작 방식은 인민대중들이 혁명의 중요성과 필요성, 혁명에 대한 필승의 신념, 그리고 애국주의와 사회주의 이어 공산주의 사상을 깨닫게 하고 공감할 수 있도록 만들어 주었다. 이러한 긍정적인 '영웅'을 그린 영화야말로 "정신적으로 인민대중에 비범한 영향을 끼칠 수 있는 힘으로 그들을 교육시킬 수 있는 가장 중요한 도구"로 인식되었으며 스크린 속 '영웅'은 역시 사회주의와 공산주의 사상 교육의 장치이자 인민들이 경모하고 따를 완벽한 모델이었다. 그렇기 때문에 영화예술 창작과정에서 긍정적·영웅적 인물은 무조건 '결점 없는 이상적 인물'로 부각되어야 했다. 이 요구는 주양의 「더 많은 우수한 문학예술작품을 창조하기 위해 분투하리라」와 당시 중앙문화부 부부장인 진황매(陳荒煤)의 「긍정적인 인물의 창조에 논하여(論正面人物的創造)」를 통해 자세히 알 수 있다. 주양은 문예 창작에서 "영웅 인물의 성격상의 어떤 결함, 일상 근무 중의 어떤 과실 및 편차와 그의 정치적·도덕적 품성상의 결함을 본질적으로 구별해야 한다.", "영웅 인물의 빛나는 품성을 효과적으로 표현

---

141 周扬,「为创造更多的优秀的文学艺术作品而奋斗」, 앞의 책(ㄴ), 252쪽.

하기 위하여 그가 지닌 일부분의 중요치 않은 결점을 의식적으로 간과하고, 그로 하여금 인민대중들이 지향하는 이상적 인물이 되게 만들기가 가능한 것이고 필요한 것이다."라고 영웅인물에 대한 과도한 미화와 완벽한 우상화를 요구했다. 또한 "우리 리얼리스트가 반드시 혁명적 이상주의자이기도 해야 한다."[142]라고 사회주의 리얼리즘 수법과 혁명 사상의 완벽한 결합을 강조했다. 진황매도 마찬가지로 "긍정인 인물을 부각시킬 때 어떤 결점이 필요 없다면 소홀히 해서 안 써도 된다."라고 작가들을 지도하고, 이상적 인물에 대한 형상화를 "공산주의를 위해서 목숨을 던지고, 희생을 무릅쓰고 용감하게 앞으로 나아가고, 헌신적으로 분투하는 노동계급의 고귀한 품성을 가진 영웅인물"[143]이라 명확히 개괄했다.

가 시기 영화는 하나같이 공농병의 생활에서 온 전형적인 사실을 바탕으로 '빛나는 영웅인물을 따라 빛나는 미래를 맞이한다'라는 혁명적 주제로 구성된 것이었다. 또한 공산주의의 궁극적 승리와 더불어 발전 가능성이 없는 인물을 긍정적·영웅적 주인공과 대비시키는 선악구도를 제시함으로써 '인민에게 빛나는 미래를 가져오는 것은 오로지 중국공산당뿐이다.', '당의 현명한 지도를 굳게 믿고 서슴없이 따라야만 행복한 생활을 얻을 수 있다.'를 비롯한 정치 선동적 도그마를 인민대중의 마음 깊은 곳에 심어주었다. 이러한 도식주의적 사회주의 리얼리즘에 입각한 문예작품들은 일종의 '정치가 학술을 선도하는 것으로 인한 쓴맛(苦藥)'이라 간주될 수 있다. 사회주의 리얼리즘은 강력한 정치적 공리성으로 중국문예 학술계에서의 유일한 합법적 자리를 점거함에 따라 중국 문예창작 과정 가운데서 예술적 독창성이 배제된 채 정치적 필요성이 모든 이론적 출발점이 되었다.[144] 이렇듯 모든 문

---

142 周扬, 「为创造更多的优秀的文学艺术作品而奋斗」, 앞의 책(ㄴ), 252쪽.

143 陈荒煤, 「论正面人物的创造」, 罗艺军, 『20世纪中国电影理论文选(上)』, 中国电影出版社, 2003, 361쪽.

144 李道新, 앞의 논문, 21쪽.

예작품은 정치성, 구체적으로 당성과 계급성, 인민성의 낙인이 찍히게 되고 국가와 당의 정치적 정책을 선전·선동하고, 인민대중의 사상을 통제·개조하여 그들이 중국공산당의 당위성과 사회주의·공산주의의 우월성을 깨달을 수 있도록 유도하는 이데올로기적 무기로 쓰였다.

이와 더불어 사회주의 사실주의에 바탕한 문예 창작과 비평의 원칙에 어긋나는 문예작품들은 비판받는 운명을 피할 수 없었다. 1951년 초부터 영화 〈무훈전(武訓傳)〉에 대한 '부르주아 개량주의'라는 비판[145], 1954~1955년 유평백(兪平伯)의 『홍루몽」연구」와 호적(胡適)에 대한 '부르주아 관념론'이라는 비판[146], 1955년 호풍(胡風)의 문예사상에 대한 '반(反)맑스주의', '반

---

[145] 1950년 말, 영화 〈무훈전〉이 제작 완성되어 1951년 초부터 중국 상해를 비롯하여 남경, 북경, 천진 등 대도시에서 상영되었다. 물론 영화가 상영된 후에 비판의 소리가 있긴 했지만 《광명일보(光明日報)》, 《문회보(文匯報)》, 《대공보(大公報)》, 《신민보(新民報)》, 《대중영화(大衆電影)》 등 주류신문과 영화 잡지는 이 영화를 칭찬하는 입장에 서 있었다. 그러나 1951년 4월 25일 가제(賈霽)가 《문예보(文藝報)》에 발표한 〈준칙으로 삼을 수 없는 무훈(不足爲訓的武訓)〉이라는 글에서는 무훈의 사상을 "개인부터 출발하고, 주관적 관념론, 형식주의"라고 비판하고 이 영화를 "개량주의와 가까운 계급 조화 노선"을 선양한 "사상성이 부족하고 사상적으로 심하게 잘못된 작품"이라고 정의했다.(賈霽, 「不足为训的武训」, 罗艺军, 앞의 책, 307~313쪽, 참조.) 이때부터 영화 〈무훈전〉에 대한 비판이 우후죽순처럼 전국적으로 전개되었다. 모택동이 이 영화를 보고나서 이는 개량주의 성질을 갖고 있다고 비판하자 영화 〈무훈전〉에 대한 비판이 급속하게 전개되었다. 1951년 5월 20일자 《인민일보(人民日報)》 첫 면에 모택동이 쓴 사설인 〈영화 〈무훈전〉에 대한 토론을 중시해야 한다(應該重視電影〈武訓傳〉的討論)〉가 게재되었다. 모택동은 사설에서 영화〈무훈전〉에서는 근본적인 문제가 존재했고 〈무훈전〉에 대한 칭찬의 목소리가 많이 드러나던 현상이 문학계의 주도사상이 매우 혼란스러운 상태임을 보여주고 있다고 말하며 반동적인 부르주아사상이 이미 공산당의 내부에 침입해 있으며 당원들이 반드시 참된 맑스주의를 공부해야 하고 잘못된 사상과 적극적으로 투쟁해야 한다고 지시하였다.(〈應該重視電影〈武訓傳〉的討論〉, 《人民日報》, 1951.5.20.) 모택동은 〈무훈전〉에 대한 비판을 통해 1942년 연안 〈강화〉 이어 구(舊)문예와 구사상을 철저히 제거할 것을 다시 공식적으로 강조하며 계급투쟁과 무장 혁명 노선의 절대적 정당성을 거듭 밝혔다.

[146] 1954년 봄 이희범(李希凡)과 남령(藍翎)은 함께 《〈홍루몽약론〉에 대한 것과 기타(關於〈紅樓夢簡論〉及其他)》라는 글을 발표하였다. 이 글에서 유평백의 『홍루몽」연구」를 '반(反)리얼리즘적 관념론'이라 비판했다. 이는 모택동의 주목을 끌었고 중국공산당 당중앙이 발기한 유평백과 호적 등 구문화를 연구하는 지식인에 대한 비판을 초래했다. 영화 〈무훈전〉에 대한 비판과 마찬가지로 유평백을 수반으로 한 이른바 '부르주아적 관념론 사상'에 대한 비판도 이데올로기적 장치인 당의 여론을 대표하는 《인민일보》를 통해 이루어진다. 1954년 10월 중순 개최된 중국공산당중앙선전부와 중국작가협회 회의에서 모택동의 편지

리얼리즘', 이어 '부르주아 개념론', '반사회주의', '반당 · 반인민'이라는 비판[147]이 대표적이었다. 이러한 사건들은 모택동이 제시한 당중앙의 기본적 노선에 순응하지 않거나 반대하는 모든 부르주아 사상과 가까이한 자유주의적이고 개인주의적 문예인에 대한 경종이 되었다. 신중국 설립 직후 문예

가 낭독되어 유평백의 『홍루몽』연구』 중의 '계급'과 '사상'문제를 밝히고 호적의 '부르주아 관념론'이라는 구학술관념을 비판했다. 10월 하순 당의 지시를 받은 원수박(袁水拍)은 《〈문예보〉 편집자에게 질문하다(質問〈文藝報〉編者)》라는 문장을 통해 중국문예계는 호적과 같은 부르주아 관념론자를 용인할 수 없고 비호하면 안 된다는 관점을 명확히 밝혔다.(《質問〈文藝報〉編者》, 《人民日報》, 1954.10.28.) 이어서 호적은 "부르주아 학술사상"을 비롯하여 "반혁명", "반맑스-레닌주의", "봉건세력과 제국주의를 봉사한다", "역사의 발전을 부정한다", "인민대중의 영향력을 무시한다"라는 비판을 받았다. 1955년 초 중국공산당 중앙위원회은 〈간부와 지식분자중 유물론사상을 선전하고 부르주아 관념론사상을 비판하는 강연을 조직함에 관한 통지(關於在幹部和知識分子中組織宣傳唯物主義思想 批判資産階級唯心主義思想的演講工作通知)〉와 〈유물론사상을 선전하고 부르주아 관념론사상을 비판하는 것에 관한 보고(關於宣傳唯物主義思想 批判資産階級唯心主義思想的報告)〉라는 지시를 내려 중국 문예계에 공부와 반성을 요구하며 그들의 정치적 사상을 통제하고 자유주의와 개인주의적 사상을 강력하게 억제하도록 했다. 曹霞, 『中国当代文学批评研究(1949-1976)』, 南开大学出版社, 2015, 79~86쪽, 참조.

147 신중국 설립 전부터 호풍은 문예 창작의 방식에 대한 토론과 더불어 문예잡지에 실린 문장 중 '냉정한 객관주의'를 대신하여 '주관주의적 전투정신'을 거듭 제창하고 있었다. 이는 형식적으로 모택동이 1942년 정풍운동 이래 규정한 '주관주의를 반대하여 문풍을 정돈한다.'라는 노선과 대립했다. 이러한 대립이 1949년 이전에 단순한 '문예 사상적 충돌'이라면 신중국 성립이후 이는 개인의 언사와 국가의 이데올로기 사이에 대항으로 발전된 것이었다.(曹霞, 위의 책, 88~89쪽.) 1949년 제1차 중화전국문학예술일꾼대표대회 직후 호풍과 호풍 편에 선 문예인들에 대한 비판과 숙청이 시작되었다. 그들은 "호풍을 수반으로 한 문예 소집단"으로 불리게 되고 그들의 문예사상이 "부르주아, 소부르주아의 개인주의와 같은 문예사상"으로 귀결되었다.(《人民日報》, 1952.6.8.) 이어서 호풍집단은 '소집단'이나 '집단주의', '종파주의', '반리얼리즘', '반맑스주의' 등 다양한 비판을 받았다. 주양은 1954년 12월 8일 개최된 '중국문학예술계연합회주석단과 중국작가협회주석단 확대연석회의'에서 공식적으로 "맑스주의와 사회주의 리얼리즘을 보위하고 발전시키기 위해 과학사업과 문학예술사업을 발전시키기 위한" 덕목으로 호풍집단에 대한 '투쟁'을 호소했다.(周扬, 「我们必须战斗」, 앞의 책(ㄴ), 326~327쪽.) 1955년 1월 모택동의 「호풍과 담화 정황에 대한 주양의 보고상의 지시(在周扬關於同胡風談話情況的報告上的批語)」는 호풍에 대한 비판을 최고조로 끌어올렸다. 그는 호풍의 성명 게재 요청을 기각하며 호풍의 문예사상을 "반당반인민의 문예사상"으로 주장하면서 그에 대한 철저한 비판의 중요성을 강조했다.(毛泽东, 「在周扬关于同胡风谈话情况的报告上的批语」, 中共中央文献研究室, 『建国以来毛泽东文稿 第五册』, 中央文献出版社, 1989, 9쪽.) 따라서 호풍집단은 '반당집단' 그리고 문예를 명목으로 한 반혁명적 정치집단으로 정의되었는데 호풍집단과 관련된 인원에 대한 조사, 비판과 숙청이 전국적으로 전개되었다.

계에서 전개된 일련의 비판은 실질적으로 정치적인 청산이었고 지식인에 대한 사상 개조였다. 문예는 여전히 정치를 선전·선동하는 무기였는데 건국 초기 모택동 지도하의 공산당 정권은 신속하게 안정화, 고도 집권화라는 요구에 따라 과거보다 정치적 색채가 더욱더 농후해졌다. 이는 일종의 '문화 헤게모니'로 인한 산물이었다. 상부구조인 중국공산당은 자신의 사상적 지배를 정당화해나가면서, '강제'를 통해 지배를 해나감과 동시에 무력한 하위주체인 지식인들로부터 수동적이지만 적극적 '동의'를 얻어냈다. 따라서 지식인들은 국가와 당이 동원하는 이론적·실천적 활동의 전반적 복합체였다.[148] 이 과정에서 의제를 설정할 수 있는 힘을 지닌 당은 문예회의와 토론, 신문잡지를 비롯한 집단적 "비판"을 통해 문예계의 이색분자들을 날카롭게 비판하고 여지를 남기지 않고 숙청했다. 따라서 남은 지식인들은 당의 지시에 대한 무조건 복종이 점차 습관화되었다.[149]

중국 문예계는 1956년에 이르러 "백화제방·백가쟁명(百花齊放·百家爭鳴)"[150] 즉 "쌍백(雙百)"이라는 정책이 실행되어 다시 활기를 되찾기 시작했다. 예술적 자유가 어느 정도 허용된 분위기에서 중국 문예계의 사회주의 리얼리즘에 대한 이해는 전과 다른 견해도 수용할 수 있는 환경이 조성되었다. 모택동은 1956년 4월 28일 개최된 '중공중앙정치국 확대회의'의 최종연설에서 "내가 보기엔 예술문제상의 백화제방, 학술문제상의 백가쟁명이 우리의 방침이 되어야 한다."[151]라고 주장했는데 이는 중국 문예의 새 출발, 즉 문예 창작의 다양화, 자유화를 향한 전변을 알리는 신호탄이었다.

---

148 케이트 크리언 지음, 김우영 옮김, 『그람시·문화·인류학』, 길, 2004, 145~146쪽.

149 曹霞, 앞의 책, 96쪽.

150 '백화제방, 백가쟁명'이란 백종의 꽃이 한꺼번에 흐드러지게 피듯이 '문예'의 꽃을 피우고, 고대 제자백가가 거침없이 자기의 의견을 털어놓듯이 '학술'에 대한 논쟁을 자유롭게 진행한다는 것을 의미한다.

151 毛泽东, 「在中共中央政治局扩大会议上的总结讲话」, 中共中央文献研究室, 『毛泽东文集 第七卷』, 人民出版社, 1999.

같은 해 5월 26일 당시 중공중앙선전부 부장인 육정일(陸定一)은 「백화제방, 백가쟁명」이라는 제목의 연설을 통해 과학계와 문예계 대표들에게 "문학예술 작업과 과학연구 작업 가운데 독립적으로 사고하는 자유, 논쟁하는 자유, 창작과 비평하는 자유, 자기의 의견을 발표하는 자유가 있다."[152]라고 논술하며, 개인주의와 자유주의의 이행에 어긋나 정치적 이데올로기에만 입각한 문예 창작과 비평보다 훨씬 넓은 발전 공간을 제공했다. 이는 중국 문예계에서 오래 가득 찬 '극좌' 경향을 바로잡고 문예의 발전을 촉진하는 도식주의 · 교조주의를 반대하는 것을 중심으로 한 사상해방, 사상자유화에 대한 추구였다. 육정일의 연설 가운데서는 문예의 주체(대상자), 사회주의 리얼리즘이라는 예술 창작수법, 문예작품의 주제와 인물 구성 등에 대한 새로운 인식과 지도사상이 중국문예인에게 전달되어 짧은 '쌍백' 시대 중국 문예 창작과 비평 활동에 긍정적 영향을 크게 끼쳤다. 육정일은 "'공농병을 위해 복무하는 것'은 당이 문학예술작업에 대해 하는 유일한 요구이다. 이는 오늘날에 지식인을 포함한 모든 노동자를 위한 것이다."를 통해 지식인들이 사회의 주체라는 중요한 역할을 긍정적으로 평가했다. 지식인도 공농병과 함께 문예가 봉사할 대상이 되었음에 따라 문예 작품에서 단지 노동자와 농민, 병사의 전형화, 즉 이상화 · 영웅화에만 국한된 고정적 구조를 전면적으로 깨고, 지식인을 포함한 다른 계층에서 온 인물에 대한 묘사도 가능해졌다. 사회주의 리얼리즘에 대해 육정일은 "물론 우리는 사회주의 리얼리즘이 최고의 창작 방법이라 인식하지만 이것이 유일한 창작 방법은 아니다. 공농병을 위해 복무한다는 전제하에 모든 작가들은 자신이 가장 좋다고 여기는 방법으로 창작하고 상호 경쟁하면 된다."라고 설명했다. 이는 앞선 시기 중국의 문예창작과 비평 활동에서 이행해야 했던 사회주의 리얼리즘의 절대성과 일원성을 타파하는 것이자, 문예 작품의 다양성과 예술성의 발

---

152 陸定一, 〈百花齊放, 百家爭鳴〉, 《人民日報》, 1956.6.13.

전에 대한 공식적 지지와 문예계에서의 자유롭고 활발한 논쟁에 대한 상부
구조부터의 촉진을 의미하는 것이었다. 새로운 시기 문예작품의 주제와 인
물을 언급했을 때, 육정일은 표면적으로 "주제에 대한 문제에 있어, 당이
제한을 가한 적이 없다."라고 했는데 "공농병만 쓸 수 있고, 신(新)사회만
쓸 수 있고, 신인물만 쓸 수 있다는 제한은 올바른 것이 아니다."라는 비판
적 언급을 통해 그는 앞서 존재하던 교조적인 문예정책을 부정하는 태도를
보였다. 당의 전반적 독단과 강력한 지시를 대신하여 문예 창작 과정 가운
데 모든 문제에 대한 자유로운 견해의 표출과 자유토론을 통해 합리적으로
해결한다는 긍정적 전변은 다양한 주제와 장르를 개척하는 새로운 문예로
발전할 가능성과 문예 창작과 비평의 균형을 가져왔다.[153]

"쌍백"정책의 공포, 실행과 널리 보급되는 과정에서는 전에 지속적으로
선양하고 이행되었던 사회주의 리얼리즘에 대한 도식주의적 성격이 수정될
가능성이 보였으나 그에 대한 철저한 부정과 비판까지는 허락되지 않았다.
1956년 말 영화이론학자인 종염비(鍾惦棐)는《문예보》에서 발표한 〈영화
의 징과 북(電影的鑼鼓)〉을 통하여 이전의 영화예술정책을 날카롭게 비판
했다. 그는 영화창작에 있어서 국가의 "간섭이 지나치게 많다"는 말을 통해
예술작품이 정치성의 큰 속박에서 벗어나지 못하여 예술성이 떨어지는 사
실을 비난하고, 당이 영화를 비롯한 모든 문화예술에 대해 내린 '공농병을
위해 복무하는 것'이라는 정의가 실제적 이행과정에서 "뚜렷한 교조주의·
종파주의의 성격으로 나타난다."라고 비판했다.[154] 이는 앞선 문예정책과
발전 노선을 반예술적이고 반대중적인 것이라 비판하는 것이었다. 또한 지
속적으로 선양·요구되고 있었던 사회주의 리얼리즘이라는 창작 수법에서
과도한 정치화, 특히 당성과 계급성, 인민성을 철저히 반영하는 것에 대한
강제적 요구가 가져온 문예 창작의 국한성과 획일화 경향을 공개적으로 책

---

153 陸定一, 위의 기사, 참조.
154 钟惦棐, 「电影的锣鼓」, 罗艺军, 앞의 책, 416쪽.

망하는 것이었다. 예술인들이 최대한의 자유화를 추구하기 시작함에 따라 문화 창작과 비평 활동에 있어서 정확한 기준의 설정이 당의 '일언당(一言 堂)'에서 '백가쟁명' 즉 문예인들 사이의 적극적 발언과 토론과 적절한 비평 및 건의를 통해 이루어진 것이다. 종염비를 시작으로 터져 나온 비판과 변화에 따라 중국 문예인들은 문예사업에 적극적으로 투신하기 시작했다. 이와 함께 혁신적 장르나 새로운 표현이 가능해졌다. 다양한 계층의 인물에 대한 묘사, 공농병 영웅을 지식인 선각자로 대체, 소련 해빙기 영화의 영향을 받아 실제적 경험에 근거한 다양한 내면적 모습과 '인성론'을 바탕으로 한 인간에 대한 탐구, 즉 "인정(情), 인성, 인도주의"를 토대로 구성된 인간을 겨냥하여 묘사하는 문예 창작[155]이 모두 가능해졌다.

문예 창작과 비평 방법에 대한 예상을 뛰어넘는 이러한 반응들, 즉 격렬한 도식주의·교조주의에 대한 부정과 비판의 지속적 확대는 중국공산당 정치사상에 대한 통제의 강화, 철저한 언론 탄압에 이어서 '반우파투쟁'을 불러왔다. '쌍백'시대 문예계에서 활약한 문예인과 지식인, 전문가들이 모두 모택동에게 언론과 행동에서 죄를 지은 "반공·반인민·반사회주의적 부르주아 반동파"[156]로 정의되었다. 짧은 도식주의적 사회주의 리얼리즘, 공농병문예를 철저히 비판하고 새로운 인간 문예창작 과정에서 나온 예술 성과들은 오히려 그들의 지울 수 없는 '죄상'이자 이른바 "향화(香花)"와 다른, 뽑아버려야 할 "독초(毒草)"라는 딱지가 붙여질 수 있는 확실한 '증거'였다.[157] 중국공산당은 공식적으로 반우파투쟁을 공산당과 노동계급 그리고 위대한 사회주의 사업을 뒤엎고 공산당을 고립시켜 역사를 역행하게 하는 표리부동한 행동을 막는 '계급투쟁'으로 정의했다.[158] 이에 따라 문예계 우

---

155 曹霞, 앞의 책, 101~102쪽.
156 毛泽东, 「文汇报的资产阶级方向应当批判」, 中共中央文献研究室, 『建国以来毛泽东文稿 第六册』, 中央文献出版社, 1989, 533쪽.
157 毛泽东, 「关于正确处理人民内部矛盾的问题」, 中共中央文献研究室, 『建国以来毛泽东文稿 第六册』, 中央文献出版社, 1989, 348쪽.

파분자에 대한 비판과 청산을 시작하였다.[159] 반우파투쟁의 전국적 전개에 따라 중국 사회의 어두운 면을 그린 작가인 유소당(劉紹棠), 정령(丁玲), 진기하(陳企霞), 그리고 인성, 인도주의 등 인간의 내면적 묘사에 열중한 풍설봉(馮雪峰)을 비롯한 수많은 문예계 지식인들이 '정치상의 우파'로 분류되어 공식적으로 '신시대 프롤레타리아의 새로운 적'으로 규정되었다.[160] 그들이 '쌍백'시대의 호소에 따라 창작한 문예작품이 타락한 우파분자의 '수정주의 문예이론'과 '반당반사회적 대(大)독초'라고 비판받게 되었으며 그들의 문예창작과 비평 활동은 개인주의적이고 수정주의적 '반당활동'으로 규정되어 정치적 탄압을 받았다.[161] 비록 짧은 시간이긴 했으나 겨우 활기를 되찾은 중국영화계도 반우파투쟁 속에 말려들었다. '쌍백'시기 중국 영화의 혁신 및 발전에 큰 영향을 끼쳤던 선구자인 종염비와 그의 발표문인 〈영화의 징과 북〉은 제일 먼저 공격의 대상이 되어 "성적(成績)을 부정하고, 방향을 바꿔 지도권을 탈취하는 우파언론"과 "사회주의사업을 파괴시킨 범죄행위"[162]라는 날카로운 정치적 비판을 받았다. 영화 창작과 비평은 다시 '쌍백' 이전의 궤적으로 돌아가서 지배적 이데올로기를 선전·선동하는 옛 역

---

158 〈這是為什麼?〉, 《人民日報》, 1957.6.8.

159 공산당 반우파투쟁을 전개하기 위해 계획적이고 의도적으로 '쌍백'을 호소하는 것이 음모라 하는 소리에 대해서 모택동은 "실컷 말하게 놔둔 다음 일단 반박하지 말고 우파분자들로 하여금 인민 앞에 반동적 면목을 드러나게 하고 나서 다시 연구하고 반박한다."(毛泽东, 「中央关于对待当前党外人士批评的指示」, 中共中央文献研究室, 『建国以来毛泽东文稿 第六册』, 中央文献出版社, 1989, 478쪽.) 그리고 이는 음모가 아니라 뱀을 굴에서 끌을 듯이 적을 깊숙이 유인하는 "양모"(毛泽东, 「文汇报的资产阶级方向应当批判」, 中共中央文献研究室, 위의 책, 1989, 531~532쪽.)라는 직접적 설명을 통해 오히려 그는 통치를 공고히 하기 위해 계획적으로 반동세력인 부르주아 우파를 청산하는 본디 목적을 보인다.

160 朱栋霖 외, 『中国现代文学史(下)1917-2000』, 北京大学出版社, 2008, 11쪽. 曹霞, 앞의 책, 106~110쪽, 참조.

161 周揚, 〈文藝路線上的一場大辯論〉, 《人民日報》, 1958.2.28.

162 徐景賢, 〈否定成績改變方向篡奪領導-揭露〈電影的鑼鼓〉一文的右派言論〉, 《文匯報》, 1957.8.4. 罗学蓬, 「钟惦棐和〈电影的锣鼓〉」, 『炎黃春秋』 2001년 12호, 中国艺术研究院, 2001.12, 34~35쪽, 재인용.

할을 떠맡기 시작했다. 영화인들도 "원하든 원치 않든 상관없이, 영화는 언제든 인민을 교육시키는 도구이다; 원하든 원치 않든 상관없이, 무조건 특정한 계급을 위해 봉사해야 한다."라는 "강철과 같은 확실한 규율(鐵定的 規律)"을 준수한다는 임무를 강제적으로 부여받게 되었다.[163] 즉 반우파투쟁의 전개로 중국영화는 정치적 이데올로기의 부속품이자 당의 기관지라는 구(舊)신분으로 다시 돌아갔으며, 예술성과 창의성의 추락에 따라 중국공산당이 요구했던 정치성이 이 시기 영화를 비롯한 모든 문예형식의 창작과 비평의 유일한 원칙으로 부활하게 되었다.

2.3. 선전 · 선동 수단으로서 스탈린주의

레닌이 "우리에게 영화는 모든 예술 중 가장 중요한 예술이다."라는 말로 정치적 및 사회적 그리고 역사적 층위에서 영화에 대해 높게 인식한 것과 마찬가지로, 김일성은 1958년 1월 17일 「영화는 호소성이 높아야 하며 현실보다 앞서나가야 한다」라는 연설에서 "우리 당의 힘있는 직관적인 선전선동 수단"이라는 말로 영화의 기능성을 밝혔다. 또한 "영화가 여러 가지 예술형식 가운데서 가장 중요하고 힘있는 대중교양수단이라는데 대하여서는 더 말할 필요가 없습니다."라는 말로 영화예술에 대해 높은 평가를 내렸다. 북한에서 영화는 일종의 문화예술로서 당보의 사설과 같은 호소성, 즉 선전 · 선동성이 높은 예술형식으로써 정치적인 직능을 부여받고 있다. 이로써 당이 요구하는 바와 같이, 인민들의 사상의식을 사회주의, 공산주의적으로 개조하는데 적극적으로 이바지하기 위해 선전 · 선동성이 높은 영화를 더 많이 만들어야 되는 것이 북한영화인들이 완수해야 할 장기적 임무가 되었

---

163 夏衍, 「中国电影的历史和党的领导(1957)」, 『夏衍电影论文集』, 东方出版中心, 2011, 76쪽.

다.[164] 북한 영화는 작가 개인의 창의성, 즉 단순히 예술성에 의한 것이 아니라 무엇보다 당의 정책과 김일성의 교시 즉 정치적 이데올로기를 인민대중에게 전달, 선양, 보급을 가속화하여 인민대중을 교양하고 감화시키는 수단이며, 노골적이지만 매우 '효과적'이고 '효율적' 무기로 규정될 수 있다. 이를 통해 북한에서는 국가와 당이 '영화예술과 정치의 통일성' 내지 '예술의 전반적 정치화'를 요구한다. 이러한 사실은 북한 인민대중의 의식이 자율적으로 이루어지는 것이 아니라 선전·선동으로 형성되는 것임을 알려준다. 일반적으로 북한영화는 민주주의, 사회주의, 공산주의를 미화하고 모든 승리와 공적을 결국 김일성이나 김일성을 수반으로 한 당의 올바른 지도로 귀결시킨다. 또한 일제, 미제 그리고 남한 이승만 정권의 부당성을 대립적으로 부각시킴으로써 외래 침략자에 대한 미움 즉 '증(憎)'이라는 정서와 이른바 '위대한 수령'이라는 김일성과 당에 대한 '애(愛)'라는 감정을 대립시킨다. 이러한 전형적인 시나리오 창작 법칙과 지향성은 앞서 언급한 북한이 해방 직후 소련과의 적극적인 영화 교류에 의해 받은 영향과 무관하지 않아 보인다. 특히 스탈린 시기 소련영화의 특징들은 북한 영화의 형성에 가장 중요한 토대로 작용하고 향후 북한 영화 창작 작업 가운데서 기본적 원칙이 되었다.

개괄적으로 보면 스탈린주의는 스탈린의 집권기인 1926년부터 1953년까지 이르는 약 30년 동안 소련공산당과 국제공산주의운동을 지도해 온 스탈린의 정치적 노선과 구체적 정책 및 결정을 가리키며 본질적으로 지배 이데올로기였다. 이 시기 소련에서는 정치, 경제뿐만 아니라 문화예술에서조차

---

[164] 연설 중 김일성은 영화의 높은 호소성을 찬양하면서 영화예술의 특수성, 즉 소설, 신문, 연극에 비해 영화가 지니는 특유한 우월성을 다음과 같이 설명하였다. "영화는 여러곳에서 많은 사람들에게 동시에 보여줄 수 있으며 비교적 짧은 시간에 오랜 기간의 력사적 사실들과 사건들을 직관적으로 생동하게 보여줄 수 있으므로 근로자들을 교양하는 데서 소설이나 신문보다도 낫고 무대의 제한을 받는 연극보다도 우월합니다." 김일성, 「영화는 호소성이 높아야 하며 현실보다 앞서나가야 한다」, 『김일성저작집』 12권, 조선로동당출판사, 1981, 9쪽.

스탈린의 교시는 절대적 진리가 되었으며 스탈린에 대한 개인숭배가 전국적으로 펼쳐졌다. 이와 더불어 스탈린의 정치 노선에 엄격히 부합하고 입각하여 스탈린 자신을 영웅화, 우상화하고 집권통치 기반을 끊임없이 강화하는 목적으로 한 영화들이 많이 나왔다.

해방이후 북한 정권의 수립시기는 소련에서 스탈린 개인숭배 성행 시기와 맞물려 있기 때문에 이 시기 소련의 문화예술물이 북한으로 거침없이 대량 유입되었고 이와 함께 스탈린주의 즉 스탈린 시대의 통치 이데올로기가 북한에서 성공적으로 전이되고 널리 확산되었다. 북한정권 수립 초기에는 정치 상황이 상당히 안정적이지 않고 정확한 자주 노선이 형성되지 않았다. 자연스럽게 스탈린주의 사상의 영향을 받을 수밖에 없는 상황이었다. 영화야말로 스탈린주의를 북한으로 직접적으로 전달하고 북한 지도자부터 인민대중까지 스탈린식 이데올로기에 쉽게 접근할 수 있는 매우 효과적인 경로가 되었다. 따라서 사회주의 국가의 설립자인 레닌과 스탈린의 영웅성, 우상화 심지어 신격화와 국가와 당 사상에 충실한 긍정적 인물을 비롯하여 당의 지도와 격려를 받아 노동에 활력을 불어넣는 인물, 평화의 수호자로서의 소련 인민, 대조적으로 평화를 파괴하는 적대자나 부정적인 인물 등 온갖 전형적 인물의 모습을 주요 모델로 설정한 영화, 소련의 위대한 조국전쟁을 주제로 한 영화, 소련의 사회주의 건설과 사회주의 문화의 개화를 노래하는 영화, 또한 소련의 젊은이, 여성, 어린이의 평화롭고 행복한 생활과 소련 인민의 우의를 묘사하는 영화를 북한에서 내내 상영했다.[165] 이러한 영화들, 특히 극단적인 대비와 대조적인 인물의 배치 및 시나리오의 설정을 통하여 제2차 세계대전 시기 스탈린의 현명한 결책으로 소련의 승리를 이끌었던 휘황한 공적을 노래하여 그의 위대한 지도자의 모습을 부각시킴으로써 개인 우상화, 신격화한 영화, 그리고 공산주의와 당을 위한 투쟁에 용감

---

165 정태수, 앞의 책(ㄴ), 248~249쪽; 정태수, 앞의 논문(ㄱ), 140~141쪽, 참조.

하게 참여하는 전형적 인물의 영웅주의와 그들의 헌신적인 애국주의를 다룬 영화들의 상영활동이 북한에서 이루어졌다. 이들 영화는 인민대중들로 하여금 공산주의 정당과 지도자를 충실하게 따르게 하기 위해 당의 당위성과 지도자의 영웅적 이미지를 집중하여 부각시켰다. 영화의 이러한 정치적 선전·선동성은 김일성을 비롯한 북한 지도자의 주목을 끌 수밖에 없었다. 그들은 영화가 인민대중들의 사상을 사회주의 공산주의적으로 개조하고 그들을 적절하게 통제할 수 있는 선전·선동적 수단이라는 것을 인식하고 있었다.[166] 즉 북한으로 소개되었던 스탈린 시기의 소련 영화들은 향후 북한 영화 창작의 이론적 토대와 내용 및 형식적인 전범(典範)이 되었다. 북한에서 영화라는 예술형식은 처음부터 북한 김일성 정권에 의해 당 정치 노선을 효과적으로 선전·선동하는 도구, 영상화된 기관지, 인민대중을 교양하고 통제하는 무기로 이용된 것이다.

스탈린 시기 소련영화 속에 나타난 이데올로기 즉 스탈린주의는 당의 새로운 노선 및 정책에 대한 부합과 선양, 투쟁 중인 전형적 인물의 영웅적 행위에 대한 묘사, 지도자의 개인 우상화 내지 신격화, 대비적 구조를 통해 인민대중의 사회주의적 애국주의를 추구하면서 제국주의와 자본주의에 대한 적개심을 불러오는 것을 목적으로 했다. 이를 비롯한 소련 영화의 형식적 특징은 북한 지도자로 하여금 소련 영화를 모델로 삼아 소련의 영화이론과 창작기법을 가장 정확한 것으로 인식하게 하였다. 따라서 이러한 북한 지도자의 영화에 대한 이해와 인식이 자연스레 북한 영화인에 대한 요구가 되어 북한 영화의 창작에 적용되었다. 정영권은 북한영화의 형성과 발전 과정 가운데서 민족문화 건설의 영화사적 의미를 강조하여, "북한 인민들은 열광적으로 소련영화를 수용했지만 북한 영화에 끼친 소련영화의 영향이 절대적인 것은 아니었다. 그보다는 넓은 영향 하에서 자생적인 민족주의의

---

166 정태수, 위의 논문(ㄱ), 135쪽.

길을 내장하고 있었다고 봐야 할 것이다."[167]라고 하였다. 이는 소련영화가 북한영화에 큰 영향을 끼친 사실을 부인하는 것이 아니라 북한영화 창작의 형성과 발전은 소련영화를 맹목적으로 답습하는 것을 부인하며 북한 특유의 민족문화 특히 항일투쟁을 영화의 주제로 삼아 있었던 사실을 밝힌 것이다. 소련영화가 북한영화에 절대적 영향을 끼친 여부에 관한 문제는 "스탈린의 이데올로기적 토대는 러시아 자체 내의 사회주의 혁명으로부터 근거한 것이고 북한의 김일성의 이데올로기적 토대는 항일 투쟁으로부터 그 기반을 두고 있다." 그리고 "북한영화는 형식에 있어서는 스탈린 시기의 영화 표현형식을 내용에 있어서는 항일투쟁에 관한 것들이 시대적 변화와 함께 중요한 요소가 되었다."[168]라는 정태수의 주장과 찰스 암스트롱의 "다민족인 소연방의 정책이 형식은 민족주의, 내용은 사회주의인데 반해, 북한의 문화형성은 반대로 형식은 사회주의, 내용은 민족주의였다."[169]라는 관점과 일치한다. 향후 북한영화가 나아갈 방향을 제시하는 것은 다름 아닌 바로 항일투쟁을 비롯한 북한 민족문화를 영화의 중요한 소재로 삼는 것이었다.[170] 비록 북한 영화의 형성과 발전이 스탈린주의의 소련영화 이론 및 수법과 불가분의 관계가 있더라도 절대적인 영향은 아니었다. 북한영화는 형식적으로 스탈린주의에 근거하며 내용적으로는 항일투쟁이라는 토대위에 시대적 변화에 대응해 형성되었던 것이었다. 향후 토지개혁, 한국전쟁, 전후 조국 복구건설, 김일성 지도하의 사회주의 공산주의 북한에서 인민의 행복한 일상생활과 이승만 정권통치하의 남한 인민이 도탄에 빠지고 있는 고난, 천리마운동 등 북한 특유한 민족문화를 주제로 한 기록영화나 예술영화가 지속적으로 등장하여 당의 당위성과 중요성을 부각하고 김일성의 숭고

---

167 정영권, 「북한의 소련영화 수용과 영향 1945~1953」, 『현대영화연구』 22호, 현대영화연구소, 2015, 29쪽.
168 정태수, 앞의 논문(ㄱ), 144~145쪽.
169 찰스 암스트롱 지음, 김열철·이정우 옮김, 『북조선의 탄생』, 서해문집, 2006, 268쪽.
170 함충범, 앞의 논문, 135쪽.

하고 위대한 지도자 모습을 전면으로 내세우게 된다.

1953년 스탈린 사망 직후인 1956년 제20차 소련 공산당 전당대회에서 스탈린 개인숭배에 대한 비판을 시작으로 소련영화는 해빙기를 맞았다. 사회주의 리얼리즘이 여전히 소련 사회에서 중요한 창작 방칙으로 작용되었음에도 불구하고 스탈린의 공포 정치에 입각하여 그를 우상화한 창작법칙이 더 이상 소련의 미학적 표현 수단의 논리가 될 수 없었다.[171] 스탈린 시기 리얼리즘은 현실을 제대로 반영하지 못하고 객관적 진실을 호도하는 오류를 낳았으며 인간에 대한 탐구와 현대성 개인과 현대성 이면에 존재하는 실체적 진실, 따라서 해방기에는 스탈린 시기 영화 속 긍정적이고 영웅적인 인물의 외형적 형태 대신 실제적 경험에 근거한 다양한 내면의 모습 묘사가 가능하고, 호도된 현실과 역사적 사건 대신 이면에 존재하는 역사적, 사회적 진실을 드러내는 데 집중하게 되었다.[172] 해빙기 소련영화는 당의 노선과 최고 지도자가 내린 지시에 입각하여 선전·선동하는 수단 즉 '도식주의'적 사회주의 리얼리즘 수법으로 형성된 정치의 부속품이라는 위상에서 벗어나 역사적 사실과 동시대를 객관적으로 묘사하여 올바른 '진실'을 추구하고 이에 접근하여 했다. 그러나 동시기 북한에서 김일성은 자기의 중앙집권통치를 공고히 하기 위해 정치적으로 '종파사건'을 통해 자신의 정치적 기반과 유일사상 체제 논리에 대한 강화를 이루었다. 또한 김일성은 문화예술 분야에서 제20차 소련 공산당 정당대회의 결정과 해빙기 소련문화예술의 경향에 순응하는 작가들을 '수정주의' 부르주아 작가라고 비판하며 해빙기 소련영화와 그에 영향을 끼친 동유럽의 일부 영화들이 북한으로 유입되는 것을 차단하고 있었다. 이와 동시에 그는 스탈린주의에 입각한 영화의 제작을 북돋고 항일투쟁에 관한 요소들을 영화 표현의 가장 중요한 지침으로 규정하여 항일투쟁에서의 탁월한 공헌에 대한 표현을 통해 개인 영웅화, 우상화, 내지 신격화하는 목적을

---

171 정태수, 앞의 책(ㄱ), 373~374쪽.
172 정태수, 위의 책(ㄱ), 409쪽.

이루었다. 소련에서 해빙기를 맞이하여 스탈린주의가 문화예술 창작에 끼친 영향이 점차 없어지게 되었으나 북한에서는 그의 여파가 그치지 않고 오히려 강화되었다고 해도 과언이 아니다. 즉 1950년대 중후반부터 소련에서 있었던 스탈린 비판의 전개 및 지속화와 반대로, 북한에서 스탈린주의의 계승이 이루어졌다. 북한에서는 영화예술은 완전히 당의 수중에 장악되어 변함없이 당의 노선과 김일성의 교시를 선전·선동하는 수단이자 사상적 무기로서, 북한 인민대중의 사상개조 및 교양에 복무하는 매우 큰 영향력을 갖고 있는 전위적이고 보조적인 역할을 맡고 있었다.

소련영화와 깊은 인연을 맺어 왔던 중국영화의 발전 과정도 역시 스탈린 주의와 결코 무관하지 않다. 독일학자인 슈테판 크라머(Stefan Krämer)는 "(1942년) 향후 수십 년간 중국의 예술은 1942년 연안에서 고양된 혁명원칙들의 변형이거나 스탈린 치하 소련의 이데올로기적 전형을 따른 것이었다."라고 하여 1953년 스탈린 사망 후 소련에서 스탈린에 대한 비판, 문예계에서 스탈린주의 문예정책을 바로잡는 활동의 적극적인 전개는 중국에 어느 정도 영향을 끼쳤음에도 불구하고 이에 대한 모택동을 수반으로 하는 중국공산당 정권은 안정적 집권통치를 유지하기 위한 반우파투쟁, 수정주의자 청산 등 일련의 의도적 배척조치 때문에 스탈린식의 획일화된 대중문화가 중국 모든 영역에서 여전히 파급된다고 주장하였다.[173] 중국학자 홍굉(洪宏)은 중국 '17년 영화(1949-1966)'[174]가 '인민영화'로서 소련영화와 같은 '인민미학'을 갖고 있다는 '동질론'이라는 관점을 제기하였다. 그의 입장에서 중국영화 창작과정에서 '인민성'이 '당성'으로 동일시될 수 있는 것이 가져온 '문예문제 정치화', 구체적으로 프롤레타리아의 혁명과 정치, 공농

---

[173] 슈테판 크라머 지음, 황진자 옮김, 『중국영화사』, 이산, 2000, 70~71 92~99쪽, 참조.
[174] 중국문예계에서는 1949년 신중국 설립 이후부터 1966년 문화대혁명이 폭발 전까지의 문예를 '17년 문예'라고 총칭하여 부르는데 구체적으로 '17년 문학', '17년 시가', '17년 영화' 등으로 나눈다.

병 위주의 인민대중을 위해 복무하는 기본적 성질, 사회주의 리얼리즘이나 혁명적 리얼리즘, 혁명적 리얼리즘과 혁명적 낭만주의가 서로 결합하는 '양결합'이라는 효과적 창작방법, 전형적인 공농병 이미지와 영웅인물을 형상화하는 핵심적 임무, 그리고 인민대중을 단결하고 교육시킴으로써 적을 타격하여 소멸하는 목적은 모두 문예가 지배적 이데올로기를 선전·선동하는 정치적 기능성을 강조하여 정권의 당위성과 최고 지도자 혹은 전형적 인물을 우상화·영웅화·신격화하는 것에 집중하는 '스탈리주의'와 제2차 세계대전 후의 냉전 시기동안 문학예술에 대한 정부의 엄격한 통제와 극단적인 반서구적 성향으로 한 '즈다노프주의'의 큰 영향을 받아서 결정된 것이었다. 또한 해빙기가 되자 소련 문예계는 스탈린주의식 사회주의 리얼리즘에 대한 비판을 시작했으나 중국에서는 여전이 사회주의 리얼리즘을 공부하는 것을 호소하며 이를 계승하여 실행하고 있었다. 때문에 소련영화와 중국영화의 발전이 시간적으로 어긋나는 것은 분명한 사실이다. 중·소영화의 동질성이라는 논점이 발전적 일치성을 가리키는 것이 아니라 단지 1949년 신중국 설립 직후 1966년 문화대혁명이 터지기 전의 17년 동안 중국영화의 발전이 소련 스탈린주의 사상과 스탈린주의로 구성된 문예에서 온 결정적 영향과 불가분관계를 맺는 것을 의미한다.[175] 공농병을 위한 문예, 사회주의 리얼리즘에 대한 수용과 변혁, 이어서 '쌍백', '주제결정론'과 '영웅결정론'으로 구성된 '양결합' 등 다양한 문예정책들은 모두 정치적 지도사상인 모택동의 지배적 이데올로기 즉 '모택동 사상'을 중심으로 한 국가의 정치적 노선과 중국공산당의 정책이 문예계에 강제적으로 작용하여 문예작품의 창작에 구체적으로 스며든 것이다. 즉 정치적 성향은 어떠한 직접적이거나 폭력적 방식이 아닌 간접적 이데올로기 장치인 영화의 선전·선동성을 통해 인민대중에게 전달된다. 중국공산당은 정치적 강령·노선의 정확성과 우월

175 洪宏, 「"人民电影": "十七年"电影与苏联电影"同质"论」, 『扬子江评论』 2007년 1호, 江苏省作家协会, 2007.2, 81~83쪽.

성을 강조하고 무조건 복종해야 할 유일한 기준을 주입시키기 위해, 당 문화를 이용해서 그의 우월성을 강조하는데 대립적 이데올로기를 철저히 배척하면서 문예창작과 비평을 대하는 데 있어 당의 정치적 기준을 절대화하는 경향은 스탈린주의가 끼친 크나큰 영향을 받아 계승된 결과이다.

스탈린에 대한 개인숭배를 중심으로 한 스탈린주의는 중국에 계승되어 모택동 개인숭배, 모택동을 수반으로 한 중국공산당 정권에 대한 무한한 신뢰와 '모택동 사상'에 대한 절대적 충실로 구체화되었다. 문예야말로 정치적인 직능을 부여하게 된 당의 확성기로서 선전ㆍ선동적 기능성을 통해 스탈린주의 중국화의 이행과정 가운데서 매우 중요한 수단이 되었다. 예컨대 〈중국의 딸(中華女兒)〉, 〈위국보가(衛國保家)〉 등의 영화에서 과거 전쟁의 재현과 함께 국가와 당에 충실하여 조국의 해방과 인민의 이익을 위해 헌신하는 정치적으로 부호화된 전형적 영웅인물을 형상화하고, 인민대중들이 당의 지도에 따라 민족 해방과 행복한 삶을 위해서 용감히 투쟁하는 모습에 대한 묘사를 통해 최종의 승리를 이끌어 내는 것은 모택동의 훌륭한 군사 전략적 사상과 공산당의 탁월한 영도력으로 귀결되었다. 또한 영화에서는 '나라가 없으면 집이 없다.', '집을 위해서 조국을 지켜야 한다.'에 이어 '조국이 곧 집이다.'라는 애국주의 사상에 대한 선양, 또한 '입대해야만 성장이 된다', '입당해야만 영웅이 된다.'라는 중국공산당 정권의 당위성과 우월성에 대한 선전과 계급투쟁에 대한 강조가 이루어진다. 영화는 이를 통해 인민대중들의 애국심과 적개심을 불러일으켰으며 그들이 입대와 입당할 것을 선동하고 있다.[176] 역사를 회상하는 주제를 다룬 전쟁영화뿐만 아니라 새로운 시기 현실생활을 다룬 영화들(〈당의 딸(黨的女兒)〉 등)에서도 사회주의ㆍ공산주의 사업 건설 중 배출된 시대적 영웅인물에 대한 부각과 당의 정책 환경에서 인민대중들이 긴밀히 단결하여 생산하고 행복하게 사는 모습

---

176 李道新, 『中国电影文化史(1905-2004)』, 北京大学出版社, 2005, 263~276쪽.

에 대한 묘사를 통해 '당을 믿어야만 행복한 삶을 얻을 수 있다.', '조국을 위해서 온 힘으로 이바지해야 한다.'라는 교시를 무의식적으로 인민에게 전달하고 있다. 즉 인민교육이라는 중요한 임무는 시대성을 가진 정치적·역사적·사회적 이데올로기와 공산주의의 덕목을 효과적으로 전달하는 데 초점이 맞추어져 있어서 영화를 통해 충실히 이를 수행하게 되는 것이다.

스탈린주의가 강조하는 문예에 대한 정치적 통치는 단지 영화내용에 대한 요구에 집중되는 것이 아니고 국가가 영화 시장과 영화사를 철저하게 통제하는 것에서도 나타난다. 영화 시장 특히 외화 수입에 대한 통제는 실로 이데올로기를 통제하는 것이다. 신중국 성립 직후 공산당의 입장에서 '독약' 혹은 '낙후적인 문화', '사악한 제국주의 영화'라 불리운 미국을 중심으로 한 자본주의 국가의 대립적 이데올로기를 지닌 영화들을[177] 중국 시장에서 몰아내는 것이 통제의 주된 목적이었다. 처음에는 엄격한 검열을 한 뒤 상영 허가를 내주었으나 한국전쟁의 발발에 따라 중국에서의 자본주의 국가 영화 상영은 일체 금지되었다.[178] 이와 반대로 소련, 북한을 비롯한 같은 사회주의 진영 국가의 영화들은 여전히 중국에서 상영되었고 국가 간의 영화교류 활동이 더욱더 활발히 이루어졌다. 영화사에 대한 철저한 통제는 모든 기존 사영(私營)영화사에 대해 '사회주의 개조'를 추진하여 그들을 국유화시키는 것에 집중하였다. 신중국 설립 직후 중국 영화계에서는 전체적인 개편 및 합병을 통해 사영회사들이 국유화되었고 체계화된 조직으로 거듭나기 시작했다. 1953년 초에 이르기까지 모든 사영영화제작사들은 성공적으로 국유화기업이 되었다. 이에 따라 중국 영화사업은 완전히 당의 직속 부문인 사회주의 국유기업이 되었다. 영화에 대한 절대적 지배권이 당의 손에 넘어감으로 영화는 당의 이데올로기를 선전·선동할 수단이 되는데 효과적

---

177 소수 일본을 비롯한 자본주의 국가의 좌파진보세력이 제작한 영화들은 엄격한 검열을 받아 상영되기도 했다.
178 슈테판 크라머 지음, 황진자 옮김, 앞의 책, 82쪽.

으로 쓰였다.

중국공산당 정권은 영화사업에 대한 직접적 통제와 영화 내용에 대한 구체적이고 결정적인 간섭을 했다. 이로 인하여 중국영화는 명확한 정치적 지향성을 보였다. 이 시기 중국에서는 영화의 선전·선동적 기능성을 이용함으로써 '모택동 사상'을 토대로 한 국가의 노선과 당의 정책을 적극적으로 널리 보급하였다. 이는 영화계에서 전형적 스탈린주의의 계승과 변혁적 이행으로 간주될 수 있었다. 이로써 모택동의 이데올로기는 완전히 대중의 정서에 기대어 전달되었고 이를 통해 그의 숭고하고 위대한 지도자의 모습을 전면으로 내세울 수 있게 되었다. 스탈린주의는 신중국 설립 전부터 모택동 사망 때까지 중국의 정치와 경제뿐만 아니라 문예 창작과 비평 방법에도 크나큰 영향을 미쳤다.

제3장

국가성립기 북·중 영화 교류(1945-1950)

3.1. 국가의 성립과 북·중 영화 교류

　1945년 8월 15일 일왕 히로히토(裕仁)의 항복연설은 반파시스트 민족에게 광복을 알리는 선언이었다. 따라서 일제 강점 36년의 제국주의 통치에 신음하던 조선인들은 그제야 식민지배에서 벗어나 해방을 맞이하였으며 스스로 자유와 민주를 세울 수 있는 희망을 가지게 되었다. 그러나 남북 사이에는 좌우분열로 인한 이데올로기 대립이 사회 혼란과 불안을 야기했다. 이어 남한에서 시행된 미군정과 북한에서 시행된 소군정, 두 세력이 서로 대립하며 좌우이데올로기가 경쟁하는 국면이 형성되었다. 1947년 제2차 미소공위의 실패 이후 1948년 8월 15일 대한민국 정부에 이어 9월 9일 조선민주주의인민공화국 정부가 수립되었다.

　중국에서는 1937년부터 시작된 중일전쟁이 1945년 8월 일본의 무조건 항복으로 끝나자 모택동을 수반으로 한 중국공산당 정권과 장개석을 수반으로 한 중국국민당 정부 사이에 펼쳐진 국공내전 시기에 들어갔다. 공산당군은 1948년 가을 이후 동북에서부터 화북, 화중의 광대한 지역에서 전개된 '3대전역(三大戰役)'의 완승과 1949년 3월 말 전개된 '도강전역(渡江戰

役)'의 승리로 남경을 점령한 후에 1949년 10월 1일 북평에서 내전의 승리와 중화인민공화국 수립을 발표했다. 패전한 장개석의 국민당군은 대만으로 퇴각했다.

공산주의와 자본주의 이데올로기의 구분에 따라 1945년부터 1950년까지 한반도와 중국 대륙 간의 영화교류활동은 남한과 국민당점령지인 국통구, 북한과 공산당점령지인 해방구(1949년 10월 1일 이후 중화인민공화국)의 교류활동 두 가지로 나눠 볼 수 있다.

남한과 국통구의 영화교류 가운데서 1948년 중국에서 상영되었던 한국 영화 〈자유만세〉는 해방공간 남한이 국통구로 수출한 유일한 작품이었다. 반면 1947년 〈간첩천일호(間諜天一號)〉, 〈항일전팔년(抗日戰八年)〉, 1948년 〈사억의 화과(四億的花果)〉, 〈새금화(賽金花)〉, 1949년 〈무야혈안(霧夜血案)〉, 〈상해야화(上海夜話)〉, 〈성성기(聖城記)〉, 〈충효절의(忠孝節義)〉, 〈홍루몽(紅樓夢)〉, 〈종군몽(從軍夢)〉, 1950년 〈일본간첩(日本間諜)〉 모두 열 편이 넘는 중국영화들이 남한에서 상영되었다.[1] 이와 동시에 북한과 해방구(신중국)에서 영화 제작사업이 활성화됨에 따라 양 지역(국가) 사이의 영화교류도 자연스레 펼쳐졌다.

북한영화사에서 광복 이후부터 1950년 한국전쟁 발발 전까지 약 5년간의 시간은 혁명적 변화의 체험기였다고 할 수 있다. 해방 후 조선영화의 역사는 기록영화의 제작으로부터 시작되었는데, 월북한 윤재영, 정준채 등 영화인들에 의해 1946년 1월에 조직된 조선공산당 북조선분국의 중앙위원회 선전부 영화반이 1946년 7월에 기록영화 〈우리의 건설〉을 만들었다.[2] 이어서 〈해방된 대지〉, 〈민주선거〉 등 기록영화들이 영화반에서 제작되었다. 1946년 8월 북조선영화제작소의 창립에 따라 영화반의 역할과

---

1 해방공간 남한과 국민당 점령지 사이에 펼쳐진 영화교류에 관해서는 「해방기 한중영화 교류 연구」, (유우, 『현대영화연구』 22호, 현대영화연구소, 2015)를 참고하라.

2 김룡봉, 『조선영화사』, 사회과학출판사, 2013, 55쪽.

영화반이 소유한 모든 시설이 북조선영화제작소에 편입되었으며 지속적으로 기록영화와 시보영화를 제작하게 되었다. 북조선영화제작소는 시설과 기재, 또한 인원을 확충하여 북조선국립영화촬영소로 발전하게 된다.[3] 1947년 2월 6일 '북조선인민위원회'의 「북조선국립영화촬영소설치에 관한 결정서」[4]의 작성 및 고지로 북한의 국립영화촬영기관인 '북조선국립영화촬영소'가 평양시외 남형제산(南兄弟山)지역에 세워졌다.[5] 국가재정의 막대한 지원, 촬영소의 설립과 기본적 기자재가 완비됨으로써 북한영화인들은 각종 시보영화(1948년 3월부터 〈조선시보〉)와 다양한 주제로 한 기록영화를 지속적으로 만들면서 예술영화의 제작에도 착수하기 시작했다. 1947년부터 국립영화촬영소에서 제작된 주요 기록영화를 주제별로 살펴보면, 민주건설에 관한 주로는 〈자라나는 민주모습〉, 〈민주건국〉, 〈수풍땜〉, 〈흘동광산철도시설〉 등이 그 대표적인 것이고, 인민정권의 창설과 그의 강화발전을 위한 인민들의 투쟁을 수록한 기록영화 〈인민위원회〉, 〈승리의 민주선거〉, 〈빛나는 승리〉, 항일무장투쟁의 승리와 조국의 통일을 위한 인민의 거족적 투쟁을 수록하고 반영한 〈홍광〉, 〈인민군대〉, 〈남북련석회의〉, 〈38선〉 등과 같은 영화작품이 나왔고, 〈1947년 8월 15일〉, 〈1949년의 5·1절〉, 〈1949년의 8·15〉, 〈전국 제1차 체육절〉, 〈전국민청 3차대회〉 등 특정한 행사를 기록한 영화들이 제작되었으며 〈영원한 친선〉을 비롯한 〈친선의 노래〉, 〈아세아여성대회〉, 〈제2차 세계청년학생축전〉 등과 같은 프롤레타리아 국제주의적 친선을 주제로 한 기록영화들도 나왔다.[6]

예술영화에 대한 첫 시도는 1949년 일제강점기 조선인민들의 일제에 대

3   한상언, 앞의 책, 172~175쪽.
4   「北朝鮮國立映畫攝影所設置에 關한 決定書」, 차락훈, 정도모, 『北韓』法令沿革集 〈第一輯〉』, 고려대학교 아세아문제연구소, 1969, 741쪽.
5   조선중앙통신사, 『조선중앙년감 1949년』, 조선중앙통신사, 1949, 145쪽.
6   『조선전사24 현대편(민주건설기2)』, 과학, 백과사전출판사, 1981, 407~409쪽.

한 철저한 증오와 항일무장투쟁을 반영한 〈내 고향〉(강홍식)의 창작을 통해 이루어졌다. 뒤이어 해방 직후 노동계급이 반혁명분자의 음모와 책동을 물리치고 용광로를 복구하는 애국주의적 투쟁을 형상하는 영화 〈용광로〉(민정식)가 1949년 말 제작되어 1950년 초반에 개봉되었다.[7]

중국에서는 1945년 8월 15일 일본의 무조건 항복으로 제2차 세계 대전이 끝나자 8월 20일 주식회사만주영화협회(株式會社滿州映畫協會, 약칭 '만영'滿映) 이사장인 아마카스 마사히코(甘粕正彦)의 자살로 인하여 인력이 뿔뿔이 흩어지게 되었으며 대량의 촬영 설비와 기자재가 남아 있었다.[8] 1945년 9월 상순 동북영화기술자연맹(東北電影技術者聯盟)과 동북영화배우연맹(東北電影演員聯盟)을 합쳐서 구성된 공산당 소속 조직인 동북영화인연맹(東北電影工作者聯盟)이 '만영'을 접수하여 관리하기 시작했으며 '만영'의 남은 인원들은 같은 해 10월 1일 장춘(長春)에서 성립된 동북영화회사(東北電影公司)에 배속되었다.[9] 항일전쟁 기간에 영화제작활동을 하고 있었던 연안영화단(延安電影團)은 장비 부족으로 영화제작이 전면 중단되었다. 이러한 곤경에서 벗어나기 위해 연안영화단은 1945년 말부터 1946년 8월까지 차수를 나누어 중국동북 공산당 해방구로 옮겼다. 연안영화단 영화인들과 합류된 동북영화회사는 1946년 10월 1일 동북영화제작소(東北電影製片廠)라는 이름으로 개칭되었는데 흥산(興山)[10]에서 영화제작활동

---

7 주인규가 연출한 해방 공간 북한 세 번째 예술영화인 〈초소를 지키는 사람들〉이 완성되었으나 한국전쟁으로 인해 상영되지 못한 것으로 보인다.

8 1944년 11월의 통계의 의하면 '만영' 재직직원은 모두 1857명이었다. 그중에 일본인이 1075명으로 전체의 57.9%를 차지하고 있었으며, 중국인이 731명, 조선인이 51명이었다. 그러나 1945년 10월 동북영화사 창사했을 때 남은 '만영' 구직원들은 약 400명뿐이었고 1946년 5월 흥산으로 영화사가 이전한 후 남은 '만영' 구직원은 300명이 안 되었다. 그중에 대부분 중국인인데 일본인도 100 여명이 있었고 조선인도 소수 남아 있었다. 胡昶, 『长春市志 · 电影志』, 东北师范大学出版社, 1992, 44~45쪽.

9 胡昶, 위의 책(ㄱ), 6~7쪽.

10 1945년 말 중국국민당군은 동북지역을 공격하여 1946년 3월 심양(沈陽)을 점령하였고 4월부터 장춘과 하얼빈(哈爾濱) 지역으로 공격을 시작하였다. 그 결과 1946년 5월 동북영

을 지속했다. 이와 별도로 1946년 7월 7일 '국민당 중앙선전부 동북특파원 사무소(國民黨中央宣傳部東北特派員辦公處)'는 심양에 장춘영화제작소(長春電影制片廠)를 설립하였다. 장춘영화제작소는 1948년 10월 19일 중국공산당군이 이끄는 동북영화제작소에 접수되었고 1949년 4월 장춘으로 이전되었다.[11] 국공내전 시기에 동북영화제작소는 동북 해방구의 실제 사회상을 반영한 〈민주동북(民主東北)〉과 모택동, 주은래 등 공산당 지도자들이 전투를 지휘하는 모습을 수록한 〈연안과 섬감녕 변구를 보위하다(保衛延安和陝甘寧邊區)〉를 비롯한 일련의 기록영화, 〈화북신문(華北新聞)〉 등 시보영화들을 제작하면서 극영화제작도 시작했다.[12]

1949년 4월 신중국영화의 탄생을 의미하는 예술영화 〈다리(橋)〉가 동북영화제작소에서 제작되었다. 이어서 같은 해 〈자기의 대오로 돌아왔다(回到自己隊伍來)〉, 〈중국의 딸(中華女兒)〉, 〈백의전사(白衣戰士)〉, 〈보이지 않는 전선(無形的戰線)〉, 〈광망만장(光芒萬丈)〉을 다룬 5편의 예술영화도 나왔다.[13] 북경영화제작소(北京電影製片廠)와 상해영화제작소(上海電影製片廠)가 1949년에 설립되었음에도 불구하고 인력과 물력의 부족 혹은 지속적으로 진행되고 있었던 국유화 개편 · 합병 · 재편으로 인하여 1950년에 이르러 비로소 예술영화의 제작을 시작했기 때문에 이 시기 북한으로 유입되었던 중국 예술영화는 모두 동북영화제작소가 제작한 작품인데 중국 동북은 다른 지역보다 북한과의 영화교류가 빈번했다.

북한과 중국 간의 영화 교류는 1949년 10월 1일 신중국의 성립이 선포되기 전부터 이미 북한과 중국공산당 동북 해방구 사이에 펼쳐졌다. 1949년

화사는 장춘을 떠나서 흥산(興山)시로 이전하였다.

11 1955년 2월 동북영화제작소는 중국문화부의 비준을 거쳐 장춘영화제작소로 이름을 바꾸었다. 胡昶, 앞의 책(ㄱ), 22~23쪽.

12 尹鸿, 凌燕, 『百年中国电影史(1900-2000)』, 湖南美术出版社 岳麓书社, 2014, 78~79쪽.

13 刘丽娟, 『长春电影制片厂艺术电影汇编』, 吉林人民出版社, 2011, 1~6쪽.

3월 1일 동북영화제작소에 소속된 영화배급사인 '동북필름경리회사(東北影片經理公司)'의 성립이 북·중 영화 교류의 가교 역할을 해주었다.[14] 1949년 5월 31일 북한 필름관리국은 북한영화를 중국으로 정상 수출하는 것을 목적으로 동북필름경리회사 안에 '주(駐)중국동북조선영화관리소'를 개설했다. 곧이어 같은 해 7월 동북필름경리회사는 북한 평양에서도 '주조선대표부'를 설립하여 8월에 북한필름관리국과 '상호 영화 상영 및 배급 계약서'를 체결하게 되었다.[15] 따라서 북한과 중국 공산당 해방구 사이의 영화 교류가 이때부터 시작되었다.

1949년 9월 13일 중국 동북필름경리회사가 주조선대표부를 통해 신중국 첫 번째 예술영화인 〈다리(橋)〉와 제2부작인 〈자기 대오로 돌아왔다(回到自己隊伍來)〉를 북한으로 수출했다. 두 영화는 북한에서 곧 개봉되었으며 뜨거운 인기를 얻었다. 평양 대중극장과 문화극장에서 일차 개봉된 〈다리〉는 총 76회 상영되어 2만 5천명 관객을 동원했고 영화 〈자기의 대오로 돌아왔다〉는 252회 상영 동안에 관중 14만 3천명을 동원했다.[16] 영화 〈다리〉는 북한에서 개봉되기 전인 1949년 5월, 즉 이 영화가 제작 완성되어 중국에서 상영되었을 때, 이미 기사를 통해 노동계급을 주인공으로 한 동북영화제작소의 첫 예술영화로서 북한과 인접한 연변 조선인들에게 소개되었다.

---

14 1949년 봄 동북영화제작소는 동북 전역의 해방을 맞이하여 주 하얼빈 사무소와 배급과 인원을 바탕으로 동북지역의 영화 발행·배급 기구를 건설할 것을 계획하는데 같은 해 3월 1일 심양시에서 동북영화경리회사를 세웠다. 백희(白晞)는 경리였고 회사 산하에는 총무주(股), 경리주, 필름주, 회계주 등 13개 주가 설치되었다. 직원이 45명이 있었고 주소는 심양시 화평구 민주길 50번지였다. 胡昶, 앞의 책(ㄱ), 22~23쪽. 동북영화경리회사는 1949년 9월 19일에 종속관계 변경을 걸쳐 중앙영화관리국(中央電影管理局)에 소속이 되어 신중국 성립 후인 1949년 12월에 정식으로 '중앙인민정부 문화부 영화국 동북필름경리회사(中央人民政府文化部電影局東北影片經理公司)'라는 국가문화부 직속기관이 되었다. 陈播, 『中国电影编年纪事(发行放映卷·上)』, 中央文献出版社, 2008, 285~286쪽.

15 陈播, 위의 책(ㄱ), 284~285쪽; 〈조선인민들 중국영화를 환영〉, 《東北朝鮮人民報》, 1949.10.20., 참조.

16 陈播, 위의 책(ㄱ), 285쪽.

문화소식 극영화 「다리」

동북영화제작소 (東北電影製片廠)에서는 처음으로 극영화 「다리-橋」를 은막(銀幕)에 내어놓았다. 중국영화사상에 있어 처음으로 로동계급을 주역으로 하였으며 생산투쟁을 주제로 한 작품이다. 과거에 있어 중국 영화로서 로동인민을 주역으로 한 작품은 극히 적은 것이었으며 그러나마 로동인민의 생활과 투쟁을 옳게 반영하지 못한 것이었다. 오늘 영화 「다리」가 나타남으로써 로동인민들은 자기의 영화를 가지게 되었음을 자랑하게 되었고 중국영화사는 이로부터 새로운 한 페-지를 펼치게 되었다.[17]

1949년 9월 27일 영화 〈자기의 대오로 돌아왔다〉는 평양 각 영화관에서 상영되어 북한관객에게 큰 감동을 주었다. 앞의 중국문헌자료에서 언급한 "일차 개봉 때 북한 대중극장과 문화극장에서 252회 상영 동안에 관중 14만 3천명을 동원했다."라는 구체적 데이터를 들지 않더라도, 아래 기사와 같이 "연일 대만원의 성황을 이루어 국립극장 한곳에서만 하더라도 五일간 상영하는 동안에 관중 총수 二十三만여명에 달하였다."라는 북한 영화관 관리인의 서술과 기록을 통해 북한관객들의 중국영화에 대한 뜨거운 반향을 정확히 파악할 수 있다.

조선인민들 중국영화를 환영

지난 九월二十七일부터 평양 각 영화관에서는 동북영화촬영소에서 제작한 제二부 예술거편인 「자기의 대오로 돌아왔다」를 상영하였는데 한 영화관 관리인의 말에 근거하면 그 영화의 관중들은 특히 극히 큰 감동과 자극을 느꼈으며 연일 대만원의 성황을 이루어 국립극장 한곳에서만 하더라도 五일간 상영하는 동안에 관중 총수 二十三만여명에 달하였다고 한다.[18]

〈다리〉, 〈자기의 대오로 돌아왔다〉와 비슷한 시기에 동북영화제작소가

---

17 〈문화소식-동북영화제작소제一부 극영화「다리」〉, 《延邊日報》, 1949.5.13.
18 〈조선인민들 중국영화를 환영〉, 《東北朝鮮人民報》, 1949.10.20.

1947년 5월부터 지속적으로 제작해왔던 대형 기록영화 〈민주동북〉의 일부
도 북한에 유입되었다. 기사에 의하면 1949년 3월 즈음에 제작된 〈민주동
북〉 제11집 첫 번째 부분인 〈모주석의 열병(毛主席北平閱兵)〉과 셋 번째
부분인 〈부요한 동북(富饒的東北)〉, 또한 1949년 7월 완성된 〈민주동북〉
제17집 두 번째 부분인 〈동북三년의 해방전쟁(東北三年解放戰爭)〉 등의
기록영화들이 북한에서 상영된 것을 확인할 수 있다.[19]

[자료] 북한 인민들이 중국영화 〈자기의 댁으로 들어왔다〉 환영 기사
(《東北朝鮮人民報》, 1949.10.20.)

또한 1949년 11월 동북영화제작소에서 제작 완성된 예술영화 〈중국의 딸
(中華女兒)〉이 1950년 4월, 북한에서 상영되었다.

---

19 〈조선인민들 중국영화를 환영〉,《東北朝鮮人民報》, 1949.10.20; 陈播,『中国电影编年
   纪事(制片卷)』, 中央文献出版社, 2006, 20~21쪽, 참조.

중국예술영화 「중국의 딸」을 보고

　신생중국 동북영화촬영소의 제四회 예술영화 『중국의 딸』은 포악무도한 일제를 반대하여 불요불굴의 투쟁을 계속한 항일련군영웅들의 전투 모습을 형상화한 영화이다. 이 영화 스토리-의 중심 인물로 되여있는 "호수지"를 비롯한 八명의 녀성 영웅들은 오늘 동북렬사기념관 내에 수록되여 있는 명화 『八녀투강』의 실지 주인공들로서 영화의 여러 화면들은 그들 항일련군녀성들의 고상한 애국주의 사상을 예술적 형상을 통하여 표현하고 있다.[20]

　1950년 6월 한국전쟁의 발발에 따라 극장, 영화촬영소를 비롯한 북한의 대부분 시설은 미국의 폭격으로 인하여 파괴되었다. 때문에 1950년에는 중국영화가 북한에서 상영된 종적을 찾기가 힘들어 보인다.

〈표 1〉 1945-1950년 북한에서 상영된 중국영화[21]

교류연도	제작연도	제목	종류	연출	시나리오	촬영	출연
1949	1949	〈다리〉	극 영화	왕빈(王濱)	우민(于敏)	포걸(包傑)	여반(呂班), 왕가을(王家乙), 진강(陳強) 등
1949	1949	〈자기 대오로 돌아왔다〉	극 영화	성음(成蔭)	성음(成蔭)	이광혜(李光惠)	임극(林克), 무조제(武兆堤), 관귀상(關貴祥), 웅새성(熊塞聲), 손휘(孫輝), 소리(蘇里) 등
1949	1949	〈모주석의 열병〉	기록영화	고유진(高維進)	*	오본립(吳本立)	*
1949	1949	〈부요한 동북〉	기록영화	임염(任穎)	*	오본립	*
1949	1949	〈동북三년의 해방전쟁〉	극 영화	전소장(錢筱璋), 강운천(姜雲川)	*	유덕원(劉德源), 창학령(唱鶴翎) 등	*
1950	1949	〈중국의 딸〉	극 영화	능자풍(凌子風), 적강(翟強)	안일연(顔煙)	전강(錢江)	장쟁(張錚), 악신(岳愼), 우양(于洋), 두덕부(杜德夫), 백리(柏李) 등

20　라원근, 〈중국예술영화 "중국의 딸"을 보고〉, 《로동신문》, 1950.4.29.

21　해당 영상자료. 陈播, 앞의 책(ㄴ), 20~22쪽; 刘丽娟, 앞의 책, 1~3쪽; 高維进, 『中国新闻纪录电影史』, 世界图书出版公司 后浪出版公司, 2013, 72~73쪽; 单万里, 『中国纪录电影史』, 中国电影出版社, 2005, 98~99쪽, 참조.

〈다리〉

〈다리〉는 동북영화제작소가 만든 신중국 최초의 극영화이다. 시나리오가 완성된 직후인 1948년 10월 21일부터 촬영이 시작되어 만 6개월 지나지 않은 1949년 4월 20일 완성되었다.[22] 이 영화는 중국국공내전 가운데 1948년 9월 12일부터 동북지역에서 펼쳐진 동북해방전쟁의 결정적 단계인 '요심전역' 시기에 만들어지기 시작하여, 중국공산당이 1948년 11월 2일 '요심전역'에서 승리를 거둠에 따라 동북지역의 전역해방, 화동(華東) 및 화중(華中) 지역에서 발발한 '회해전역'(1948.11.6. − 1949.1.10.)과 화북(華北) 지역에서 전개된 '평진전역'(1948.11.29. −1949.1.31.), 공산당군이 국민당정권 수도인 남경을 포함한 장강(長江) 이남 지역을 해방하기 위해 발동한 '도강전역'이 뜨겁게 벌어지고 있던 1949년 4월에 완성되어 5월 1월부터 중국에서 상영된 작품이다.

〈다리〉는 중국공산당 군대인 '중국 인민해방군'이 발동한 '전략적 반격' 시기인 1947년에 동북전선에서 철도노동자들이 큰 어려움을 겪더라도 장개석의 국민당부대가 파괴한 다리를 시간에 맞추어 복구하고 전선을 전심전력으로 지원하는 내용의 영화이다. 영화 〈다리〉는 신중국 최초의 극영화는 물론이거니와 신중국 최초의 노동계급을 '주인공'으로 삼아 부각시킨 작품이기도 하다.[23] 영화 제작·상영 당시의 상황을 염두에 두자면 이 영화야말로 공산당 해방구의 인민대중 특히 노동계급에게 미제의 주구인 장개석 국민당정권이라는 적에 대한 투쟁을 전개하도록 교양하고 중국공산당 인민해방군이 전선에서의 전투를 적극 협조하여 후방 생산 지원의 임무를 선전·선동하는 역할을 맡았다.

22　陈播, 앞의 책(ㄴ), 20쪽.
23　陈播, 위의 책(ㄴ), 21쪽.

〈자기 대오로 돌아왔다〉

〈다리〉에 이어 제작된 영화가 〈자기 대오로 돌아왔다〉이다. 이 영화는 1948년 2월 16일부터 촬영에 들어가서 1949년 5월에 제작을 마치고 중국 국내에서 상영되었는데 영화 〈다리〉의 제작·개봉 시기와 거의 중첩되었다.

동북영화제작소 제작 제2부 예술영화 〈자기 대오로 돌아왔다〉는 1947년 국공내전을 배경으로, 한 국민당군 병사가 부대에서 시달리고 그의 아버지까지도 국민당군에게 매질과 약탈을 당한 상황에서, 가족과 함께 공산당군의 선전교육과 다양한 도움을 받아서 국민당군이 인민대중을 우롱하고 억압하는 추악한 진면목을 알게 된 후에 다른 국민당군 병사를 설득하여 같이 공산당군으로 귀순하도록 만드는 것을 주제로 한 영화이다.

영화 상영 당시 중국공산당군은 동북과 화북을 점령한 후에 국민당군과 장강 이남 지역에서 치열하게 전투하고 있었다. 중국공산당에게 해방구 새로운 점령지 주민들을 안정시키고, 동시에 국민당군과 대결하고 있는 지역과 국통구의 주민들이 국민당에 대한 적개심과 공산당에 대한 신뢰감을 갖게 만드는 일은 시급히 필요한 것이었다. 그러기에 영화는 국민당군의 부패하고 비열한 짓거리와 공산당군의 청렴하고 우월한 모습을 대립적으로 부각시킴으로써 인민대중에게 국민당 정권의 부당성과 공산당 정권의 당위성을 알려준다. 그들에게 공산당의 조국해방사업을 지지하도록 권유하는 목적으로 한 영화의 제작, 상영 및 배급은 공산당 정권에 있어서 정치적 목적을 이루기 위한 매우 효과적인 수단이었다.

〈모주석의 열병〉

기록영화 〈모주석의 열병〉은 1949년 3월에 제작되었던 10분 30초 정도의 단편인데 중공중앙위원회와 인민해방군본부가 북평(北平, 현 북경)으로 이전한 1949년 3월 25일 북평 서원(西苑)공항에서 거행된 열병식의 성대한 장면, 특히 열병식상 모택동을 수반으로 하는 중국공산당 지도자인 주덕

(朱德), 유소기(劉少奇), 주은래, 임필시(任弼時), 임백거(林伯渠) 등이 열병하는 모습을 수록한 작품이다. 영화 중 인민해방군 탱크부대, 고사포부대, 유탄포부대, 중포부대, 보병부대 등이 지도자의 검열을 받는 장면, 병사들이 '모주석 만세'를 외치는 장면, 열병이 끝난 후에 모택동이 노동자대표, 농민대표, 청년대표, 민주인사와 간담하는 장면을 통해 모택동 지도하의 공산당 정권이 "강대한 인민무장"과 "강대한 민주진용", 즉 중국공산당의 훌륭한 투쟁이 강조되며 모택동 개인이 인민대중의 큰 사랑을 받는 친근한 모습을 보여준다. 이와 함께 "전국적 해방이 바로 눈앞에 있는데 끝까지 전투하여 승리를 맞이하자."라는 호소성이 높은 해설문(내레이션)을 통해 '인민해방군의 대단한 군사력과 모택동 등 당중앙 지도자의 현명한 지도력에 의지한 중국공산당 정권은 국공내전의 최종 승리자가 될 것이다.'라는 필승의 신념을 인민대중에게 전달한다. 이는 해방구뿐만 아니라 전선 내지 국통구 인민의 믿음과 지지를 얻는 것이었다.

〈부요한 동북〉

〈부요한 동북〉이라는 기록영화는 1949년 3월에 촬영 및 제작을 마치게 되어 〈모주석의 열병〉과 함께 〈민주동북〉 제11집에 수록되었다. 영화에서는 콩을 비롯하여 고량, 목화, 소금(바다 소금과 호수 소금), 산림, 금, 석탄, 수력, 철 등 동북지역의 물산 자원에 대한 지역별분포, 생산방식과 용도, 놀라운 연간생산량을 소개하며 수치화시켰다. 더불어 영화는 농민과 노동자들이 부지런히 노작하는 모습과 수확의 계절에 풍작을 이룬 장면들로 가득 차 있다. 화면과 함께 나온 내레이션 해설문은 주로 1945년 일본 패망 직후 동북지역에서 지속적이고 적극적으로 진행되는 생산 활동 가운데서 동북 물산 자체의 풍부에 대한 깊은 감탄, 농민과 노동자들의 공로에 대한 높은 찬양, 그리고 공산당 정권의 현명한 지도와 같은 대체 불가능한 존재에 대한 반복적 강조 세 가지로 요약할 수 있다.[24] 특히 결말부분에서 "수천 수백만 노동인민이 더 이상 억압을 받지 않고 오늘날에 와서 중국공산당의 지도 밑에 자유롭고 즐겁게 생산하여 이상을 현실로 만들어가고 있다. (그들은) 우리의 부요한 동북을 개발함으로써 인민의 자유, 행복, 번영한 신중국을 건립하는 것이다."라는 자막 겸 해설문은 동북을 개발하는 농민과 노동자에 대한 칭송 그 자체이다. 그러나 본질적으로 이는 동북의 개발과 발전이 전반적으로 공산당의 훌륭한 지도로 이루어지게 된다는 강박관념을 선전함으로써, 인민대중을 교양하고 그들로 하여금 후방에서 전심전력으로 생산하고 전선을 지원하도록 하는 교묘한 방식이기도 하다. 이렇듯 영화 〈부요한 동북〉은 모든 공적을 노동계급을 이끌어 줄 메시아인 중국공산당과 중국공산당의 올바른 정책 및 구체적 지시로 돌린다. 이를 통하여 영화는 해방구 인민에게 공산당 정권에 대한 신뢰감과 의존감, 또한 공산당이 국공내전의 최종 승리자가 되도록 지원하는 적극성을 불러일으켰으며, 전선 인민과 국통구 인민에게 공산당 정권의 당위성과 우월성을 보여주고 그들의 민심을 얻는 일종의 도구로 활용되었다.

〈동북三년의 해방전쟁〉

다음에는 〈민주동북〉 마지막 집인 제17집에 수록된 기록영화 〈동북三년의 해방전쟁〉이다. 이 작품은 1949년 7월에 제작 완성되었다. 동북영화제작소가 과거 3년 동안 촬영했던 영상자료를 이용하여 집중적으로 편집함으로써 1946년 초부터 1948년 말까지 약 3년간 동북전장에서 벌어진 국공내전의 실황, 즉 '동북삼년 해방전쟁' 가운데 공산당 군대인 인민해방군이 장개석의 국민당군과의 대결 중 '전략적 후퇴'부터 '반격'을 걸쳐 마침내 동북전 지역을 '해방'시켰던 일련의 전사를 종합 보도하는 것이다.[25] 이 것은 구체적으로 "소련홍군 개선귀국", "장군(蔣軍) 동북에 침범", "1947년 5월-9

---

24 高維進, 앞의 책, 73쪽.
25 高維進, 위의 책, 72쪽.

월 여름 공세", "1947년 10월-12월 가을 공세", "1947년 12월-1948년2월 겨울 공세", "1948년 동북해방 최후의 전역", "1947년 1월-4월 삼하강남, 사보임강(三下江南, 四保臨江) 대전", "삼년래의 놀라운 전적"의 여덟 부분으로 나뉘어 순차적으로 편집되어 동북 3년 내전에 관한 중요한 역사적 사실을 회고하고 있다. 영화에서는 국공내전시기 동북전장에서 미제의 주구인 장개석의 군대의 추악한 짓으로 인해서 동북의 도시와 시골이 큰 타격을 입어 심하게 파괴된 모습과, 동북인민들이 모두 도탄에 빠진 참상과 인민해방군이 국민당군을 동북에서 쫓아내기 위해 모택동과 주덕, 임표(林彪) 등 공산당 지도자의 지휘 아래 용감히 적을 무찌르는 모습을 대비적으로 묘사하였다. 이를 통해 인민대중으로 하여금 적과 아를 정확히 구분할 수 있게 만들었으며 동북해방전쟁중 동북인민의 안거낙업(安居樂業)을 위한 정당성을 그들의 의식 속에 스며들게 만들었다. 또한 전쟁 장면과 결합하여 동북인민들이 후방에서 적극적으로 생산하고 전선을 지원하는 모습과 입성한 인민해방군 전사들을 환영하고 위로해주는 장면에 대한 부각, 즉 군민이 긴밀하게 단결되는 사실을 보여줌으로써 중국인민대중에게 중국공산당의 현명한 지도와 군민일심의 위대한 힘으로 중국전역에 해방을 가져올 수 있다는 신념을 강력하게 주입시켰다.

〈중국의 딸〉

〈중국의 딸〉은 신중국이 성립된 후인 1949년 11월에 제작 완성되었으며 1950년 제5차 카를로비바리 국제영화제에서 '자유를 위한 투쟁상'을 수여받았다. 이 영화는 중국항일전쟁 즉 중일전쟁을 배경으로 동북 민간에서 잘 알려진 '팔녀투강(八女投江)'이라는 이야기를 각색한 것이다. 구체적으로는 1938년 10월 여덟 명의 동북항일연군 여군이 대부대의 안전한 이동을 엄호하기 위해 일본군을 견제하고 대항하는데 결국 궁지에 몰리지만 투항하지 않았으며, 죽음을 두려워하지 않고 목단강(牡丹江) 강물에 투신, 장렬하게 희생한다는 영웅의 사적을 주제로 한 작품이다.[26] 이 영화도 역시 '공농병'영화 정책에 따라 여성노동자가 인민 영웅으로 성장하는 내러티브 구성 모델을 통해 항일전쟁 시기 영웅적 행위를 형상화함으로써 애국주의 사상을 선양하는 것이다.[27] 중국에서 애국주의 교육은 언제나 결코 빠트릴 수 없을 만큼 중요한 과제이다. 영화 〈중국의 딸〉이 촬영, 제작 및 상영되었을 때 신중국은 이미 성립되었으나 건국 초기 국민당이나 외래 자본주의 세력의 간첩과 특무 활동 등이 초래한 국내 정세의 불안정, 국민당 잔존 세력으로 인한 중경(重庆), 남녕(南寧)을 비롯한 중국 서남 지역의 일부 대도시와 티베트 그리고 광주(廣州), 해남도(海南島), 대만(台灣) 등 남부 지역들이 해방되지 않은 상황에서 애국주의에 대한 지속적이고 강력한 선전과 선동은 중국 정국의 안정화와 전역의 해방에 대해서 매우 적절한 것이었다.

북·중 영화교류 중 중국에서 북한으로의 영화 수출보다 중국에서 북한 영화의 상영이 더 늦게 시작되었다. 1950년 2월 16일 북조선국립영화촬영소 영화인 대표가 직접 중국동북에 가서 예술영화 〈내 고향〉과 기록영화 〈수풍땜〉, 〈민주건국〉, 〈1949년의 8·15〉, 그리고 시보영화인 〈조선시보〉를 〈특보(特快)〉라는 통칭으로 '중앙인민정부 문화부 영화국 동북필름경리회사'(원'동북필름경리회사'를 개칭됨)에 배급·상영을 요구했다.[28] 이 영화는 1차로 중국에 수출된 작품으로서 주로 중국 동북 지역에서 상영되었기 때문에 전국적으로 영향을 끼치지는 못했다. 이는 역제(譯製) 즉 중국어로의 번역과 더빙이 이루어지지 않음으로 인해[29] 조선어를 능숙하게 알아듣는 동북 조선족 관객에 흥행이 국한되었기 때문이다. 지금까지의 고증에 의하

---

26 〈『中華女兒』故事〉, 《吉林日報》, 1950.2.7.
27 尹鴻, 凌燕, 앞의 책, 89쪽.
28 이 가운데서 북한 기록영화 〈1949년의 8·15〉는 〈8·15 4주년 기념(八一五四週年紀念)〉으로 번역하게 되었다. 陳播, 앞의 책(ㄱ), 286쪽.
29 柳迪善, 앞의 책, 112쪽.

면 중국에서 최초로 상영된 영화는 〈내 고향〉이었다. 이 영화는 중국 '중앙
인민정부 문화부 영화국 동북필름경리회사'를 통해 수입된 지 한 달 남짓인
1950년 3월 26일부터 심양 동북극장(東北劇場)과 군락극장(群樂劇場)에
서 동시 상영되었으며 "한 항일빨치산에 관한 스토리를 통해 일제통치부터
(소련)홍군 해방까지 조선인민의 역사를 축사하는 것"이라는 선전문으로 중
국 관객들에게 소개되었다.³⁰ 1950년 4월 〈내 고향〉 시사회가 북경에서 거
행되었다. "당시 시사회 가운데서 영화 자막이 없으니 중국관객들이 영화내
용을 전반적으로 이해할 수 없음에도 불구하고 줄거리에 끌리고 감동하는
사람이 많다"는 관객의 반응이 신문에 보도되었다.³¹ 1950년 6월 21일~30
일 사이에 이 영화는 장춘의 광화극장(光華劇場)과 인민극장(人民劇場)에
서도 상영되었다.³² 약 두 달 후인 1950년 8월 말 중국 수도인 북경에서
개봉되었을 때 비로소 중국어자막을 넣게 되었고 "조선인민 항일의 진상,
고생한 대중이 몸을 뒤척이는 사시(史詩)"를 기록한 "북한인민영화 제1부"
로서 수많은 중국인민대중에게 선전되었다.³³

이 영화는 1950년 8월 26일부터 9월 2일까지 8일 동안 북경 수도극장(首
都劇場), 신중국극장(新中國劇場), 대화극장(大華劇場)에서 연속 상영되
었다.³⁴ 영화 상영직후 중국관객들은 "조선인민해방전쟁(한국전쟁)에 깊이
빠져 있는 조선인민에 대한 전세계 진보적 인간의 동정과 지지하는 마음"³⁵
을 표했고 격동하는 뜨거운 반향에 따라, 〈내 고향〉은 1950년 9월 18일부

---

30 "我的故鄉-它通過了一個抗日游擊隊的故事, 縮寫了朝鮮人民從日寇統治到紅軍解
放的歷史",《東北日報》, 1950.3.26.
31 "當這部尚未翻譯的影片在北京試演時, 雖然為了語言的隔閡, 觀衆還不能全部領會,
許多人還是受到了感動.", 鍾惦棐, 〈朝鮮人民的第一部電影「我的故鄉」〉,《人民日
報》, 1950.8.27.
32 《吉林日報》, 1950.6.19., 6.28, 6.29, 6.30.
33 《人民日報》, 1950.8.26.
34 《人民日報》, 1950.8.25., 8.26, 8.31, 9.1, 9.2.
35 《人民日報》, 1950.8.20.

터 9월 21일까지 북경 홍성극장(紅星劇場)에서 일부의 〈조선시보〉와 함께 하루 세 번 재상영되었다.[36]

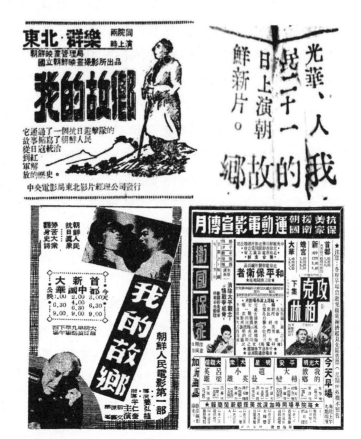

[자료] 북한영화 〈내 고향〉 중국 심양 동북극장과 군락극장에서의 상영 광고
《東北日報》, 1950.3.26., 상좌)
〈내 고향〉 중국 장춘 광화극장, 인민극장에서의 상영 광고
《吉林日報》, 1950.6.19., 상우)
〈내 고향〉 중국 북경 수도극장, 신중국극장, 대화극장에서의 상영 광고
《人民日報》, 1950.8.26., 하좌)
〈내 고향〉 중국 북경에서 개최된 '항미원조 보가위국운동영화선전월'에서의 상영 광고
《人民日報》, 1950.12.1., 하우)

36 《人民日報》, 1950.9.18.

한국전쟁이 시작된 지 약 4개월 후인 10월 19일 중국인민지원군이 압록강을 건너기 시작하였다. 이는 미국의 공격을 북한에서 막아내기 위한 조치였고, 또한 국공내전 과정에서 공산당 측에 참여하여 싸운 조선인들에 대한 보답을 위한 것이기도 했다. 중국은 '순망치한(脣亡齒寒)'을 내세워 참전을 결정하였다. 따라서 이 시기 중국에서 형성된 '항미원조(抗美援朝)'라는 정치적 지도사상의 확립과 더불어 '항미원조보가위국운동영화선전월(抗美援朝保家衛國運動電影宣傳月)이라는 '활동이 1950년 12월 초에 개최되었다. 이 가운데서 북한영화 〈내 고향〉이 다시 등장하였다. 〈내 고향〉은 한 달 동안 북경 신중국극장, 대화극장(大華劇場), 수도극장, 대광명극장(大光明劇場), 승리극장(勝利劇場) 등 주요극장에서 차례로 상영되었다. 가장 주목할 만한 것은 바로 이 활동에서 〈내 고향〉이 유일한 외국영화로서 존재했으며 나머지는 전반적으로 중국 본토의 항일영화였다는 것이다.[37] 북한영화 〈내 고향〉이 중국에서 반복 상영된 것은 적지 않은 반향을 일으켰다. 〈내 고향〉은 이 시기에 전국 범위의 중국관객에게 알려졌던 최초이자 유일한 작품이었다. 나머지 북한예술영화나 기록영화들은 동북 지역에서만 집중적으로 상영되었다.

북한 기록영화 〈1949년의 8 · 15〉는 중국어로 더빙된 후에 1950년 4월 1일부터 4월 3일까지 "특보 8 · 15(特快八一五)"라는 제목으로 심양 인민극장(人民劇場)과 신광극장(新光劇場)에서 연속 3일간 상영되었다.[38] 1950년 9월 6일에는 "특보 8 · 15 4주년기념(特報八一五四週年紀念)"이라는 제목으로 장춘 인민극장에서 해당지역의 시민과 만나게 되었다.[39]

또한 《길림일보(吉林日報)》에 등재된 광고정보에 의하면 다른 두 기록영화 〈민주건국〉과 〈수풍땜〉이 1950년 5월 18일부터 1950년 5월 20일까지

---

37 《人民日報》, 1950.12.1.
38 《東北日報》, 1950.4.1., 4.2, 4.3.
39 《吉林日報》, 1950.9.6., 9.7, 9.8.

연속 3일 장춘 광화극장과 인민극장에서 상영되었음을 알 수 있다.[40]

〈용광로〉는 1950년 8월 3일 심양 각 극장에서 개봉될 예정이었으나 중국 본토영화 〈조일만(趙一曼)〉의 2일 속연 때문에 8월 5일로 순연되었다.[41] 이 영화는 "민주조선국립영화촬영소에서 제작한 두 번째 예술영화"로서 8월 5일부터 8월 8일까지 4일 간 심양 동북극장, 광륙극장(光陸劇場), 군락극장, 철서극장(鐵西劇場), 아주극장(亞洲劇場)에서 상영되었다. 같은 해 9월 말인 9월 26일~9월 30일에는 장춘 동북극장에서 상영되었으며 중국 동북 지역에서 더욱 널리 알려지게 되었다.[42]

[자료] 영화 〈용광로〉 중국 심양 동북, 광륙, 군락, 철서와 아주 등 극장에서의 상영
　　　광고
　　　《東北日報》, 1950.8.5., 상)
　　　〈용광로〉 중국 장춘 동복극장에서의 상영 광고
　　　《吉林日報》, 1950.9.26., 하)

---

40 《吉林日報》, 1950.5.18., 5.19, 5.20.

41 《東北日報》, 1950.8.3.

42 《吉林日報》, 1950.9.26., 9.27, 9.28, 9.29, 9.30.

한편, 기록영화인 〈38선〉도 1950년 말 중국 동북 안동에서 등장했다. 한국전쟁의 발발에 따라 북한 신의주 지역이 미군 비행기의 폭격으로 파괴되었으며 중국 안동(安東)[43]을 비롯한 신의주와 가까운 곳에서도 미군 타격의 파급으로 전원이 폭파되어 정전되었다. 때문에 동북의 일부 지역에서 극장이 정상적으로 운영되지 않았다. 이로 인해 영화 배급 및 상영활동이 짧은 기간 안에 끝나게 되고 심지어 일부의 영사기, 필름과 극장직원들은 심양으로 옮겨갔다. 11월 24일 안동 지역의 정전이 복원되었음에도 불구하고 극장에서의 영화 상영은 회복되지 못했다. 따라서 영사대가 긴급히 구성되어 활동하기 시작했다. '항미원조'라는 정치적·군사적 방침에 따라서 1950년 11월 25일부터 연말까지 북한영화 〈38선〉은 국산영화 〈보가위국(保家衛國)〉과 함께 정치적 선전물로서 영사대를 통해 요녕성 동부 지역 성(省)과 시(市) 기관, 부대에서 순환적 상영되어 총 43회, 20,400명의 관객을 동원했다.[44]

앞서 살펴본 바와 같이, 시보영화를 제외하고 예술영화와 기록영화에 집중하여 정리하자면 이 시기 중국으로 유입된 북한영화는 다음과 같다.

〈표 2〉 1945-1950년 중국에서 상영된 북한영화[45]

교류연도	제작연도	제목	종류	연출	시나리오	촬영	출연
1950	1949	〈내 고향〉	예술영화	강홍식	김승구	고형규	유원준, 유경애, 문예봉, 김걸, 류현, 심영, 박학, 태을민, 문정복 등

---

43 1965년 단동(丹東)이라는 이름으로 개칭되었다.

44 陳播, 앞의 책(ㄱ), 288쪽.

45 「예술영화『내 고향』특집」, 『영화예술』 2호, 1949.8, 39~42쪽; 「송림 로케現地에서『용광로』촬영단을 찾아서」, 『영화예술』 2호, 1949.8, 52~55쪽; 「전진 일로의 조선 영화―八·一五 해방 一四 주년을 맞이하여」, 『조선영화』, 1959.8, 4쪽; 천상인, 「『水豐에프론工事』攝影手記中에서」, 『영화예술』 3호, 1949.9, 45~46쪽; 「조선 기록영화 주요 목록」, 『조선영화』, 1966.7, 43~44쪽; 「조선영화제작일람」, 『조선영화』, 1958.9, 59쪽; 한상언, 앞의 책, 200~203쪽, 참조.

교류연도	제작연도	제목	종류	연출	시나리오	촬영	출연
1950	1948	〈민주건국〉	기록영화	천상인	천상인	고형규	*
1950	1949	〈수풍땜〉	기록영화	천상인	천상인	최순흥	*
1950	1949	〈1949년의 8·15〉	기록영화	천상인	*	김인현	*
1950	1950	〈용광로〉	예술영화	민정식	김영근	최순흥	박학, 유현, 최국인, 심양, 리창성, 김두선, 기광운 등
1950	1948	〈38선〉	기록영화	강홍식	강홍식	고형규	*

〈내 고향〉

〈내 고향〉은 1947년 북조선국립영화촬영소가 창설된 후에 예술영화 제작에 대한 첫 실험이었다. 이 영화는 북한 영화사상 처음으로 사회주의 리얼리즘 창작수법으로 구현된 작품인데[46] 해방되기 6,7년 전인 1930년대 후반에 함경남도 어떠한 산간을 배경으로 항일무장투쟁에 투신한 '관필'이라는 주인공을 둘러싸고 벌어진 스토리를 다룬다.[47]

지주 최경천 일가로부터 포악한 억압을 당한 주인공 '관필'은 지주에 맞서다 억울하게 감옥에 갇혔는데 그곳에서 김학준이라는 항일혁명투사를 알게된다. 그의 영향과 지도하에 계급적으로 눈뜨고 탈옥에 성공한 관필은 직후 항일유격대에 나서 역사적인 8·15의 해방을 맞이한다는 내용이다. 이 영화에서는 일본 제국주의와 그의 주구인 지주계급으로부터 살인적인 탄압을 당하여 조국해방을 위해 원수에 대한 철저한 증오, 고상한 애국심과 높은 책임감으로 항일무장투쟁활동에 투신하며 영웅적 혁명투사로 자라나는 주인공 '관필'과 같은 조선의 보통 서민을 형상화한다. 동시에 그들이 '위대한 수령님'인 김일성의 현명한 지도 아래 적극적으로 투쟁하고 조국의 해방과 행복한 생활을 맞이하는 모습을 부각시킨 것이다.[48] 영화 〈내 고향〉이 북한

---

46 김룡봉, 앞의 책, 64쪽.
47 「예술영화 『내 고향』 특집」, 『영화예술』 2호, 1949.8, 39쪽.
48 김룡봉, 앞의 책, 64~66쪽.

에서 제작 및 상영되던 시기는 북한 정부 즉 '조선민주주의인민공화국'의 성립 초기인 1949년인데 김일성을 수반으로 한 새로운 북한 공산주의 정권에 대해서 그의 당위성과 우월성을 북한인민에게 급히 보여주어야 하는 시기였다. 이러한 영화가 북한에서 등장한 것은 북한 인민들을 애국주의적 혁명 정신과 김일성 정권에 대한 무한한 신임, 당 정책에 대한 철저한 호응으로 교양하는데 효과적으로 이바지할 수 있었다.

〈민주건국〉

〈민주건국〉은 공화국 창건 즉 1948년 8월 25일 북한에서 실시된 최초의 최고인민회의 대의원 선거와 1948년 9월 9일 '조선민주주의인민공화국' 정부가 수립되기까지의 역사적 사건을 수록한 1949년 2월에 완성된 5권으로 된 기록영화이다.[49] 영화에서는 크게 1948년 7월 9~10일 개최된 '북조선인민회의 제5차 회의'에서 김일성이 「조선민주주의인민공화국 헌법 실시에 관하여」라는 보고서를 발표하는 것과 헌법실시 및 조선민주주의인민공화국 선포결정을 내린 과정, 역사적인 1948년 8월 25일 북한 인민의 투표하는 모습과 민주선거를 축하하는 공연광경, 남한 애국지사들이 선거하기 위해 소집한 '남조선대표자대회'의 전모와 남한인민대표자들의 투표 전(全)과정, 그리고 1948년 9월 2~10일까지 평양에서 개최된 572명이 참가한 최고인민회의 제1차 회의 가운데서 9월 9일 조선민주주의공화국의 성립이 선포되는 역사적 순간의 네 부분으로 나누어 소개되었다. 이와 더불어 광복 직후 북한의 활기차게 발전하는 기세, 인민들이 김일성 정권을 지지하는 모습과 남한에서 인민들이 안심하고 살지 못하고 일어나 통치자인 친미주구 이승만에게 대항하는 장면이 대비적으로 나타난다.[50] 따라서 이 국가의 성립을

49 「전진 일로의 조선 영화―八 · 一五 해방 一四 주년을 맞이하여」, 『조선영화』, 1959.8, 4쪽;
　　「조선영화소개―기록영화 『민주건국』」, 『영화예술』 3호, 1949.9, 54쪽, 참조.
50 「조선영화소개―기록영화 『민주건국』」, 『영화예술』 3호, 1949.9, 54쪽; 통일연구원, 『2009

배경으로 한 기록영화는 한반도 북반부에서 민주선거·건국이라는 역사적 사건에 대한 기록으로서, 북한 정부 성립과정의 합법성과 북한 공산주의 정권의 당위성을 입증하면서 한반도 남반부에서 전횡을 휘둘러 인민을 도탄속에 빠뜨리고 진정한 민주를 원하는 진보인사들을 탄압하는 미제와 친미주구 이승만 정권의 부당성과 야만성을 날카롭게 비판했다.

〈수풍땜〉

〈민주건국〉과 마찬가지로 영화 〈수풍땜〉(일명〈수풍에프론공사〉)도 현실생활을 반영한 기록영화로서 민주건설의 벅찬 모습의 구현한다. 과거 일제의 불완전한 설계와 날림식 공사로 말미암아 1946년 홍수로 파괴된 수풍발전소를 보수하고 에프론의 견고성을 보장하기 위해 준공하는 날까지 북한 노동자와 기술자들이 모든 문제를 손으로 해결함으로써 대자연을 정복하는 과정을 기록한 작품이다.[51] 이 영화는 연출 천상인과 촬영 최순흥을 수반으로 한 북조선국립영화촬영소 영화인들이 일제가 과거 수운을 이용함으로써 북한의 산림 자원을 빼앗아갔고 압록강을 가로막아 거대한 수력 발전시설을 설치함으로써 북한과 중국에 대한 침략의 야망을 충족시켰다는 것을 묘사하기 위해 벽동(碧潼)과 초산(楚山) 근처에서 한쪽 강변의 절벽을 이용하여 촬영한 작품이었다.[52] 이 기록영화는 민주건설 시기에 북한 수리공사의 복구 및 새로운 건설사업에서 거둔 대표적인 성과를 보여줌으로써 김일성을 수반으로 하는 공산주의 정권의 우월성과 그의 훌륭한 지도 아래 북한 노동계급이 지속적으로 보여고 있는 놀라운 영웅성과 응집력을 칭송했다.

북한개요」, 통일연구원, 2009, 56쪽, 참고.
51 「조선영화소개-기록영화『수풍에프론공사』」, 『영화예술』 3호, 1949.9, 55쪽.
52 천상인, 『水豊에프론工事』撮影手記中에서」, 『영화예술』 3호, 1949.9, 45~46쪽.

〈1949년의 8·15〉

〈1949년의 8·15〉은 역시 북한 평화적 민주건설시기에 거행된 특별한 행사 실황을 수록한 수많은 행사기록영화 중 하나로 1949년 8월 15일 해방 4주년 기념활동을 다룬다. 정확한 영상을 확인할 수 없지만 동시기 다른 행사기록영화를 통해 이 영화의 내용과 경향을 추측하는 것은 불가능한 일이 아니다. 영화 〈1949년의 8·15〉는 1949년 해방 4주년을 맞이하여 북한에서 열렸던 다채로운 경축대회, 다양한 축전 공연 등 행사활동들을 통하여 민주건설에 적극적으로 나선 노동자들의 앙양된 혁명적 열의를 보여줌으로써 북한인민들을 민주주의건국사상으로 교양하는데 이바지하는 것이다.[53]

〈용광로〉

〈용광로〉는 1949년 12월까지 완성을 목표[54]로 1949년 10월 중순부터 촬영을 시작해서[55] 1950년 6월에 비로소 제작 완성되었다.[56] 이 영화는 "황해제철소 노동자들의 영웅적 생산투쟁에서 취재한"[57] 내용을 토대로 만들어진, 북한에서 노동계급을 주역으로 형상한 첫 예술영화였다. 영화 속에서 구체적으로 민주건설 전선에서 전형적인 인물인 주인공 '최룡수'를 비롯한 조국의 민주건설을 위해 헌신적인 노력을 하는 노동자들이 이른바 반혁명분자들의 책동을 물리치고 용광로의 복구건설을 위해 적극적이고 헌신적 투쟁을 벌이는 모습을 예술적으로 묘사하고 있다. 이러한 용광로 복구를 둘러싸고 벌어지는 첨예한 계급투쟁에 대한 형상화, 즉 북한 노동계급은 당이 맡겨준 과업에 성실하여 반동세력의 음모를 분쇄하는 애국심을, 어떠한 애

---

53 김룡봉, 앞의 책, 57쪽.
54 조선중앙통신사, 『조선중앙년감 1950년』, 조선중앙통신사, 1950, 359쪽.
55 민정식, 「로동계급을 형상한 첫 예술영화에 깃든 이야기」, 『조선영화』, 1984.4, 23쪽. 한상언, 앞의 책, 201쪽. 재인용.
56 〈극영화 "용광로" 제작완성〉, 《로동신문》, 1950.6.12.
57 조선중앙통신사, 『조선중앙년감 1950년』, 조선중앙통신사, 1950, 359쪽.

로와 난관을 극복하고 꾸준히 건설 투쟁하는 완강한 의지를 북한 인민대중에게 보여주었으며 애국주의와 민주주의 건국사상 교양을 강화시켰다.[58]

〈38선〉

국립영화촬영소에서 1948년 제작한 기록영화 〈38선〉은 과거의 기록영상에 대한 선택적 이용과 결합하여 대량 촬영한 현장화면에 대한 예술적 편집을 통해 해방 후 북한에 이룩된 인민민주주의 사회와 미제가 주둔한 이승만 치하의 남한의 자본주의 사회의 현황을 대비적으로 묘사하면서 북한 민주주의 건설의 우월성을 보여준다. 김일성은 1948년 8월 12일 이 영화를 보고 "기록영화는 없는 사실을 꾸며가지고 찍어서는 안 되며 반드시 력사적 자료와 현실에 있는 자료를 그대로 예술적으로 찍어야 한다."[59]라는 생각을 밝혔으며 〈38선〉은 기록영상과 촬영영상을 결합하여 예술적으로 편집, 기록영화 제작방식에 대한 칭찬과 추앙을 받았다.

이 기록영화는 크게 두 단계로 나누어 볼 수 있다. 첫째는 기록영상을 이용함으로써 일제강점기에 조선인민들이 일제의 억압적 식민 통치로 인하여 겪은 수난의 역사와 1945년 8월 조선을 맞이하여 조선인민들이 조국의 해방에 대한 기쁨과 감격을 재현하는 것이다. 둘째는 촬영영상화면을 통해 광복 직후 북한인민의 행복한 생활과 38선 부근 남한인민의 여전한 고통의 삶을 대비적으로 보여주는 것이다.[60] 영화 〈38선〉에서는 이러한 실정에 대한 수록을 통해 남한보다 북한 김일성을 수반으로 한 공산주의 정권은 월등하다는 것을 북한인민에게 보여주고 애국주의 교육을 효과적으로 실시하였다.

---

58 김룡봉, 앞의 책, 66~68쪽, 참고.
59 김룡봉, 위의 책, 55쪽.
60 「조선영화소개-기록영화『三八선』」, 『영화예술』 3호, 1949.9, 52~53쪽.

3.2. 북·중 영화 교류의 양상과 특징

앞서 살펴 본 것처럼 1945년부터 1950년까지 이 시기 북한과 중국 양국 사이에 펼쳐진 영화교류활동에서 등장한 북한영화와 중국영화들은 모두 본 국 공산주의 정권의 구체적 정책이나 최고지도자의 교시에 입각하여 주제 를 설정해 만들어진 것이며 시의적절하게 정치적 이데올로기를 선전·선동 하는 중요한 역할을 맡고 있었다. 현 단계의 특수한 국정에 따라 북한영화 와 중국영화의 시나리오 구성이나 등장인물, 사건배경 설계 등 내용상의 차 이가 있음에도 불구하고 영화교류가 활성화를 하게끔 한 양국 영화의 공동 적 특징이 분명히 존재한다. 그렇다면 이 시기 북·중 영화교류가 어떠한 공동적 특징을 띠고 있었는지, 즉 영화 교류활동 가운데서 등장한 양국 영 화들이 어떤 비슷한 경향을 보였는지 또한 상대국에서 어떤 영향을 끼쳤는 지를 구체적으로 살펴보자.

가장 먼저 영화 주제의 통일성이다. 첫째, 반제(反帝)영화이다. 구체적으 로 살펴보면 북한영화 〈내 고향〉과 중국영화 〈중국의 딸〉은 항일주제의 영 화였고, 중국 예술영화 〈자기 대오로 돌아왔다〉, 기록영화 〈모주석의 열 병〉, 〈동북三년의 해방전쟁〉 모두 국공내전 내용을 다룬 것인데 반미와 반 친미주구 장개석 국민당 정권을 주제로 구성된 작품이었다. 둘째, 민주건설 을 반영한 영화이다. 북한 예술영화 〈용광로〉와 기록영화 〈민주건국〉, 〈수 풍땜〉, 〈1949년의 8·15〉, 〈38선〉은 모두 1945년 8월 광복 직후 한반도 북반부에서 김일성 공산주의 정권의 지도 밑에 펼쳐진 인민민주주의건설을 다룬 것이었으며 중국 예술영화 〈다리〉, 기록영화 〈부요한 동북〉은 국공내 전 시기 모택동을 수반으로 한 중국공산당 정권의 점령지인 해방구에서 전 개된 민주건설 실황을 반영한 작품이었다.

영화주제의 통일성은 이 시기 양국 영화교류 가운데서 등장한 북한영화 와 중국영화의 공통점이어서 교류활동이 제대로 이루지게 된 하나의 이유라 할 수 있다. 무엇보다 본질적이고 결정적인 원인인 '북한영화와 중국영화들이 비슷한 이데올로기를 갖춘다'는 특징도 뚜렷해 보인다. 그 중에서 표출된 이데올로기는 다음과 같이 정리할 수 있다.

첫째, 이항대립적인 요소들을 통해 조국해방을 위한 영웅적 인민군대를 형상화하고 공산주의 정권의 정체성과 우월성을 적극 선전하면서 제국주의에 대한 적개심을 높이 앙양한다.

〈내 고향〉은 전형적 인물에 대한 대비적 형상화를 통해 논리의 정당성을 강화하는 구체적인 예술창작수법을 이용함으로써 정치적 최종 목표라 할 수 있는 북한 공산주의 정권의 최고 지도자인 김일성을 역사적 이행과정에서의 필수불가결한 영웅적 이미지로 표현한 대표적 작품이다. 영화 속에서 등장인물의 대사인 "우리의 원수는 왜놈이다. 지주도 우리의 원수이다. 우리나라에 왜놈과 지주놈이 있으면 우리는 잘 살 수 없다. 우리는 왜놈과 싸워야 한다. 지주하구도 싸워야 한다. 싸워서 이겨야 한다.", 또한 "저-김일성장군께서 토지를 우리농민들에게 나누어주셨어요.", "옳소. 이제부터 토지는 영원히 농민의 것이 되었소."라는 대화와 "김일성 만세!"를 외치는 다양한 노동자, 농민들의 모습을 보여주면서 '일제와 친일주구인 지주계급'과 '김일성과 그를 수반으로 하는 북한정권'을 '인민의 주적'과 '조국의 구세주'로 명확히 구분하고 있다. 그리고 영화 속에는 제국주의 일본과 지주 계급과의 동일시를 이끄는 중심인물인 '최경천'이라는 지주와 그를 극복하고 타도해야 하며 새로운 세상의 도래라는 결론을 이끄는 상징적인 인물인 주인공 '관필'이 있다. 이러한 적대적이고 대립적인 인물의 전형을 통해 영화는 해방이후 북한정권의 근거와 지향, 토대를 선명하게 설명하고 있을 뿐만 아니라 인물의 영웅화, 신비화로 이끄는 요소로 사용하고 있다. 또한 영화에서는 평온한 삶의 상징으로 묘사된 아름다운 자연 풍경과 농민들이 일본제국주의와 지주의 압박에 힘들고 어렵게 살고 있는 장면, 그리고 농민들이 김일성의 토지개혁을 통해 토지를 얻는 희열하고 감격하는 모습을 대립적으로 부각시킴으로써 김일성을 영웅화, 신비화 시키는 데 있어 논리적 기반으로 작용하고 있다.[61] 이처럼 영화 〈내 고향〉의 모든 내용은 특정한 한 인물인 김일성으로 귀결되고 있음을 알 수 있다. 이와 같은 '고상한 사실주의'적 예술 수법을 통해 항일 빨치산 활동에서 미화된 이른바 '애국주의적이며 영웅적인 투쟁'과 해방 직후 토지개혁을 비롯한 민주건설사업 중 김일성의 탁월한 지도력이 신비화되며 개인적 이미지가 영웅화되었다. 또한 이 영화야말로 북한인민들을 과거 일제 대신 오늘날의 주적인 '조국 남반부에 침입한 미제와 친미주구인 이승만 정권'에 대한 적개심을 불러일으켰으며 김일성을 수반으로 한 북한 공산주의 정권의 현명한 지도 밑에 그들을 쫓아내고 '완전한 민주독립'을 쟁취하는 필승의 신념과 의지를 앙양하는 효과적 선동 수단이었다.[62]

영화 〈내 고향〉은 이데올로기적 국가장치로서 북한의 지도자 김일성을 영웅화, 신비화를 통해 부각시킨 것과 아울러 노골적으로 공산주의의 정체성과 우월성을 칭송하고 있다. 1949년 10월에 수립된 중화인민공화국 정권에서는 북한정권과 같이 해결해야 할 가장 시급한 문제가 바로 공산주의 이데올로기의 일체화 문제였다. 공산주의 이데올로기가 빠르게 일체화될수록 새 정부는 더 빠르고 튼튼하게 착근할 수 있다. 게다가 토지분배, 경제건설과 같은 정책추진도 더 빠른 시일 내에 실행될 수 있다. 그렇기 때문에 당시 중국에서 북한영화 〈내 고향〉의 배급과 상영은 공산주의 정치정책이 제대로 잘 실행될 수 있게 하는 매우 유리한 보조적인 조치였던 것이다. 중국인민들은 이 영화를 통해 북한관객들과 마찬가지로 공산당 정부에 대한 신뢰감을 가질 수 있으며 애국주의 교양을 받게 될 수 있었던 것이다.[63]

---

61 정태수, 「영화 〈내 고향〉과 〈용광로〉를 통해 본 초기 북한영화의 특징」, 『현대영화연구』 10호, 현대영화연구소, 2010, 430~436쪽.

62 주인규, 「藝術映畫 『내 고향』에 對하여」, 『영화예술』 2호, 1949.8, 43쪽.

63 유우, 앞의 논문(ㄱ), 58~59쪽.

이 영화가 중국에서 상영되었던 시기는 1950년 3월말부터 한국전쟁이 발발되었던 6월을 거쳐 연말까지였다. 1950년 신중국 정부는 1월 1일《인민일보》에 실린 〈승리를 완성하여 승리를 견고하라(完成勝利鞏固勝利)〉라는 사설에서 친미주구인 장개석이 국공내전 패배 직후 중국대륙에서 퇴각하고 점거하고 있었던 '해남도(海南島)'와 '대만', 영국과 미국 제국주의 세력의 방해로 해방되지 않았던 '티베트' 지역을 해방하여 중국 경내 모든 적에 대한 숙청을 1950년의 임무로 밝혔다.[64] 1950년 3월 5일부터 5월1일까지 전개된 '해남도 해방전역', 1950년 7월부터 대만에 대한 지속적인 압박과 1950년 10월에 시작한 '티베트로의 진군'은 모두 '조국전역 해방전쟁'인데 '반제'라는 낙인이 깊이 찍힌 것이었다.[65] 그럼으로 제국주의에 대한 반론을 다룬 북한영화 〈내 고향〉의 중국에서의 상영은 제국주의의 죄악을 폭로하면서 조선인민들이 "깊게 간직하고 축적한 하나의 튼튼한 힘", 구체적으로는 그들이 제국주의의 야만적 침략과 살인적 통치에 굴복하지 않고 끝까지 투쟁하고 마침내 조국의 해방을 맞이하는 모습을 보여줌으로써, 중국인민에게 반제투쟁 필승의 신념을 전달하며 그들을 신중국 정부의 호소에 호응하여 조선인민과 같은 "기세가 막을 수 없는 거대한 힘"[66]으로 중국의 반제투쟁에 적극적으로 투신하도록 선동하는 것이다.

또한 한국전쟁 발발 후, 이 영화는 중국에서 장기간 재상영되었다. 이는 단순하게 중국인민들로 하여금 또 다시 전쟁의 도탄에 빠진 북한인민에 대한 동정심과 미제에 대한 분개를 불러일으키도록 하는 것이 아니라 1950년 10월 중국이 한국전쟁에 참전하기를 선포한 후에 전선의 병사와 후방의 노동자들이 모두 중국에서 전개된 '항미원조, 보가위국'운동에 적극적으로 참여하는 것을 호소하려는 목적도 엿볼 수 있다. 그렇기 때문에 영화 〈내 고

---

64 〈完成勝利鞏固勝利〉,《人民日報》, 1950.1.1.

65 张山克,『台湾問題大事记』, 华文出版社, 1988, 40~54쪽, 참조.

66 鍾惦棐, 〈朝鮮人民的第一部電影『我的故鄉』〉,《人民日報》, 1950.8.27.

향)은 1950년 중후반부터 즉 한국전쟁 초기에 중국에서 애국주의의 선양과 함께 전개되던 국제주의의 고양에 효과적이었음을 알 수 있다.

북한영화 〈내 고향〉과 마찬가지로 중국영화 〈중국의 딸〉도 항일주제의 작품이었다. 항일전쟁에 대한 역사적 진실을 재조명한 동시에 위대한 애국주의와 국제주의를 높이 선양하는 까닭에 이 영화는 북한관객들의 호평을 받았다. 밑의 기사를 통해 그러한 사실을 확인할 수 있다.

신생중국 동북영화촬영소의 제四회 예술영화 『중국의딸』은 포악무도한 일제를 반대하여 불요불굴의 투쟁을 계속한 항일련군영웅들의 전투 모습을 형상화한 영화이다.

이 영화 스토리—의 중심 인물로 되여있는 "호수지"를 비롯한 八명의 녀성영웅들은 오늘 동북렬사기념관 내에 수록되여 있는 명화 『八녀투강』의 실지 주인공들로서 영화의 여러 화면들은 그들 항일련군녀성들의 고상한 애국주의 사상을 예술적 형상을 통하여 표현하고 있다.

특히 이 영화는 『八녀영웅』 속의 두명의 조선녀전사를 통하여 항일 통일전선을 견지하는 조중인민들의 굳은 단결을 보여주고 있다.

여덟명의 항일전선녀영웅들은 인민을 위하여 자기들의 생명을 희생하였으며 "호수지"는 당 앞에서 맹세한 『끝까지 왜놈들을 반대하여 타협치 않으며 투항치 않으며—무산계급 해방을 위하여 끝까지 싸울 것이며 — 영원히 당에 충실하겠다』는 맹세를 훌륭하게 실행하였다.

동북인민들 간에 삼척동자에 이르기까지 이름있는 『八녀투강』의 이야기는 항일련군의 빨찌산 투쟁을 일층 고무하였으며 인민들의 애국심을 고도로 양양시키였다. 진정한 인민의 행복을 위해 갖은 고초를 겪으면서 생명을 걸고 빨찌산 전투를 용감하게 계속하여온 항일련군들의 전투실기를 예술적 형상을 통하여 기록한 영화 『중국의딸』은 오늘 신생 중국의 인민들이 승리하기까지에 이바지 된 전사들의 혈전고투를 기록한 것이며 그들의 조국과 인민을 위하여 싸운 고상한 애국주의 사상과 강의한 투지 그리고 이로 말미암은 승리를 보여주고 있다.

이 영화는 오늘 조국 통일 독립을 위하여 투쟁하는 조선인민들의 투지를 한층 더 북돋우어 줄 것이며 인민들을 고상한 국제주의 사상과 열렬한 애국주의 사상으로 교양함에 이바지 될 것이다.[67]

영화는 일본제국주의가 극중 주인공인 여전사 '호수지(胡秀芝)'와 '냉운(冷雲)'의 남편을 포함한 수많은 중국인민을 잔인하게 학살하는 악행과 전형적인 인물인 동북항일연군 여전사들이 대부대와 당지 주민들의 안전한 이동을 엄호하기 위하여 일제침략자들을 견제하고 그들에 대항하여 결국 죽음을 예사롭게 여기고 장렬하게 희생하는 영웅적 사적에 대한 대비적 형상화를 통해 관객들에게 제국주의에 대한 적개심을 높이 앙양하고 애국주의 사상을 선전한다. 이러한 애국주의 교양은 좌우분열로 인한 한반도 분단 후에 남한에서 주둔중인 미제와 친미주구인 이승만 정권을 조국의 통일을 가로막는 주적으로 삼아 투쟁하는 북한인민들에게 즉시 필요한 것이다.

그리고 이 영화에서 주목할 만한 점은 철교 파괴 임무를 맡은 십여 명의 여전사들 중에서 지도원 '냉운'과 '호수지'뿐만 아니라 조선혁명여성 '안동무' 등 8명 여전사도 포함한다는 것이다. 일본침략자에 직면하면 중국과 조선인민들이 같은 민족이 되고 '전우'관계로서 어깨를 나란히 하며 적극적으로 투쟁하는 바가 필수적이고 필연적인 것이 된다. 1949년 가을 이후, 중화인민공화국의 성립에 따라서 중국공산당이 일당전제통치를 시작하면서 중국 국내의 정세가 안정화되었다. 반면, 좌우 이데올로기 분열로 인해 한반도는 계속 긴장되고 심각한 상태를 유지하고 있었다. 그렇기 때문에 국제주의 지도 하의 정치적 연합이 바로 북한지도자에게 가장 바람직한 것이었다. 소련과 중국을 비롯한 공산주의 '형제국'에서 나온 적극적인 지지와 원조는 이미 북한 김일성 정권에게 친미주구 이승만 및 미제와 대항할 수 있는 유일한 방법이 되었다. 이러한 실제적인 상황 가운데서 이른바 고상한 국제주의 선양이 북한 김일성 정권에게 매우 필요한 것이었다. 애국주의뿐만 아니

---

67 라원근, 〈중국예술영화 "중국의 딸"을 보고〉, 《로동신문》, 1950.4.29.

라 국제주의적 이데올로기를 적용한 중국영화 〈중국의 딸〉의 북한으로의
유입은 큰 의미를 지닌 것으로 판단할 수 있다.

[자료] 북한에서의 중국영화 〈중국의 딸〉 감상문 기사 (《로동신문》, 1950.4.29.)

또 다른 중국 예술영화 〈자기 대오로 돌아왔다〉는 반제영화로서 일제대
신 미제와 친미주구 장개석의 국민당 정권의 악행을 비판하면서 모택동을
수반으로 하는 공산당 정권의 당위성과 친근감을 찬양하는 내용을 다룬 작
품이다. 이 영화는 국공내전을 배경으로 국민당 부대가 병사를 참혹하게 매
질하고 전선지역에서 마을주민들을 억압하여 그들의 식량을 비롯한 개인재
산을 무차별 수탈하는 추악한 짓과 공산당 부대 내부에서 일심단결의 조화
로운 분위기와, 자발적으로 주민들을 친절하게 도와주는 모습을 대비적으
로 보여주었다. 이러한 "인민해방군의 풍부한 人間性과 溫和하면서도 강
철 같은 규률을 具體的形象을 通하여 描寫하면서 거이에 국민당군의 特徵
的인 라태성과 야만성을 날카롭게 對照"하여 제국주의 정권의 부당성과 타
락성, 공산주의 정권의 정체성과 우월성, 또한 "正義를 깨달았을 때는 어떠
한 困難과 壓迫에도 굴하지 않고 그것을 위하여 싸워나가는 中國人民의
우수한 民族性"[68] 즉 애국주의를 중국관객뿐만 아니라 북한관객의 마음속
에 깊이 자리 잡게 선전하였다. 이 영화는 북한에서 상영되었을 때 북한관
객들에게 '고도의 사상성과 예술성'이 있는 작품으로 인정을 받았다.

---

68 김승구, 「『自己隊伍로 돌아오다』에 對하여」, 『영화예술』 5호, 1950.1, 28~29쪽.

그 영화의 고도의 사상성과 예술성을 인정하는 동시에 중국 인민해방군의 관병일치와 군민일치가 여실히 심각히 표현되었다는 것을 인정하였다. 중국 인민해방군과 조선인민군은 똑같은 군대이며 국민당군과 리승만의 국방군은 역시 한따위 군대이다. 영화에 나오는 인물들에게서 나는 참으로 친밀감을 느끼지 않을 수 없었다.[69]

위에 인용한 북한관객의 감상과 같이, 영화 〈자기 대오로 돌아왔다〉는 북한관객들로 하여금 정의로운 중국공산당군과 북한인민군, 매국도당인 중국국민당군과 남한 이승만의 국군을 일대일로 연결시키도록 하였다. 즉 북한관객들은 이 영화의 상영활동을 통해 북한과 중국은 호흡을 같이 하고 운명을 함께 한다고 인식하고 국민당과 똑같이 친미주구인 극악무도한 남한 이승만 정권을 배척하며 김일성 공산당 정권을 매우 신뢰하고 미래 공산주의 사회의 건설에 대한 기대감을 표현했음을 알 수 있다. 이러한 영화교류 활동은 북한인민들에게 남한 이승만 정권과 미제에 대한 반감 그리고 북한 공산주의 정권의 지도하 전개된 민주건설에 대한 기대를 자극하기에 유리하여 그들의 애국주의 교양에 도움이 되었다.

중국 국공내전 시기 제작되어 북한에 유입되었던 기록영화 〈모주석의 열병〉과 〈동북三년의 해방전쟁〉은 강대한 중국공산당 인민해방군 부대 병사들의 전선에서의 영웅적 모습을 수록하여 보여줌으로써 공산주의 정권이 반드시 반제전쟁의 최종 승리자가 될 것이라는 필승의 신념을 중국인민뿐만 아니라 조국의 분열에 시달리는 북한인민에게 보여주어 제국주의에 대한 적개심과 반제주의 의지를 불러일으키게 한다.

〈모주석의 열병〉은 열병식 현장에서 인민해방군 탱크부대, 고사포부대, 유탄포부대, 중포부대, 보병부대 등 중국공산주의 정권의 '강대한 인민무장'을 보여주고 병사와 군중들이 '모주석 만세'를 외치면서 공산당 핵심인물인

---

69 〈조선인민들 중국영화를 환영〉, 《東北朝鮮人民報》, 1949.10.20.

모택동을 옹호하는 장면을 직접적으로 부각시켰다. 〈동북三년의 해방전쟁〉은 1945년 항일전쟁 승리 직후 장개석 국민당군이 일제의 식민통치에서 벗어난 동북지역에서 저지른 '죄', 즉 그의 침입으로 인해 동북의 도시와 시골이 큰 타격을 입어 심하게 파괴된 모습과 모택동의 현명한 지도 아래 공산당군이 동북인민의 평화로운 생활을 위한 이른바 '정의로운 전쟁'에서 적을 쫓아내는 영용한 전투면모를 이항대립적인 요소로 삼아 보여주었다. 또한 전쟁 장면과 결합하여 동북인민들이 후방에서 적극적으로 생산하고 전선을 지원하는 모습과 입성한 인민해방군 전사들을 환영하고 위로해주는 장면에 대한 부각, 즉 해방구에서 군민이 긴밀하게 단결한 사실에 대한 진술은 중국공산당의 현명한 지도와 군민일심의 위대한 힘으로 중국전역의 해방을 가져올 수 있다는 확고한 신념을 중국인민 의식 속에 강력하게 주입시켰으며 중국 전역을 애국주의 사상으로 감화하고 교양하는데 이바지했다.

둘째, 노동계급의 영웅적 전투면모에 대한 형상화를 통해 인민대중을 애국주의로 교양하고 조국해방과 건설에 있어서 공산주의 정권의 현명한 지도력을 역설한다.

전쟁을 주제로 한 영화와 함께 전형적인 영웅적 노동계급 인물을 형상화하고 민주건설을 반영한 영화도 이 시기 북·중 영화교류 중 등장했다. 1945년 광복이후 북한에서 전개된 인민민주건설과 중국국공내전 시기 공산당의 지도 밑에 해방구에서 펼쳐진 민주건설이 영화의 배경이 되었다. 민주건설 과정 가운데서 노동계급의 적극적이고 헌신적 투쟁모습에 대한 집중적인 부각은 이러한 영화제작의 목적이라 할 수 있었다. 전쟁영화와 같이 민주건설을 교란하는 것을 비롯한 제국주의의 악행과 조국의 건설사업 중 공산주의 정권의 훌륭한 지도력을 이항대립적인 요소로 전개하여 공산주의 정권의 우월성을 보여주고 애국주의 교양을 강화하는 것도 이러한 영화에서 흔히 쓰인 시나리오 창작수법이다.

〈용광로〉는 "조국 공업의 복구와 건설이라는 위대한 사업 중, 조선 노동계급이 고도한 애국적 열정과 일에 대한 적극성과 창조성을 발휘함으로써 이승만 도당이 심어둔 간첩의 파괴 음모를 분쇄하고 위대한 성취를 이룩하는 사적을 묘사한 조선공화국 국립영화촬영소가 제작한 제2부 예술영화"[70] 로서 중국에 소개되었다. 구체적으로는 광복 직후인 인민경제계획 초기에 북한 노동자들이 기술상의 애로와 난관 그리고 반혁명분자의 백방으로의 방해와 온갖 음모를 극복하여 필승의 결심으로 일제말기 궤멸한 일제의 야만적 짓으로 인한 파괴된 용광로를 복구하는 임무를 제때에 완성하는 것이다. 이러한 주제를 다룬 영화 〈용광로〉는 민주건설 사업에서 공산주의 정권의 현명한 지도하에 북한 노동계급이 "강렬한 의지"와 "애국주의 열정"으로 투쟁하는 영웅적 모습 그리고 남한 이승만 정권의 간첩이 북한인민의 민주건설 사업을 파괴하는 추악한 몰골을 대비적으로 부각하여 북한 노동계급은 주적인 친미주구 이승만과 끊임없이 투쟁하고 조국의 민주주의건설 성과를 보위하는 '고상한 애국주의 열정'을 중국인민에게 보여주었다.[71] 영화 〈용광로〉가 중국에서 상영되는 시기는 신중국 건국초기인 1950년 중후반이었다. 이 영화에서 북한 영웅적 노동계급 투사의 전형은 모택동을 수반으로 하는 공산당 정권의 정치적 이데올로기와 사상을 통합하는 과정 그리고 신중국 경제정책과 계몽을 가속화하는 것에 대해 매우 효과적이고 유용한 보조수단이다.

---

70 "「熔礦爐」是朝鮮共和國國立電影攝影所出品的第二部藝術電影，描寫朝鮮工人階級在恢復和建設祖國的工業的偉大事業中，發揮了高度的愛國熱忱和工作的積極性與創造性，並粉碎了李承晚匪幫特務分子的陰謀破壞，獲得了偉大成就的事蹟.", 尹廣文, 〈「熔礦爐」電影故事〉, 《東北日報》, 1950.8.3.

71 〈「熔礦爐」簡介〉, 《吉林日報》, 1950.9.28.

[자료] 북한영화 〈용광로〉의 줄거리와 관련된 중국 기사 2편
(《東北日報》, 1950.8.3., 좌, 《吉林日報》, 1950.9.28., 우)

　또한 영화는 일제의 악행으로 인해 파괴된 공장의 전경과 김일성의 모습을 담은 사진을 결합하여 보여주면서, 해방 직후 토지개혁, 모든 공장들의 인민국가 권력으로서의 귀속, 노동자들의 참여를 요청하는 김일성의 연설 장면과 노동자들을 민주국가 건설의 주인공으로 되게 하였다는 김일성에 대한 언급을 내레이션으로 설명한다. 이를 통해 민주건설 가운데서 얻은 엄청난 성과가 김일성이라는 특별한 인물과 그를 수반으로 하는 북한 공산주의 정권으로 귀결되고 있음을 보여준다.[72] 이러한 민주건설과 불가분한 공산주의 정권의 의심할 바 없는 현명한 지도력에 대한 적극적 선양과 민주건설 가운데서 공산주의 정권이 차지하고 있는 핵심적 위상에 대한 명확한 역설이야말로 신중국 초기 경제건설에 시급히 필요한 것이며 중국관객에게 큰 교육적 의미를 지닌다. 왜냐하면 신중국 초기부터 생산 수단이 국유화되

72　정태수, 앞의 논문(ㄴ), 438쪽.

기 시작하여 생산 및 분배, 소비 등 모든 활동이 중앙 정부의 통제를 받아 구체적 경제 계획에 따른 '계획 경제 체제'의 정상적이고 효율적인 실행은 노동계급이 정부에 대한 무한한 신뢰감 그리고 이에 따라 갖추게 된 정부의 지시에 대한 강력한 집행력과 불가분의 관계가 있다. 정리하자면 민주건설 가운데서 노동계급의 영웅적 전투면모를 형상화함으로써 고상한 애국주의 사상을 교양하고 공산주의 정권의 의심할 여지가 없는 현명한 지도력을 선양하는 주제를 다룬 북한영화 〈용광로〉가 중국에 유입된 것은 신중국 건국 초기의 민주건설 사업에서 노동계급을 신중국 정부의 구체적 경제정책에 엄격히 입각하여 힘차게 투쟁하기를 고무하는 효과적 선동수단이었다.

[자료] 중국에서 게재된 〈용광로〉의 줄거리 만화
(《東北日報》, 1950.8.5.)

예술영화 〈용광로〉와 마찬가지로 기록영화 〈민주건국〉, 〈수풍땜〉, 〈1949년의 8·15〉, 〈38선〉도 해방이후 북한의 경제극복 과정에서의 북한 노동자들의 애국주의 정신으로 헌신적인 노력과 공산주의 정권의 현명한 지도력에 초점을 맞추고 있었다.

〈민주건국〉 중에서 민주선거 투표장면과 함께 1946년 김일성 정권이 반포한 토지개혁 등 정책 밑에 북반부 인민이 공장과 광산, 농촌, 도시, 어촌, 산야에서 누리는 자유롭고 행복한 생활 그리고 이른바 남반부 '매국도당'인 이승만의 폭압으로 인하여 남한인민의 도탄에 빠진 비참한 생활, 그럼에도 불구하고 이른바 민주개혁을 위해 용감히 시위행진에 참여하는 북한인민의 모습을 대비적으로 보여주고 있다. 또한 '김일성장군환영군중대회'에 운집한 북한 인민들이 김일성을 열렬히 환영하는 장면, 북한 인민이 국가의 성립을 맞이하여 개최된 전국축전에서 등단하는 김일성에게 열광적인 박수와 환호를 보내는 장면, 남한에서 북한 건국을 축하하는 시위자들이 공화국 국기와 함께 김일성 초상화를 높이 들고 있는 장면 등 김일성에 대한 개인우상화, 영웅화도 이 영화에서 다채롭게 묘사되었다.[73]

〈수풍땜〉은 에프론 공사가 실시되기 전, 과거 일제의 불완전한 설계와 날림식 공사로 인한 파괴된 현장에 대한 세부적 환원, 그리고 북한 노동자와 기술자들의 힘과 지혜로 파괴된 콘크리트를 모두 들어내고 새로운 콘크리트를 주입시킨 과정에 대한 기록을 통해 에프론 복구공사 현장에서 북한 인민의 아무리 큰 어려움을 겪더라도 공사의 기한 전에 완수하기 위하여 주야로 돌격하는 숭고한 전투적 정신과 애국적 열성을 철저히 보여준다. 또한 영화에서는 수풍 에프론 공사 현장을 직접 방문한 최고인민회의 상임위원회 위원장인 김두봉과 중앙정부 김책 부수상을 비롯한 정부요인들이 시찰하고 지도하면서 조국 민주건설의 영웅인 현지의 노동자, 기술자와 간담하

---

73 「조선영화소개-기록영화 『민주건국』」, 『영화예술』 3호, 1949.9, 54쪽.

여 그들을 격려하는 장면도 보인다.[74]

영화 〈38선〉에서는 민주건설 시기 북한인민의 행복한 생활과 38선 부근 남한인민의 여전히 고통 받는 삶을 대비적으로 보여준다. 구체적으로는 광복 직후 북한에 소련군이 주둔하고 각급인민의정권기관이 수립되었을 때부터 토지개혁을 비롯한 제반 민주개혁의 실시에 따라 공농업의 비약적 발전, 김일성대학, 혁명자유가족학원 등 교육시설 공사의 활발한 개축, 문화예술 및 체육 사업의 발전과정에서의 빛나는 성과를 형상화하면서 동시기 미제와 미제의 주구 이승만의 추악한 만행으로 인해 남한 인민들이 파탄되어 헐벗고 굶주린데 파업투쟁을 발기하는 것을 비롯한 남한의 빈곤한 상황과 퇴폐적인 현실을 보여준다.[75]

위에 살펴본 바와 같이, 중국으로 유입된 민주건설을 주제로 한 북한 기록영화들은 모두 광복 이후 북한에서 김일성을 수반으로 하는 공산주의 정권의 현명한 지도 밑에 노동자들이 대단한 애국주의 정신으로 조국의 민주건설에 투신하고 전심전역으로 전투함으로써 거둔 거대한 성과와 이를 통해 얻은 행복한 생활을 형상화하면서 미제와 친미주구인 이승만이 살인적 참혹한 통제하의 남한에서 인민들이 도탄에 깊이 빠지고 헐벗고 굶주리게 되는 참상과 그들은 떨쳐 일어나 대항하는 사실을 수록하고 보여주고 있다.

중국에 등장한 북한영화들은 큰 설득력을 지닌 증거와 같은 존재로서 국세가 안정되지 않은 건국 초기의 신중국에서의 상영은 그 자체가 큰 의미를 지닌 것이다. 이는 중국인민들에게 사회주의 체제의 우월성과 공산주의 정권의 정체성을 증명하여 그들로 하여금 모택동을 수반으로 하는 신중국 정부에 대한 신임과 지지를 높이게 만든 효과적 선전 수단이었다. 즉 이러한

---

74 천상인, 『水豊에프론工事攝影手記中에서』, 『영화예술』 3호, 1949.9, 46쪽; 「조선영화 소개-기록영화 『수풍에프론공사』」, 『영화예술』 3호, 1949.9, 55쪽, 참조.

75 「조선영화소개-기록영화 『수풍에프론공사』」, 『영화예술』 3호, 1949.9, 52~53쪽; 김승, 『북한 기록영화. 그 코드를 풀다』, 한울아카데미, 2016, 55~61쪽, 참조.

북한영화들이 중국에 유입된 것은 중국인민을 애국주의로 교양하는 데 있어서 '무엇보다 공산주의 정권은 월등하다.', '신중국 정부가 미래의 행복을 가져올 수 있는 주인공이다.'를 비롯한 선동적 메시지를 사회적 신념으로 그들에게 주입하고 교육시키기 위한 것이다. 이로써 공산주의 정권의 당위성을 적극 설득하게 되어 신중국 정부의 통제력은 더욱 견고하게 되고 건국 초기 계획 경제 건설에서 노동자들로 하여금 애국주의 정신과 필승의 신념으로 정부의 시책에 입각하여 적극적으로 투쟁하는 의지와 열정을 불러일으키게 한다. 때문에 이러한 민주건설 시기 노동계급의 영웅적 전투면모를 형상화하는 주제로 한 북한영화들이 중국에서 상영된 것은 애국주의 사상을 선양하면서 공산주의 정권을 역설하고 정치적 이데올로기를 선전하는 높은 정치적 호소성을 가진 예술교류활동이라 판단할 수 있다.

이 시기 북한에 유입된 민주건설 주제를 다룬 중국 예술영화는 〈다리〉, 기록영화 〈부요한 동북〉을 들 수 있다. 영화 〈다리〉는 전형적인 중국 노동계급을 중심으로 구성된 예술영화로서 극 중 인물구성도 '진보적인 노동자', '낙후한 노동자', '보수적인 지식인'과 '긍정적인 당(黨)대표' 4 가지로 나누어 고정화되었다.[76] 그리고 스토리도 일반적으로 '진보적인 노동자의 인도와 감화에 의해 낙후한 노동자가 마침내 진보분자가 된다.' '보수적인 지식인들은 개조를 제대로 받아야 단결할 수 있는 대상이 될 수 있다.', '모든 성과는 당대표의 현명한 지도와 정확한 판단, 그리고 진보적인 노동자의 힘으로 이루어진 것이다.'라는 긍정적 결말로 끝난다. 이 영화는 국공내전을 배경으로 공산당군 전략상의 수요를 만족시키기 위하여 노동자들이 목숨을 걸고 자재와 장비의 부족에도 불구하고 2주 만에 송화강(松花江)의 다리를 건설한다는 것을 주제로 한 작품이다. 구체적으로는 보수적인 지식인 대표 기사장은 강경한 태도로 나가서 공사의 가능성을 부정했음에도 불구하고,

---

76 吳迪, 「新中国电影第一部:《桥》的功过」, 『文史精華』, 2005 5호, 2005, 40쪽.

진보적 노동자인 중국공산당당원 양일승(梁日升, 왕가을 분)은 철로공장장인의 현명한 지도와 적극적 지지 밑에 게으른 낙후한 노동자인 석복상(席蔔祥, 두덕부 분)을 교육시키고 오일죽(吳一竹, 우양 분) 등 다른 진보적 노동자들과 단결하여 밤낮이 따로 없이 제강로를 수리하고 강재를 정련하여 제때에 성공적으로 다리를 복구한다. 〈다리〉는 신중국 최초의 노동계급 주역으로 한 '공농병' 예술영화로서 다리 복구공사 가운데서 당으로부터 하달된 임무에 최선을 다하는, 목적을 향한 혁명적 적극성 및 창조성을 갖춘 영웅적 노동자와 인민의 역량을 불신하고 부정적 태도를 취하는 낙후한 지식인계층을 대비적으로 형상화하면서 '지식인이 할 수 없고 심지어 상상도 하지 못 하는 일을 노동자들이 완성할 수 있다.', '노동계급이 어떠한 어려움을 겪더라도 자기의 강대한 힘으로 해결할 수 있다.'라는 이념을 전달하게 된다. 따라서 노동계급이 국공내전의 승리를 이끌어내는 후방지원자이자 신중국 경제건설을 맡은 진정한 주인공임을 말한다. 또한 영화 중에서 주인공을 중국공산당 당원이라는 '선진적 신분'으로 설정, 공장장은 당의 대변자로서 노동자들 속에 깊이 들어가서 그들의 사상, 감정과 생각을 체득하여 해결책을 함께 마련하면서 언제나 노동자를 고무하고 애국주의를 교육시켜 다리 복구공사를 효과적으로 지도하는 공적을 보여주고 있다. 특히 영화 결말부분에 수천 명 노동자들이 대열을 지어 다리완공을 축하하면서 '모주석 만세'를 크게 외치고 인민해방군을 환송하는 장면이 그려지는데 이러한 구체적 화면을 이용한 영화의 결론은 모든 성과가 모택동과 그를 수반으로 하는 공산당 정권의 올바른 지도로 귀결되도록 한다. 영화에서 모택동의 지도하에 중국공산당은 공산주의 사회건설에서 중추역할을 하는 리얼리즘에 대한 묘사를 통해 공산당을 영웅화 시키면서 공산주의를 믿어야만 모든 어려움을 극복할 수 있다는 주제를 중국인민들에게 전달한다. 이러한 정치적 목적을 노골적으로 표현한 중국영화 〈다리〉가 북한에서 상영됨에 따라 노동계급의 대단한 능동성, 즉 "어떠한 生産을 恢復시키는데 있어서든지 로동자들의 熱情과 積極性은 能히 問題를 解決할 수 있는 主要한 力量"[77]이라는 사실이 인식되었을 뿐만 아니라 공산주의 정권의 우월성, 즉 공산주의의 탁월한 지도하에 노동자들이 어려움을 극복하고 평온한 사회를 건설하는 모습이 북한인민 눈앞에 제시되었다. 따라서 이는 북한인민들에게 김일성 북한 공산주의 정권에 대한 신뢰감, 민주건설 시책의 정확성에 대한 자신감, 이어 조국의 건설에 적극적으로 투신하고 전력으로 생산하는 결심을 불러일으킬 수 있는 효과적 선동수단으로 사용되었다.

기록영화 〈부요한 동북〉은 영상화면과 내레이션 해설을 통해 동북의 부요한 온갖 물산을 소개하면서 국공내전 시기 동북지역에서 펼쳐진 '동북해방전쟁' 3년 동안 동북동방구 노동자들이 적극적으로 생산하여 전선에서 적과 용감히 투쟁하는 인민해방군을 지원하는 튼튼한 후원군역할을 맡고 있었던 사실을 수록하여 보여주고 있다. 이와 함께 영화 중 동북해방구 민주건설에서 중국공산당 정권의 현명한 지도력에 대한 찬양도 간과할 수 없는 매우 중요한 부분이다. 특히 결말부분에서 "수천 수백만 노동인민이 더 이상 억압을 받지 않고 오늘날에 와서 중국공산당의 지도 밑에 자유롭고 즐겁게 생산하여 이상을 현실로 만들어가고 있다. (그들은) 우리의 부요한 동북을 개발함으로써 인민의 자유, 행복, 번영한 신중국을 건립하는 것이다."라는 노골적 자막 겸 내레이션 해설문을 통해 영화는 직접적으로 동북을 개발하는 농민과 노동자의 애국주의 열정과 혁명적 투쟁정신에 대한 칭송을 보여준다. 이는 본질적으로는 동북해방구의 개발과 발전, 즉 국공내전시기 동북해방구 민주건설 가운데서 거둔 모든 화려한 성과가 전반적으로 특정한 인물인 모택동과 그를 수반으로 하는 공산당 정권으로 귀결되었다는 것을 말한다. 이렇듯 공산주의 정권의 훌륭한 지도력에 의지해야 민주건설이 이루어지게 될 수 있다는 강박관념에 대한 선전은 중국인민뿐만 아니라 이 영

---

77 李大章, 「中國映畫「다리」座談會席上에서」, 『영화예술』 5호, 1950.1, 24쪽.

화가 북한에서 상영됨에 따라 북한인민에게도 효과적으로 활용될 수 있었다. 이러한 공산주의 형제국가의 민주건설에서 거둔 거대한 성과에 대한 전달은 공산주의 정권의 당위성과 우월성을 리얼리즘 수법으로 북한관객에게 보여주면서 그들로 하여금 더욱더 강한 자신감으로 조국의 민주건설에 적극적으로 참여하도록 선동하게 한다. 1945년부터 1950년까지 북·중 영화 교류활동 양상에 대해 살펴본 것을 정리하자면 이 시기 등장한 양국 영화들은 크게 조국해방전쟁 중 적과 영웅적으로 투쟁하는 인민군대를 형상화하는 반제(일제와 친일주구, 미제와 친일주구)영화와, 노동계급이 조국의 건설에 기여하기 위해 갖은 어려움을 극복하고 적극적으로 노력하는 내용을 다룬 민주건설 주제로 한 영화 두 가지로 나눌 수 있다. 이러한 영화들에서는 보편적으로 사회주의 리얼리즘 수법으로 공산주의 정권의 당위성, 정체성과 우월성에 대한 역설과 아울러 제국주의 세력의 부당성, 야만성과 낙후성에 대한 폭로를 이항대립 요소들로 삼아 인민대중들이 공산주의 정권에 대한 신임과 숭배, 즉 강력한 애국주의 열정과 제국주의에 대한 증오심과 적개심을 불러일으키게 만든다. 애국주의교양을 강화하는 것은 이 시기 등장한 북·중 영화의 가장 중요한 목적이자 예술적 방식으로 선전·선동하는 북·중 공산주의 정권의 정치적 이데올로기였다. 또한 영화에서 모든 공적과 성과를 특정한 인물과 집단으로 귀결시키는 것은, 공산주의 정권이 전쟁 시기의 전장과 민주건설 시기의 전선에서 펼치는 탁월한 전략적 지도력에 대한 노골적인 묘사로 이것은 영화에서 쓰이는 상투적인 방법이다. 이는 북·중 공산주의 정권 사이에 영화교류가 이루어지게 될 수 있는 이론적 바탕이라 할 수 있다. 공산주의 형제국가의 영화가 유입된다는 것은 성공적 예증으로서 상대국 공산주의 정권의 지도 밑에 조국 해방전쟁이나 민주건설 사업에서 거둔 거대한 승리와 성과를 가시적 방식으로 본국 인민대중에게 보여주면서 공산주의 정권 자체의 당위성과 우월성을 강력하고 설득력 있게 논증하는 것이다. 따라서 이러한 영화교류는 분명히 상대국 인민대중들을 애국주의로 교양하는 데 있어서 긍정적 보조역할을 맡고 있으며 공산주의 정권의 견고와 영향력의 지속적 확대, 이어서 인민대중의 투쟁의 적극성을 끓어오르게 만드는데 크게 기여해왔다. 그러기에 국내영화와 비슷한 주제와 양상, 같은 정치적 이데올로기를 담은 외화의 유입이 국내영화와 함께 대중교양의 강력한 무기로서 정치적 이데올로기를 효과적 선전·선동하고 있었다. 이 시기부터 북·중 영화 교류는 영화의 예술성이나 상업성에 집중하는 것이 아니라 공산주의 정권의 당위성 및 우월성의 입증과 애국주의 교양의 강화라는 목적으로 공산주의 형제국가 정치적 이데올로기를 효과적으로 선전하고 선동하는데 협력하는 정치적 소통이라는 매우 뚜렷한 사실을 알 수 있다.

제4장

한국전쟁기 북·중 영화 교류(1950-1953)

4.1. 한국전쟁 발발과 중국에서 북한영화 제작

해방기 5년 동안 북한의 영화산업은 급속하게 발전하였다. 그러나 한국전쟁
이 터진 후 미군의 무차별 폭격으로 인하여 북한 인민경제의 평화적 발전은
중단되었으며 생산력도 불가피하게 치명적 타격을 입었다. 평양을 중심으로
한 한반도 북반부 지역은 폐허상태가 되었다.[1] 북조선국립영화촬영소도 예외가

---

1 "실로 전쟁전 평화적 건설 五년간에 이룩한 민주 건설 성과로 하여 인민들이 생활을 구가
하던 평양시의 찬란한 모습은 엿볼 수조차 없이 되었다. 공장, 교량을 위시한 산업, 교통
운수 시설들, 교육 문화 보건 시설들 그리고 주택과 공공 건물들은 완전히 파괴되어 평양
시는 폐허로 되었다. 미제는 시민들의 선조들이 파묻힌 공동 묘지에까지 폭탄을 퍼부었다.
피에 굶주린 미제 항공기들은 평양의 평화적 주민 제대에 대하여 나팜탄, 소이탄, 고성능
폭탄, 세균탄 등으로 무차별 폭격을 一천 四三一 회 감행하여 무려 四二만 八천 七四八
개의 폭탄을 투하하였다. 그리하여 내각 및 각성을 비롯한 일체 공공 건물과 국영대공업
기업소 五五 개(전전 五五 개), 협동 단체 공업기업소 六六 개(전전 六六 개), 개인 공장
二〇七 개(전전 二〇七 개), 교육 기관 및 극장, 영화관 二九 개, 보건기관 九四 개,
력사 기념물 八개, 주택과 국영 및 개인 상점 六만 五천 四六一(전전 七만 五천 五一九
개) 및 기타 다수가 무참하게 파괴되였다. 민주 수도 평양은 그야말로 잿더미로 화하였다."
(평양향토사편집위원회, 『평양지』, 국립출판사, 1957, 498쪽.) 평양지역뿐만 아니라 북한
전역에서도 상당한 정도로 파괴되었다. "조선민주주의 인민공화국 중앙통계국 자료에 따
르면, 전쟁에서 입은 직접적인 손실은 4,200억 원에 달한다. 산업 건물 약 9,000동, 주택
600,000동, 학교 5,000개, 병원 1,000개, 극장 및 영화관 263개, 기타 수천 개의 문화기관

아니었다. 편집실, 녹음실 등 예술영화 제작에 필수적인 시설의 파괴로 말미암아 예술영화제작이 정상적으로 이루어지지 않는 상황이었다. 그럼에도 불구하고 시보영화와 기록영화의 제작이 지속되었다. 한국전쟁 발발 3일후부터 12개의 종군촬영반이 조직되었으며 전쟁 발발 다음날인 6월 26일 김일성이 '전체 조선인민에게 한 방송연설' 중 "모든 힘을 전쟁의 승리를 위하여"라는 호소에 따라 북한 인민군과 함께 종군하며 전투실황을 기록했다.[2] 북한영화인들은 전시에 시보영화를 모두 83편 제작하였다. 이 중 〈조국통일을 위하여〉라는 표제 밑에 48편, 〈조선시보〉는 35편이 제작되었다. 전쟁 시기에 제작되었던 기록영화는 무려 23편이었으며 주로 〈전세계에 고함〉, 〈세균만행〉, 〈신천대중 학살사건〉과 같은 미제침략자들의 야수적 만행을 폭로하여 단죄하는 반미영화, 그리고 〈승리를 향하여〉를 비롯하여 〈식량전선〉, 〈싸우는 철도일군들〉, 〈땅의 주인들〉 등 전선의 병사들과 후방의 노동자와 농민들의 영웅적 투쟁모습을 부각시킨 애국주의 영화, 또한 〈1950년 5·1절〉, 〈정전담판〉, 〈제3차 세계청년 학생축전〉, 〈1951년 8·15〉 등 각종 행사 실황을 기록한 영화 등 세 가지로 나누어 구분할 수 있다.[3]

1951년 6월 김일성은 전쟁이 장기성을 띠게 됨에 따라 북한영화인에게 "자기의 전투적 역할을 가일층 높여 인민군대와 후방인민들에 대한 애국주 의, 영웅주의교양을 더욱 심화하며 그들을 최후승리에로 힘있게 고무하여 야 할 시대적 임무"를 하달하면서 기동적이고 속도적인 특성을 가진 시보 영화와 기록영화만 찍는 단계에서 예술영화 창작활동을 다시 시작해야 하 는 단계로의 전환을 지시하였다.[4] 이에 따라서 북한 영화인들은 전쟁 장기

이 파괴되었다." 국방부 군사편찬연구소, 『소련 군사고문단장 라주바예프의 6·25전쟁 보고서(3)』, 국가기록원, 2001, 36쪽.

2 한상언, 「6.25전쟁기 북한 영화와 전쟁 재현」, 『현대영화연구』11호, 현대영화연구소, 2011, 285쪽.

3 김룡봉, 앞의 책, 84~93쪽; 한상언, 위의 논문(ㄱ), 286~289쪽, 참조.

4 "제1계단으로 제3계단에 이르는 기간(1950.6.25.~1951.6.10.) 우리 나라의 영화예술창조

화를 대비하여 예술영화 제작활동을 전개하였다. 한국전쟁 약 3년 동안 북조선국립영화촬영소는 〈소년빨찌산〉(1951), 〈또 다시 전선으로〉(1952), 〈향토를 지키는 사람들〉(1952), 〈비행기사냥군조〉(1952), 〈정찰병〉(1953) 등 총 5편의 예술영화를 제작했다. 전쟁 직후인 1954년에는 영화 〈빨찌산처녀〉가 제작되어 한국전쟁을 배경으로 한 예술영화 제작의 연속성을 이어 갔다. 그러나 전쟁 시기 미군의 폭격으로 영화촬영소가 초토화가 되어 녹음, 편집 등 작업이 가능하지 않은 상황에서 북한이 혼자의 힘으로 일련의 영화작품, 특히 예술영화를 제작 완성한다는 것은 분명히 불가능한 일이었다. 일부 관련 북한 문헌에는 당시 촬영소가 안전한 후방지역인 평안북도 의주, 수풍, 창성과 자강도 만포군 등 중국국경과 가까운 곳으로 소개되어 미군의 공습이 이루어지는 가운데 다른 도움 없이 김일성의 지도하에 영화 제작이 이루어졌음을 주장한다. 북한에서 발행된 관련 문헌들을 직접 인용해보겠다.

(1) 위대한 수령님의 깊은 관심에 의하여 전쟁이 개시된지 한달도 못되어 영화촬영소의 모든 설비들이 안전한 후방지대에로 소개되였으며 록음실과 현상실이 반항공시설을 갖춘 지하에 새로 꾸려졌다. 영화촬영소가 제때에 소개되고 록음실과 현상실이 꾸려짐으로써 영화예술인들은 단편적인 기록, 시보영화뿐아니라 예술영화들도 안전한 조건에서 정상적으로 창작할수 있게 되었다. 이 시기에 와서 우리 영화예술인들이 전시의 어려운 조건에서도

사업은 가장 기동적이고 전투적이며 그 제작과정이 보다 속도적인 시보, 기록영화제작사업으로 특징지어진다. 그러나 조국해방전쟁이 새로운 단계(제 4계단)에 들어서고 전쟁이 장기성을 띠게 됨에 따라 우리 영화예술앞에는 자기의 전투적역할을 가일층 높여 인민군대와 후방인민들에 대한 애국주의, 영웅주의 교양을 더욱 심화하며 그들을 최후승리에로 힘있게 고무하여야 할 시대적임무가 제기되었다. 위대한 수령님께서는 당시 조성된 이러한 정세를 통찰하시고 전쟁 1~3계단 시기와는 달리 제4계단시기에 들어와서 시보, 기록영화들과 함께 사상예술성이 높은 예술영화들도 적극적으로 만들어내도록 하시였다." 소희조, 「위대한 수령님께서 개척하신 주체영화예술(2) -조국해방전쟁시기 영화예술사업 조직령도-」, 『조선영화』, 1997년 6월호, 23쪽.

〈정찰병〉을 비롯한 6편의 예술영화와 20여편의 기록영화 그리고 80여편의 시보영화를 제작하는 전례없는 창작성과를 거둘 수 있게 된 것은 전적으로 위대한 수령님께서 영화제작의 모든 조건들을 안전하게 마련해주시고 영화 창조 사업전반을 전시체제로 빨리 개편해주신 결과였다.[5]

(2) 조국해방전쟁(한국전쟁)시기, 극영화의 기본주제는 보통 '영웅적 인민들을 이길 수 없다'와 같은 인민군 그리고 집단영웅주의를 칭찬하는 것을 위주로 하는 것이다. 『빨찌산처녀』, 『정찰병』, 『또 다시 전선으로』, 『비행기 사냥군조』 등 극영화들은 이 시기 제작완성된 작품이었다… 해방전쟁기 위대한 조국의 어려운 상황에서, 우리 영화예술이 이러한 큰 성과를 거둘 수 있게 되는 것은 전반적으로 조선로동당과 사랑하는 김일성 원수의 정확한 가르침에 덕분이다.[6]

(3) 위대한 수령님께서 돌려주신 크나큰 사랑과 배려에 무한히 고무된 영화예술인들은 전쟁의 어려운 시련과 고난도 참고 견디여내면서 전쟁주제의 예술영화 〈소년빨찌산〉제작에 착수하였다. 국립영화촬영소(지금 조선예술영화촬영소) 영화창작가들은 영화문학을 접수하여 연출대본을 작성한 차례로 평안북도 수풍과 창성 지구를 촬영대상지로 1951년 4월 25일부터 영화촬영에 착수하였다.[7]

(4) 영화예술부문에서는 전쟁이 일어난지 한달도 못되는 짧은 기간에 영화촬영소의 모든 설비와 기재들을 후방의 안전한 지대에 소개하셨으며 (당시 촬영소는 평안북도 의주로 소개되었다.) 록음실과 현상실, 편집실들을 반항공시설을 갖춘지하에 새로 꾸려놓게 되었다.[8]

---

5 김룡봉, 앞의 책, 73쪽.
6 金漢圭 엮음, 冰蔚 옮김, 「十五年來的朝鮮電影藝術」, 『電影藝術』 1960년 8호, 1960.8.28, 12쪽.
7 리종우, 「전시 첫 예술영화 《소년빨찌산》이 창작되여 보급되기까지」, 『조선영화』 1997년 7월호, 41쪽.
8 「영화의 력사를 거슬러]전쟁의 불길속에서 창작된 예술영화 《또 다시 전선으로》」, 『조선영화』, 1987년 5월호, 77쪽.

(5) 일시적인 후퇴 시기에 촬영소 일꾼들은 승리의 신심을 굳게 다지면서 만포군까지 후퇴를 완료하였다... 공화국 북반부에 침공해 온 적들을 격퇴하고 평양에 다시 자리를 잡은 영화 일꾼들은 또 다시 전선 촬영에 파견되는 한편 수편의 예술 영화 제작에서도 성과를 거두었다. 『소년빨찌산』 『또 다시 전선으로』 『향토를 지키는 사람들』 『비행기 사냥꾼조』 『정찰병』 등은 우수한 예술 영화로서 우리 영화 일꾼들의 력량을 과시하였다.[9]

이렇듯, 북한에서 발행된 관련 문헌들은 전시 영화제작 방식에 대한 서술을 통해 '한국전쟁기 북한영화의 제작은 외래적 협조 없이 김일성의 지도하에 조국의 안전한 후방에서 북한영화인 혼자의 노력으로 이루어졌다.'고 주장했다. 과연 이는 사실인가? 당시 중국에서 발행된 잡지에서 북한의 김원봉과 한현일의 주장, 일본의 영화학자인 몬마 다카시(門間貴志), 그리고 중국에서 발간된 동북영화제작소와 관련된 문헌자료를 살펴보면 위에 언급한 북한문헌에 기록된 주장과는 다른 측면이 존재하고 있는 것을 알 수 있다.

(1) 1950년 6월, 미 제국주의가 북한을 침략하기 시작했다. 전쟁 초기부터 생산단위뿐만 아니라 문화기관, 영화촬영소까지 전반적으로 미군의 폭격을 당해서 파괴되었다. 소련의 전문가들이 도와주어 우리로 하여금 짧은 시간 안에 북중국경에서 임시적인 영화촬영소를 세우게 되었다. 힘든 상황에서 우리는 2년 안에 예술영화 3편, 기록영화 19편, 시보영화 60여 편을 제작했다. 우리가 이런 엄청난 임무를 완성할 수 있었던 원인은 바로 소련과 중국에서 도움을 받았기 때문이다. 이 임시적 촬영소가 생산적 요구를 만족할 수 없어서 우리는 중국동지의 동의를 받아 동북영화제작소에 들어가 영화제작활동을 했다.[10]

9   평양향토사편집위원회, 앞의 책, 643-644쪽.
10 "一九五〇年六月, 美帝國主義侵略朝鮮, 就在戰爭開始的初期, 美國空軍不僅炸毁了生產單位, 而且也炸毁了文化機關, 電影製片廠也完全被毁壞了. 蘇聯專家又來幫助我們, 使我們在比較短的時期內, 在朝中邊境上建立了一個臨時性的電影製片廠. 雖然情況是十分困難, 但我們在二年當中製作了三部故事片, 十九部記錄片和六十多號新聞簡報. 我們能夠完成這個巨大的任務, 是因爲有蘇聯和中國的幫助. 這個臨時

(2) 전쟁이 발발하자 미 제국주의 침략자의 야수적인 폭격으로 인해 국립영화촬영소가 불에 타서 파괴되었다... 전쟁 발발전 3년 동안 우리는 예술영화 3편만 찍었는데 전쟁시기 영화촬영소의 설비가 모두 파괴되었던 어려운 환경에서 오히려 5편을 제작했다. 물론 우리영화인들이 희생적 전투 정신을 가지고 적극적으로 영화를 촬영했지만 중국영화인들의 물질적이고 정신적인 도움도 매우 커서 간과할 수 없다.[11]

앞서 북한 문헌에서는 역사적 사실을 감추고 전쟁 시기 북한 영화예술 발전의 모든 공적을 전반적으로 김일성의 지도와 북한영화인들 스스로의 노력으로 귀결하는 과도한 민족주의적 성향을 보인다. 반면 중국문헌에 실린 김원봉과 한현일의 글에 의하면 전쟁시기 어려운 상황에서 북조선영화촬영소가 중국동북영화제작소의 도움, 특히 물질적 지원을 받아 예술영화뿐만 아니라 일련의 시보영화와 기록영화 제작을 진행할 수 있었다고 말한다. 그들의 증언이야말로 한국전쟁시기에 중국 동북영화촬영소가 북한영화인들의 영화제작을 계속 적극 협조하고 북한영화사업 발전에 유력한 뒷받침을 맡고 있었다는 사실을 명확하게 밝히고 있다.

일본의 영화학자 몬마 다카시 역시 한국전쟁기 북한 영화는 중국동북영화제작소에서 제작되었다고 주장한다. 그는 미군의 폭격으로 인해 북한이 초토화되어 더 이상 이루어지지 못하는 열악한 상황에서, 동북영화제작소가 200여 명의 북한영화인들을 받아들이고 스튜디오 3개를 제공하여 영화촬영 및 후기제작에 물질적으로 뒷받침하였다는 사실을 서술하고 있다. 구

性的製片廠, 是不能滿足我們生產上的要求的, 因此, 中國同志們讓我們在他們的東北電影製片廠裏進行影片製作工作." 金元鳳 엮음, 虞和靜 옮김, 「戰鬪的朝鮮電影事業」, 『大衆電影』 1953년 2호, 1953.1, 24쪽.

11 "美帝國主義侵略者早在戰爭初期就野獸般瘋狂地炸毀和燒毀了國立電影製片廠... 在戰前三年間祇拍攝了三部藝術片, 但戰爭期間在電影製片廠的設備遭到破壞和燒毀的困難環境下, 却拍攝了五部藝術片. 在拍攝這些影片時, 我們的電影工作者表現了忘我的戰鬪精神, 同時中國電影工作者在物質上精神上給予我們的幫助也是很大的.", 韓賢一, 「戰鬪的朝鮮電影」, 『世界电影』 1954년 9호, 1954.9, 59쪽.

체적으로 1951년부터 1953년 사이에 중국동북영화제작소에서 〈향토를 지키는 사람들〉, 〈또 다시 전선으로〉, 〈정찰병〉 등 북한 예술영화들과 〈조국통일을 위하여〉를 비롯한 여러 편의 기록영화들이 제작되었다고 한다.

한국전쟁은 북한의 영화에게 큰 영향을 끼쳤다. 이는 바로 1950년 10월, 미국의 폭격으로 인해 영화촬영소가 잿더미로 변했기 때문이다. 그리고 평양의 시가지도 모두 불타 작은 풀조차도 자라지 못하는 불모지가 되었다. 대부분 극장들도 소실되었다. 북한에서 나온 발표에 따르면 신의주 영화관이 영화를 상영 중에 미군의 폭격을 받아 500명의 관객이 사망하였다고 한다. 영화제작을 계속하는 것이 어렵게 된 북한은 중국정부의 원조를 구했다. 1951년 중국 측은 대응에 나서 북한의 200명 이상의 영화인들(즉 국립영화촬영소 대부분 인원)을 장춘에 있는 동북영화제작소에 받아들여 6개의 스튜디오 중 3개를 북한 쪽에 제공하여 1953년 11월 사이에 영화촬영 및 후기제작의 편의를 도모하였다. 이리하여 동북영화제작소에서 〈향토를 지키는 사람들〉(1952), 〈또 다시 전선으로〉(1952), 〈정찰병〉(1953) 등 북한 극영화들이 중국국내에서 제작되었다. 또한 〈조국통일을 위하여(1951)〉를 비롯한 여러 편의 기록영화도 여기서 제작되었다.[12]

또한 그는 북한문헌이 한국전쟁 시기 영화제작에 대해 언급하며 중국에서 온 도움을 전혀 기록하지 않는 원인에 대해서, 종파투쟁 와중에 김일성

---

12 "朝鮮戦争は、北朝鮮映畫にさらに大きな影響を與えることになった。一九五〇年十月、米軍の爆撃によって撮影所が灰燼に帰したためである。もちろん平壤の市街地も焼け野原となり、多くの劇場も焼失した。北朝鮮側の発表によれば新義州映畫館が上映中に米軍の爆撃を受けて五百名の観客が死亡したという。映畫製作の統行が困難となった北朝鮮は、中國政府に援助を求めた。一九五一年、中國側はこれに応えて北朝鮮から二百名以上の映畫人(つまり國立映畫撮影所の大半)を長春の東北電影に受け入れ、六つのスタジオのうち三つを北朝鮮映畫のために提供し、一九五三年十一月までの間、撮影や仕上げ作業の便宜を図った。これによって『郷土を守る人々』(一九五二)、『再び前線へ』(一九五二)、『偵察兵』(一九五三)などの劇映畫が中國國内で制作された。また『祖國統一のために』(一九五一)などの多くの記録映畫もここで制作された。" 門間貴志、『朝鮮民主主義人民共和國映畫史－ 建國から現在までの全記録』、 現代書館、 2012.5、 42~43쪽.

이 연안파를 숙청함으로 인해 북한과 중국 양국관계가 밑바닥까지 떨어지는 1956년 즈음부터 북한에서 대외적으로 중국의 협조를 받았던 사실을 은폐하기 시작했다고 언급한다.

> 그때 영화촬영 자체가 북한 내에서도 진행되고 있었다. 그러나 그 시기에 〈향토를 지키는 사람들〉, 〈또 다시 전선으로〉, 〈정찰병〉이 제작되었다는 것은 정확하지 않다. 이 3편의 영화들의 후반작업은 장춘영화제작소(동북영화제작소)에서 진행되었다. 그리고 촬영도 일부는 중국국내에서 이루어졌다. 1956년 단계에서는 결국 대외적으로 중국의 협조를 받은 사실을 은폐하고 있었다.[13]

다음에는 중국에서 발간된 문헌자료를 통해 북한이 동북영화제작소에서 영화제작에 관해 어떠한 구체적인 지원 및 협조를 받았는지를 실증적으로 확인할 수 있다.

> 1950년대 미 제국주의가 북한에 침략전쟁을 발동한 후 북한의 모든 영화제작소들은 미군의 폭격을 당해 파괴되었다. 북한영화예술인들은 계속 영화를 제작하기 위하여 우리나라로 이전해 왔다. 중국국무원의 비준을 거쳐 문화부의 구체적 안배에 따라서 동북영화제작소가 북한을 협조하여 영화제작의 책임자가 되었다.
> 1951년 5월 25일 북조선국립영화촬영소 소장인 이석진(李夕津)의 인도로 촬영소의 영화예술인들이 동북영화제작소에 들어왔다. 그들은 동북영화제작소의 설비와 기자재를 이용하여 〈소년빨찌산〉(1951년 6월 27일 완성), 〈조국을 위하여〉(1952년 12월 31일 완성), 〈향토를 지키는 사람들〉, 〈비행기사냥군조〉(1952년 완성), 〈정찰병〉(1953년 8월 완성), 〈해안〉(1953년 11월

---

13 撮影自體は北朝鮮內でも行われていた。しかしその時期に 『郷土を守る人々』『再び前線へ』『偵察兵』が製作されたというのは正確ではない。少なくともこの三作のポスプロ作業は長春の撮影所で行なわれ、撮影も一部中國國內で行なわれている。一九五六年の段階でもやはり中國の協力は対外的には伏せられていたようである。" 門間貴志, 위의 책, 47쪽.

완성), 〈인민의 승리〉(1953년 11월 대부분완성) 등 극영화 7편, 〈식량전선〉, 〈(1951년) 8·15〉(1951 12월 완성), 〈승리를 향하여〉, 〈전선을 위하여〉, 〈조선 아동〉(1952년 완성), 〈땅의 주인들〉, 〈신천대중 학살사건〉, 〈조몽우의〉, 〈스 탈린사망〉, 〈삼팔절〉, 〈정전담판〉, 〈승리를 경축하다〉 등 기록영화 12편, 또한 시보영화 48편 (1951년 10편, 1952년 17편, 1953년 21편)을 제작했다. 북한국립영화촬영소 직원들은 최초에 중국에 들어왔을 때 인수가 100여 명이 었으며 1952년 12월부터 1953년 2월까지 생산임무가 가장 긴장되었을 때 북한 방문인원 인수가 400여 명에 달했다. '동영'은 북한전우의 일상생활을 적절하게 안배했을 뿐만 아니라 인적과 물적 지원까지 힘껏 협조했다. 1953년 11월 북조선국립영화촬영소의 모든 인원들이 일을 마감하고 '동영'을 떠나 귀국했다. 중국과 북한의 영화인들이 합력해 일하는 것은 양국 영화사상 빛나는 장이 되었다.[14]

이렇듯 중국동북영화제작소에서는 1951년 5월부터 1953년 11월까지 북 조선국립영화촬영소의 직원 수 백 명을 수용한 후에 그들과 함께 북한영화 를 제작하였으며 구체적으로 예술영화뿐만 아니라 시보영화, 기록영화의 제 작에도 인적 협조와 물적 지원을 지속적으로 제공하고 있었다. 앞에 언급한

---

14 "1950年美帝国主义发动侵朝战争以后，1951年朝鲜所有电影制片厂全被美国飞机炸 毁. 朝鲜电影艺术工作者为在战时坚持制片生产，转移来到我国.经我国政务院批准， 由文化部具体安排，责成东北电影制片厂协助拍摄影片. 朝鲜国立电影制片厂的电 影艺术工作者，在厂长李乡津的带领下，于1951年5月25日来到东北电影制片厂. 他们 利用东影的制片设备和器材，先后拍摄了故事片《少年游击队》(1951年6月27日完成)，《为了祖国》(1951年12月31日完成)，《保卫家乡的人们》，《打飞机》(1952年完成)，《侦察 兵》(1953年11月完成)，《海岸》(1953年11月完成)，《人民的胜利》(1953年11月完成大部) 等7部影片. 制作了纪录片《粮食战线》，《8·15》(1951年12月完成)，《走向胜利》，《为了 前线》，《朝鲜儿童》(1952年完成)，《土地的主人》，《信川公判》，《朝蒙友谊》，《斯大林逝 世》，《三八节》，《停战谈判》，《欢庆胜利》等12部. 制作新闻简报共48本(其中1951年10 本，1952年17本，1953年21本).朝鲜国立电影制片厂最初来华人员为一百多人，1952年 12月至1953年2月，在生产任务最紧张时，人员达到四百余人. 东影不仅为朝鲜战友的 生活做了妥善的安排，并在人力物力上给予了大力的协助. 1953年11月朝鲜国立电影 制片厂结束在东影的工作，全部人员离长返国. 中朝两国电影工作者的亲密合作，是 中超两国电影史上的光辉篇章." 胡昶，『新中国电影的摇篮』，吉林文史出版社，1986, 140쪽.

북한에서 전시에 제작된 예술영화 〈소년빨찌산〉, 〈또 다시 전선으로〉[15], 〈향토를 지키는 사람들〉, 〈비행기 사냥군조〉, 〈정찰병〉 다섯 편이 모두 동북영화제작소에서 제작 완성되었던 것이다. 이 다섯 편 예술영화들은 모두 더빙된 후에 1951년부터 1954년까지 중국관객과 만나게 되었다.

중국동북영화제작소는 미국의 폭격으로 북조선영화촬영소가 파괴되어 영화제작을 정상적으로 진행하지 못했던 북한영화인들이 다시 영화제작을 즉시 가능할 수 있게 하는 유리한 조건들을 지니고 있었다.

첫째, 안전하고 가까운 촬영 및 제작기지이다. 1949년 10월 신중국 성립 직후 중국 국내 정세는 안정되었으며 동북영화제작소 내 세트장부터 촬영 및 제작 장비와 인원배치까지 이미 안정된 상태였다. 또한 지리적으로 보면 동북영화제작소는 북중국경과 가까워서 북한영화인들이 북한에 가서 로케이션(야외촬영)을 하고 나서 찍은 필름을 다시 동북영화제작소로 옮기는데 시일을 많이 지연시키지 않았다.

둘째, 물질적 도움이다. 물론 북한영화인들이 카메라를 매고 북중 국경지대인 평안북도 의주, 수풍과 창성 혹은 자강도 만포군, 심지어 침공해 온 적들을 격퇴하고 다시 평양에 들어가 전선에서 로케이션을 진행했을 가능성이 있지만, 편집실, 녹음실, 세트장(실내촬영장)을 비롯한 필수적인 시설이 부족했다. 이것이 바로 시보영화 및 기록영화보다 예술영화제작이 제대로 될 수 없는 치명적인 이유였던 것이다. 동북영화제작소는 북조선영화촬영소가 단시간 내 극복할 수 없는 물질적 부족을 바로 보완하고 지속적 지원을 보증할 수 있었다.[16]

---

15 앞에 이용한 중국문헌자료 가운데서 언급한 〈조국을 위하여〉라는 영화는 바로 영화 〈또 다시 전선으로〉의 원래 제목이었다. 이 영화 초기 제목은 〈조국을 위하여〉라는 것이었으나 김일성이 보게 된 후에 내렸던 "제목에 비하여 내용이 빈약하고 형상에서도 많은 부족점을 가지고 있었다"라는 지적과 "제목은 될수록 소박하고 내용에 맞게 되어야 한다"라는 가르침에 따라 1952년 〈또 다시 전선으로〉라는 제목으로 개작 완성되었다. 「영화의 력사를 거슬러]전쟁의 불길속에서 창작된 예술영화《또 다시 전선으로》」, 『조선영화』, 1987년 5월호, 77~78쪽.

셋째, 인력의 지원이다. 이는 구체적으로 인적 지원과 기술적인 지원으로 나눌 수 있다. 중국에서 1951년 5월부터 영화 〈무훈전〉에 대한 공부와 토론이 전국적으로 전개되었다. 동북영화제작소에서는 5월 30일 '공부위원회'를 설립하고 영화 촬영 및 제작 활동을 중단했다. 이때부터 1953년 말 중국 영화 검열에 대한 자유도가 호전되기 전까지 2년이 넘는 시간 동안 동북영화제작소의 천 명이 넘는 직원들은 영화각본 창작 및 영화제작을 할 수 없었다. 2년 동안 예술영화 제작과 관련된 임무가 없었던 이들은 북한 영화제작의 인적 자원이 되었으며 이로써 북조선국립영화촬영소는 인원 부족에 대한 큰 어려움을 해결하게 되었다.[17] 또한 북조선국립영화촬영소 영화인들은 동북영화제작소에서 있었던 약 2년 6개월 동안 원래 '주식회사만주영화협회'시대부터 신중국 초기에 이르기까지 그곳에서 영화제작의 핵심역할을 맡고 있던 일본기술인원[18]의 도움과 지도를 받아 일련의 예술영화를 제작

---

16 1943년 직후 '만영' 생산용 건물의 면적이 총 21275 제곱(평방)미터에 달했다. 촬영소는 주로 3층 사무동(업무부, 이사장실, 양성소, 도서실 등 각실·각과로 구성됨), 3층 식당, 실내촬영장 6개, 촬영장부속방 5개, 2층 녹음실, 2층 강의실, 4층 현상인화실 및 배우실, 세트작업실, 세트휴게실, 난방조정실, 차고 등으로 구성되었다. '동영'이 만영을 접수한 직후 생산 발전의 요구에 적응하기 위해 1949년 제3, 4녹음실을 재개조하고, 1층 미술디자인사무실을 2층으로 증축하고, 더빙한 영화를 제작하기 위해 실내 방음 장치의 설치를 늘렸다. 또한 동영은 직원들의 생활을 보장하기 위해 신중국건국이후 1951년까지 자제학교, 직공식당, 극장, 위생소, 보육원 등 생활보장 시설을 건축했다. 胡昶, 앞의 책(ㄱ), 196~201쪽 참조. 이로부터 '동영'이 북조선국립영화촬영소에서 온 인원들에게 영화제작뿐만 아니라 일상생활에 대한 물질적 편리를 제공할 수 있었다는 것을 알 수 있다.

17 1950년대 초반 영화생산임무가 없는 시간에 '동영' 창작인원 다수는 업무를 공부하고, 중국과 외국 명저를 읽어보고, 영화이론과 외국영화(주로 최근 2년 내 번역한 소련영화)를 연구하고 있었다. 또한 1951-1953년 사이에, 그들은 조선민주주의공화국을 협조하여 함께 영화를 제작했다. 胡昶, 앞의 책(ㄴ), 134쪽.

18 물론 대부분 일본인들이 1945년 '만영'이 공산당에게 접수된 후에 중국을 떠났으나 자발적으로 남아 있었던 일본직원들은 계속 영화제작 활동을 하고 있었다. 신중국 건립 이후 동북영화제작소의 일본인들은 꾸준히 중국영화의 발전에 이바지하고 있었다. '동영'에서 제작된 〈다리〉, 〈자기의 대오로 돌아왔다〉, 〈광망만장(光芒萬丈)〉, 〈내몽인민의 승리(內蒙人民的勝利)〉, 〈백모녀(白毛女)〉, 〈육호문(六號門)〉, 〈홍기가(紅旗歌)〉, 〈유호난(劉胡蘭)〉, 〈보이지 않는 전선(無形的戰線)〉, 〈허튼소리(鬼話)〉 등 신중국 초기영화들이 모두 기시 후미코(岸 富美子), 후쿠시마 히로시(福島宏), 기시 히로미(岸 寛身) 등 일본직원들의 현장촬영, 기술지도, 후기편집을 비롯한 온갖 직접적 도움을 받아 제작완성된 것

완성했을 뿐만 아니라 자주제작에 대한 기술도 많이 배우게 되었다.[19]

앞에서 보았듯이, 북한영화인들이 카메라를 들고 적극적으로 전선으로 나가 기록영화를 찍고 있었음에도 불구하고 북조선국립영화촬영소의 전시 상황을 보면 계속 북한 지역에서 예술영화를 만들 수 있는 가능성은 더 이상 없었다. 이때에 중국 동북영화제작소는 전쟁으로 인해 파괴된 북한영화 제작 기구를 대신해 큰 역할을 수행하고 있었다. 북한영화인들은 동북영화 제작소의 국제주의적 지원을 받으면서 비로소 예술영화 제작을 정상적으로 진행할 수 있었는데, 중국의 적극적 협조야말로 한국전쟁 시기 북한영화의 지속적 제작에서 빠트릴 수 없는 결정적 요소라고 해도 과언이 아니다. 이로써 동란 시기에 북한과 중국 양국 간의 영화 교류가 단순한 영화의 수출입 즉 상대국 영화의 본국유입과 본국영화가 상대국에 유출되는 것에 그치지 않았음을 확인해 보았다. 전쟁의 틈바구니에 낀 북한 영화가 우방인 중

이었다. 胡昶, 『东影的日本人』, 长春市政协文史资料委员会, 2005, 28~29쪽; 岸富美子, 石井妙子, 『満映とわたし』, 文藝春秋, 2015, 237~252쪽, 참조.

19 구체적으로 어떤 일본기술인원들이 어떤 북한영화 제작과정에서 어떠한 역할을 맡았는지에 대한 기록은 찾아보기 힘들다. 그럼에도 불구하고 몬마 다카시(門間貴志)의 서술에 따르면 기시 후미코가 영화〈향토를 지키는 사람들〉과〈또 다시 전선으로〉,〈정찰병〉의 제작과정에서 편집을 맡았다는 것을 확인할 수 있다. "岸が東北電影で最初に編集を擔當した北朝鮮映畫は, 尹龍奎監督, 尹斗憲脚本の『郷土を守る人々』であった。…『郷土を守る人々』に続き, 岸は千尚仁監督, 姜湖脚本の『再び前線へ(또다시전선으로)』(一九五二)の編集を擔當した。…一九五三年, 岸は全東民監督, 韓相雲脚本の『偵察兵(정찰병)』の映畫の編集に取りかかったが,…" 門間貴志, 앞의 책, 44~46쪽. 또한 당시 일본인들의 기술적 지도는 모두 일본어로 진행하고 있었다. 북한 영화인들이 일본어를 자유롭게 구사할 수 있었기 때문에 동시녹음 자료편집을 비롯한 새로운 기술을 배울 수 있었다. 기시 후미코는 '동영'에서 유일하게 동시녹음 편집기술에 능통한 사람으로서, 북한 영화인이 영화편집을 능숙하게 할 수 있도록 특별히 교재를 만들었다. 따라서 북한 영화인들은 동북영화제작소에 있었던 기간에 일본인의 지도를 받아 선진적 영화제작기술에 대한 큰 수확을 거두었다. "この時期に東北電影に滯在した北朝鮮の映畫人も, 舊満映の日本人職員たちから技術指導を受けている。先に平壤に派遣されたことのある岸富美子は, 東北電影では唯一, 同時録音の編集技術を持っていた。もちろん北朝鮮にはない技術だった。北朝鮮の映畫人たちは日本語を理解したため, 指導は日本語で行なわれた。岸が編集の教材として使ったのは, 満映のフィルム倉庫にあった大量の日本映畫とヨーロッパ映畫であった。" 門間貴志, 위의 책, 44쪽.

국의 도움과 협력으로 이루어졌다는 점은 의심할 여지가 없는 사실이다.[20]

4.2. 한국전쟁기 중국에서 상영된 북한영화

한국전쟁이 발발한 후에 미군의 무차별 폭격으로 인하여 평양을 중심으로 한 북한지역은 폐허상태가 되고 극장도 대량 파괴되었다. 비록 전쟁의 불길이 흩날리던 그 때에 중국영화가 북한에서 상영되었을 가능성이 있겠으나 구체적으로 어떠한 중국영화가 북한에서 어떤 특정한 극장에서 상영되었는지 혹은 이동영화차를 통해 어떤 지역에서 북한인민들과 만나게 되었는지를 파악하기는 어렵다. 따라서 이 시기에 북·중 양국 영화 교류 속에 상대국에서의 영화 상영활동은 북한영화가 중국에서 공식적으로 상영되는 것에 집중되었다. 1951년 조국의 해방과 민주건설사업에 적극적으로 지원하고 협조하는 우방 소련의 영원히 잊지 못할 만큼 위대한 공훈을 칭송하는 내용을 다룬 북한 기록영화 〈친선의 노래〉와, 한국전쟁의 정의로운 성격을 밝히면서 북한군민들을 미제와의 정당한 투쟁에 적극적으로 투신하기를 호소하는 것을 주제로 한 기록영화 〈정의의 전쟁〉이 중국에서 개봉됨에 따라 이 시기 양국 영화 교류의 서막을 열었다. 곧이어 앞서 언급된 북한영화인들이 전시(戰時) 중국 동북영화제작소에서 제작 완성한 한국전쟁을 배경으로 한 세 편의 예술영화 〈소년빨찌산〉, 〈또 다시 전선으로〉와 〈향토를 지키는 사람들〉이 1952~1953년 간 중국에서 잇따라 상영되었다.

---

20 유우, 「한국전쟁기 중국에서의 북한영화에 관한 연구」, 『현대영화연구』 25호, 현대영화연구소, 2016, 247~258쪽, 참조.

교류연도	제작연도	제목	종류	연출	시나리오	촬영	출연
1951	1949	〈친선의 노래〉	기록영화	정준채	*	정규완	*
1951	1951	〈정의의 전쟁〉	기록영화	천상인	천상인	최순흥, 고형규	*
1952	1951	〈소년빨찌산〉	예술영화	윤용규	윤두헌	박경원	정규진, 장득희, 김병련, 장병엽, 정창환, 변창숙, 김세영, 문예봉, 김동규, 김걸, 전일, 남승민, 김은배, 이재현, 이재홍 등
1952	1951	〈또 다시 전선으로〉	예술영화	천상인	강호, 한원래	정규원	박학, 심영, 김달연, 이지찬, 유민, 전일, 김운봉, 오일승 등
1953	1952	〈향토를 지키는 사람들〉	예술영화	윤용규	윤두헌	박경원	유경애, 심영, 김동규, 이재현, 최운봉, 남승민 등

1951년 6월에 북한 기록영화 〈친선의 노래〉와 〈정의의 전쟁〉이 중국에서 상영되어 이 시기 북·중 영화 교류의 서막을 열었다. 이 두 영화들은 각각 "소·조 문화 교류 속에 드러난 소·조 인민 사이의 위대한 우의(〈친선의 노래〉)"와 "조선인민이 미제를 타격하여 조국을 보위하는 진실상황(〈정의의 전쟁〉)"을 그린 영화로 중국에 소개되어 6월 23일부터 상해의 대광명극장(大光明劇場), 북경극장(北京劇場), 금문극장(金門劇場), 금성극

---

21 표에서 언급된 영화들의 제작연도, 교류연도 및 스태프 구성은 중국에서 발행된 유인물(『友誼之歌, 正義的戰爭』, 유인물, 1951;「少年游擊隊』, 유인물, 1952;「重返前線』, 유인물, 1952;「保衛家鄕』, 유인물, 1953;『鏡頭紀錄本-對空射擊組』, 中央電影局東北電影製片廠, 1954;「偵察兵』, 유인물, 1954;「土地的主人』, 유인물, 1954;「游擊隊的姑娘』, 유인물, 1955.), 북한 영화잡지인 『조선영화』와 중국신문 《人民日報》, 그리고 한상언의 앞의 논문(ㄴ)과 김룡봉의 앞의 책을 참조하여 만들었다.

장(金城劇場), 국제극장(國際劇場)에서 개봉되었다.[22] 곧이어 "8 · 15 직후의 소 · 조 우의"와 "6 · 25 이전과 제1단계"를 다룬 영화라는 소개로 1951년 6월 26일부터 북경에서 관객들과 만나게 되었다.[23]

[자료] 북한 기록영화 〈친선의 노래〉(좌)와 〈정의의 전쟁〉(우) 중국 상해에서의 선전물

---

22 「友誼之歌, 正義的戰爭」, 유인물, 1951.
23 《人民日報》, 1951.6.26.

[자료] 중국 북경에서의 〈친선의 노래〉, 〈정의의 전쟁〉 상영 광고
(《人民日報》, 1951.6.26.)

〈친선의 노래〉

영화 〈친선의 노래〉는 1949년에 제작된 프롤레타리아 국제주의 친선을 주제로 한 기록영화로 1950년 '제5차 국제영화축전(카를로비바리 국제영화제)'에서 「흑백기록영화상」을 수여받았다. 연출은 정준채가 맡았다.[24] 구체적으로 살펴보면 이 영화는 1949년 10월 평양에서 열린 「조쏘친선과 쏘베트문화순간」을 기념 경축하는 경축대회, 그리고 이와 더불어 개막된 다채로운 경축연예를 중심으로 한 가지가지의 기념행사들을 수록한 작품이었다.

영화 〈친선의 노래〉의 구성은 크게 두 부분으로 나눌 수 있다. 영화에서는 먼저 "조선민족의 해방자인 위대한 쏘련군대의 공훈을 상징하는 해방탑과 해방된 공화국북반부의 아름다운 산천과 五곡이 무르익은 전야의 평화

---

24 「友誼之歌, 正義的戰爭」, 유인물, 1951.

스럽고 행복한 풍경들을" 보여주면서, 남포판초자공장, 소련적십자병원, 평양로어대학 등 중요한 경제 및 사회문화 시설의 성공적 건설, 그리고 민주건설 가운데서 소련기술자들이 기술상의 적극 지도와 협조에 대한 내용을 제시한다. 이를 통해 영화는 "조선인민이 해방 후 4년간 조국의 민주건설에 막대한 성과를 달성한 것은 위대한 쏘련의 끊임없는 형제적 방조가 있었으므로서만이 가능하였다."라고 설명한다. 이 부분이야말로 과거 해방전쟁시기와 민주건설시기를 막론하고 항상 은인 같았던 우방 소련의 위대한 공훈에 대한 찬양이자 북한과 소련 양국 간의 변함없는 친선과 우의에 대한 입증이라 할 수 있다. 영화의 제2부분은 바로 경축 공연에 대한 상세한 기록이다. 소련 예술대표단 일행이 이동전람회와 이동예술대의 형태로 북한의 산간벽지까지 찾아가 북한 농민들과 함께 즐긴 경축의 연예, 생산직장에서 북한 연극 써-클의 번역극 공연, 그리고 "국립극장의 번역극 정지수, 리석예 양씨의 발레무용, 국립예술극장 협주단의 고전악 동극장 무용단의 춤, 국립합창단의 코라스 인민군대협주단의 연주"를 비롯한 북한예술가들의 다채로운 공연이 이 영화에 수록되었다. 이러한 경축대회와 공연행사의 실황에 대한 재현은 북한 관객들로 하여금 우방 소련 예술가들의 친선 공연이 보여준 이국적인 분위기를 느끼도록 하면서 "해방후 우리공화국북반부 근로대중의 문화수준이 얼마나 급속도로 발전되며있는가를 다시금 감격리에 바라보게" 했으며, 다른 한편으로는 영화에 수록된 "조쏘 량예술가들의 교환연예에서도 해방과 원조로서 굳게 맺아진 조쏘인민의 아릿다운 친선모습"[25]을 보여주며 북한과 소련 양국 간의 깊은 프롤레타리아 국제주의 친선과 우의를 크게 앙양했다.

---

[25] 「조선영화소개-기록영화「친선의 노래」」, 『영화예술』 5호, 1950.1, 56쪽.

〈정의의 전쟁〉

〈친선의 노래〉와 함께 중국에 소개되었던 〈정의의 전쟁〉은 북한에서 이른바 '조국해방전쟁'의 성격을 밝히면서, 북한인민이 승리를 위해 투쟁하는 모습을 생동하게 수록함으로 그들의 대중적 영웅주의를 반영한 작품이다. 이 영화는 1951년 '제6차 국제영화축전(카를로비바리 국제영화제)'에서 「영예상」을 수여받았다.[26] 연출과 시나리오 작성은 모두 천상인이 담당했으며 촬영은 최순흥, 고형규 등이 맡았다.

구체적으로 살펴보면 이 영화는 크게 세 부분으로 나눌 수 있다. 첫 부분에서는 해방직후 북한에서 김일성의 현명한 지도하에 이룩된 민주주의적 변혁과 미제가 강점하고 있는 남한의 인간지옥 같은 비참한 현실을 대비적으로 보여주며 남한에서 대량으로 친공인사들을 탄압학살하며 북한 지역을 침략하려 준비하는 미국의 야수적 죄상을 폭로하는 동시에 김일성을 수반으로 하는 북한 공산주의 정권의 당위성과 우월성을 선전한다. 둘째 부분에서는 평화를 위한 북한의 노력과 침략에 나선 미제의 전쟁 야욕을 보여주면서 미제와 친미주구 이승만의 부당한 전쟁을 일으킨 침략자로 단정하고 있다. 영화의 중심내용을 이루고 있는 셋째 부분에서는 김일성을 "모든 힘을 승리를 위하여"라는 전투적 호소에 따라 영웅적 북한군민들이 전선과 후방에서 행한 침략자에 대한 적극 반대와 용감한 투쟁을 집중적으로 보여주고 있다. 김일성의 역사적 방송연설, 이 연설에 고무된 북한인민군이 영웅적인 투쟁으로 서울에 입성할 때 서울시민들이 "김일성장군 만세!"라고 외치면서 환호하는 장면, 미군이 북한과 남한에서 강행한 무차별적 폭격과 포격의 야수적 만행, 그리고 전시생산과 전선원호사업에 나선 후방인민들의 적극적 투쟁모습까지 모두 이 부분에 수록되었다.[27] 미제가 부당한 전쟁을 일으킨 주모자라는 것에 대한 확인, 그리고 미군의 무차별 폭격과 포격이 가져온 만행에

---

26 림창진, 「이름있는 영화연출가 천상인」, 『조선영화』 1996년 3월호, 1996.3, 58쪽.
27 김룡봉, 앞의 책, 86~87쪽.

대한 폭로를 통해 북한인민들은 미제에 대한 불타는 증오심을 앙양했다. 또한 영화는 북한군민의 반격, 즉 '조국해방전쟁'의 정의적 성격을 뚜렷이 천명하면서 북한인민에게 김일성을 수반으로 하는 공산주의정권의 지도와 호소에 적극 호응하고 전적으로 투쟁해야만 최후의 승리를 거둘 수 있다는 신념을 성공적으로 전달한다. 이것은 이 기록영화의 가장 큰 목표였다.

〈소년빨찌산〉

기록영화 〈친선의 노래〉와 〈정의의 전쟁〉에 이어 중국에서 상영된 북한 영화는 〈소년빨찌산〉이다. 1951년 6월말 완성된 영화 〈소년빨찌산〉은 중국동북영화제작소의 더빙과 자막추가 과정을 거쳐 약 1년 후인 1952년 6월 25일부터 6월 30일까지 '제6차 국제영화축전(카를로비바리 국제영화제)에 「자유를 위한 특별상」을 수여 받은 영화'라는 홍보문구와 함께 수도극장, 대화극장, 신중국극장, 섬궁극장, 천년궁극장(靑年宮劇場), 북경극장, 홍성극장, 중앙극장, 동락극장, 대관루극장, 대광명극장, 평안극장, 명성극장 등 북경의 13개 주요극장에서 상영되었다.[28] 또한 북경뿐만이 아니라 중국의 각 대도시에서도 6월 25일 동시 개봉되었고 '신년 경축 특선(慶祝新年特選)'에 뽑힌 영화 중 유일한 북한영화였다. 함께 상영된 영화는 소련영화 〈보석꽃(Каменный цветок, 1946)〉, 〈용감한 사람(Смелые люди, 1950)〉, 폴란드영화 〈바르샤바 거리(Ulica Graniczna, 1949)〉, 중국영화 〈인민의 전사(人民的戰士, 1950)〉, 〈여기사(女司機, 1950)〉 등이었다. 이 영화들은 1953년 1월 1일부터 북경 수도극장과 승리극장, 대화극장 등 12개 극장에서 일주일간 상영되었다.[29] 또한 〈소년빨찌산〉은 1953년 3월말, 북경 대관루극장과 대광명극장에서 단기간 재상영되었다.[30]

---

28 《人民日報》, 1952.6.21., 6.30.
29 《人民日報》, 1952.12.29.
30 《人民日報》, 1953.3.26.

[자료] 영화 〈소년빨찌산〉 상영 광고
(《人民日報》, 1952.6.21.(좌), 1952.12.29.(중), 1953.3.26.(우))

영화 개봉 2일 전인 1952년 6월 23일 중국 중앙인민정부 문화부는 특별히 북경에서 대규모로 영화 〈소년빨찌산〉 리허설 초대회(시사회)를 거행했다.[31]

시사회에서 중국중앙문화부 부부장인 주양(周揚)이 사회를 보았다. 그는 북한영화 〈소년빨찌산〉이 북한 소년영웅들이 파시즘과 투쟁하는 빛나는 사적을 부각시킨다고 했다. 또한 이 영화는 중국인민(人民)과 전세계 인민들이 미국침략자를 반대하고 세계 평화를 쟁취하는 위대한 투쟁에 고무된다고 했다.

북한주중대사인 권오직은 초청에 응해 시사회에서 자기의 가장 우수한 자녀들을 북한전선으로 보내 북한인민과 어깨를 나란히 하며 미국침략자를 타격시킨 중국 인민의 숭고한 우의에 고마운 마음을 보낸다고 발표했다. 또한 그는 영화 〈소년빨찌산〉이 같은 적에 대항해 함께 투쟁하는 북중 양국 인민의 우의 강화에 반드시 도움이 되고 우리(북중)는 앞으로의 사업 중

---

31 "시사회를 참석하는 사람들 중 (중국)중앙인민정부 부주석인 이제심(李濟深), 중앙과 북경 각 기관 및 단체의 책임자들, 문화예술계 인사들, 북경 각 학교의 소년아동대 대원대표들 총 1000여 명, 또한 북한 주중(駐中)대사인 권오직(權五稷)과 대사관 인원들이 모두 참석했다. 참가하는 사람들 중 루마니아, 몽골, 헝가리 등 국가의 주중대사, 베트남 주중 대표, 독일 주중외교사단 대표, 소련, 불가리아, 체코슬로바키아 등 국가주중대사관의 참사관, 폴란드 주중대사관 인원들 등도 포함하다." 〈中央人民政府文化部昨擧行朝鮮影片「少年遊擊隊」預備招待會〉, 《人民日報》, 1952.6.24.

드러난 성취와 최종 승리에 대한 자신의 향상에 반드시 도움이 된다고 했다.[32]

이처럼 중국은 전쟁기 북한 최초의 예술영화인 〈소년빨찌산〉의 상영활동을 중시했음을 알 수 있다. 뿐만 아니라 주양과 권오직의 발표를 통해 영화의 공리성, 즉 선전선동성이 최대한 발휘, 확산될 것이며, 이것이 북한영화가 중국에서 상영되는 목적이자 양국정부가 내내 바라는 것이라는 인식을 보여주었다.

[자료] 영화 〈소년빨찌산〉 리허설 초대회와 관련된 기사
(《人民日報》, 1952.6.24.)

---

32 "招待會由中央文化部副部長周揚主持. 他在會上講話說：「少年遊擊隊」描寫了朝鮮少年英雄們向法西斯作鬥爭的光輝事蹟. 這部影片將鼓舞我國人民和全世界人民爲反對美國侵略者, 爭取世界和平的偉大鬥爭. 朝鮮駐華大使權五稷應邀在會上講話. 他對中國人民把自己最優秀的兒女派到朝鮮前線和朝鮮人民並肩打擊美國侵略者的崇高友誼表示感謝. 他說：「少年遊擊隊」這部電影一定有助于爲反對共同敵人而鬥爭的朝中兩國人民的戰鬥友誼的加强, 也一定有助于我們今後工作中的成就和最後勝利信心的提高." 위의 기사.

〈소년빨찌산〉은 북조선국립영화촬영소 영화인들이 전시에 제작한 첫 예술영화였다. 연출은 윤용규가 담당했다. 북한학자 리종우에 따르면 영화의 시나리오는 영화창작가들이 영화문학을 접수하여 작성한 집체작인데[33] 중국에서 발행된 영화 홍보유인물에서 시나리오는 윤두헌이 맡았다고 기록되어 있다.[34] 이는 윤두헌이 1958년 북한에서 '조선프롤레타리아예술가동맹' 즉 카프 계열 문학인사에 대한 정리가 이루어졌을 때 안막, 서만일과 함께 부르주아 비평가로 숙청당했기 때문이다. 즉 그의 수청 이후 발간된 모든 북한 문헌에서 영화 〈소년빨찌산〉의 스태프 리스트 중 윤두헌의 이름이 삭제되었음을 추정할 수 있다.

이 영화는 시나리오가 완성된 직후인 1951년 4월 25일부터 미리 선정된 촬영지인 평안북도 수풍과 창성 지역에서 약 한 달의 촬영 후, 필름을 가지고 5월 25일 중국 동북영화제작소에 들어간 후에 영화제작소의 협조를 받아 6월 23일에[35] 모든 녹음, 편집 등 후반작업을 완성한 것이다.[36]

33 리종우, 「전시 첫 예술영화《소년빨찌산》이 창작되어 보급되기까지」, 『조선영화』, 1997년 7월호, 41쪽.

34 「少年游擊隊」, 유인물, 1952.

35 북한과 중국문헌에서 영화 〈소년빨찌산〉 제작완성날짜에 대한 기록에서는 차이가 존재한다. 북한 정부 수립 10주년 기념 잡지 『조선영화』에서는 〈소년빨찌산〉은 1951년 6월 30일에 완성되었다고 기록되어 있다(「조선영화제작일람」, 『조선영화』, 1958.9, 58쪽.). 그러나 북한학자 리종우에 의하면 영화 〈소년빨찌산〉은 촬영이 시작된 지 약 2개월 후인 6월 23일에 완성되었다고 했다(리종우, 「전시 첫 예술영화《소년빨찌산》이 창작되어 보급되기까지」, 『조선영화』, 1997년 7월호, 42쪽.). 원 중국 동북영화제작소 소장인 호창이 쓴 중국문헌에서 이 영화의 제작완성날짜가 6월 27일이라 기록되었다. 胡昶, 앞의 책(ㄴ), 140쪽, 참조.

36 유우, 앞의 논문(ㄴ), 258쪽.

[자료] 중국에서 상영된 북한영화 〈소년빨찌산〉의 선전물(앞뒷면)

영화 〈소년빨찌산〉은 한국전쟁에서 미군에 의해 임시 점령당했던 평안북도 안주지역에서 안주탄광소년근위대의 빨치산 투쟁을 배경으로 한 작품이다. 소년 유격대원들은 조국과 인민을 지키기 위해 영웅적으로 투쟁하고 심지어 헌신하는 빛나는 사적을 통해 적에게 일시 점령된 지역에서 주민들을 빨치산 투쟁에 적극 참여하도록 교양하고 호소했다. 즉 북한의 입장에서 영화라는 것은 단순한 예술이 아닌 정치적인 무기이고 이 무기는 미제의 침략에 적극적으로 저항하는 북한군민들을 고무하는 호소력을 지님과 동시에 그리고 영화 교류, 즉 우방중국에서의 상영을 통해 중국인민을 항미투쟁에 참여하기를 선동하여 함께 통일전선을 구축하도록 호소하고 있었다.

예술영화는 정치성과 예술성이 잘 결합되여야 보는 사람들의 심금을 울릴 수 있다. 위대한 수령님의 세심한 지도와 크나큰 배려에 의하여 포화속에서 처음으로 태여난 예술영화 〈소년빨찌산〉은 높은 전투성과 호소성으로 하여 미제 침략자들과 그 앞잡이들을 반대하는 우리 인민들의 투쟁을 크게 고무하는 위력한 무기로 되었으며 전쟁승리를 앞당기는데 크게 이바지하였다. 위대한 수령님의 교시에 한없이 격동된 영화예술인들은 예술영화 〈소년빨찌산〉을 다량복사하여 영화보급망들에 보내여 싸우는 인민군용사들과 후방인민들 속에 널리 보급하였다. 그후 중국말로 번역하여 중국의 여러 도시와 지방들에서도 대성황리에 상영되였다.[37]

한국전쟁 발발 이전 등장했던 북한영화 〈내 고향〉과 비교해 보자면 영화 〈소년빨찌산〉의 배경은 일제강점기를 6.25전쟁기로 바꾸었으며, 극중 북한인민의 투쟁 대상이 일제침략자와 친일주구(지주)에서 미제침략자와 친미주구로 전변되었다. 영화 자체가 이데올로기적 국가장치라는 성질이 변하지 않았던 것이다. 〈소년빨찌산〉은 미군의 무차별 폭격, 양민학살을 비롯한 미군의 금수와 같은 악행, 조국이 파괴되는 모습을 부각시킴으로써 북한군민에게 전쟁이 촉발한 가족을 잃은 고통, 미국에 대한 분노를 불러일으켰다. 또한 전쟁이 일으킨 고통과 분노는 단지 순수한 고통과 분노 이상의 정치적 고통과 분노였다는 점에서 이는 미제의 야만적 침략에 대한 비판일 뿐만 아니라 전쟁에 대한 반성으로도 읽을 수 있다. 이런 반성은 바로 미군과의 투쟁을 어떤 식으로 전개해야 되는지, 더 구체적으로 말하자면 누구의 지도 아래 전쟁의 승리가 이루어질 수 있는지에 대한 해결책을 검토하는 것이다. 영화에서는 끝까지 전우의 비밀을 발설하지 않은 극중 소년 김승환(김병련 분)의 비극적인 죽음에 대한 서술을 통해 공산주의 전사의 숭고한 영웅적 이미지를 부각시켰으며, 영화결말에서 지도원의 "소년대원들이 반

---

37 리종우, 「전시 첫 예술영화《소년빨찌산》이 창작되여 보급되기까지」, 『조선영화』, 1997년 7월호, 42쪽.

드시 용감히 전국소년보다 앞서서 우리의 수령 김일성 장군의 지시에 따라서 끝까지 전투해야 된다."라는 대사를 배치하여 최고지도자 김일성을 영웅화, 신비화하여 부각시키는 것과 아울러 김일성의 지도하에 북한 공산주의 체제의 정당성과 우월성을 칭송하여 북한인민들에게 공산주의를 믿어야 적을 이길 수 있다는 신념을 불어 넣었던 것이다. 북한 정부는 바로 이러한 자극적인 '고무'방식을 통해 북한병사와 인민들의 투쟁에 대한 열정, 즉 애국주의 사상을 선동하고 그들로 하여금 비통을 힘으로 승화시키게 하였다. 뿐만 아니라 김일성 지도하의 북한 공산주의에 대한 신뢰감과 미군에 대한 적개심을 바탕으로 인민들이 적극적으로 조국해방전쟁에 투신하도록 했다.

북한영화 〈소년빨찌산〉이 중국에서 상영된 것 역시 중국정부와 문화부가 중시했던 두 가지 이유에서였다. 첫째는 바로 상술한 공산주의에 대한 칭송이다. 수립된 지 3년 미만의 신중국에서 북한 김일성 정권과 같이 해결해야할 가장 시급한 문제는 바로 공산주의 이데올로기의 일체화가 최대한 빠르게 실현되는 문제였다. 정치적 이데올로기에 적합한 예술형태인 영화의 선전·선동을 통해 공산주의 사상을 국민의 마음속에 깊이 자리잡게 하는 것은 공산주의 이데올로기 일체화의 진도를 가속시키며 신중국의 정치정책이 제대로 실행되는 데 도움이 될 수 있었다. 둘째는 애국주의와 국제주의에 대한 선양이다. 이는 중국의 저명한 문인인 장극가(臧克家)가 영화시사회 직후 〈인민일보〉에 발표한 평론을 살펴봄으로써 알 수 있다.

> 이런 위대한 애국주의는 필연적으로 국제주의와 연결된다. 승환은 적에게 '전세계 반미제국주의 인민들이 모두 우리의 친구다'라고 했다. 그는 희생 전에 전세계의 평화로운 인민들이 반드시 미 제국주의를 타도하리라 굳게 믿고 있었다. 중국의 관객, 특히 청소년들이 반드시 이 영화 주인공들의 사적에서 전투력을 섭취하고, 우리 공통의 적인 미국침략자에 대한 증오를 강화시키며 조국을 보위하고 건설하기 위해 자신의 모든 것을 바치기 바란다.[38]

이는 바로 영화에서 나타난 '애국주의'와 국제적 애국주의인 '국제주의'를 크게 선양하는 내용에 대한 일종의 인정이며, 미 제국주의가 북한과 중국의 공통적인 적이라는 인식을 바탕으로 중국 인민들이 북한인민들과 어깨를 나란히 하여 적극적으로 반미투쟁에 함께 참여할 것을 역설한 것이다. 영화에서는 미제의 잔악무도한 만행과 대비적으로 최창용(정규진 분), 이귀남(장덕희 분), 김승환, 송호민(장병경 분), 문인순(변창숙 분) 등 소년근위대원들과 귀남의 어머니(문예봉 분), 현장(縣長, 남승민 분) 등 북한군민들이 향토를 지키기 위해 두려워하지 않고 적극 투쟁하는 용감한 모습을 보여주면서 그들의 숭고한 애국주의 정신을 선양하여 중국관객들을 감동시켰다. 물론 같은 공산주의 체제 하의 국가들 간의 국제적인 지원은 합리적이고 필연적인 것으로 간주될 수 있다. 하지만 북한과 중국의 경우 가까운 지리 위치, 이른바 '순망치한'이라는 관계를 고려해 보았을 때 국제주의와 애국주의 사이에 등호를 그어도 된다고 인식했을 수 있다. 북한이 망하면 중국도 순간적으로 고립무원(孤立無援)의 곤경에 빠져 미제의 다음 침략대상이 될 수 있기 때문에 중국에서 국제주의를 선전하는 것은 국민들에게 애국주의 사상을 불러일으키고 심지어 강화시킬 수 있는 경로였던 것이다. 한국전쟁기 중국인민지원군이 참전하면서 외쳤던 구호는 바로 '항미원조, 보가위국' 이었다. 이는 국제적인 원조가 단지 북한을 도와주는 것이 아니라 동시에 '우리 나라, 백성의 고향'을 지키는 방안이라는 뜻이다. 중국인민들이 미제 침략자에 대한 증오와 도탄에 빠진 북한인민을 동정하는 마음으로 북한을 지원하면서, 이와 더불어 본국의 공산주의 건설에 투신해야 되는 것이 바로

---

38 "這種偉大的愛國主義精神又必然和國際主義精神連結在一起. 承煥對敵人說:「全世界反對美帝國主義的人民都是我們的朋友.」在犧牲之前, 他堅決相信全世界的和平人民一定能把美帝國主義打倒...中國的觀衆, 特別是青少年們, 一定會從這個片子主角們的身上吸取一種戰鬥力量, 加强對我們共同的敵人－美國侵略者的憎恨, 爲保衛祖國, 建設祖國貢獻出自己所有的一切." 臧克家, 〈朝鮮少年的戰鬥形象－看朝鮮影片「少年遊擊隊」〉, 《人民日報》, 1952.6.24.

신중국정부가 바라는 것이었다. 그러므로 국제주의와 애국주의는 밀접하게 연결되어 '국제적 애국주의'나 '애국적 국제주의'로 일체화되었고, 중국에서는 '항미원조'라는 국제주의를 선양하는 영화의 수입과 상영을 통해 '보가위국'이라는 애국주의 정신교육을 전국적으로 보급하였다. 이는 신중국의 공산주의 사업의 신속한 건설에 큰 도움이 될 수 있었다.

〈또 다시 전선으로〉

〈소년빨찌산〉에 이어 중국에서 상영된 북한영화는 〈또 다시 전선으로〉였다. 이는 '제7차 국제영화축전(카를로비바리 국제 영화제)에서 「자유를 위한 투쟁상」을 받은 영화'로서 1952년 10월 25일부터 11월 6일까지 약 2주 동안 북경의 수도극장, 대화극장, 승리극장, 평안극장 등 각 극장에서 차례로 상영되었고[39] 1953년 2월 7일부터 13일까지 일주일 동안 북경 수도극장, 승리극장, 대광명극장 등 10개 극장에서 재상영되었다.[40] 연출은 앞서 언급한 기록영화 〈정의의 전쟁〉을 연출한 바 있었던 천상인이 담당했으며 시나리오의 작성은 한원래와 강호가 맡았다.

이 영화는 1951년 7월 휴전회담이 개시되기 전 유리한 전략적 위치를 점하기 위해 남북이 38선 부근에서 전개했던 고지 쟁탈전을 배경으로 한다. 주인공인 북한인민군 반장인 강성근(박학 역)이 전선에서 중상을 당해 후방 병원에 후송되어 치료를 받은 이후 다시 전선으로 달려가 인민군 병사들을 거느리고 '270고지' 습격 전투에서 고지를 지키며 빛나는 공훈을 세운다는 내용의 작품이다.[41] 이러한 내용에 대한 철저한 표출을 목적으로 영화에서

---

39 《人民日報》, 1952.10.22., 10.24, 10.25, 11.6.
40 《人民日報》, 1953.2.5., 2.7, 2.13.
41 영화에 관한 구체적 내용은 다음과 같이 북한 문헌에 기록되어 있다. "모범전투원인 주인공 강성근 분대장은 고지쟁탈을 위한 적아간의 치렬한 전투에서 영웅적 위훈을 세우나 그만 중상을 입고 사단병원에 후송된다. 전선멀리 떨어진 야전병원에 입원한 강성근은 누워있을 수 없는 괴로움을 느끼면 다시 전선으로 보내줄 것을 간청한다. 어느날 그는

[자료] 영화 〈또 다시 전선으로〉 상영 광고
(《人民日報》, 1952.10.24.(좌), 1953.2.5.(우))

는 "용감하고 완강하며 뜨거운 조국애와 고상한 품성을 지닌 인민군전사, 전선 영웅들의 전형을 훌륭히 창조하였으며 조국을 보위하기 위한 투쟁에서 그들이 발휘한 대중적 영웅주의를 진실하게 형상하였다."[42]

전선에서 보내온 편지를 읽으며 용감한 자기 분대원들을 김주옥 간호원(조효경 분)에게 자랑한다. 간호원은 강성근이 소개하는 분대전사들의 이름 가운데서 생사를 모르고있던 자기 동생 김주남(김영 분)의 이름을 듣고 놀란다. 군의소 일군들과 김주옥의 지성어린 간호로 하여 완치된 강성근 다기 전선으로 나가게 된다. 구분대에 돌아온 그는 전우들과 함께 전략상 주요지점인 270고지를 탈취하고 이 고지를 피로써 사수한다. 이 전투에서 세운 공훈에 의하여 강성근 분대장과 김주남 전사는 공화국영웅칭호를 받는다." 림창진, 「이름있는 영화연출가 천상인」, 『조선영화』 1996년 3월호, 1996.3, 58~59쪽.

42 림창진, 「이름있는 영화연출가 천상인」, 『조선영화』 1996년 3월호, 1996.3, 59쪽.

〈또 다시 전선으로〉는 〈소년빨찌산〉과 마찬가지로 영화의 첫 장면에서 미군의 폭격으로 파괴된 북한 도시의 모습을 제시한다. 스크린에서 나타난 폐허와 같은 고향의 모습과 배경음악에서 나온 비참한 멜로디가 고향을 잃은 관객들에게 고통을 상기시키며 미군의 끊임없는 무차별 공습에 대한 두려운 기억을 떠올리게 한다. 또한 영화에서는 전쟁 직전 어머니와 행복하게 살고 있는 주인공과 그가 일하는 공장에서 노동자들이 정연하게 열심히 일하는 장면과, 전쟁 발발 직후 미국의 폭격으로 인해 공장을 비롯한 모든 건물이 초토화되고 주인공이 어머니의 시체를 안고 무너진 집에서 걸어 나오는 장면을 대비적으로 보여준다. 이를 통해 영화는 북한 인민들의 마음에 이 모든 것들을 초래한 미국 침략자에 대한 증오를 불러일으킨다. 또한 이 영화에서 강성근이 용감한 인민군이 된 직접적 요소로 어머니를 죽인 미국에 대한 분노가 자리 잡고 있다는 설정을 통해 집과 가족을 잃은 북한인민들로 하여금 주인공을 본보기로 삼아 적극적으로 미군에 대항해 투쟁하도록 독려한다.

영화 〈또 다시 전선으로〉는 김일성 지도하의 북한 공산주의 정권의 정당성과 우월성을 표현한다. 영화는 중간에 조국과 김일성을 언급하며 영화를 보는 북한 인민들에게 그것을 환기하도록 요구한다. 뒷부분 북한 전사들이 미군과 결사적으로 싸우기 전에 나온 "경애하는 장군님, 해방 직후 5년간에 장군님의 영도 하에, 우리는 태양과 같은 따뜻함을 얻고 행복하게 살고 있었다.", "우리의 생명보다 더 소중한 것은 바로 위대한 조국과 경애한 수령이다.", "우리는 자기의 모든 것을 바치고 우리의 조국과 수령을 지키겠다." 라는 노골적인 대사(독백), 또한 고지습격전투 가운데서 인민군 용사들이 미군의 중기화력 앞에서 추호도 두려워하지 않고 "당과 수령을 위하여, 조국을 위하여 앞으로!"라는 구호를 높이 외치면서 적극 투쟁하여 적의 화구를 막아버리는 장면 등이 등장하는데, 이를 통해 조국의 해방과 해방 직후 인민들이 행복하게 살게 된 것은 모두 김일성 덕택임을 강조하며 김일성을 믿어야 적을 이길 수 있다는 신념을 명확하게 보여준다. 또한 영화는 남은

8명의 북한인민군 전사들이 "우리의 조국, 사회주의제도를 끝까지 사수하여야 한다는 숭고한 사명과 임무에 대한 자각과 승리에 대한 확고한 신념으로" 수많은 미군을 이겨내고 고지를 성공적으로 지키고 있는 영웅적 모습을 집중적으로 부각시켰다. 이를 통하여 "미제와 그 앞잡이를 쳐부수는 성스러운 싸움에 일떠선 우리 인민들과 인민군전투원들에게 용맹과 승리의 신심을 안겨주었으며 전쟁승리를 앞당기는데 적극 이바지하여야 할 자기의 임무를 크게 수행하였다."[43] 영화의 선전·선동성의 구현인 깊은 애국주의 교양 그리고 불굴의 전투정신 고무와 함께 영화 〈또 다시 전선으로〉는 모든 승리를 특정한 한 인물인 김일성과 그를 수반으로 한 북한 공산주의 정권으로 귀결시키고 있음을 알 수 있다. 이러한 개인숭배와 '공산주의를 믿어야만 모든 어려움을 극복할 수 있다'는 공산주의에 대한 선양을 다룬 영화가 중국에서도 급히 필요했다. 중국에서는 이러한 북한영화의 선전·선동성을 통해 중국인민들을 공산주의체제와 모택동 지도하의 중국공산당 정권에 대한 신뢰감을 향상시키고, 건국초기의 신중국 정권의 공고와 안정적이고 지속적 발전에 도움을 받았던 것이다.

영화 〈소년빨찌산〉의 "우리 인민군부대들과 중국 인민지원부대들과의 협동작전에 의하여 미제 침략군은 모조리 포위·섬멸 되고 있다."라는 전단지 내용처럼 이 영화에서는 "우리 영용한 인민군이 임시철수 기간 자기의 힘을 강화시키며 이제 중국 인민지원군과 어깨를 나란히 하고 같이 적을 공격하고 있다. 이 전장에서, 우리는 적을 포위하고 섬멸했다.", "만세! 만세!"라는 주인공의 대사와 인민들의 호응을 통해 간접적인 방식으로 국제주의를 언급한다. 중국에서 상영되기 위해서는 보다 직접적인 방식으로 국제주의를 보여줄 필요가 있었다. 그렇기 때문에 중국에서는 영화 〈소년빨찌산〉이 상영되었을 때, 국제주의와 애국주의를 강조하기 위해 1952년 10월말 11월

---

43 「[영화의 력사를 거슬러]전쟁의 불길속에서 창작된 예술영화《또 다시 전선으로》」, 『조선영화』, 1987년 5월호, 79쪽.

초 영화 〈또 다시 전선으로〉의 개봉과 비슷한 시간에 1년 전 이미 개봉되었던 중국인민지원군 부조(赴朝)작전에 관한 내용을 다룬 국제주의를 크게 선양한 기록영화 〈항미원조 제1작〉을 재상영했다.[44]

[자료] 중국에서 상영된 북한영화 〈또 다시 전선으로〉의 선전물(상)
중국 중앙영화국 동북영화제작소(中央電影局東北電影製片廠)가 발행한 영화 〈또 다시 전선으로〉의 더빙용 대본(하, 좌)
상해 북경영화관(北京電影院)이 발행한 영화 〈또 다시 전선으로〉의 설명서(하, 우)

---

44 《人民日報》, 1952.10.22., 11.6.

〈향토를 지키는 사람들〉

　다음으로 중국에서 개봉된 북한영화는 〈향토를 지키는 사람들〉이었다. 이 영화는 1953년 9월 10일부터 9월 15일까지 약 1주일 동안 북경 신중국 극장을 비롯하여 중앙극장, 수도극장, 섬궁극장, 청년궁극장 등 총 11개 극장에서 상영되었다.[45] 비록 윤두헌이 1958년 정치적으로 숙청당했기 때문에 이후 발간된 북한문헌에서는 영화 〈향토를 지키는 사람들〉의 시나리오를 집체작이라 기록했으나, 1953년 중국에서 발행한 이 영화에 관한 홍보 유인물에 의하면 영화의 연출과 시나리오는 영화 〈소년빨찌산〉을 제작한 바 있었던 윤용규와 윤두헌 콤비가 맡았음을 알 수 있다.[46]

[자료] 영화 〈또 다시 전선으로〉의 상영 광고
(《人民日報》, 1953.9.7.)

---

45 《人民日報》, 1953.9.7., 9.10, 9.15.
46 「保衛家鄕」, 유인물, 1953.

북한문헌에 따르면 "연출가 윤룡규는 예술영화 〈향토를 지키는 사람들〉에서 문학단계의 결함을 극복하지 못하고 전략적인 일시적 후퇴시기에 군당위원장이 조직한 유격대가 최고사령부와의 련계도 없이 활동하고 있으며 또 유격대가 적과 싸움만 하고 인민들에게 승리의 신심을 북돋아주기 위한 정치사업도 하지 않는 것으로 형상함으로써 교양적 의의를 심히 약화시켰다."[47] 이는 영화 〈향토를 지키는 사람들〉의 내용이 북한인민군 전사들이 적과의 영웅적 투쟁만에 집중하고 상급의 현명한 지도 즉 김일성을 수반으로 하는 북한 공산주의 정권의 우월성 그리고 이 영화의 북한인민 교양기능 즉 정치적 이데올로기에 대한 선전 및 선동이 부족하다는 것을 겨냥한 비판이다. 그럼에도 불구하고 이러한 비판과 함께 이 영화는 "적강점지역에서 용감히 싸운 강원도 고성지구 인민유격대원들의 투쟁모습"을 집중적으로 그린 예술작품으로서 그 안에서 "미제침략자들의 만행과 그 밑에서 고통 받는 인민들 특히는 부녀자들과 로인들, 어린이들의 원한에 찬 생활이 그려지고 침략자들을 반대하여 용감히 싸운 인민들과 인민유격대원들의 애국적 투쟁이 기본으로 묘사되였다."라는 이유로 "군대와 인민들을 원쑤격멸의 사상으로 교양하는데 이바지하였다."라는 긍정적인 평가도 받았다.[48]

영화 〈향토를 지키는 사람들〉이 중국에서 상영되기 전인 1953년 9월 7일자 중국 《인민일보》는 이 영화에 대해 "북한인민들이 8.15 해방직후 조국을 건설하고, 미 제국주의 침략자들에 의해 침점(侵占) 당한 후에 무기를 들고 자기의 고향을 보위하여 침략자들을 이겨내는 내용을 다룬 것이며 북한인민의 과거(항일)와 현재(항미)의 투쟁실황을 개괄적으로 설명하고 있는 작품이다."라는 소개문을 게재하였다.[49] 이 영화의 서사는 해방 3년 직후인

---

47 김룡봉, 앞의 책, 83쪽.

48 김룡봉, 위의 책, 83쪽.

49 "本片表現了朝鮮人民在「八·一五」解放後怎樣建設自己的國家, 而在家鄕遭到美帝國主義侵略時又怎樣拿起武器保衛自己的家鄕, 戰勝侵略者. 這個故事槪括地說明了朝鮮人民過去和現在的鬪爭實況.", 《人民日報》, 1953.9.7.

1948년 북한 평주 지역의 북한인민을 대상으로 '해방 이전 즉 일제 강점기 억압과 착취를 받은 고통스러운 세월', '해방 직후인 민주건설시기의 행복한 나날', '미제의 침략으로 인한 조국이 초토화된 열악한 상황에서 빨치산 투쟁을 전개하여 북한인민군과, 중국인민지원군의 협력으로 향토를 지키는 한국전쟁기간' 세 가지로 각각 나누어져 있다. 영화는 주인공 이운일(심영 분), 김순덕(유경애 분) 부부가 당의 지도 밑에 조직한 유격대가 전개한 적극적인 항미투쟁을 다룬다. 특이 이운일이 영예롭게 전사한 후 그의 부인인 김순덕은 유격대를 인솔해 여전히 영웅적으로 투쟁하는 사적에 대한 전파뿐만 아니라 침략자 미제가 폭격으로 북한을 초토화로 만든 만행과 양민들의 곡식을 빼앗으러 다니는 친미주구인 지주 김동률(전운봉 분)의 추악한 짓에 대한 폭로와 비판을 한다. 또한 영화는 평화롭고 행복한 해방기 생활을 가져왔던 북한 공산주의 정권과 김일성의 지도하에 적과 용감히 투쟁하여 미군경비대 대장(전일 분)과 지주 김동률을 사살하는 북한유격대원들의 대중적 영웅성을 칭송한다. 그리고 미국의 발악적 폭격으로 인한 평주지역 북한인민들이 부득이하게 후퇴할 때 김순덕이 가슴에 넘치는 분노와 원한으로 "반드시 적을 격멸하고 최후의 승리를 거두야 한다! 우리의 손으로 향토를 복건하고 과거보다 더욱더 아름다운 고향을 건설하리라!"라고 호소하는 애국주의적 정신과 필승의 신념에 대한 반영은 모두 정치적 이데올로기를 선전·선동적 도구로서 이 영화에서 보여준다.[50] 최후의 승리를 위한 꾸준한 혁명적 영웅주의와 애국주의야말로 한국전쟁기에 북한 지도자가 영화를 통해 북한인민에게 강력히 주입시킨 교양이었는데, 이는 이 영화가 중국으로 수용되는 가장 중요한 요소가 아닐 수 없다.

50 「保衛家鄉」, 유인물, 1953, 참조.

조선영화「내 고향」,「소년빨찌산」,「또 다시 전선으로」에 이어서 중국관객들이 또 다시 스크린에서 조선인민의 혁명영웅주의와 애국주의 사상을 표현한 영화「향토를 지키는 사람들」을 관람했다. 이 영화에서는 적의 피비린내 나는 죄행을 폭로한다. 평화로운 마을은 포화로 인해 무너지게 되고 손에 아무런 무기도 지니지 않은 조선인민이 대량 학살당했다. 강보에 싸인 아이까지도 피하지 못하고 어머니의 품에서 목숨을 잃었다. 적들은 피비린내 나는 수단으로 전선인민들을 제압하고 싶지만 결국 수치스러운 실패를 얻었다. 「향토를 지키는 사람들」이라는 영화는 조선인민의 혁명영웅주의와 애국주의 정신을 찬미한다. 아무리 강한 적이라도 조선인민 앞에서 수치스러운 실패를 얻을 수밖에 없다. 이는 사실로써 증명될 수 있다.[51]

1953년 9월 15일《인민일보》에 게재된〈조선인민의 이미지-조선영화「향토를 지키는 사람들」감상 (英勇的朝鮮人民的形象- 朝鮮影片「保衛家鄉」觀後)〉에 의하면 중국은 중국인민에게 북한인민들이 미제침략자와 용감히 투쟁하고 향토를 지키는 영웅적 모습을 전달하여, 북한 김일성 정권의 훌륭한 지도하에 북한군민들이 과거의 일제침략자, 지금의 미제침략자 할 것 없이 모든 적을 조국의 강토에서 쫓아내며 승리를 거두고 있는 사실을 서술하고 있다. 이를 통해 중국 정부는 국민들에게 과거 국공내전 시기에 자신들이 남한과 똑같이 미제의 지원을 받은 장개석의 국민당 정권에 승리하였고, 신중국의 건립과 안정적이고 행복한 생활을 가져온 모택동이 지도하는 중국공산주의 정권을 계속 믿어야만 나중에 모든 어려움을 극복할 수 있고 특히 미제를 이겨내어 친미주구 장개석이 임시점거한 대만을 광복할

51 "繼朝鮮影片「我的故鄉」,「少年遊擊隊」,「重返前線」之後, 中國觀衆又從銀幕上看到了表現朝鮮人民的革命英雄主義和愛國主義精神的影片「保衛家鄉」... 影片揭露了敵人血腥的罪行, 和平的村莊淹沒在炮火裏, 手無寸鐵的朝鮮人民被整批的屠殺. 連襁褓的嬰兒也不能幸免, 被他們打死在母親懷裏. 他們想用血腥手段制服朝鮮人民, 但他們所得到的是可恥的失敗. 「保衛家鄉」這部片片歌頌了朝鮮人民的革命英雄主義和愛國主義精神, 無論任何強大的敵人在這樣的人民面前只能得到可恥的失敗, 這是今天已經被事實證明了的." 張讓,〈英勇的朝鮮人民的形象- 朝鮮影片「保衛家鄉」觀後〉,《人民日報》, 1953.9.15.

있다는 신념을 전달하고 있다. 즉 이 영화를 통해 신중국 정부에 대한 중국 국민의 신뢰감을 향상시키고 애국주의 열정을 넘쳐흐르게 만든 것은 건립이 얼마 안 된 공산주의 신중국의 안정화에 빠트릴 수 없을 만큼 중요한 요소라는 것이다.

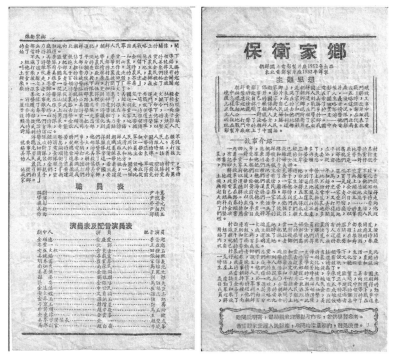

[자료] 중국에서 상영된 북한영화 〈향토를 지키는 사람들〉의 설명서 앞뒷면

앞서 살펴 본 바와 같이, 이 시기 중국에서 상영된 북한영화의 특징은 크게 세 가지로 나눌 수 있다.

첫째, '반미'와 '애국' 사상을 함께 앙양하는 것이다. 해방공간에 제작된 〈내 고향〉을 비롯한 광복을 배경으로 한 전쟁 영화와 마찬가지로, 이 시기 등장한 〈정의의 전쟁〉, 〈소년빨찌산〉, 〈또 다시 전선으로〉, 〈향토를 지키는 사람들〉과 같은 한국전쟁을 배경으로 한 북한영화들에서도 '반제'가 여전히 핵심적 주제였다. 다만 일제(왜놈)와 친일주구 대신 미제와 친미주구가 영화 속에서 북한군민들의 투쟁대상이라는 자리를 채웠다. 미제의 잔인무도한 침략과 북한군민의 조국과 인민을 위한 영웅적 투쟁에 대한 대립적 묘사를 통해 북한인민에게 미제에 대한 적개심을 앙양하면서 애국주의 교양을 강화함으로 그들의 투지를 격앙시킨 것이 이 시기 북한영화에서 사용된 일관된 수법이자 가장 큰 선전·선동 목표라고 할 수 있다.

둘째, 김일성을 수반으로 하는 북한 공산주의정권의 당위성과 우월성을 입증하는 것이다. 김일성 영도 밑에 북한인민이 과거 민주건설 시기에 이룩한 빛나는 성과와, 북한병사들이 전쟁 시기 전선에서 세운 혁혁한 전공을 이러한 한국전쟁을 주제로 한 북한영화들이 모두 철저히 보여주고 있다. 이로써 북한공산주의 정권의 당위성과 경제적·군사적 투쟁에서의 현명한 지도력이 밝혀졌으며 김일성의 지도와 호소에 호응하여 해방투쟁에 적극적으로 투신하고 적을 타격하면서 무조건 최종의 완승을 거둘 수 있다는 진리와 같은 교시가 북한인민에게 성공적으로 전달되는 것이다.

셋째, 같은 사회주의 형제국가 사이의 국제주의를 선양하는 것이다. 영화〈친선의 노래〉는 과거 조국의 해방을 가져오고 민주건설시기에 북한의 경제복구 및 발전에 적극적으로 지도하고 협조한 소련의 위대한 공훈을 칭송하며 북·소 양국 간의 친선과 우의를 앙양했다. 또한 한국전쟁 시기 북한군민과 어깨를 나란히 하여 공통의 적인 미제와 투쟁하는 영웅적 중국인민지원군의 훌륭한 '국제주의 정신'이 전시(戰時)에 제작된 북한 예술영화에서 항상 찬양된다. 이는 북·중 사이의 깊은 동맹관계를 보여주는 것이다.

이시기 북한영화들의 중국에서의 상영은 중국관객들로 하여금 전쟁으로 인해 고향과 가족을 잃는 고통을 가진 북한인민에 대한 동정심을 불러일으키도록 만들었을 뿐만 아니라 애국주의 교양을 주입시키는 데에 도움이 되었다. 또한 신중국 성립 직후 오늘날의 행복한 삶이 과거에 일제침략자와 미제지지하의 장개석의 국민당 정권과의 목숨을 건 투쟁을 통해 선혈을 흘려 얻은 것이라는 점을 중국인민에게 전달한다. 비록 당시 중국은 상대적으로 평화로운 시대처럼 보였음에도 불구하고, 미제의 위협이 지속적으로 존재했고 특히 친미주구인 장개석이 여전히 대만을 점거하고 있었다. 때문에 이러한 성격을 가진 사회주의 형제국가인 북한영화의 상영은 중국인민들에게 과거의 고통을 잊으면 안 되고 적을 꾸준히 증오해야 하고 미제에 대한 경계심을 늦추어서는 안 되고 끝까지 투쟁해 이겨야 한다는 신념을 주입시켰다. 이는 중국인민을 북한 인민과 같은 공동의 적에 맞서 힘을 합쳐 적극적으로 싸울 열정과 결심으로 '항미원조, 보가위국'이라는 국제주의적 사업에 기여하면서도 모택동을 수반으로 하는 공산주의 정부의 현명한 지도 밑에 신중국 건국초기에 안정적인 발전을 도모하기 위해 택했던 보조적 수단이었던 것이다.

4.3. 한국전쟁을 기록한 중국영화

4.3.1. 시보영화

북한영화와 마찬가지로 한국전쟁기 중국영화의 발전도 북·중 영화 교류의 궤적에 큰 영향을 끼쳤다. 신중국 수립 이후 일부의 사영 영화사가 운영되고 있었으나 국내영화의 제작은 공식적인 국가예술로 간주됨에 따라 중국영화계에서는 전체적 개편 및 합병을 통해 전국 사영영화사들이 국유화되었고 체계화된 조직으로 거듭나게 되었다.

이에 따라 이 시기 중국에서 등장한 대다수의 영화작품들은 1950년대 초반에 통합 된 중국영화계 3대 국영영화기업인 북경영화제작소, 상해영화제작소, 동북영화제작소에서 제작되었다.[52]

북경영화제작소에서는 신중국 건국 직후 1951년 초까지 장비가 매우 부족한 어려운 상황에서 〈여량영웅전(呂梁英雄傳)〉을 비롯하여 〈신아녀영웅전(新兒女英雄傳)〉, 〈민주청년행진곡(民主青年進行曲)〉 등 예술영화 8편이 제작되었다. 그러나 1951년 5월부터 전국적으로 전개되었던 〈무훈전〉에 대한 비판과 영화감독에게 영화제작의 장르, 주제와 예술 수법에 대한

---

52 1953년 2월에 상해의 모든 사영영화기업들은 국영상해영화제작소로 합병 완성되었다. 이 때에 이르러 비로소 중국에서 북경, 동북 그리고 상해 3대 국영영화제작사가 주도한 시대가 열리게 되었다. 그 전에 영화를 지속적으로 제작하고 있었던 사영영화사들이 대부분 상해 지역에서 집중되었다. 국영상해영화제작소는 1949년 11월 16일 성립되었는데 건국초기 상해영화계는 주로 국영영화사와 사영영화사가 공존하는 상황이었다. 1950년 초부터 중국정부가 공포했던 자본주의상공업의 사회주의화 개조 정책에 따라서 영화사 국유화의 첫 단계인 공사합영(公私合營)이 시작되었다. 1951년 9월 장강영화제작소(長江電影制片廠)가 먼저 곤륜영화사(昆侖影業公司)와 합병되어 공사합영 기업인 장강·곤륜연합영화제작소(長江昆侖聯合電影制片廠)로 개편된 뒤, 1952년 2월부터 장강·곤륜연합영화제작소를 기초로 연합문화영화사(聯合文化影業公司)를 비롯하여 국태영화사(國泰影業公司), 대동영화사(大同電影公司), 대중화영화사(大中華影業公司), 대광명영화사(大光明影業公司) 등 영화사들을 합병하여 상해연합영화제작소(上海聯合電影制片廠)라는 국영기업으로 통합하였다. 1953년 2월에는 상해연합영화제작소가 상해영화제작소에 합병되었다. 이 동안 특히 1949년 말과 1950년대 초기에는 상해의 사영영화사들은 영화제작의 역동적인 모습을 계속 보여주었다. 곤륜영화사가 신중국 건국 직후 〈까마귀와 참새(烏鴉與麻雀)〉(1949)를 비롯하여 〈희망은 인간세상에(希望在人間)〉(1949), 〈인민의 큰 손(人民的巨掌)〉(1950), 〈우리 부부사이(我們夫婦之間)〉(1951) 등 일련의 영화를 제작하였으며 장강제작소(長江電影制片廠)와 합병되어 장강곤륜연합영화제작소(長江昆侖聯合電影制片廠)라는 이름으로 활동하는 시기에도 〈솜 잣는 노래(紡花曲)〉(1952), 〈노동의 열매(勞動花開)〉(1953) 등 영화를 제작하였다. 문화영화사는 1952년 1월 국영영화기업인 상해연합영화제작소(上海聯合電影制片廠)로 합병되기 전에 〈부식(腐蝕)〉(1950), 〈사상문제(思想問題)〉(1950), 〈관(關)연대장(關連長)〉(1951) 등 여러 편의 진보적인 주제로 한 영화들을 제작하였다. 국태영화사는 1949년말부터 1952년 1월 문화영화사과 함께 상해연합영화제작소로 합병되기 전까지 〈사라진 사랑(失去的愛情)〉(1949), 〈강남춘효(江南春曉)〉(1950), 〈부인문제(太太問題)〉(1950), 〈원앙검(鴛鴦劍)〉(1951) 등 8편 영화를 제작했다. 이 외에는 당시 장강영화제작소(長江電影制片廠), 대동영화제작소(大同電影制片廠), 신중화영화제작소(新中華電影制片廠), 혜창영화제작소(惠昌電影制片廠) 등 일부의 사영영화기업이 영화제작활동을 계속 진행하고 있었다. 그럼에도 불구하고 신중국 건국 직후 국영영화사에서 만든 영화들이 여전히 주류였으며 사영영화사에서 제작한 이른바 '소부르주아' 성질을 띤 영화들은 이데올로기적 차이로 인하여 전국적으로 큰 영향을 끼치지 않았으며 이 시기 북한과의 영화교류활동에서도 당연히 등장하지 못한 것이었다. 吳貽弓, 『上海电影志』, 上海社会科学院出版社, 1999, 124~128, 1008~1011쪽.

교육으로 인하여 대부분 영화감독들은 '입공(立功)은 바라지 않고, 과오를 범하지 않기만을 바란다.'라는 생각으로 엄격한 검열과 날카로운 비판을 피하기 위해 더 이상 영화창작에 나서지 않고 매우 소극적 모습을 보여주고 있었다. 〈무훈전〉에 대한 비판이 시작된 이후부터 그의 영향을 일정한 정도로 줄이게 된 1952년 7월까지 북경영화제작소에서는 예술영화가 한 편도 제작되지 않았으며 1952년 후반기에 이르면 영화계의 긴장된 분위기가 상대적으로 해소되었음에도 불구하고 1952년 한 해 동안 예술영화 〈일관도가 사람을 죽인다(一貫害人道)〉와 〈시궁창(龍須溝)〉 두 편, 1953년 〈지취화산(智取華山)〉, 〈조소난(趙小蘭)〉 두 편만 등장하였다.[53]

상해영화제작사는 1950년에 〈농가락(農家樂)〉, 〈내일을 위해 단결하리라(團結起來到明天)〉, 〈상요수용소(上饒集中營)〉를 비롯한 8편의 예술영화를 찍었으나 그 후에 약 2년 동안 북경영화사와 마찬가지로 당시 전국적으로 진행되었던 〈무훈전〉에 대한 비판의 영향으로 말미암아 1952년 예술영화 〈남정북전(南征北戰)〉 한편, 1953년에는 〈부녀대표(婦女代表)〉를 비롯한 4편만 제작되었다.[54]

선진 영화제작 장비와 훌륭한 영화직원들, 귀국하지 않은 일본과 조선인 직원들을 보유하고 있던 동북영화제작소는 1949년 〈다리〉, 〈자기의 대오로 돌아왔다〉, 〈중국의 딸〉 등 6편 극영화를 제작한 후에 1950년에도 〈조일만(趙一曼)〉, 〈백모녀(白毛女)〉, 〈인민의 전사(人民的戰士)〉를 비롯한 13편의 예술성 높은 영화들을 만들었다. 그러나 〈무훈전〉에 대한 비판의 영향으로 1951년에는 영화 〈허튼소리(鬼話)〉 하나만 제작되었고 1952년에는 영화 〈포도가 익을 때(葡萄熟了的時候)〉와 〈육호문(六號門)〉 두 편이,

---

53 北京市地方志编纂委员会, 『北京志-文化艺术卷 戏剧志·曲艺志·电影志』, 2000, 514~515쪽; 杨金生, 『北京电影制片厂影片总编目1950~1992』, 北京电影制片厂宣传发行处, 1992, 1~9쪽, 참조.

54 上海电影制片厂, 『影片目錄 1949-1983』, 上海电影制片厂, 1983, 1~2쪽.

1953년에는 중국 영화계의 분위기가 호전되었음에도 〈풍년(豐收)〉만이 제작되었다.[55] 이 시기 공산당정부에 의해 발기된 영화 〈무훈전〉에 대한 '부르주아 개량주의'라는 비판과 후속 토론은 중국 문예계에서 큰 진동을 일으켰다. 이러한 문예계에서의 정풍운동이 전개되는 것과 더불어 한 영화 속 '반동적 부르주아 요소'에 대한 엄격한 검열은 중국영화인들이 영화를 창작할 자유를 억압하여 그들의 적극성을 크게 떨어지게 만들었다. 그러기에 극영화의 발전이 짧은 시일 안에 침체 상태에 들어갔다. 이는 오히려 중국 시보영화와 기록영화의 다작을 촉진시켰다.

1953년 7월 7일 북경영화제작소 신문처(新聞處)가 독립되어 '중앙시보기록영화제작소(中央新聞紀錄電影製片廠)'가 만들어지기 전까지 시보영화와 기록영화의 제작은 주로 동북영화제작소와 북경영화제작소, 상해영화제작소, 그리고 1952년 8월 1일에 건립된 과거 연안영화단을 기반으로 조직된, 군사주제로 한 영화를 집중적으로 제작하는 '팔일영화제작소(八一電影製片廠)' 등 네 영화제작소의 신문촬영대가 맡고 있었다. 신중국 건국초기 제작된 일련의 시보영화와 기록영화의 내용을 살펴보면 〈신중국의 탄생(新中國的誕生)〉(1949)처럼 건국 식전을 포함한 1949년 건국 실황을 기록한 "건국" 주제, 〈붉은 깃발이 서풍에 펄럭이다(紅旗漫卷西風)〉(1950), 〈티베트 해방 대군행(解放西藏大軍行)〉(1951)을 비롯한 신중국 성립 직후에도 해방되지 않은 중국 서북, 서남, 해남도, 티베트 지역을 해방시킨 중국인민해방군의 작전에 대한 실록인 "조국 전역해방전쟁" 주제, 〈석경산 제철소 1호 용광로 복원(石景山鋼鐵廠修復一號高爐)〉(1950), 〈황해 어민(黃海漁民)〉(1950), 〈반드시 회하를 복구해야 하다〉(一定要把淮河修好)(1952) 등 신중국 건국 초기 민주건설 가운데서 신중국 정부 지도하에 노동계급들이 거둔 온갖 성과를 구체적 기록하는 "경제발전" 주제, 〈조선서부전

55 刘丽娟, 앞의 책, 1~26쪽 참조.

선의 승보(朝鮮西線捷報)〉(1950), 〈항미원조 제1작(抗美援朝第一輯)〉(1951) 등 일련의 한국전쟁 시기 전선에서 중국인민지원군 영웅적 전투면모를 기록한 "항미원조" 주제, 〈일관도를 단속하다〉(取締一貫道)(1950) 등 신중국 건국 초기 대륙에서 남아 있던 국민당 잔존 세력으로 구성된 반혁명적 조직이 발기한 반혁명적 움직임을 숙청하는 것에 초점을 맞춘 "반혁명 진압운동" 주제, 〈위대한 토지개혁(偉大的土地改革)〉(1953)과 같은 1950년 6월 중국중앙인민정부위원회가 반포한 〈중화인민공화국토지개혁법〉이 실시됨 따라 농민들이 과거 지주계급의 억압과 착취에 벗어나 노동을 통해 토지를 얻는 희열과 행복한 생활을 희열을 묘사하는 "토지계혁" 주제, 〈삼반오반특집(三反五反特輯)〉(1951)을 비롯하여 중국 전역에서 1951년 12월부터 당과 정부 기관의 직원에 대해 전개된 '탐오, 낭비, 관료주의를 반대하다.'라는 '삼반운동(三反運動)'과 1952년 1월부터 사영상공업자에 대해 전개된 '뇌물 수수, 탈세와 세금 누락, 국가재산 빼돌리기, 부실공사, 국가경제정보 절도를 반대하다.'라는 '오반운동(五反運動)'이 실행되는 과정을 기록한 "삼반오반" 주제, 〈중앙민족방문단 서북에서(中央民族訪問團在西北)〉(1950), 〈즐거운 신장(歡樂的新疆)〉(1950) 등 소수민족의 행복한 생활과 한족과 소수민족이 서로 단결하는 모습을 부각시킨 "민족단결" 주제, 그리고 〈중소우호월(中蘇友好月)〉(1952), 〈김일성 원수 조선정부대표단을 인솔해 북경에 도착(金日成元帥率領朝鮮政府代表團到北京)〉(1953)를 비롯하여 국제적 친선 방문과 다양한 행사 등 신중국 외교활동을 기록하는 "외교" 주제 등 아홉 가지로 나눌 수 있다.[56] 그 중에 북·중 영화교류에 있어서는 '항미원조'와 '외교' 주제의 영화들이 주로 만들어졌다.

한국전쟁 발발 직후 약 3개월인 1950년 9월 15일 미군 10군단 7만 5천여 병력이 맥아더의 지휘 아래 인천 월미도에 상륙하여 전세의 역전을 가져왔

---

56 单万里, 앞의 책, 117~136쪽, 참조.

다. 9월 28일 유엔군이 서울을 탈환함으로써 김일성은 소련의 개입 없이는 더 이상 전쟁을 진행할 수 없다고 판단하여 스탈린에게 도움을 요청하게 되었다. 그러나 스탈린이 한국전쟁에 직접 개입하는 것을 회피하자 중국에게는 전쟁에 참전할 것을 독려하면서 북한에 있던 소련인의 철수를 서둘렀다.[57] 10월부터 유엔군이 38선을 넘어 북진하기 시작하는 긴급한 상황에서 박일우가 김일성과 박헌영의 지원요청편지를 가지고 10월 3일 북경에 도착해서 모택동과 만나게 된다.[58] 이어서 모택동은 10월 5일에 열린 '정치국확대회의'에서 북한으로 파병결정을 내렸는데 10월 8일에 중국인민지원군을 조직하라는 명령을 발표한 후 당일에 10월 15일 이전 북한에 진입하는 것을 결정했다.[59] 그러나 당시 소련과 중국은 무기와 군사장비 특히 공군 지원의 방식과 시간, 전선 소·중이나 중·북 협동작전 때의 지휘권 소속 등 문제에 의견 차이가 있었을 뿐만 아니라 스탈린의 소극적 태도로 인하여 참전계획이 지연되었고 심지어 소련과 중국은 파병계획을 종지한다는 결정을 협의하고 10월 13일에 김일성과 박헌영에게 소련군 철수계획을 입안하는데 도와줄 것을 요청했으며 철수를 위한 조치들을 결정했다.[60] 그럼에도 불구하고 모택동은 같은 사회주의 진영국가의 책임감, 대만문제로 인한 미제에 대한 증오, 국군과 유엔군의 거침없는 북진으로 인한 중국의 국경 안전여부에 대한 걱정과 우려, 또한 중소동맹관계와 건국초기 신중국에서 공산주의 정권을 견고하는 입장[61], 한편으로는 국공내전 과정에서 공산 측에 참여하여 싸운 조선인들에 대한 보답의 의미에서 10월 17일에 전보(電報)를 통해

---

57 박영실, 『중국인민지원군과 북·중관계』, 선인, 2012, 87쪽.
58 中共中央文献硏究室, 『建国以来周恩来文稿 第三册』, 中央文献出版社, 2008, 380쪽.
59 沈志华, 『毛泽东, 斯大林与朝鲜战争』, 广州人民出版社, 2016, 300쪽.
60 中共中央文献硏究室, 『建国以来周恩来文稿 第三册』, 中央文献出版社, 2008, 404~405쪽. Alexandre Mansourov, 「Stalin, Mao, Kim, and China's Decision to Enter the Korean War, Sept.16~Oct.15, 1950:New Evidence from the Russian Archives」, 『CWIHP Bulletin』, No.6~7, 1995~1996, p.104. 沈志华, 위의 책(ㄹ), 306~315쪽, 참조.
61 沈志华, 위의 책(ㄹ), 321~328쪽, 참조.

중국인민지원군 사령원 팽덕회(彭德懷)와 중국인민해방군 동북군구 사령원인 고강(高崗)에게 "두 개 선두 부대를 10월 19일에 출동 준비"[62]하라고 지시한 후 다음 날인 10월 18일에 중국인민지원군 제13병단 사령원인 등화(鄧華), 부사령원인 홍학지(洪學智)와 한선초(韓先楚), 그리고 참모장인 해방(解方)에게 "4개 군과 3개포(炮)사는 예정된 대로 북한 작전에 진입하고 19일 저녁 안동(安東)과 지안선(輯安綫)에서부터 압록강을 도하하기 시작한다."[63]라는 명령을 하달했다. 이로써 중국인민지원군은 1950년 10월 19일 압록강을 건너 25일 정식으로 한국전쟁에 참전하게 되었다.

인민지원군은 '순망치한(脣亡齒寒)'을 내세워 '항미원조, 보가위국'라는 의지로 참전했다. 이에 따라 중국영화인들도 카메라를 메고 전선으로 적극적으로 달려가기 시작했다. 1950년 10월 24일 북경영화제작소에서 '항미원조 지원 신문촬영대'의 조직이 완성되었다. 신문촬영대는 인솔자인 서소빙(徐肖冰), 촬영기사인 유덕원(劉德源), 석익민(石益民), 모삼(牟森), 보조원인 소중의(蘇中義), 조화(趙華), 손수상(孫樹相), 이강(李剛) 등으로 구성되었다. 이 촬영대는 한국전쟁인 발발 직후 최초로 북한 전선에 투신하여 로케이션 촬영을 한 중국영화인들로서 10월 24일에 북경을 떠난 후에 심양에서 요구를 따라 북한인민군 군복을 갈아입고 11월 3일 밤에 길림성 집안시를 걸쳐 압록강을 건너 북한 만포시에 도착했다.[64] 1950년 12월 25일 〈조선서부전선의 승보〉가 중국영화인이 한국전쟁 전선에서 찍는 첫 번째 기록영화로서 제작되었다.[65]

---

62 毛泽东,「关于志愿军先头部队出动时间给彭德怀、高岗等的电报」, 中共中央文献研究室, 『建国以来毛泽东文稿 第一册』, 中央文献出版社, 1989, 567쪽.

63 毛泽东,「关于志愿军按预定计划入朝作战给邓华等的电报」, 中共中央文献研究室, 위의 책, 568쪽.

64 刘德源,「血与火的年代-回忆抗美援朝摄影队」, 郝玉生, 『我们的足迹』, 中国新闻纪录电影制片厂, 1998, 166쪽.

65 单万里, 앞의 책, 126쪽.

전선 촬영대 인원의 부족 때문에 1950년 12월 30일 북경영화제작소는 제2차 촬영대를 북한으로 파견했다. 촬영기사인 유운파(劉雲波), 양서충(楊序忠), 보조원인 전풍(田楓), 왕헌림(王獻林), 녹음 기사 장세명(張世明), 왕충선(王忠善) 등 북경영화제작소의 영화인들로 구성된 제2차 촬영대는 12월 30일 밤에 신의주를 통해 북한에 들어가서 원래의 제1차 촬영대와 함께 대량의 시보영화와 기록영화들을 제작하였다.[66] 1951년 6월 즈음 제1차 촬영대의 대부분은 중국영화인들이 귀국하며 고진종(高振宗), 갈뢰(葛雷) 등 새로운 촬영 기사들로 교체되었다.[67] 뒤이어 중국 중앙영화국이 반포한 "감독은 반드시 교대로 대중 속으로 들어가서 실제적 투쟁생활에 참가함으로써 창작과 생활체험, 또한 이론, 정책 및 방침에 대한 공부와 투쟁 참가에 대한 실천을 연관시켜야 한다."라는 규정, 특히 영화국 예술위원회가 제정한 〈감독 실제생활 참가 잠행조례(導演參加實際生活暫行條例)〉 가운데서 '감독은 반드시 사상개조를 목적으로 실제생활에 참가해야 한다.'와 '감독은 실제생활에 참가하는 동안, 반드시 자기가 생활 속으로 들어가는 방식, 방법 그리고 실천 중 느낀 문제 및 심득을 월별로 영화국 예술위원회에 상세한 보고를 제시해야 된다.'라는 구체적 지시에 따라서 중국영화인들은 1952년 초부터 "장기적으로 부대생활 속으로 들어가서 인민지원군의 영웅적 품질을 공부하고 전투적 환경에서 자기의 사상을 개조하면서 가능한 상황에서 창작활동을 진행한다."라는 목적으로 전선에서의 촬영 임무에 투신하고 있었다.[68]

1952년 8월 중국은 팔일영화제작소가 성립되자 전지촬영대(戰地攝影隊)의 조직에 총력을 기울였는데 풍의부(馮毅夫), 화순(華純), 유패연(劉沛

66 刘德源,「血与火的年代-回忆抗美援朝摄影队」, 郝玉生, 앞의 책, 173쪽.

67 盧芳,「新聞攝影隊戰鬥在朝鮮前線」,『大衆電影』, 총 25호, 1951.9, 2쪽; 刘德源,「血与火的年代-回忆抗美援朝摄影队」, 郝玉生, 위의 책, 177쪽, 참조.

68 「電影工作者到生活中!去到實際戰鬥中去!」,『大衆電影』, 1952년 1,2호 합본, 1952.5, 11쪽.

然) 등 영화인들이 북한전선으로 급히 달려갔다.[69] 또한 1952년 말부터 상해영화제작소 풍철(馮喆), 손도림(孫道臨), 능지호(凌之浩) 등 영화인들이 실제생활을 체험하기 위해 북한으로 떠났고[70], 1953년 2월 7일 인솔자인 갈뢰를 수반으로 촬영기사 한극초(韓克超), 이화(李華), 이문화(李文化) 등으로 구성된 북경영화제작소 제3차 신문촬영대가 북경을 떠나 북한 전선에 진입했다.[71] 이렇듯 전선에서 활동하는 중국영화인의 수가 증가하면서 촬영장비도 점차 완비되었다. 이처럼 1951년부터 한국전쟁 전선에서 중국 영화인들의 로케이션 촬영이 정상 궤도에 들어서자 일련의 시보영화와 기록영화들이 북한 전선에서 촬영되기 시작했다. 이러한 필름들은 곧바로 중국 국내로 이전되어 곧이어 각 영화제작소에서의 편집과 녹음을 비롯한 후기제작을 통해 빠른 시일 내에 제작 완성되어 중국관객들과 만나게 되었다.

1950년 기록영화 〈조선서부전선의 승보〉와 일부의 시보영화 〈항미원조 신문간보(抗美援朝新聞簡報)〉가 성공적으로 제작된 후 뒤이어 1951년에 기록영화 〈38선을 돌파하여 한성을 해방하다(突破三八線解放漢城)〉, 〈항미원조 제1작〉, 시보영화 〈항미원조 조선 전선신문특집 제1호(抗美援朝 朝鮮前方新聞特輯第一號)〉, 〈항미원조 조선 전선신문특집 제2호(抗美援朝 朝鮮前方新聞特輯第二號)〉[72], 〈조선 전선 신문간보 제3호(朝鮮前線新聞簡報第三號)〉, 〈조선 전선 신문간보 제4호(朝鮮前線新聞簡報第四號)〉가 제작되었다.

1952년 기록영화 〈세균전 반대(反對細菌戰)〉와 한국전쟁을 주제로 한

---

69 方方, 『中国纪录片发展史』, 中国戏剧出版社, 2003, 182~183쪽.

70 「在我國人民電影展現上-上影藝術幹部部分赴朝鮮等地體驗生活」, 『大衆電影』, 1953
     년 3호, 1953.2, 3쪽.

71 「第三批抗美援朝隨軍攝影隊出發」, 『大衆電影』, 1953년 4호, 1953.2, 20쪽.

72 1951년 초 제작되었던 시보영화 〈항미원조 조선 전선신문특집 제1호〉와 〈항미원조 조선
     전선신문특집 제2호〉는 〈항미원조 조선 전선신문특집〉이라는 통칭으로 1951년 3월 21일
     부터 3월 28일까지 북경 수도극장, 대화극장, 신중국극장과 성궁극장(蟾宮劇場)에서 상
     영되었다. 《人民日報》, 1951.3.21.

내용을 포함한 시보영화 〈신문특집「미국세균전 죄증 실록」(新聞特輯「美國細菌戰罪證實錄」)〉, 〈조선 전선신문특집 제5호(朝鮮前線新聞特輯第五號)〉, 〈신중국주보 제9호(新中國週報第九號)〉가 제작되었다.

1953년에 기록영화 〈부상 포로 교환(交換病傷戰俘)〉, 〈가장 귀여운 사람들을 위문하다(慰問最可愛的人)〉, 〈포로 관대(寬待俘虜)〉가 제작되었으며 제작된 한국전쟁에 관한 내용이 수록된 시보영화 〈국제신문 제6호(國際新聞第六號)〉, 〈신문특보「조선정전협정 조인」(新聞特報「朝鮮停戰協定簽字」)〉, 〈신문주보 제27호(新聞週報第二十七號)〉, 〈신문주보 제33호(新聞週報第三十三號)〉, 〈신문주보 제34호(新聞週報第三十四號)〉, 〈신문주보 제35호(新聞週報第三十五號)〉, 〈신문주보 제37호(新聞週報第三十七號)〉, 〈신문주보 제38호(新聞週報第三十八號)〉, 〈신문주보 제41호(新聞週報第四十一號)〉, 〈신문특집「김일성 원수 조선정부대표단을 인솔해 북경에 도착」(新聞特輯「金日成元帥率領朝鮮政府代表團到達北京」)〉, 〈신문주보 제48호(新聞週報第四十八號)〉 등도 제작되었다.

위에서 살펴본 바와 같이, 한국전쟁 발발 후 중국영화인들은 초기에는 〈조선 전선 신문특집〉, 〈조선 전선 신문간보〉를 비롯한 한국전쟁 전선의 전황만 집중적으로 보도하는 시보영화를 찍었는데 뒤이어 미제의 세균전, 부상 포로 교환, 정전협정 조인 등 중대한 사건에 초점을 맞추어 신문특집을 만들면서 북한 전선의 실황과 관련된 일부 내용을 〈국제신문〉, 〈신문주보〉에 수록했다.

시보영화는 현실에서 벌어지는 정치, 경제, 문화 그리고 군사적으로 의의가 있는 여러 가지 시사적 사실을 형상화한 후 그때그때 신속하게 보도하는 영화 장르로서 전선에서 로케이션 촬영했던 화면들을 중국 국내인민에게 보여주었다. 시보영화의 대량 제작 및 상영은 실제적 전황 특히 인민지원군이 거둔 승리에 대한 보고와 서술뿐만 아니라 북한과 떨어진 중국관객들로 하여금 전쟁의 잔혹과 북한인민의 고통 속에 있는 튼튼한 애국주의 열정을 생생하게 느낄 수 있도록 만들었다. 뿐만 아니라 이는 광대한 중국인민에게 '항미원조, 보가위국'이라는 호소에 호응하여 고향을 떠나 전선으로 달려가는 인민지원군 전사들의 영웅적 투쟁성과 위대한 애국주의와 국제주의 사상을 효과적 선양하면서 인도주의에 어긋나게 북한의 땅을 침략하고 파괴하는 미 제국주의와 친미주구에 대한 적개심을 적극 앙양하는 매개였다. 앞에서 언급한 시보영화들의 구체적 내용을 영상을 통해 직접적으로 확인할 수도 없지만, 일부의 작품들과 관련된 당시의 문헌기록을 통해 그들이 어떠한 내용을 수록하고 있는지, 그것들에 어떠한 정서가 반영되었는지를 일정한 정도로 파악할 수 있다.

〈표 4〉 1950-1953년 한국전쟁을 기록한 중국 시보영화[73]

연도	제목	내용
1950	〈항미원조 신문간보〉	*
1951	〈항미원조 조선 전선신문특집 제1호〉	미제의 전쟁 도발에 대한 고발, 북한인민의 반항, 중국인민지원군의 국제주의적 '항미원조' 투쟁
1951	〈항미원조 조선 전선신문특집 제2호〉	전쟁 승리를 위한 중국인민지원군과 북한인민군의 영웅적 투쟁
1951	〈조선 전선 신문간보 제3호〉	*
1951	〈조선 전선 신문간보 제4호〉	*
1952	〈신문특집 「미국세균전 죄증 실록」〉	미군이 세균전을 일으킨 사실에 대한 폭로
1952	〈조선 전선신문특집 제5호〉	전선 중국인민지원군에게의 음식, 문화 및 의료 지원 정황
1952	〈신중국주보 제9호〉	중국인민지원군 전사에게 휘장 수여
1953	〈국제신문 제6호〉	중국인민지원군이 북한인민의 전후 농업 생산에 협력
1953	〈신문특보 「조선정전협정 조인」〉	1953년 7월 판문점에서 휴전협정 체결

---

73 위 표의 내용은 『大衆電影』, 《人民日報》와 일부 해당 영화의 유인물 등을 참조하여 만들었다.

연도	제목	내용
1953	〈신문주보 제27호〉	중국인민지원군에 의한 지도기관 '6·25' 3주년 기념과 수여식
1953	〈신문주보 제33호〉	지원군 귀국과 중국 국내에서의 한국전쟁 휴전 경축
1953	〈신문주보 제34호〉	지원군 열사 가족 위문
1953	〈신문주보 제35호〉	북한인민군 강점된 영토 수복과 중국인민지원군 북한인민 구제
1953	〈신문주보 제37호〉	미군에 의한 북·중 포로 학대, 북한 전후의 복구에 적극 참여하는 중국인민지원군
1953	〈신문주보 제38호〉	유엔군의 휴전협정 위반
1953	〈신문주보 제41호〉	포로 송환 문제
1953	〈신문특집「김일성 원수 조선정부대표단을 인솔해 북경에 도착」〉	김일성을 수반으로 하는 조선정부대표단 중국 방문
1953	〈신문주보 제48호〉	〈조선민주주의인민공화국과 중화인민공화국 간의 경제 및 문화합작에 관한 협정〉 체결

〈항미원조 신문간보〉

1950년 제작되었던 〈항미원조 신문간보〉는 1950년 11월 26일부터 연말까지 중국 북경 각 극장에서 다른 조조(早朝) 예술영화와 함께 상영되었다. 이는 처음으로 중국인민에게 전해진 한국전쟁과 관련된 시보영화로서 인민지원군의 북한으로의 진입과 전선의 실황을 비롯한 내용을 포함했을 것으로 추측할 수 있다. 하지만 향후의 〈신문간보〉와 마찬가지로 구체적 내용에 관한 문헌기록이나 영상을 확인하기 어렵다.[74]

〈항미원조 조선 전선신문특집 제1호〉

1951년 초 제작되었던 시보영화 〈항미원조 조선 전선신문특집 제1호〉는 1951년 3월 21일부터 북경과 천진(天津)에서 상영된 후에 전국 각지에서

---

74 《人民日報》, 1950.11.26., 12.6, 12.23, 12.24.

순회 상영되었다.[75] 이 영화는 "조선인민의 항미투쟁과 우리나라(중국) 인민지원군의 항미원조"를 기록하고 "패배는 미 제국주의가 피할 수 없는 운명이며 승리는 조선인민의 것이며 전 세계 평화와 정의를 사랑하는 인민에게 돌아가는 것이다."라는 '진리'를 반영한 작품이다.[76] 이 가운데서 구체적으로 "미국침략자들에 의한 북한에서의 폭행", "조선인민군이 전선으로 출발함", "미군 적기가 우리나라 동북변경을 폭격함", "동북인민들이 떨쳐 일어나 '항미원조' 지원함", "지원군의 철도직원들이 다리 복구를 지원하고, 조선인민군 문공단(文工團)이 중국인민지원군을 위문함", "조선인민이 위국전쟁을 지원함", "인민지원군의 조선인민에 대한 사랑", "함흥과 평양을 해방하여 대량의 미군을 포로로 잡음"을 다룬다.[77] 시보영화 〈항미원조 조선 전선신문특집 제1호〉 가운데서 북한 곳곳의 병원, 학교 그리고 고대 문화유적이 미군의 폭격으로 파괴되는 모습, 담벽이 허물어진 신의주 지역의 실황, 그리고 어머니와 어린이까지 수많은 북한인민들이 피살되어 시체를 노천에 놓아두는 장면을 보여주면서 미군이 북한에서 저지른 범행을 폭로하게 되었다. 이와 대비적으로 영화 중 북한 전사들이 김일성의 지도 밑에 살해당한 동포의 원수를 갚기 위해 전선으로 달려가는 화면들과 중국인민지원군이 열악한 환경에서 철도와 다리를 서둘러 수리하면서 북한인민군과 어깨를 나란히 투쟁하고 승리를 거둔 영웅적 모습도 자세히 수록했다.[78]

---

75 시보영화 〈항미원조 신문간보〉는 1951년 3월 21일부터 3월 28일까지 북경 수도극장, 대화극장, 신중국극장과 성궁극장(蟾宮劇場)에서 등장한 후에 전국 각지에서도 순회 상영되었다. (《人民日報》, 1951.3.21.) 이 영화는 1951년 4월 3일부터 상해의 극장뿐만 아니라 노동자클럽과 학교 등의 장소에서도 상영되었으며 수많은 노동자와 학생들에게의 교육기능을 맡았다. 「抗美援朝朝鮮前線新聞特輯」在工人學生中的放映情況」, 『大衆電影』, 총 20호, 1951.4, 5쪽.

76 「抗美援朝朝鮮前方新聞特輯第一號梗概」, 유인물, 1951.

77 〈朝鮮前方新聞〉影片正在北京天津兩地放映〉, 《人民日報》, 1951.3.23.

78 「觀衆的話−我看了「抗美援朝朝鮮前線新聞特輯」」, 『大衆電影』, 총 21호, 1951.4, 28쪽.

〈항미원조 조선 전선신문특집 제2호〉

〈항미원조 조선 전선신문특집 제2호〉는 1951년 9월 이전에 제작되었으며 구체적 내용은 〈제1호〉와 마찬가지로 미제가 북한에서 저지른 추행을 고발하면서 집중적으로 중국인민지원군과 북한인민군이 어깨를 나란히 영용하게 투쟁하여 거둔 승보를 전한다.[79]

〈신문특집 「미국세균전 죄증 실록」〉

1952년 제작되었던 시보영화 〈신문특집「미국 세균전 죄증 실록(美國細菌戰罪證實錄)」〉은 미군에 의해 저질러진 세균전에 관한 사실을 과학적인 조사과정을 통해 기록하여 그의 잔혹한 폭행을 폭로한 작품이었다. 구체적으로는 "미국침략자가 북한 곳곳에서 보균곤충을 담은 다양한 용기들을 퍼뜨림", "미국침략자가 북한 곳곳에서 각종의 보균곤충과 보균독물을 퍼뜨림", "항미원조 방역검사지원팀이 현장검증을 진행함", "미국침략자가 중국에서 각종의 보균곤충과 보균독물을 퍼뜨림", "북경 '중국협화병원(協和醫院)'이 (중국)동북과 청도(青島)에서 보내온 보균곤충과 보균독물을 검사함", "'국제민주법률노동자협회'가 미국의 전쟁 죄행을 검사함", "캐나다 평화대회 주석인 문유장(文幼章, James Gareth Endicott)이 동북에서 미국의 세균전 죄행을 검사함"이라는 일곱 부분으로 나누어 서술되었다.[80]

〈조선 전선신문특집 제5호〉

〈조선 전선신문특집 제5호〉는 전선 중국인민지원군의 생활, 특히 그들에게 제공되는 음식, 문화, 의료지원 정황을 다룬다. 즉 모범 취사반, 전지문화복무팀, 전지병원 세 부분으로 나누어 제작된 시보영화였다. 영화에서

---

79 盧芳, 「新聞攝影隊戰鬥在朝鮮前線」, 『大衆電影』, 총 25호, 1951.9, 2~3쪽.
80 「新聞攝紀錄影片活躍在人民電影事業的最前線-反對美帝細菌戰!」, 『大衆電影』, 1952년 1,2호 합본, 1952.5, 14쪽.

는 어떤 모범 취사반이 인민지원군 전사들의 건강을 위하여 쌀, 밀가루, 기름, 콩, 소금을 이용함으로써 십여 종의 식물을 만들었는데, 위험을 무릅쓰고 이를 적의 봉쇄선을 뚫고 전방 진지로 보내는 장면, 신화서점(新華書店)으로 구성된 전지 문화복무팀이 중국 국내인민대중들이 기부한 서적들을 북한 전선으로 보내어 군대도서관의 건립을 도왔던 과정, 또한 인민지원군 부상병들이 전지병원에서 치료를 제대로 받는 장면과 근처의 북한 어머니와 아이들이 계란과 사과를 가지고 인민지원군 부상병들을 위로하고 심지어 아이들이 무용공연을 보여주는 디테일장면까지도 함께 수록되었다.[81] 이로써 애국주의뿐만 아니라 공통의 적과의 전쟁으로 순치관계인 북·중 양국인민 사이에 돈독하게 된 친선과 우의를 보여주었다.

〈신중국주보 제9호〉

〈신중국주보 제9호〉에서는 주로 중국인민지원군이 북한 개성에서 개최한 회의에서 중국 인민정협(인민정치협상회의) 전국위원회가 항미원조 전쟁에서 영웅적으로 전투하여 전공을 세웠던 '불국산 영웅연(佛國山英雄連)' 전사들에게 '항미원조 기념장'을 수여하는 행사를 집중적으로 언급했다. 북한 아동들이 기념장을 단 인민지원군 전사들에게 헌화하여 경례를 보내는 장면, 기념장을 단 '불국산 영웅연'의 전사들의 늠름한 모습, 그리고 북한인민들이 노래하며 춤추고 기념장 수여를 받는 영웅전사들을 경축하는 현장실황을 수록하였다.[82]

1953년 제작되었던 중국 시보영화들은 주로 한국전쟁 휴전협정이 체결되었을 때부터 1953년 연말까지 벌어진 사건들을 기록하고 있다.

---

81 「朝鮮前線新聞特輯第五號」, 『大衆電影』, 1952년 3호, 1952.6, 26~27쪽.
82 「電影新聞−新中國週報第九號」, 『大衆電影』, 1952년 7호, 1952.8, 25쪽.

〈국제신문 제6호〉

〈국제신문 제6호〉에서 인민지원군이 북한인민의 전후복구를 원조하여 농민들의 농사일을 도와주는 것을 기록하였다. 중국인민지원군이 북한인민들과 함께 벼이삭을 수확하는 장면과 북한 농민과 농부들이 지원군전사들의 도움에 고마워하는 장면들을 통해 북·중 양국 인민 사이의 형제와 같은 깊은 공조와 우의를 직관적으로 보여준다.[83]

〈신문특보 「조선정전협정 조인」〉

〈신문특보 「조선정전협정 조인(朝鮮停戰協定簽字)」〉은 1953년 7월 27일 판문점에서 유엔군 총사령관 클라크와 북한인민군 최고사령관 김일성, 중국인민지원군 사령관 펑덕회가 최종적으로 서명함으로써 협정이 체결되고 이로써 한국전쟁이 정지되는 역사적 순간을 기록했다. 영화에서는 조선정전협정 체결 당일 조인식장으로 쓰이기 위해 지은 새 목조 건물 앞에 각국 신문기사들이 한국전쟁이 휴전되는 사실을 최대한 빨리 전 세계로 보도하기 위해 간절하게 기다리고 있는 장면부터, 당일 오전에 북한인민군 대장인 남일이 회장에 도착해서 유엔군 대표 미국 육군 중장인 해리슨과 휴전협정서에 서명하는 경과, 또한 오후에 클라크를 비롯하여 김일성과 펑덕회가 한국전쟁 〈휴전협정〉과 〈임시추가협의〉에 서명하는 과정, 휴전 소식이 전해진 바에 따라서 북한에서 북한인민과 북·중 전사들이 즐겁게 축하하며 서로 포옹하고 노래를 부르면서 춤을 추는 장면, 휴전협정의 결정에 따라서 중국인민지원군이 72시간이내 비무장지대에서 철수하는 장면, 북한과 중국 전사들이 적이 언제나 휴전협정을 파괴하고 기습할 가능성을 경계하기 위하여 전초선에서 새로운 진지를 세워서 보초 근무하는 모습, 그리고 평양에서 수만 명 북한인민들이 그들의 위대한 수령인 김일성과 함께 휴전과 평화

---

83 「在我國人民電影戰線上─銀幕上的國際新聞」, 『大衆電影』, 1953년 13호, 1953.7, 24쪽.

를 경축하는 모습까지를 모두 수록하였다.[84] 휴전협정의 체결과 오랫동안 바라던 평화를 맞이한 북한인민의 희열을 형상화하는 것은 단순히 한국전쟁 휴전이라는 역사적 사실에 대한 기록일 뿐만 아니라 한국전쟁 가운데 북한인민의 반미호국투쟁과 중국인민지원군의 항미원조 전쟁이 평화를 위한 정의로운 것이었음을 말한다. 이는 모든 침략자들을 쫓아낼 수 있는 북·중 사이의 혈맹관계, 즉 국제주의의 중요성에 대해 강조한 것이다.

이 밖에 휴전 즈음인 1953년 7월~8월에 제작되었던 일련의 〈신문주보〉들에서도 휴전 전후 한국전쟁과 관련된 내용을 기록하게 되었다.

〈신문주보 제27호〉

〈신문주보 제27호〉「지원군 지도기관 '6·25' 3주년 기념과 수여식(志願軍領導機關紀念『六·二五』三週年及授勳典禮)」주제에서는 북한정부가 중국인민지원군 사령원 팽덕회를 비롯한 한국전쟁의 공신 및 영웅들에게 훈장을 수여하고 '공화국영웅'이라는 영광스러운 칭호를 양근사(楊根思), 황계광(黃繼光), 손점원(孫占元), 구소운(邱少雲), 오선화(伍先華), 양련제(楊連第), 나성교(羅盛敎) 등 7명 중국인민지원군 열사들에게 수여한 것을 기록했다.

〈신문주보 제33호〉

〈신문주보 제33호〉에서는 한국전쟁과 관련된 주제인 「중국인민지원군 사령원인 팽덕회 승리 귀국 환영(歡迎中國人民志願軍彭德懷司令員勝利回國)」과 「수도각계 조선정전협정 조인대회 경축(首都各界慶祝朝鮮停戰協定簽字大會)」두 가지를 포함했다. 이를 통해 북경기차역에서 수도인민들이 환호하면서 한국전쟁 최종의 승리를 거두어 귀국하는 팽덕회 장군을 환영하는 장면과 북경 각 분야 인사들이 한국전쟁 휴전협정조인대회가 정

---

84 金千里, 「和平人民的願望實現了!-介紹『朝鮮停戰協定簽字新聞特報』」, 『大衆電影』, 1953년 18호, 1953.9, 8~9쪽.

상적으로 진행되고 체결이 제대로 되어서 휴전을 맞이하는 것을 경축하는 모습을 보여준다.

〈신문주보 제34호〉

〈신문주보 제34호〉「팔일(절) 열사 양련제 가족 위문(八一慰問烈士楊連弟家屬)」이라는 주제 중 중국인민해방군 건군기념일인 팔일절 당일 인민정부가 항미원조 중 영웅적으로 전투했으나 영광스럽게 전사하여 '등고영웅(登高英雄)'이라는 칭호를 받았던 중국인민지원군 전사인 양련제의 가족을 위문하고 신설된 주택과 기념물을 보내준 사실을 수록한다. 양련제를 비롯한 평화를 위하여 한국전쟁에서 헌신했던 영웅투사들의 숭고한 전투적 정신과 조국 인민들이 영웅들에 대한 더없이 큰 숭경이 충분히 드러난다.[85]

〈신문주보 제35호〉

〈신문주보 제35호〉 가운데서 「북한인민군 여도 접수(朝鮮人民軍接收麗島)」와 「중국인민지원군 북한인민 구제(中國人民志願軍救濟朝鮮人民)」 두 주제가 언급되었다. '북한인민군 여도 접수'라는 주제는 1953년 8월 7일 오전에 원산항을 봉쇄하기 위하여 유엔군이 점령하고 있었으나 휴전 후에 북한에 넘겨진 원산항에서 동쪽으로 떨어진 섬 여도를 북한 인민군이 접수하는 정황을 기록한 것이다. 또한 이 주제에 관한 기록영상 가운데서는 한국전쟁에서 제국주의의 죄증으로서 타 죽게 된 사람의 유골과 철사 그리고 소실된 주택들을 보여주면서 유엔군이 여도에서 철수하기 전에 당지 군민들 모두 17가구 남녀노소 총 70여명을 철사로 묶어 태워 죽였다는 하늘에 사무치는 죄행을 폭로하고 있다. 추행을 저지른 제국주의 침략자와 대비적으로, 또 다른 '중국인민지원군 북한인민 구제'라는 주제에서 중국인민지원

---

85 千里,「七、八兩月「新聞週報」報道了什麼」,『大衆電影』, 1953년 18호, 1953.9, 6~7쪽.

군의 이른바 "국제주의적 계급 우애"가 형상화되었다. 영화에서는 전후 북한의 경제가 정상적으로 복구되지 않는 상황에서 중국인민지원군 전사들이 식량을 절약하고 교통난 문제를 최대한 해결하여 재해를 입은 북한인민들을 적극적으로 구제하는 모습을 보여주면서 그들의 이러한 아낌없는 국제주의적 원조를 높이 칭송했다.[86]

〈신문주보 제37호〉

〈신문주보 제37호〉에서 북한에 관한 내용은 주로 미군이 포로를 학대하는 사실에 대한 폭로, 그리고 중국인민지원군 전사들이 북한의 전후 복구에 적극적으로 투신하여 북한군민과 함께 평양에서 개성으로 향한 철로를 성공적으로 복구하는 장거(壯擧)에 집중된다. 미군의 포로수용소에서 어머니인 북한인민군 여전사들과 함께 있는 아이들이 미군의 학대를 받았던 모습과, 어머니들이 자기가 직접 썼던 '장기적인 학대와 모욕은 여린 마음에서 깊은 증오의 씨를 심었다.'라는 혈서를 휘두르는 모습을 수록함으로써 미군이 포로를 학대하는 사실을 직관적으로 입증했다. 또한 북한의 전후 복구과정에서 중국인민지원군과 북한인민군이 합력해서 철도를 복구하는 사실과 개통식에서 북한인민들이 환호하며 경축하는 장면을 수록함으로써 북한의 전후 복구가 신속하게 전개되고 있는 사실을 알려주면서 국제주의에 대한 선양도 동시에 보여준다.

〈신문주보 제38호〉

〈신문주보 제38호〉에서 가장 주목을 받을 만한 주제는 「유엔군 정전협정위반(聯合國軍人員違反朝鮮停戰協定)」이었다. 〈휴전협정〉 제1조 제7관과 제10관 해당 규정에 의하면 어떤 군인이나 평민도 군사휴전위원회의 특

---

86 「重新建設和平生活—介紹『新聞週報』第三十五號」, 『大衆電影』, 1953년 19호, 1953.10, 8쪽.

별허가 없이 무기를 소지하면 안 되고 군사분계선을 넘는 것 또한 안 된다. 그러나 미군은 휴전협정에 조인한 후에도 협정 위반을 무려 45번이나 했고 이러한 이 사실을 지속적으로 부인하고 있었다. 이것을 주제로 한 시보영화 영상은 바로 미군이 자기가 비무장지대에 침입하는 비열한 행동이 발견된 후에 사실을 인정하는 경과에 대한 실록이라 할 수 있다. 영화는 미군의 병사와 트럭이 군사분계선에 두 번이나 들어가고 차 안에 무기가 숨겨져 있는 사실을 밝히면서, 확실한 증거 앞에 잡아뗄 수 없이 고개를 숙여 증명서를 쓰고 죄를 인정하는 그들의 모습을 그대로 보여준다.

〈신문주보 제41호〉

〈신문주보 제41호〉는 '포로가 송환을 거부한다.'라는 거짓말로 포로를 억류하는 악행을 폭로하는 것을 수록했다. 이 가운데서는 과거에 미군의 포로가 되었던 9명 북한인민군 전사들과 65명의 인민지원군 전사들이 갖은 고난을 겪은 후 비로소 귀국하는 모습에 대한 자세한 기록을 통해 미제가 이승만과 장개석의 간첩을 통해 북한과 중국의 포로병사의 귀환을 가로막았던 음모를 크게 비난하고 있다.[87]

〈신문특집 「김일성 원수 조선정부대표단을 인솔해 북경에 도착」〉

〈신문특집 「김일성 원수 조선정부대표단을 인솔해 북경에 도착(金日成元帥率領朝鮮政府代表團到達北京)」〉[88]은 1953년 11월 12일 김일성을 수반으로 하는 조선정부대표단이 중국을 방문하러 북경에 도착하여 당일 총리 주은래의 접견을 받아 다음 날인 13일에 주석 모택동과 회견하는 실황을

---

87 「和平萬歲!」「新聞週報」第三十七至四十二號介紹」, 『大衆電影』, 1953년 22호, 1953.11, 26~27쪽.

88 「김일성 원수 조선정부대표단을 인솔해 북경에 도착」이라는 신문특집이 1953년 11월 22일 북경 수도극장, 대화극장, 섬궁극장, 청년궁극장, 대관루극장, 신중국극장에서 단독적으로 상영된다는 사실이 정확히 기록되었다. 《人民日報》, 1953.11.22.

기록한 시보영화였다.

〈신문주보 제48호〉

〈신문주보 제48호〉는 북한정부대표단과 중국정부가 1953년 11월 14일부터 11월 22일까지 9일간의 담판과 논의를 걸쳐, 1953년 11월 23일에 "북·중 양국의 단결을 공고히 하며 양국 인민 간의 전통적인 튼튼한 우의를 계속 발전시키기 위하여 양국 정부는 서로의 경제 및 문화합작 관계를 더욱 강화할 것을 일치하게 요구하는 〈조선민주주의인민공화국과 중화인민공화국 간의 경제 및 문화합작에 관한 협정〉"[89]을 체결하는 서명식을 보도했다.[90]

1-1	1-2	1-3
1-4	1-5	1-6
1-7	1-8	1-9

---

89 〈조선민주주의인민공화국과 중화인민공화국 간의 경제 및 문화 합작에 관한 협정〉, 《로동신문》, 1953.11.25.
90 「中朝人民戰鬥的友誼萬歲!」, 『大衆電影』, 1953년 23호, 1953.12, 3쪽.

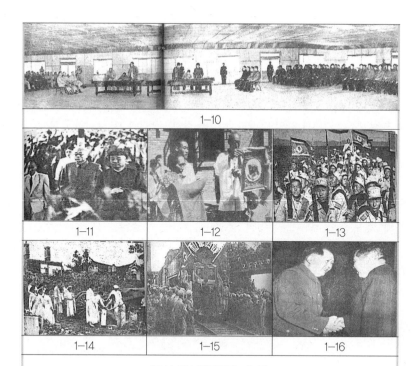

〈조선 전선신문특집 제5호〉

1-1 취사반이 식물을 메고 적이 봉쇄한 다리를 지나가서 전선으로 달려간다.

1-2 전지 문화복무팀이 인민지원군 전사들에게 책을 나누어 준다.

1-3 북한 아동들이 인민지원군 부상병들을 위로하며 그들 옆에서 춤을 춘다.

〈신중국주보 제9호〉

1-4 북한 아동들이 기념장을 단 인민지원군 전사들에게 헌화한다.

1-5 '불국산 영웅연'의 전사들이 '항미원조 기념장' 수여를 받는다.

1-6 북한인민들이 기념장 수여를 받는 인민지원군 전사들을 경축한다.

〈국제신문 제6호〉

1-7 중국인민지원군이 북한 농민들의 벼이삭 수확을 돕는다.

〈신문특보 「조선정전협전 조인」〉

1-8 중국인민지원군이 비무장지대에서 철수한다.

1-9 북한과 중국 전사들이 전초선에서 새로운 진지를 세워서 보초 근무를 한다.

1-10 남일(우)과 해리슨(좌)이 〈휴전협정〉과 부속문건 그리고 〈임시추가협의〉에 조인한다.

〈신문주보 제33호〉

1-11 민중들이 북경 기차역에서 팽덕회의 귀국을 환영한다.

앞에서 살펴본 바와 같이, 한국전쟁 시기 중국영화인들이 북한에서 로케이션 촬영한 시보영화의 특징은 크게 세 가지로 귀결된다.

첫째는 한국전쟁 중 미군이 저지른 죄행을 고발하는 것이다. 미군 폭격으로 건물이 파괴되어 도시 전체가 허물어진 담벽이 되는 모습에 대한 실록뿐만이 아니라 미군이 선량한 북한 인민을 잔인하게 학살하고, 세균전을 발동하여 북한과 중국 동북지역 곳곳에 각종의 보균 곤충과 보균 독물을 퍼뜨리고, 휴전협정을 위반하여 군사분계선을 넘어 비무장지대에 침입하고, 또한 포로학대 및 포로 송환을 거부하는 등 지극히 흉악한 추행이 모두 시보영화에 상세히 포함되었다.

둘째는 북한인민군의 애국주의를 반영하는 것이다. 인민군 전사들이 김일성의 지도 밑에 전선으로 달려가 조국의 향토와 인민의 행복을 위하여 대단한 애국주의 정신으로 적극 투쟁하는 모습, 미군의 포로가 된 인민군 전사들이 완강하게 항쟁하는 사실과 인민군이 전쟁 시기 유엔군에게 임시적으로 점령되었던 국토를 접수하는 과정을 중국인민에게 보여준다.

셋째는 한국전쟁에서 탁월한 공훈을 세운 중국인민지원군을 찬양하는 것이다. 무엇보다 '항미원조, 보가위국'이라는 호소에 호응하여 고향을 떠나 전선에서 북한인민과 어깨를 나란히 하여 투쟁하는 인민지원군의 영웅적 모습에 대한 기록, 그리고 한국전쟁에서 중국인민지원군이 북한인민들로

하여금 전쟁의 고통에서 벗어나도록 지속적으로 중요한 역할을 하고 있는 사실에 대한 서술을 통해 인민지원군이 도탄에 빠진 공산주의 형제국인 북한 인민을 구제하는 국제적 영웅주의를 칭송하는 것이 이러한 시보영화들 가운데서 가장 강조된 부분이다. 전쟁 시기에 인민지원군 전사들이 전장에서 보여준 영웅적 투쟁면모뿐만 아니라 식량구제와 철도부설을 비롯하여 북한의 전후복구에 적극 기여하는 사적도 자세히 수록되었다.

이 시기 등장한 북한에서 로케이션 촬영된 시보영화 및 한국전쟁을 주제로 한 시보영화들은 전쟁 가운데서 북한 전선의 전황과 휴전 직후 북한의 복구실황을 그대로 보도한다. 이 시보영화들은 중국 국내로 신속하게 전달되었으며 그것이 지니는 선전선동성으로 인해 큰 영향을 끼쳤다. 이러한 시보영화들이 중국에서 상영된 것은 미제와 대만을 점거하고 있는 친미주구 장개석에 대한 적개심을 고취시키면서 북한인민들이 전쟁의 고통에서 향토를 지키는 모습을 통해 중국인민들이 도탄에 깊이 빠진 형제국가 인민에 대한 동정심을 불러일으켜 애국주의 교양을 강화하게 한다. 또한 영화 가운데서 '항미원조, 보가위국'이라는 신념으로 북한 전선을 향해 달려가는 중국인민지원군이 영웅적으로 전투하여 승리를 거두었을 뿐만 아니라 북한 전후복구사업에서까지 적극적으로 기여해 전적으로 협조하는 것은 지원군의 강대한 전투력을 보여줌으로써 공산주의 정권의 당위성과 우월성, 그리고 사회주의 형제국가 공산주의 정권 사이의 숭고한 국제주의 정신을 선양한다. 이는 중국인민들의 민족 자존심과 민족 자부심을 일으키게 되었으며 애국주의와 국제주의 교양도 그들에게 효과적으로 주입시킬 수 있었다.

4.3.2. 기록영화

이 시기 등장한 한국전쟁에 관한 기록영화들도 주목할 만하다. 아래와 같이 한국전쟁시기 중국영화인들이 북한에서 로케이션 촬영한 기록영화는 〈조선서부전선의 승보〉, 〈38선을 돌파하여 한성을 해방하다〉, 〈항미원조 제1작〉, 〈세균전 반대〉, 〈부상 포로 교환〉, 〈가장 귀여운 사람들을 위문하다〉, 〈포로 관대〉 등 무려 7편이었다. 영화의 주제를 구체적으로 살펴보면, 이러한 작품들은 시보영화와 비슷한 경향으로 제국주의의 부당성과 공산주의 정권의 당위성을 대비적으로 보여주면서 '반미 선동', '애국주의 강조'와 '국제주의 선양' 등 세 가지로 구성되어 있는 것을 알 수 있다.

〈표 5〉 1950-1953년 한국전쟁을 기록한 중국 기록영화[91]

연도	제목	연출	촬영	내용
1950	〈조선서부전선의 승보〉	강운천	유덕원 등	미군의 폭행을 고발하고 전선 승보를 전달
1951	〈38선을 돌파하여 한성을 해방하다〉	강운천	유덕원 등	미군의 죄상을 폭로하고 전선 승보를 전달
1951	〈항미원조 제1작〉	서소빙, 왕침(王琛)	양서충, 유덕원, 모삼 등	북·중 혈맹 관계 서술과 중국인민지원군 입조작전(入朝作戰) 기록
1952	〈세균전 반대〉	채초생(蔡楚生), 사동산(史東山), 왕영굉(王永宏)	도학겸(陶學謙), 김위(金威), 최순흥(북한) 등	미군의 세균탄 사용 고발
1953	〈부상 포로 교환〉	뇌진림(雷震霖)	이진우(李振羽), 이화, 이문화 등	인민군과 지원군 포로에 대한 미군의 학대 및 학살 행위 고발
1953	〈가장 귀여운 사람들을 위문하다〉	하국영(夏國英), 왕소암(王少岩)	문영광(文英光), 사제종(謝祀宗)	중국인민 위문단, 전선의 인민지원군 위문

---

91 위의 표 내용은 『大衆電影』, 《人民日報》, 『中国纪录电影史』(单万里, 中国电影出版社, 2005), 『我们的足迹』(郝玉生, 中国新闻纪录电影制片厂, 1998) 그리고 일부 해당 영화에 관한 유인물과 영상자료 등을 참조하여 작성했다.

연도	제목	연출	촬영	내용
1953	〈포로 관대〉	이준(李俊), 장청(張清)	조진운(曹進雲), 유장충(劉長忠), 장경화(張慶華) 등	유엔군 포로에 대한 지원군의 관대한 대우 입증

〈조선서부전선의 승보〉

〈조선서부전선의 승보〉는 중국인민지원군이 한국전쟁에 참전함에 따라 중국영화촬영대가 북한에 진입하여 전선에서 로케이션 촬영해서 제작한 첫 기록영화였다. 연출은 국공내전 시기 기록영화 〈동북三년의 해방전쟁〉을 제작한 강운천이 맡았다. 이 영화는 중국인민지원군이 출병 직후 북한에서 벌어진 두 번째 전역(戰役)의 경과와 지원군 전사들이 이 전역에서 마침내 승리를 거둔 사실에 대한 기록이다. 지원군이 북한 전선에서 적군과 전개했던 첫 번째 전역은 1950년 10월 19일에 압록강을 건넌 후 6일 후인 10월 25일부터 11월 5일 사이에 벌어졌다. 이 전역에서 지원군과 북한인민군은 합력하여 전략적 반격으로 북한의 북반부를 수복하는 동시에 유엔군을 청천강 이남으로 후퇴시켰다. 중국인민지원군의 참전으로 한국전쟁은 중국과 미국의 직접 대결로 변모하게 되었다. 두 번째 전역은 1950년 11월 25일부터 12월 24일까지 한 달 사이에 발발한 것이다. 중국 참전의 의미를 과소평가한 맥아더가 전쟁을 끝내기 위해 이른바 '크리스마스 공세'를 펼쳤으나 치명적 타격으로 인해 전면 후퇴하기에 이르렀다. 이 때 중국인민지원군은 평양을 수복해서 미군을 부득이 38선에서 물러나게 만들어 전세를 역전시켰다. 이 영화는 단지 두 번째 전역의 일부인 11월 25일부터 12월 1일동안 중국인민지원군이 유엔군 및 국군 3만 6천여 명(미군 2만 4천여 명)을 섬멸하고 한국전쟁 서부전선에서 큰 승리를 거둔 사실을 전선에서 필름으로 기록하여 12월 25일 북경영화제작소에서 제작되었다. 유덕원을 비롯한 중국 촬영기사들은 인민지원군 113사 337단을 따라 미군 후방에 들어가서 지원군 전사들이 군우리와 개천군에 있는 유엔군을 저지하러 삼소리에 급진하여 전개한 7박 7일 동안의 전투를 기록했다. 조명장비가 부족했기 때문에 어두운 야간에 지원군이 시간을 다투어 얼어붙게 된 대동강을 용감히 건너가는 순간이 수록되지 않았으나 전쟁 장면, 구체적으로는 지원군 전사들의 영웅적 전투면모, 적군이 도망치는 추태, 버려진 적군의 군용 자동차, 탱크를 비롯한 온갖 무기 및 장비 그리고 포로로 잡힌 미국과 터키 병사들이 모두 카메라를 통해 수록되었다.[92] 뿐만 아니라 압록강 강변부터 전선까지 미군의 폭격으로 인하여 북한 곳곳에서 건물들이 파괴된 모습과 노인과 어린이들이 들어갈 집이 없어서 논밭과 길녘에 떠돌아다니는 비참한 실황도 이 영화에서도 생생하게 드러난다.[93] 이 기록영화는 중국국내에서 빠른 시일 안에 상영되어 중국인민으로 하여금 한국전쟁 전선의 성과를 신속하게 파악하도록 보여주었다. 또한 1950년 연말에 미국이 대만으로 대량의 탱크, 장갑차, 무기와 탄약을 보내면서 미군함대를 대만해협에 진주시킨 "대만을 침략하는 죄행"을 폭로하면서[94] "조국의 통일을 방해하는 미제의 군사적 침략의 죄행을 단호하게 제재해야 한다."[95]라는 정치적 분위기를 만들어낸다.

미군을 이겨서 큰 승리를 거둔 것을 주제로 한 기록영화의 상영은 '미제의 잔혹한 침략은 부당한 것이자 비인간적인 것이며 우리의 반항과 북한인민에 대한 국제주의적 지원은 정의로운 것이고 인도주의적 결정이다.'라는 이념에 대한 선전이었다. 이는 '미제와 반드시 싸워 이겨야 하고, 미제와 대만을 강점하고 있는 친미주구 장개석을 무조건 이길 수 있다'는 강심제를 중국인민에게 주입시킬 수 있을 만큼 효과적 선동 수단이었다.

---

92 刘德源, 「血与火的年代-回忆抗美援朝摄影队」, 郝玉生, 앞의 책, 170~172쪽.

93 单万里, 앞의 책, 126쪽.

94 〈美國軍事侵略台灣的罪行錄〉, 《人民日報》, 1950.11.10.

95 〈堅決制裁美國侵略台灣的罪行〉, 《人民日報》, 1950.11.30.

〈38선을 돌파하여 한성을 해방하다〉

〈38선을 돌파하여 한성을 해방하다〉는 중국인민지원군이 북한에 진입한 후에 유엔군과 국군 사이에 벌어진 세 번째 전역에 관한 내용인데 집중적으로 1950년 12월 31일부터 1951년 1월 4일까지 인민지원군과 북한인민군부대가 남하하여 38선을 돌파, 서울을 성공적으로 점령하는 승전을 보고했다. 촬영대들은 중국인민지원군 사령부의 지시에 따라 부대들이 배치된 전선으로 달려갔다. 촬영기사 유덕원은 북한인민군의 군복을 입고 인민군 제1군단을 따라 전선에서 인민군과 중국인민지원군이 미군의 방어망을 쓸어버리고 남쪽으로 밀고 나가는 과정, 그리고 서울을 점령한 후에 북한과 중국 전사들이 독립문광장에서 군기를 휘두르고 환호하면서 서로 껴안고 심지어 전우를 헹가래 쳐서 승리의 기쁨을 나누는 생생한 장면들을 그대로 기록했다.

〈조선서부전선의 승보〉와 마찬가지로 전쟁장면뿐만 아니라 미군의 잔학행위에 대한 고발도 이 기록영화에서 충분히 나타난다. 1951년 1월 7일 인천항에서 찍게 된 수많은 실오라기 하나 걸치지 않은 시체들이 길바닥에 누워 있었던 비참한 장면들을 통하여 미군이 인천으로부터 철수했을 때 감옥에 있는 무고한 시민들을 죽였다는 죄상을 폭로했다.[96] 미군의 죄행을 고발하고 이어 미제에 대한 적개심 앙양과 중국인민지원군과 북한인민군이 전선에서 세웠던 혁혁한 전공을 선양하고 이어 애국주의와 국제주의를 교양하는 것은 이 시기 등장한 한국전쟁을 주제로 한 기록영화들의 가장 뚜렷한 특징이다.

〈항미원조 제1작〉

〈항미원조 제1작〉은 양서충, 유덕원, 모삼, 석익민, 유운파(劉雲波), 왕

---

96 刘德源, 「血与火的年代-回忆抗美援朝摄影队」, 郝玉生, 앞의 책, 170~172쪽.

영진(王永振), 소중의, 조화 등 촬영기사들이 무려 1년 동안 북한 전선에서 찍어 모은 필름을 연출을 맡은 서소빙과 왕침의 편집과 시인 애청(艾青)의 내레이션 해설 작성을 통해 1951년 11월 제작된 정치성이 높은 장편 기록영화이다.[97] 이 영화는 1951년 12월 28일부터 북경[98], 상해, 무한을 비롯한 중국 42개 도시 총 261개 극장에서 동시 상영되었다. 중국 중앙문화부 영화국은 이 영화에 대한 전국적 홍보 효과, 특히 정치적 선전전동 기능을 강화시키기 위하여 서소빙을 비롯한 북한 전선에서 로케이션 촬영부터 후기 제작까지 적극 참여했던 영화인들을 각 도시로 보내 중국관객들에게 한국전쟁 전선의 전황을 직접적으로 보고했는데 이들은 도처에서 환영을 받았다.[99] 이 영화의 상영활동은 극장뿐만 아니라 중국 국내 각지의 공장, 부대와 농촌에서도 널리 이루어져 광대한 중국인민에게 성공적으로 애국주의와 국제주의를 교양시켰다.[100] 북한 전선의 인민지원군 전사들도 1952년 초에 북경영화제작소가 북한으로 보냈던 전선영화방영대를 통해 주둔지의 북한 인민군 전사들, 주변 북한인민들과 함께 이 영화를 감상하게 되었다.[101] 이 영화는 "위대한 주제"와 "훌륭한 예술"의 결합으로 구성된 "항미원조 투쟁을 표현하는 첫 번째 중요한 예술작품"이자 "중국 기록영화 역사상 중 하나

---

97 方方, 앞의 책 182쪽.

98 기록영화 〈항미원조 제1작〉은 1951년 12월 28일부터 북경 수도극장, 대화극장, 신중국극장, 섬궁극장, 청년궁극장, 중앙극장, 동락극장(同樂劇場), 대광명극장, 대관루극장, 홍성극장, 평안극장(平安劇場), 명성극장(明星劇場) 등 12개 극장에서 개봉되었다. 북한 전선에 달려갔던 중국영화촬영대 촬영기사이자 이 작품의 연출을 맡은 서소빙이 각 극장에서 북한 전선의 전황을 보고할 예정이었다. 이 영화의 박스 오피스 수익 전액이 북한을 지원하는 '인민영화호(人民電影號)' 전투기의 구매에 기부할 것으로 결정되었다. 《人民日報》, 1951.12.27.

99 〈文化零訊〉, 《人民日報》, 1951.12.30. 기록영화 〈항미원조 제1작〉은 개봉되기 전에도 전국적으로 큰 주목을 받았다. 중국 북경시에서 12월 29일까지 예매한 관객들은 20만 명이 되었으며 상해시에서 12월 27일까지 예매한 관객들이 무려 64만 명이었고 무한시에서 24일까지 예매한 관객들은 이미 50만 명에 이르렀다는 것이 기록되었다. 〈紀錄片「抗美援朝」上映受到各地人民的熱烈歡迎〉, 《人民日報》, 1951.12.30.

100 〈紀錄片抗美援朝第一部明天在全國上映〉, 《人民日報》, 1951.12.27.

101 蔣逯之, 「「抗美援朝」在朝鮮前線」, 『大衆電影』, 1952년 3호, 1952.6, 38쪽.

의 큰 성공"[102]으로 평가받았다.

〈항미원조 제1작〉은 1952년 '제7차 국제영화축전(카를로비바리 국제영화제)'에서 「노동인민 자유쟁취와 평화투쟁상」과 '1945~1955년 중국문화부 우수 영화상' 선정 중 '장편 기록영화 일등상'이라는 영예를 수여받았다. 이 영화에서는 단지 어떤 특정한 전역을 집중적으로 보도한, 앞서 찍은 두 편의 단편 기록영화와 달리, 한국전쟁의 발발부터 경과와 현 단계까지 거둔 승리를 개괄적으로 서술하면서 중국인민지원군의 '항미원조'라는 빛나는 사적을 보여주고 있다. 구체적으로는 '중·북의 순치상의(脣齒相依) 관계', '해방 직후 북한의 민주건설', '미제와 친미주구의 북한 침입', '북한인민군과 중국인민지원군의 공동 승리'의 네 부분으로 나누져 있다.

첫 부분인 '중·북의 순치상의(脣齒相依) 관계'에서는 "조선은 우리나라의 동북부에 위치하고 조국의 국토와 1000여리의 경계를 접한다." 또한 "중·조 양국은 수천 년의 문화관계를 갖고 있으며 일제와 대항해 함께 투쟁하는 과정에서 떨어질 수 없는 깊은 우의를 맺었다."라는 서술을 통해 북한과 중국의 지리적 및 역사적 인접성을 강조했다.

두 번째 부분에서는 북한의 임시수도인 평양의 깨끗이 정리된 길거리, 확충된 교육시설, 수많은 새로 지어진 주택과 비옥한 농토를 비롯한 해방 직후 북한 인민들이 쟁취한 위대한 민주건설의 성과를 보여주었다. 이 영화는 공업의 대규모 국유화, 토지개혁 등 민주개혁에 의한 북한의 발전된 모습에 대한 집중적 묘사를 통해 공산주의 정권의 우월성을 과시하고 있을 뿐만 아니라 다음 부분에서 미군의 폭격으로 인해 북한 곳곳이 무참히 파괴된 모습과 대비함으로써 반미 선전선동을 강화시켰다.

세 번째 주제인 '미제와 친미주구의 북한 침입'은 주로 한국전쟁에서 미군과 친미주구 이승만의 국군이 저지른 폭격으로 북한의 주택뿐만 아니라 학

---

102 〈紀錄片抗美援朝第一部明天在全國上映〉,《人民日報》, 1951.12.27.

교, 병원, 극장 등 공공시설이 모두 파괴되어 도시가 거의 폐허가 된 끔찍한 모습과 도처에 북한 시민의 시체가 나뒹굴고 있는 비참한 장면으로 구성되었다. 중국 동북부 안동시와 주변지역에서 미군의 폭격으로 인하여 집이 무너지고 무고한 중국인민들이 다치거나 죽게 된 영상과 신중국정부가 대만을 해방하는 것을 저지하기 위해서 미국 태평양 사령부 소속 7함대를 대만에 진주시킨 사실도 이 영화에 함께 수록했다. 이러한 미군의 잔인무도한 죄행에 대한 고발과 성토는 중국관객들에게 적에 대한 극도의 적개심과 북한인민에 대한 무한한 동정심을 일으켰으며, 조국을 지키는 것, 즉 '보가위국'이야말로 중국인민지원군이 한국전쟁에 참전하는 것에 대한 또 한 가지 중요한 이유임을 강조하는 동시에 중국인민에게 '항미원조' 투쟁을 적극 전개하도록 교양하기 위해 시도한 것이다.

네 번째 부분은 '북한인민군과 중국인민지원군의 공동 승리'라는 주제인데 이 기록영화에서 큰 비중을 차지하고 있다. 영화에서는 중국인민지원군 전사들이 북한인민군 전우들과 어깨를 나란히 하여 영웅적으로 투쟁하는 모습, 지원군과 인민군이 일련의 승리를 거두어 경축하는 장면과 유엔군과 국군이 패배하여 탱크, 전차 등 중무기를 버리고 도망치는 모습을 대비적으로 보여주고 후방 노동 인민들이 가득 찬 열정으로 생산하여 전선의 전사를 지원하는 것, 그리고 전시와 농업생산을 했을 때 전선 지원군 전사들이 북한인민과 국제적 친선과 우의로 서로 돕는 사실을 보도했다. 이는 전선에서 찍은 생생한 영상화면을 통해 애국주의와 국제주의를 크게 선양하는 동시에 특별히 중국 국내인민대중에게 한국전쟁에 대한 필승의 신념을 주입시키면서 그들이 적극 생산하여 '항미원조' 전선을 제때 지원하는 열정을 불러일으키게 만들었다.

영화의 일부 화면을 자세히 살펴보면 이 기록영화에 담긴 강력한 정치적 선전선동 효과를 더욱더 직관적으로 알 수 있다.

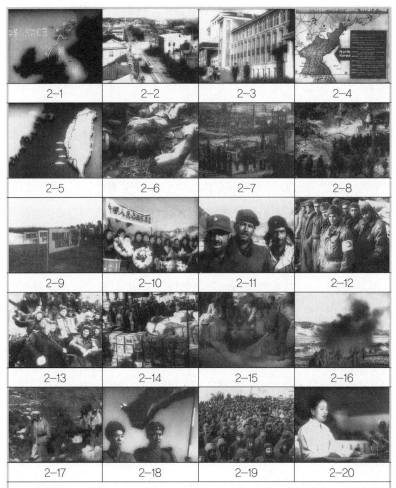

2-1	2-2	2-3	2-4
2-5	2-6	2-7	2-8
2-9	2-10	2-11	2-12
2-13	2-14	2-15	2-16
2-17	2-18	2-19	2-20

2-1 중화인민공화국과 공산주의 형제국가인 조선민주주의인민공화국은 지리적으로 인접하다

2-2 해방공간 민주건설 시기의 북한 임시수도인 평양에서의 깨끗이 정리된 길거리

2-3 해방공간 민주건설 시기에 교육사업의 회복 및 발전에 따라 1946년 10월 1일 설립된 북한 최초의 종합대학인 김일성대학교

2-4 1950년 10월 13일 〈미국신문〉과 〈세계보도〉에 따라서 미국이 북한을 침략하는 것과 함께 중국 선양, 하얼빈, 북경을 공격하는 계획이 폭로된다.

2-5 1950년 6월 27일 미군 태평양 사령부 소속 7함대가 대만에 진주한다.

2-6 미군의 폭격으로 죽게 된 무고한 북한인민들의 시체가 곳곳에 나뒹굴고 있는

모습

2-7 미군의 폭격으로 파괴 된 북한 도시 중심구역

2-8 중국 안동 지역에서 수많은 집이 미군의 폭격에 무너진 현장 모습

2-9 중국인민지원군이 압록강을 건너 북한 전선으로 달려간다.

2-10 북한인민들이 중국인민지원군의 도래를 열렬히 환영한다.

2-11 포로로 잡힌 이승만 국군 제7사 미군고문단

2-12 포로로 잡힌 유엔군 터키 장교 및 병사들

2-13 중국인민지원군과 북한인민군 전사들이 함께 노래하고 춤추며 승리를 경축하는 장면

2-14 중국 국내 노동인민들이 적극적으로 생산하고 전선을 지원한다.

2-15 지원군 전사들이 자발적으로 북한 농민의 농사를 도와준다.

2-16 중국인민지원군이 북한인민군 전사들과 어깨를 나란히 하고 적군의 지지를 돌입 하는 모습

2-17 북한인민들이 자발적으로 들것대(隊)를 조직하여 전선의 인민지원군 상병들을 들것으로 후방 병원으로 나른다.

2-18 1950년 12월 6일 중국인민지원군과 북한인민군은 평양을 점령한다.

2-19 인민지원군은 포로들을 '죽이지 않고, 때리지 않고, 야단치지 않고, 인격을 모욕하 지 않고, 개인재산을 몰수하지 않고 부상자를 치료해준다.'라는 원칙으로 우대한 다.

2-20 1950년 11월 16일 폴란드 수도인 바르샤바에서 개최된 '제2회 세계보위평화대회' 석상 북한부녀위원회 대표인 박정애가 연설하여 미제의 전쟁 도발과 잔인무도한 죄행을 고발하면서 북한인민군과 중국인민지원군이 협력으로 거둔 일련의 승리를 보고하고 북한인민이 전쟁에 대한 필승의 신념을 강조한다.

〈세균전 반대〉

〈세균전 반대〉라는 기록영화는 1952년에 중국북경영화제작소와 북조선 국립영화촬영소의 합작 영화이다. 이 영화는 '1945-1955년 중국문화부 우 수 영화상' 선정 중 '단편 기록영화 2등상'이라는 영예를 수여받았다. 연출 은 중국영화인인 채초생, 사동산, 왕영굉과 북한 영화인인 이오성, 임공재 가 함께 맡았다. 촬영팀은 도학겸, 김위, 방위책(方爲策), 서빈(徐彬), 소 중의, 석익민, 유덕원, 장경홍(張慶鴻), 왕계민(王啟民), 유홍민(劉鴻民), 성옥증(盛玉增), 조화, 모삼, 연성(連城), 유운파, 적초, 갈뢰, 용경운(龍慶 雲), 장일광(張一光) 등 19명의 중국 촬영기사들과 최순흥, 조창서, 김경

하, 신응호, 김인현, 김약수, 홍일성 등 7명의 북한 촬영기사들로 구성되었다.[103] 영화 시나리오 작성 과정에서 각종 세균과 독충의 특성 및 독해를 정확하게 파악하고 설명하기 위해서 '미 제국주의 세균전 죄행조사단'에 참여한 중국 전문가인 방석산(方石珊), 종혜란(鐘惠瀾), 사소문(謝少文), 진세양(陳世驤), 구유번(裘維蕃) 5인을 고문으로 임용했다.[104]

[자료] 북·중 합작 기록영화인 〈세균전 반대〉의 설명서

103 任公宰, 「這就是證據-關於聯合攝製「反對細菌戰」影片的思想」, 『大衆電影』, 1953년 1호, 1953.1, 5쪽; 「紀錄片-反對細菌戰」, 유인물, 1952, 참조.

104 「「反對美國帝國主義細菌戰」本月內攝製完成」, 『大衆電影』, 1952년 8,9호 합본, 1952.9, 36~37쪽.

이 기록영화는 한국전쟁 가운데서 미군이 북한과 중국 동북지역에서 세균무기를 사용한 잔혹한 반인도주의 죄행을 고발하고 성토하는 것을 주제로 한 작품이었다. 구체적 내용에 따라서 이 영화는 크게 '미제가 의도적으로 세균전을 전개하는 음모에 대한 폭로', '미제 세균전 죄행조사단이 북한과 중국 동북에서 조사 진행', '북·중 인민이 세균전을 용감히 반격' 세 부분으로 나누어 볼 수 있다.

첫 부분에서는 먼저 '세균무기 사용 금지'라는 것은 1899년과 1907년 두 번의 만국 평화 회의와 1925년 6월 17일 스위스 제네바에서 생화학무기 사용을 금지하는 목적으로 체결된 〈독가스나 유사한 독물 및 세균 방법으로 작전 금지에 관한 의정서〉라는 조약에서 명문으로 규정된 국제공법이라 강조한다. 이어서 1941년부터 미국정부가 공약을 위배하고 세균무기에 관한 연구와 제작을 벌써 시작했다는 사실과 "세균, 가스, 방사성 물질이 적을 정복할 수 있는 가장 저렴한 무기이다."라는 미군의 군사전략을 밝히면서 미국 국방부 부장인 포레스탈의 "필요한 상황에서 세균무기를 사용하겠다."라는 공언을 언급했다. 이로써 세균전 감행은 미제가 오래전부터 기도해온 의도적인 음모라는 것을 논증하고 있다.

두 번째 부분에서는 1952년 1월부터 북한과 중국 동북지역에서 각종의 독성 병균을 보유한 곤충과 동물, 유해물질을 살포한 미제의 세균전 죄행을 고발하면서 중국과 북한 양국의 의료 및 방역 요원들의 실지 조사를 통해 수집한 증거와 포로로 잡힌 미 공군 병사들이 자신이 직접 세균전에 참여했다는 진술을 확고부동한 증거로 집중적으로 보여주었다. 또한 평화를 사랑하는 세계 인민들로 구성된 '국제 민주 법률 노동자 협회 조사단'과 중국 과학자들로 구성된 '미 제국주의 세균전 죄행조사단' 그리고 각국 과학자들로 구성된 '북한과 중국에서의 세균전 사실 조사 국제 과학 위원회'가 미군 세균전 발동 사실을 조사하는 과정과 그 결과가 모두 이 부분에서 수록되었다.[105]

마지막 부분은 평화를 사랑하는 전 세계 인민들이 한 마음으로 협력하여 자기의 향토를 보위하는 것이 미제의 폭행을 제지하는 가장 효과적인 방법임을 강조하고 있다. 세계평화평의회에서 "만약 각국 인민이 당장 움직이고 세균전을 제지하지 않으면, 파괴적 폭행은 끝이 없다."라는 고지와 주은래가 박헌영을 지지하고 미국정부 세균전에 항의하는 "오늘 조선인민의 비참한 처지가 내일 세계 평화로운 인민의 명운이 될 수도 있다."라는 성명을 통해 잔인무도한 미제에 대한 높은 경계심을 늦추면 안 된다는 것을 선동하고 반미운동을 호소한다.[106] 이와 함께 북한과 중국 인민들이 세균전을 용감히 반격하여 독성 병균에 감염된 지역에서 소독 작업을 적극 실시하는 과정, 방역위원회가 독물이 밀집된 산꼭대기를 비롯한 야외지역을 불태워 소독하는 장면, 그리고 부녀들로 조직된 청결 위생 조사팀이 집집마다 가정의 환경 위생을 엄격히 검사하고 당지 주민들을 인솔해 독성 곤충을 철저하게 소멸하는 경과까지 지속적으로 보여준다.[107]

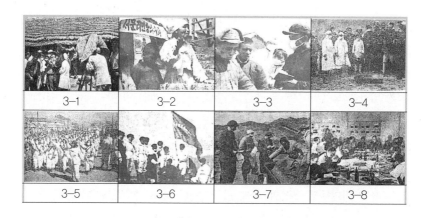

3-1	3-2	3-3	3-4
3-5	3-6	3-7	3-8

105 「紀錄片-反對細菌戰」, 유인물, 1952, 참조.
106 史東山, 「關於「反對細菌戰」」, 『大衆電影』, 1952년 15호, 1952.12, 10~11쪽.
107 王永宏, 「朝鮮生活散記二則」, 『大衆電影』, 1952년 4호, 1952.7, 25쪽.

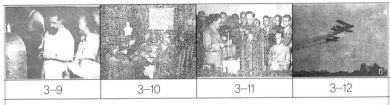

| 3-9 | 3-10 | 3-11 | 3-12 |

3-1 북·중 영화 촬영기사들이 북한에서 미군의 비인간적인 만행인 세균전을 로케이션 촬영한다.

3-2 한상국이라는 북한 주민의 아내가 미제 세균전 성토대회 석상 미 제국주의가 콜레라균을 살포하는 만행으로 인해 자기의 남편 한상국과 손자 두 명이 죽게 된 사실을 비통히 규탄한다.

3-3 중국 동북에서 어떤 농민이 목격자로서 미 군용비행기가 중국 영공을 침입하여 세균탄을 던졌다는 사실을 서술한다.

3-4 중국 동북 지역 농민들이 방역인원에게 자신들이 목격했던 미군이 세균전을 감행하는 사실을 서술한다.

3-5 중국 의료 위생 노동자들이 동북 인민이 발기한 시위 행렬에 동참한다.

3-6 '미 제국주의 세균전 죄행 조사단'이 독성 병균에 감염된 지역에서 조사하고 있다.

3-7 영국 〈노동자일보〉 기자인 앨런 윌링턴이 북한 현장에서 미군이 투하했던 세균탄을 조사한다.

3-8 '국제과학위원회'는 포로로 잡힌 미 공군 병사 인아크가 세균탄을 직접적으로 던졌던 과정을 심문한다.

3-9 마데르 교수를 비롯한 '국제과학위원회' 인원들이 미군이 던졌던 세균탄을 연구하고 있다.

3-10 중국 과학자들이 회의에서 세균탄 성분에 관한 검사 결과를 토론하고 있다.

3-11 '국제과학위원회' 과학자들이 「조선과 중국에서의 세균전 사실 조사에 관한 국제과학위원회 보고서」를 조인한 후에 중국과학원 원장인 곽말약이 인사말을 한다.

3-12 미군이 살포한 세균과 독충으로 감염된 지역에서 중국 비행기가 소독작업을 진행한다.

〈부상 포로 교환〉

기록영화 〈부상 포로 교환〉은 1953년 중국 중앙시보기록영화제작소(원 북경영화제작소 신문처)에서 제작되었다. 한국전쟁 최종 휴전협정이 체결되기 전인 1953년 4월 즈음 평화 담판에서 타결된 '먼저 부상포로 교환' 협의[108]에 따라 북·중과 미국 사이에 있었던 1953년 4월 20일 판문점에서

108 〈遣返病傷被俘人員協定〉, 《人民日報》, 1953.4.12.

부상 포로를 서로 교환하는 역사적 순간[109]에 대한 기록을 주제로 한 영화이다. 영화에서는 미국 포로를 비롯하여 영국 포로, 터키 포로, 국군 포로들이 북한인민군과 중국인민지원군이 나눠준 깨끗한 옷을 입고 건강하고 즐겁게 생활하는 모습을 대비적으로 보여주면서 미군 포로수용소에서 살아온 북한인민군과 중국인민지원군 포로들이 대부분 질병을 앓아 차에서 들것에 실려 나오는 참상을 그대로 전해 준다.[110] 또한 "1952년 한 해에만 미군이 북한과 중국 포로 3,000명을 살상했다.", "그들은 미군의 포로수용소에서 경미한 동상 때문에 두 발을 잘랐고 이마의 경상 때문에 눈이 멀었다. 221명 송환된 포로들 중 189명이 제때 치료받지 못 했기 때문에 불구가 되었다.", "미군이 기관총, 최루가스, 중전차를 이용함으로써 적수공권의 포로들을 학살한다." 등 미군이 포로를 학대하고 학살하는 죄증에 대한 고발을 통해서는 미군의 '포로 우대'라는 위언을 폭로했다. 미군에게 잡힌 포로들에 대한 비인도주의적 만행과 중국인민지원군이 유엔군과 국군 포로들을 인도주의적으로 우대하는 사실을 대비시키는 동시에 몸은 불구지만 의지는 굳센 귀국한 중국지원군 포로들의 애국주의 정신은 "조국, 찬란한 기치, 우리의 품속에 숨겨있으며 우리의 마음 속에 휘날린다."라는 노랫소리와 "최대한 빨리 회복하고 조국의 건설에 투신하겠다."[111]라는 구술을 통해 집중적으로 표출된다.

〈부상 포로 교환〉이라는 기록영화는 단순히 어떠한 역사적 사건에 대한 기록만이 아니다. 이 영화의 중국 국내에서의 상영은 1953년 3월부터였는데, 《인민일보》에서 종종 게재된 〈남일 장군 미국 근일 연속적으로 포로 살해에 엄중히 항의〉[112], 〈남일 장군 미국 연속적으로 포로 학살하는 폭행에

---

109 〈按照朝鮮談判雙方聯絡組的協定-雙方開始交換病傷戰俘〉, 《人民日報》, 1953. 4. 21.
110 張俊斌, 「我們要用全力爭取和平-看影片「交換病傷戰俘」」, 『大衆電影』, 1953년 14호, 1953. 7, 36쪽.
111 高維进, 앞의 책, 125쪽.
112 〈南日將軍嚴重抗議美方近日不斷殺害戰俘〉, 《人民日報》, 1953. 3. 2.

항의〉[113], 〈미국침략자 포로 학살하는 새로운 폭행에 항의〉[114], 〈포로수용소에서 미국침략자의 죄행을 진일보로 폭로〉[115]는 미군이 포로수용소에서 북한과 중국 포로를 구타하고 심지어 학살하고는 이것을 목매달아 자살로 죽었다는 거짓 설명으로 폭로하는 신문기사와 함께 중국인민들에게 야수같은 미 제국주의와 싸워 이겨야 할 이유를 제시하면서 필연적으로 그들의 애국주의 열정과 미군에 대한 적개심을 크게 앙양한다.

〈가장 귀여운 사람들을 위문하다〉

〈가장 귀여운 사람들을 위문하다〉와 〈포로 관대〉는 모두 팔일영화제작소가 1953년 제작한 두 편의 기록영화 작품이다. 그 중에 〈가장 귀여운 사람들을 위문하다〉는 1952년 말 중국 문예 종사자들로 조직된 '제2회 부조(赴朝)위문단'이 북한에서 중국인민지원군과 북한인민군을 위문하는 실황을 기록했다.[116] 중국인민지원군 '항미원조' 2주년을 맞이하여 "중국 국내 각 민주당파, 무당파 민주인사, 각 인민단체, 인민해방군, 각 진역, 각 민족과 종교, 각 해외화교 대표와 기타 인원 1,091명으로 조직된 위문단"이 단장 유경범(劉景範)의 인솔 하에 1952년 9월 18일에 북경을 떠나 전선을 향해 출발 후 같은 해 12월 5일에 귀국했다.[117] 위문단은 각 분야의 대표 361명과, 가무, 경극, 평극, 설창문예에 종사하는 각 문예공작단(文藝工作團)의 예술인 495명, 나머지는 기자와 위문인원들로 구성되었다.

'부조 위문단'은 중국인민지원군과 북한인민군 전사들, 그리고 북한인민

---

113 〈南日將軍抗議美方不斷屠殺戰俘的暴行〉, 《人民日報》, 1953.3.13.

114 〈抗議美國侵略者屠殺戰俘的新暴行〉, 《人民日報》, 1953.3.13.

115 〈進一步揭露美國侵略者在戰俘營中的罪行〉, 《人民日報》, 1953.3.31.

116 中國人民解放軍總政治部, 『影片目錄(一九五二年-一九五六年)』, 八一電影製片廠, 1957, 31쪽.

117 〈慰問我人民志願軍和朝鮮人民軍-第二節赴朝慰問團抵前線〉, 《人民日報》, 1952.10.20. 〈第二屆赴朝慰問團返京-北京市抗美援朝分會及首都各界集會歡迎〉, 《人民日報》, 1952.12. 6., 참조.

에게 위문품과 생활물자를 보내주었을 뿐만 아니라, 문예공연활동을 통해 전선에서 피 흘려 분전하는 중국인민지원군과 북한인민군 전사들의 문화생활을 풍족하게 함으로 그들을 위로했다. 신중국 건국 3년 이래 민주개혁과 국가 건설사업에서 이룬 빛나는 성취, 중국인민의 인민지원군과 북한인민군 전사들에 대한 깊은 관심과 숭고한 경의, 중국 국내 노동인민이 적극 생산하여 '항미원조' 투쟁을 전력으로 지지하는 사실과 그들이 한국전쟁에 대한 필승의 신념을 전선 전사들에게 전달하는 것뿐만 아니라 지원군의 고도한 국제주의와 애국주의가 결합한 신영웅주의와 북한군민이 굴함이 없이 영용히 투쟁하는 위대한 애국주의 사적을 중국국내 인민에게의 그대로 보고하는 것은 '부조위문단'의 임무이자 이들의 위문활동을 기록한 〈가장 귀여운 사람들을 위문하다〉의 정치적 선동의 목적이었다.[118] 이 영화를 촬영하기 위해 1952년 9월 중공 중앙 군사위원회(中共中央軍事委員會)의 지시에 따라 팔일영화제작소에서 연출 하국영, 촬영기사 문영광과 사제종, 촬영보조 진육중(陳毓中)과 고경생(高慶生), 사무 황보선(黃寶善), 녹음 이백견(李伯堅)으로 '부조 전지촬영팀'이 구성되었으며 이들은 '제2회 부조위문단'과 함께 북한 전선에 달려갔다.[119] 이 영화의 제작과정에서 물에 빠진 북한 아동 최영을 구하기 위해 희생하는 중국인민지원군 전사 나성교(羅盛教)를 북한인민들이 추도하는 장면을 기록하기 위하여 촬영팀은 10월 17일에 북한 평안북도 성천군 석전리에서 촬영활동을 진행했는데, 돌발적인 미군의 폭격으로 황보선과 문영광은 부상당하고 고경생은 불행히 숨지기도 했다.[120]

118 〈慰問我人民志願軍和朝鮮人民軍-第二節赴朝慰問團抵前綫〉,《人民日報》, 1952.10.20.
119 陈播, 『中国电影编年纪事(总纲卷·上)』, 中央文献出版社, 2005, 376쪽; 中國人民解放軍總政治部, 앞의 책, 31쪽, 참조.
120 李天印, 「用电影胶片记录伟大的抗美援朝战争-八一电影制片厂赴朝鲜拍摄抗美援朝战争纪实」, 『军事记者』, 2010년 10호, 2010.10. 28쪽.

〈포로 관대〉

기록영화 〈포로 관대〉는 유엔군 포로들이 북한 중국인민지원군 포로수용소에서 인도주의적이며 관대한 대우를 받고 있다는 사실을 기록했다.[121] 1951년 11월 14일 미 8군 법무참모인 제임스 한리(James Hanley)가 부산에서 "한국전쟁에서 포로가 된 미군 5,500명을 공산 측이 사살하였다."라는 발언이 떠들썩한 사건의 하나가 되었다. 이틀 후인 11월 16일에 한리는 살해당했던 포로가 총 13,400명이었는데 그 중에 미군 포로 6,270명, 한국 국군 포로 7,000명, 기타 유엔군 포로 130명이라는 새로운 데이터를 미국 AP통신(Associate Press 미국연합통신)을 통해 전 세계에 알렸다. 리지웨이는 11월 17일에 첫 번째 정식 성명 가운데서 한리의 보고를 긍정적으로 평가한 후에 11월 20일의 두 번째의 성명에서 전쟁에서 실종된 미군 6,000명 병사들이 죽임을 당했을 가능성이 있는데 현재까지는 단지 365명이 살해당한 것을 확실히 입증할 수 있다고 주장했다. 이러한 시기에 파리에서 개최된 유엔 회합에서 미 국무장관 애치슨이 중공군의 행위가 야만족의 수준보다 낮다고 공격했다. 대량의 유엔군과 미군 포로가 북한의 중국인민지원군에 의해 살해당했다는 것에 대한 일련의 공개적 공격은 미군이 한국전쟁을 종식하지 않으려는 것이 아니냐는 오해를 낳게 되는 동시에 중국은 불가피하게 서방 국가들의 포로를 학살했다는 죄명으로 비난과 욕설을 받게 된다.[122] 미군의 이러한 의도적 비방을 반박하기 위해 중국 팔일영화제작소는 유엔군 포로의 일상생활을 수록함으로써 중국인민지원군이 포로를 관대하게 대우한다는 사실을 반영하는 주제의 기록영화를 제작하기로 결정했다. 1953년 초 팔일영화제작소 신문촬영편집실 부주임이자 영화의 연출을 맡은 이준, 촬영기사 조진운, 유장충, 장경화, 상청림(常青林), 녹음기사 오천유, 이림(李林) 등 10여명의 영화인들로 구성된 촬영팀이 평안북도

---

121 中國人民解放軍總政治部, 앞의 책, 31쪽.
122 김준봉, 『한국전쟁의 진실-하』, 이담북스, 2010, 285~286쪽; 程来仪, 『正义与邪恶的较量-朝鲜战争战俘之谜』, 中央文献出版社, 2000, 117~118쪽, 참조.

북부 압록강 연안의 벽동군에 위치한 '벽동포로수용소'에서 영화 〈포로 관대〉의 로케이션 촬영을 시작했다. 이 영화는 이준의 감독 데뷔작이었다. 봄에 새 옷과 이불로 바꾼 장면, 철따라 신체검사를 받는 장면, 식사하는 장면, 고향 가족들이 보내온 편지를 읽어보고 있는 감격한 표정과 수용소 관리원과 즐겁게 이야기를 나누는 모습 등 유엔군 포로들의 일상생활이 모두 카메라를 통해 그대로 수록되었다. 이 영화가 로케이션 촬영되는 동안은 마침 '벽동포로수용소'에서 춘계 운동회와 수용소 야회(夜會)가 거행되었다. 포로들이 하이 다이빙과 미식축구를 비롯한 운동 경기에 적극적으로 참여하여 즐기는 장면과 야회 가운데서 노래 부르면서 덩실덩실 춤을 추는 희열한 모습도 자연스레 이 영화에 담겼다. 일상생활 및 특별행사 외에 또 대전에서 대패로 인해 1950년 8월에 잡힌 미군 보병 제24사단장 소장 윌리엄 F. 딘(William Dean)에 대한 인터뷰도 기록영화 〈포로 관대〉의 중요한 구성요소이다. 영상 중 딘의 생활환경에 대한 기록과 딘에 대한 인터뷰에서 딘은 "잘 살고 있다.", "전문적으로 양식을 요리해주는 사람이 있다.", "생활환경이 안전하다.", "매일 산책이 가능하고 책과 신문 읽어보기를 자유롭게 진행할 수 있다."라는 자술을 통해 수용소에서 유엔군 포로들이 계속 우대받고 있다는 사실을 더욱더 강조한다.[123] 이 기록영화 의 등장은 미국이 중공은 유엔군 포로를 학대 내지 대량 학살한다는 공격이 국제적으로 중국의 명예와 위신에 먹칠하게 된 비열한 비방이라 폭로하고 지적하는 것임을 밝히는 것일 뿐만 아니라 한국전쟁에서 중국인민지원군이 1949년 8월 12일 체결한 〈전쟁포로의 대우에 관한 제네바협약(Geneva Convention Relative to the Treatment of Prisoners of War)〉 중 '포로 보호'와 '포로 대우'에 해당 원칙과 규칙을 엄수하고 북한에서 포로를 우대하는 인도주의적 선행에 대한 효과적 증거였다. 기록영화 〈포로 관대〉는 주은래와 요승지(廖承志)의 높은 평가를 받아서 뒤이어 〈북한에서의 유엔군 포로(聯合

---

123 崔斌箴, 「《寛待俘虜》:一部鮮为人知的纪录片」, 『大衆電影』, 2004년 16호, 2004.8, 52~54쪽.

國軍俘虜在朝鮮, United Nations captives in North Korea)〉라는 영어판
이 추가로 제작 완성되어 1954년 개최된 제네바회담에서 한국전쟁 시기 중국인
민지원군의 '포로 관대'라는 인도주의 행위에 대한 증거로서 각국의 대표들에게
상영되었다.[124] 이 영화에 관한 영상을 찾기 어렵지만 연출을 맡았던 당시
이준의 부인인 양광옥(楊光鈺)이 제공한 일부의 사진을 통해 일정한 정도로
그 내용을 확인할 수 있다.

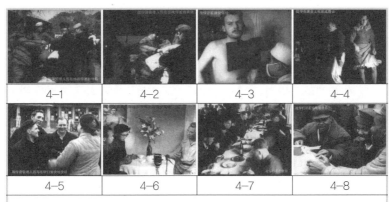

| 4-1 | 4-2 | 4-3 | 4-4 |
| 4-5 | 4-6 | 4-7 | 4-8 |

4-1 포로수용소 관리원이 포로에게 생활물자를 배포한다.
4-2 포로수용소 관리원이 포로에게 새 옷과 이불을 배포한다.
4-3 포로들이 신체검사를 받는다.
4-4 야회에서 포로가 여자로 분장하여 덩실덩실 춤을 추고 있다.
4-5 포로들이 수용소 관리원과 즐겁게 대화하고 있다.
4-6 영화촬영팀이 윌리엄 F. 딘을 인터뷰를 하고 있다.
4-7 포로들이 식사하고 있다.
4-8 포로들이 서로 유쾌하게 대화한다.

---

124 杨光钰, 『中国电影人-李俊(1922-2013)』, 中国电影出版社, 2014, 16쪽.

앞서 살펴보았듯이 한국전쟁시기 시보영화의 대량 제작과 함께 1950-1953년 북한에서 로케이션 촬영된 작품들을 포함한 한국전쟁을 주제로 한 중국 기록영화는 무려 7편이나 되었다. 구체적인 시사적 사건이나 전사(戰事) 혹은 특별한 행사에 대해 기록한 시보영화에 비하여 이 시기에 등장한 기록영화의 정치적 선전·선동성은 더욱 더 높아 보인다. 기록물과 일부 확인 가능한 영상에 따라서 이러한 선전 및 선동성은 예술영화에 가까운 촬영 및 편집수법, 선정적인 화면과 호소성 높은 논리적 내레이션 서술의 결합으로 이루어졌다는 것을 알 수 있다. 전쟁 시기 등장한 한국전쟁을 배경으로 한 기록영화들 중 대부분은 북한에서 로케이션 촬영을 통해 전쟁을 재현하면서 전선에서 북한인민군과 어깨를 나란히 하는 중국인민지원군 전사의 총력 투쟁과 후방의 지원군 운수부대와 위생부대의 적극 지원에 관한 빛나는 사적 가운데서 드러난 '항미원조'라는 국제주의적 영웅주의와 '보가위국'이라는 애국주의적 영웅주의, 그리고 북·중 양국 간에 피로 맺어진 혈맹관계를 형상화하는 것이다. 이와 함께 전쟁 시기 미군이 저지른 죄행에 대한 고발도 기록영화에서 빠트릴 수 없을 만큼 중요한 일부분이다. 영화에서는 미군이 저지른 북한에서의 무차별 폭격, 세균전 발동, 포로 학대 내지 학살, 그리고 중국인민지원군이 유엔군 포로를 학살한다는 비방과 중상 등 비인간적인 죄행을 폭로하면서 미제와 대만을 점거하고 있는 친미주구 장개석에 대한 적개심을 앙양한다. 이와 동시에 북한인민군과 중국인민지원군의 항미투쟁의 정당성을 역설하며 전쟁 최후의 승리를 거둔 공산주의 정권의 당위성과 우월성을 크게 강조한다.

제5장

전후복구기 북 · 중 영화 교류(1953-1955)

5.1. 전후복구와 북 · 중 친선을 기록한 중국 기록영화

1953년 한국전쟁이 끝났다. 그러나 북한에서는 중국 기록영화들이 여전히 제작되고 있었으며 주제는 한국전쟁에 대한 회고와 전후 북한의 복구사업에 대한 보도에 집중되었다. 1954년에 중국 중앙시보기록영화제작소가 제작한 기록영화 〈항미원조 제2작(抗美援朝第二輯)〉, 〈피로 맺어진 우의(鮮血凝成的友誼)〉, 〈영광을 평양에 남긴다(把光榮留在平壤)〉, 〈전투의 우의(戰鬪的友誼)〉 그리고 팔일영화제작소가 제작한 기록영화 〈강철운수선(鋼鐵運輸線)〉, 〈중국인민지원군 항미원조 전적 전람관(中國人民志願軍抗美援朝戰績展覽館)〉, 〈우의만세(友誼萬歲)〉, 〈환락과 우의(歡樂與友誼)〉, 〈대동강상(大同江上)〉 등이 잇따라 등장했다. 1955년에는 〈구사부상의 영웅들(救死扶傷的英雄們)〉이라는 기록영화가 팔일영화제작소에서 제작되었다.

<표 6> 1954-1955년 북한을 주제로 한 중국 기록영화[1]

연도	제목	연출	촬영	내용
1954	〈항미원조 제2작〉	왕침	유덕원, 모삼, 성옥증(盛玉增), 임걸(任傑) 등	전쟁 승리를 위한 북한군민과 중국인민지원군의 영웅적 혈투 기록
1954	〈피로 맺어진 우의〉	오견(吳堅), 진광충(陳光忠)	왕운휘(王芸暉), 이곤전(李坤錢), 왕유본(王瑜本) 등	위문단의 북한군민과 중국인민지원군 위문
1954	〈영광을 평양에 남긴다〉	진계곤(陳繼坤)	이곤전 등	중국인민지원군이 북한의 전후 복구를 적극 지원
1954	〈전투의 우의〉	왕수(王水)	학옥생(郝玉生), 한호연(韓浩然), 우서소(于叔昭), 동건(董健)	북한 인민대표단의 중국 방문과 공연
1954	〈강철운수선〉	풍의부(馮毅夫), 화순(華純), 사문치(史文幟)	설백청(薛伯青), 이이강(李爾康) 등	중국인민지원군의 후방운수부대 운수선 복구와 건설 기록
1954	〈중국인민지원군 항미원조 전적 전람관〉	장가의(張加毅)	이이강, 장지휘(張志輝) 등	중국인민지원군의 항미원조 전적 전람회행사 기록
1954	〈우의만세〉	곡분(谷芬)	진서준(陳瑞俊), 여납(黎吶), 문영광 등	중국인민지원군이 북한인민 향토 복구를 지원
1954	〈환락과 우의〉	육방(陸方)	장지휘, 조진운, 적초(翟超) 등	'조선인민군 협주단'과 북경 문학예술 인사들의 원유회 기록
1954	〈대동강상〉	심섬(沈剡)	장운청(張雲清), 화민(化民), 범우림(范遇林)	북한인민의 대동강 다리 복구공사에 대한 중국인민지원군 전사들의 협조
1955	〈구사부상의 영웅들〉	유패연(劉沛然), 학광(郝光)	설백청, 당여기(唐餘企) 등	중국인민지원군 후방 위생 인원들이 부상 전사들을 전장에서 구호하고 전지병원에서 적극 치료

1   위의 표 내용은 『大衆電影』, 《人民日報》, 『中国纪录电影史』(单万里, 中国电影出版社, 2005), 『我们的足迹』(郝玉生, 中国新闻纪录电影制片厂, 1998), 『中国电影编年纪事(综合卷・上)』(陈播, 中央文献出版社, 2006), 『影片目錄(一九五二年-一九五六年)』(中國人民解放軍總政治部, 八一電影製片廠, 1957), 중국 중앙신문기록영화집단 중앙시보기록영화제작소 기록영화자료실 해당 자료, 그리고 일부 해당 영화에 관한 유인물과 영상자료 등을 참조하여 작성했다.

〈항미원조 제2작〉

〈항미원조 제2작〉은 중국 중앙시보기록영화제작소가 1954년 제작 완성한 또 하나의 장편 기록영화였다. 영화의 연출은 서소빙과 함께 〈항미원조 제1작〉을 연출한 왕침이 계속해서 맡았다. 촬영진은 유덕원, 모삼, 성옥증, 왕유본, 임걸, 유운파 등 17명의 촬영기사들로 구성되었다. 후기 제작과정에서 내레이션 해설 부분은 〈제1작〉과 마찬가지로 중국 시인 애청이 맡았다. 〈제2작〉은 〈제1작〉의 연속인데 한국전쟁 발발 이듬해였던 1951년 '제5차 전역'[2]이 끝난 직후부터 1953년 7월 말 휴전협정 체결 전후까지 약 2년여의 시간 동안 북한에서 벌어진 전사(戰史)들을 다루었다. 구체적으로는 '여름 공세', '가을 공세', '상감령(上甘嶺) 전역', '포로 교환', '협정 체결', '전후 복구'의 여섯 부분들로 나누어 볼 수 있다.[3] 이 영화는 전쟁 시기에 제작되었던 기록영화들과 마찬가지로, '한국전쟁에서 미군이 침략자로서의 비인도주의적 만행에 대한 고발을 통해 미제에 대한 적개심 앙양'과 '중국인민지원군과 북한인민군이 정의의 상징으로서 향토를 지키기 위한 평화투쟁에서 활약한 영웅적 인물과 사적에 대한 기록을 통해 애국주의와 국제주의 교양'을 보여준다. 이것은 전쟁이 끝난 후에 제작된 한국전쟁을 주제로 한 기록영화들이 정치적 이데올로기를 선전하는 두 가지 중요한 목적이며 영화 〈항미원조 제2작〉의 주제가 되었다.

영화 중 북한과 중국 동북 지역에서는 각종의 독성 병균을 보유한 곤충과 동물, 유해물질이 살포되는 것에 대한 현장조사를 통해 미군이 비인도

---

2 '제5차 전역'은 1951년 4월 22일부터 6월 21까지 벌어진 한국전쟁 발발 이래 쌍방이 가장 많은 병력을 투입하고, 교전 시간이 가장 길고, 규모가 가장 큰 전역이었다. 맥아더의 후임으로 유엔군 총사령관직을 맡은 리지웨이가 적극적 반격작전을 펼쳐 전선을 성공적으로 위로 밀어 올렸는데 중국인민지원군과 북한인민군의 완강한 저항으로 전선은 결과적으로 38도선 부근에서 교착되기 시작했다. 따라서 1951년 7월부터 휴전회담이 본격적으로 시작되어 2년 이상 지속되었다.

3 劉德源, 「感謝志願軍, 學習志願軍 –記「抗美援朝」第二部的拍攝」, 『大衆電影』, 1954년 2호, 1954.1, 13쪽; 「抗美援朝第二部」, 유인물, 1954, 참조.

주의적 '세균전'을 의도적으로 일으켰다는 사실을 고발하면서 미군 대표들이 휴전 담판 석상에서 보여준 거만한 태도와 거친 행동, 심지어 회장을 부순 사실을 비롯한 회담의 정상적 진행을 백방으로 방해한 사건들을 폭로하고 있다. 또한 미 공군이 이른바 '군사압력'이라는 명목으로 북한을 무차별 폭격하는 만행으로 인해 북한의 수많은 건물이 무너져 도시가 초토화되며 무고한 북한주민들이 죽게 되거나 집도 절도 없이 떠도는 참상을 그대로 기록했다.

이러한 한국전쟁 전선에서 미군이 감행한 극악무도한 죄행에 대한 고발은 미군의 침략자로서의 부당성과 야만성을 서술하는 것과 대비적으로 중국인민지원군의 영웅적 전투모습을 집중적으로 보여주면서 위대한 애국주의 및 국제주의적 정신에 대한 칭송과 선양이 이루어진다. 유엔군이 1951년 8월 18일~9월 18일과 1951년 9월 29일~10월 22일 동안 각각 가한 '여름 공세'와 '가을 공세'에 고지를 지키기 위한 인민지원군의 영용한 전투모습뿐만 아니라 보병연대가 망치와 삽으로 견고한 방어 공사를 세운 것과 지원군 공군의 편대 '은연(銀燕)' 전투기들이 한 대씩 고공에서 비행하고, 지원군 고사포사(師) 전사들이 새로운 장비인 '카추샤 로켓'을 통해 적기를 요격하는 장면들을 수록했다. 또한 유엔군이 1951년 8월 중순부터부터 1952년 6월까지 지원군의 수송선을 차단하는 목적으로 공군의 우세와 북한에서 계속된 대홍수에 의거해 발동한 '교살전(絞殺戰)'에서, 지원군 전사들은 '전선철도수송사령부'의 '수송—수리—방공'이라는 지시에 따라 미군의 지속적인 고강도 폭격으로 인해 부서진 철도와 다리를 서둘러 복구하고 밤낮을 가리지 않고 필수한 물자를 전선으로 제때에 수송하는 '반(反)교살전'이라는 총력전에 관한 실황을 영화촬영대의 카메라를 통해 포착하여 중국 국내인민에게 보여주었다. 1952년 10월 중국인민지원군이 저격능선 전투와 삼각고지 전투를 합하는 '상감령 전역'에서 극심한 사망과 부상을 당해 위급한 상황에서 목숨을 걸고 전지를 결연히 지키는 모습, 1953년 초부터 부상 포로 교환

협정과 포로 송환 협정, 그리고 최종 휴전협정 체결을 위한 북한과 중국 공산주의 정권의 꾸준한 노력 과정, 휴전 직후에 북한인민이 중국인민지원군의 사심이 없는 도움 아래 폐허와 같은 제철소에서 성공적으로 용광로를 재건하고 평양에서 개성으로 향한 철도를 복구하는 향토 재건 과정도 영상에 수록되었다.

이 영화는 한국전쟁에서 북한과 '혈맹' 관계로서 국제주의 수호에 큰 역할을 하는 중국에 대한 의존을 보여주면서 지원군의 국제주의적 영웅성과 신중국정부가 형제국가 인민의 안위와 세계의 평화에 이바지하는 '항미원조' 운동을 높이 칭송했다. 또한 이 영화에서는 북한인민군과 중국인민지원군이 한국전쟁에서 거둔 빛나는 승리를 "우리 위대한 영수인 모택동 동지의 영명한 지도"로 귀결시켰다. 특히 영상 중 모택동은 '중국인민정치협상회의 제1회 전국위원회 제4차 회의' 석상에서 "미 제국주의가 몇 년이나 싸우고 싶어도 우리는 그들과 몇 년 싸울 수 있다. 미 제국주의가 그만둘 때까지 싸우고서야 비로소 멈추고, 중·조 인민이 완승을 거둘 때 비로소 멈춘다." 라는 고무적인 연설을 수록했다. 이는 한국전쟁에서 거둔 최후의 승리야말로 북한전선에서 혈투하는 지원군 전사들에게 필승의 신념과 끊임없이 강해진 전투력을 주입시키는 모택동을 비롯한 신중국 정부의 우월한 지도력과 불가분의 관계임을 의미하는 것이다.[4]

영화 〈항미원조 제2작〉의 중국 국내에서의 상영은 정치적 선전선동으로 보인다. 또한 중국인민과 군대에게 "생생한 교과서"와 같은 존재라는 것이 보편적 인식이었다. 북한인민이 향토를 지키기 위해 보여준 놀라운 역량의 원천인 애국주의 정신, 그리고 "맑스-레닌주의와 모택동 사상"의 지도를 받아 북한군민과 어깨를 나란히 하여 전투하는 중국인민지원군의 국제주의 정신이 이 교과서에서 교양시킨 가장 중요한 두 가지 것이었다.[5] 왜냐하면

---

4 虞棘, 〈看了文獻紀錄片「抗美援朝」第二部〉, 《人民日報》, 1954.2.8.
5 陳沂, 「一部生動的教科書-「抗美援朝」第二部」, 『大衆電影』, 1954년 2호, 1954.1, 11쪽.

애국주의와 국제주의에 대한 교양은 중국인민들로 하여금 1953년 하반기부
터 신중국 정부가 공포한 '과도시기의 총노선(過渡時期的總路線)'[6]이라는
현명한 결책을 철저히 실천하여 각 생산 전선에서 "사회주의 공업화"에 이
어 조국의 "부강"과 "평화"에 적극 기여하도록 선동할 수 있는 매우 효과적
인 도구였기 때문이다.[7]

---

6 〈과도시기의 총노선〉은 1952부터 모택동, 주은래, 유소기 등 중공중앙 지도자들의 연설
   가운데서 여러 번 언급되었으나 이에 대한 정식 공포는 1953년 9월에 당의 기관지인《人民
   日報》를 통해 이루어진다. 과도시기의 총노선은 "상대적으로 긴 역사적 시기에 국가의
   공업화 그리고 농업, 수공업, 자본주의 상공업에 대한 사회주의 개조를 기본적으로 실현
   하는 것이다. 이는 국민 경제 개발에 대한 기본적 요구이며 '3대개조'가 달성될 수 있는
   물질적 바탕이었다. 그리고 농업, 수공업과 자본주의 상공업에 대한 사회주의 개조는 국
   가공업화가 이루어질 수 있는 필요한 조건이었다. 양자는 상호 의존하고 상부상조한 관계
   이다. 사회주의 건설과 생산수단 소유제에 대한 사회주의개조를 동시에 추진한 것이 이
   총노선의 기본적 특징이다. 양자의 동시 추진은 신민주주의에서 사회주의로의 이행을
   순조롭게 보증한다. 과도시기의 총노선의 실질은 소유제 문제를 해결하는 것이다. 한편으
   로는 사회주의공유제의 확대 즉 국영기업의 새로운 건설과 확대 건설이다. 다른 한편으로
   는 개체 사유제를 사회주의 집체소유제로 개조하고 자본주의 사유제를 사회주의 전민소
   유제로 개조하는 것이다. (要在一個相當長的歷史時期內, 基本上實現國家工業化和對
   農業, 手工業, 資本主義工商業的社會主義改造. 這是國民經濟發展的基本要求, 又
   是實現三大改造的物質基礎.而實現對農業, 手工業和資本主義工商業社會主義改造
   又是實現國家工業化的必要條件. 兩者互相依賴, 相輔相成. 社會主義建設和生産資
   料所有制的社會主義改造同時並舉, 是這條總路線的基本特點. 兩者的同時並舉保
   證了新民主主義向社會主義的順利過渡. 過渡時期總路線的實質是解決所有制問題.
   一方面是社會主義公有制的擴大, 即國營企業的新建, 擴建. 另一方面, 是把個體小
   私有制改造成爲社會主義集體所有制, 把資本主義私有制改造成爲社會主義全民所
   有制.)" 라고 정의되었다. (《人民日報》, 1953. 9. 25.) 1953년 하반기 즈음에 중국 국내의
   정치적·경제적 분위기가 어느 정도 안정화되었고 한국전쟁의 휴전에 따라 '항미원조'운
   동도 종결되었으며 국제적으로 신중국의 독립과 안전을 어느 정도 보장받았기 때문에
   중국이 가지고 있는 모든 정력과 재력을 사회주의 개조로 투입하기 시작했다. 과도시기의
   총(總)노선 내용은 간략하게 신민주주의사회부터 사회주의사회로 넘어가는 과정에서 '1화
   3개', 즉 사회주의 공업화와 농업·수공업·자본주의 상공업의 소유제에서 사회주의 공유
   제로의 전변을 가리킨다.
7 郭沫若,「看了「抗美援朝」第二部」,『大衆電影』, 1954년 2호, 1954. 1, 8~9쪽.

5-1	5-2	5-3	5-4
5-5	5-6	5-7	5-8

5-1 김일성과 팽덕회가 전선에서 작전 방침을 상의하고 있다.
5-2 중국인민지원군이 북한 전선에 달려간다.
5-3 지원군 전사가 모택동 사진을 감격스럽게 보고 있다.
5-4 중국인민지원군이 로켓포를 통해 적기를 공격한다.
5-5 지원군이 북한군민과 함께 휴전을 경축한다.
5-6 휴전협정이 체결된 후에 미군의 위약과 반격을 방비하기 위해 대포를 설치한다.
5-7 '평화호' 열차 발차식
5-8 전후복구사업 진행

〈피로 맺어진 우의〉

기록영화 〈피로 맺어진 우의〉는 중국 중앙시보기록영화제작소가 1954년에 제작한 또 하나의 작품인데 '제3회 부조위문단'[8]이 북한에서 중국인민지원군과 북한인민군을 위문하는 실황을 다룬다. 이 영화의 연출은 오견과 진광충이 맡았으며 촬영팀은 왕운휘, 이곤전, 이문화, 용경운, 장걸(張傑),

---

8 '제3회 부조위문단'의 조직은 중국인민항미원조총회가 1953년 9월23일 개최한 상무위원회확대회의에서 결정되었는데 총(總)단장은 하용(賀龍)이 맡고 부총단장은 형서평(邢西萍), 장백균(章伯鈞) 등 19인이었다. 위문단 총원은 5,448명에 이르며 주로 중국 각 민족, 각 민주당파, 각 민주단체 등 각 분야의 대표 총 1,994명으로 구성된 '대표단'과 전국 40개 극단에서 온 3,100여 명 문예 종사자들로 구성된 '문예공작단(文藝工作團)' 두 부분으로 구성되었다. 저명한 경극 배우인 매란방(梅蘭芳), 주신방(周信芳), 정연추(程硯秋), 평극 배우인 신봉하(新鳳霞), 음악가인 마사총(馬思聰), 시락몽(時樂濛), 성악가인 유의훤(喻宜萱), 주소연(周小燕) 등이 동행했다. 軍事科學院軍事历史研究部, 『抗美援朝战争史(第三卷)』, 軍事科學出版社, 2000.

유운파, 이화, 성옥증, 한극초, 왕유본 등 10명 촬영기사들로 구성되었다.[9]
'제3회 부조위문단'은 총단장 하용의 인솔 하에 1953년 10월 4일 북경을 떠나[10] 10월 20일 신의주를 거쳐[11] 10월 21일 오전 평양에 도착했다.[12]

[자료] 중국 '제3회 부조위문단(赴朝慰問團)'이 평양으로 출발한 것과 관련된 기사
(《人民日報》, 1953.10.5., 10.21. 10.22. 10.23)

---

9 「鮮血凝成的友誼」說明書」, 中國電影發行公司宣傳處, 『電影宣傳資料(合訂本)─一九五四年第一册』, 中國電影發行公司, 1954, 참조.

10 〈代表全中國人民慰問朝鮮人民和朝中部隊─第三屆赴朝慰問團出發〉, 《人民日報》, 1953.10.5.

11 〈我國赴朝慰問團總團到達新義州─朝鮮迎接委員會在車站舉行盛大歡迎會〉, 《人民日報》, 1953.10.21.

12 〈我國赴朝慰問團到達平壤─朝鮮各界和我志願軍代表到車站熱烈歡迎〉, 《人民日報》, 1953.10.22.

위문단이 평양에서 김일성 원수와 김두봉 위원장에게 깃발과 선물을 바치는 의식을 시작으로 8개 분단으로 나누어 산을 넘고 재를 지나 영웅적 북한인민군의 진지와 중국인민지원군 부대를 위문하는 동시에, 북한 곳곳에서 북한군민과 지원군 병사들의 열렬한 환영을 받는 희귀한 장면들까지 모두 촬영팀의 카메라를 통해 포착되었다. 또한 열사 박재근 가족 위문, 북한 소년 최영과 생명의 은인 나성교의 아버지의 만남을 비롯한 북·중 인민 사이에 피로 맺어진 우의를 반영한 감동적인 사건, 수상식에서 중국인민지원군 지도원과 전사들이 훈장을 수여받는 장면, 그리고 북한 전후복구과정 가운데서 공업 건설에 대한 현황도 이 기록영화에 수록되었다.[13]

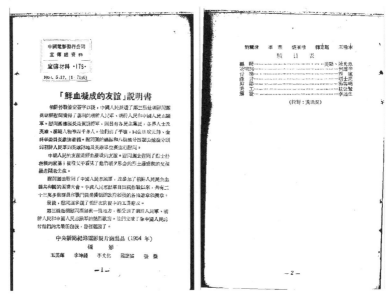

[자료] 기록영화 〈피로 맺어진 우의〉의 설명서 앞뒷면

---

13 「鮮血凝成的友誼」說明書」, 中國電影發行公司宣傳處, 『電影宣傳資料(合訂本)一一九
    五四年第一册』, 中國電影發行公司, 1954, 참조.

〈영광을 평양에 남긴다〉

〈영광을 평양에 남긴다〉는 중국인민지원군이 북한의 전후 복구건설을 지원하는 내용으로 중국 중앙시보기록영화제작소가 1954년 제작한 기록영화이다. 1953년 11월 중국을 방문한 김일성은 모택동과 만나 한국전쟁에서 중국인민지원군의 참전에 대한 감사의 뜻을 표하면서 향후 북한의 전후 복구건설에서 중국의 원조를 받기 위해 11월 13일부터 22일까지 진행된 회담에서 중국 정부 대표인 총리 주은래와 〈조선민주주의인민공화국과 중화인민공화국 간의 경제 및 문화 합작에 관한 협정〉을 체결했다.[14] 그중에 경제적 지원에 대해서 중국은 한국전쟁이 시작된 1950년 6월부터 1953년 말까지 북한에 제공한 모든 물자와 비용 원조 총 72,900억 원[15]을 무상증여로 처리하고 1954년부터 1957년까지 4년 동안 공업 원료, 건축 재료, 기계 시설, 식량과 기타 용품의 제공과 철도와 다리의 복구로 쓰인 80,000억 원 (그 중에 1954년 30,000억 원)을 무상으로 제공하기로 결정했다.[16]

조인된 협정에 따라 지속적으로 제공하고 있었던 자금, 기술 및 물자에

---

14 〈조선민주주의인민공화국과 중화인민공화국 간의 경제 및 문화 합작에 관한 협정〉의 체결과 함께 〈조선 기술자의 중국에서의 실습과 북한 내 중국 기술자의 작업 조선에 관한 협정(關於朝鮮技術人員在中國實習及中國技術人員在朝鮮工作條件的協定)〉, 〈조선 학생 중국 중고등학교에서의 학습에 관한 협정(關於朝鮮學生在中國高等學校及中等學校學習的協定)〉, 〈조선 정부가 중국 동북지구에 있는 조선전쟁 고아들 계속 양육해 달라는 요청에 중국 정부가 동의한 교환각서(關於中國政府同意朝鮮政府提議在中國東北地區的朝鮮戰時難童由中國政府繼續撫養的換文)〉, 〈조소 항공회사 민항기 중국 경내 경유에 관한 교환각서(關於朝蘇航空公司民航飛機經過中國境內的換文)〉, 〈1954년 조선에 대한 물자와 현금 원조에 관한 의정서(關於1954年以物資和現金援助朝鮮民主主義共和國的議定書)〉, 〈중조 무역 의정서(中朝貿易議定書)〉, 〈정전 후 조선 철로의 복구 및 발전 원조에 관한 의정서(關於停戰後援助朝鮮鐵路恢復和發展的議定書)〉 등 일련의 협정들은 1953년 11월 23일에 북한과 중국 사이에 성공적으로 맺어진다. 军事科学院军事历史研究部, 앞의 책, 509쪽.
15 당시 유통된 구(舊)위안화와 1953년 3월부터 오늘날까지 유통된 신(新)위안화의 비율이 10000:1이다. 따라서 72,900억 원은 현재의 7.29억 위안 80,000억 원은 현재의 8억 원으로 환산할 수 있다.
16 沈志华, 董洁, 「朝鲜战后重建与中国的经济援助(1954–1960)」, 『中共党史研究』, 2011년 3호, 2011.3, 50~51쪽.

대한 지원뿐만 아니라 중국인민지원군의 상당한 무상원조도 북한의 전후 복구사업에서 대체할 수 없는 중요한 역할을 담당했다. 한국전쟁 휴전직후 중국 공산당 중앙군사위원회 총정치부는 한반도에서 힘의 균형을 맞추기 위해 여전히 중국인민지원군이 북한에서 주둔할 필요가 있다고 판단하여 1953년 7월 30일 지원군 각 단위 정치부를 지원군이 미군과 이승만 국군의 반격을 예방하고 휴전협정을 보장하는 막중한 임무를 수행하는 동시에 전후 북한의 복구와 건설을 적극적으로 지원해야 한다고 지시했다. 즉 전후 북한 주둔 지원군의 임무는 한반도 평화 상태 유지와 북한의 전후 재건 지원으로 전환되었다.[17] 1954년 3월 말 지원군 총사령부는 전군에 〈조선인민을 도와 회복과 재건활동을 진행할 것에 관한 지시(關於幫助朝鮮人民進行恢復和重建工作的指示)〉를 하달하여 전체 지원군에게 전투태세를 갖추면서 대량의 인력과, 물력, 재력을 뽑아 고도의 열정과 적극적이고 주동적 정신으로 당지의 회복생산과 향토재건을 지원하라고 호소했는데, 구체적으로 각 부대가 북한 주민을 도와 수리건설을 진행하고 계절성 농업노동에 참가하고 가옥과 공공건물의 복구를 도와주라는 것을 지시하면서 중대단위에서는 전체 병력의 70%, 기관 단위에서는 20~40%의 인원을 동원하도록 했다.[18]

휴전 초기에 전쟁으로 인해 부득이하게 고향을 떠났던 북한인민이 연이어 귀향함에 따라 그들의 향토 복건사업을 지원하는 것이 자연스레 중국인민지원군의 가장 중요한 임무가 되었다. 이때부터 지원군 각 부대는 북한 각급 정부의 계획대로 먼저 북한인민을 협조하여 평양, 함흥과 신의주 등 주요 도시 복구를 시작했다. 그중에 전쟁 시기 미군의 폭격과 포격으로 심

---

17 军事科学院军事历史研究部, 앞의 책, 472~473쪽.

18 이종석, 「북한 주둔 중국인민지원군 철수에 관한 연구」, 『세종정책연구』 2014년 제19호, 세종연구소, 2014, 9쪽. 军事科学院军事历史研究部, 위의 책, 512쪽; 〈中国人民志愿军领导机关发出指示—号召全军帮助朝鲜人民进行恢复重建工作〉, 《人民日报》, 1954.4.14.

각하게 파괴된 철도, 도로 및 다리의 복구와 농경지, 수리 시설, 대형 댐의 건설이 핵심 임무가 되었다. 결과적으로는 휴전 직후 3개월 간 지원군병사들은 308개(전장 15km)의 다리를 복구, 수리 및 새로 건설하고 37개의 기차역을 복구하면서 북한 철도일꾼이 북부 철도를 복구하는 것에 협조했다. 뿐만 아니라 그들은 북한 도시의 복구, 댐과 제방, 수로의 건설, 식수, 조림, 농작물의 파종과 수확, 주택과 학교의 복구 등 온갖 전후 복구공사에도 전적으로 기여하고 있었다.[19]

지원군이 전후 초기인 1953년 말과 1954년 초의 짧은 기간에 북한의 복구사업에 이바지한 사실은 북한 문헌에도 기록되었다. 그들의 이러한 공헌과 북한인민의 깊은 감사는 1953년 10월 22일《로동신문》에 게재된 지원군 부대가 창도군의 학교, 영화관, 병원 등 향토복구를 적극 지원하는 "국제주의적 피의 원조"를 칭송하는 것을 주제로 한 〈지원군 용사들 복구 건설을 적극 협조〉[20]와 1954년 1월 11일에 게재된 북한 회양군 인민들의 학교와 주

<hr/>

19 沈志華, 董浩, 앞의 논문, 51쪽.
20 "우리들의 곤난한 시기에 국제주의적 피의 원조를 준 영웅적 중국 인민지원군 장병들은 전쟁 행정에서 원쑤들의 만행에 의하여 입은 상처를 급속히 복구 건설하기 위한 우리들의 전후 인민 경제 복구 건설 사업에 있어서도 각 방면으로 적극 협조하여 주고 있다. 그들은 이미 철도, 공장, 도로, 교량, 학교, 병원, 주택 등 온갖 분야에서 공동의 적 미제 무력 침범자들을 전선에서 용감하게 격멸 소탕한 것처럼 온갖 창의 창발성과 로력을 다하여 복구 건설을 적극적으로 방조하여 주고 있다. 동부 전선에서 미제 원쑤들을 격멸하여 위훈을 세운 중국인민지원군 명쩨 소속 부대 용사들은 원쑤들의 야수적 폭격과 포격에 의하여 폐허로 된 자기의 향토를 복구하기 위하여 일어선 창도군 인민들의 투쟁을 협조하여 항미 원조의 기치를 더욱 빛나게 하고 있다...그들은 전선 지구 전 제민들에게 四만 七천근의 구제미를 희사하였으며 창도군 내 각 기관들의 이동 사업에도 적극 협조하였다. 얼마 전에 동 부대 정치부는 창도군 인민들의 전후 인민 경제 복구 건설에 원조를 줄데 대한 일련의 결정들을 채택하였다. 그 후 동 부대 지원군 용사들은 원쑤들의 만행에 의하여 초토화된 창도읍에 一四〇 명을 수용할 수 있는 고급 중학교 교실과 六백명을 수용할 수 있는 영화관과 입원실, 치료실, 약국, 사무실 등을 갖춘 四동의 병원과 현물세 창고 등의 건축 사업을 협조하고 있다. 뿐만 아니라 띵쩨 부대 지원군 용사들은 조선 농민들의 추수 사업을 협조하기 위하여 이미 四조의 추수협조대를 조직하고 매일 五四〇 여명씩 동원되고 있다. 동 부대 지원군 용사들은 또한 군 관개 수리 공사에 연 一천 五백명의 로력을 동원시켜 복구하여 줄 준비사업을 진행하고 있으며 다시 그들은 전선 지구에 있는 전재민들에게 三만근의 구제미를 희사할 것을 결정하였다." 최영환, 〈지원군 용사들

택의 복건사업을 적극 지원하는 사실을 통해 양국 인민들 간의 친선과 단결을 반영하는 주제로 한 〈지원군 용사들 향토 건설을 협조〉[21] 등의 기사들을 통해 확인할 수 있다.[22]

복구 건설을 적극 협조〉, 《로동신문》, 1953.10.22.

21 "이 부대 용사들은 우선 어린이들의 배움터-학교 건설 사업 협조로부터 착수하였다. 전사 임광명 동무를 비롯한 많은 용사들은 二六일간에 인민 학교 二개 교실을 새로 건축하였으며 계속하여 도납 인민 학교의 五개의 교실, 오랑 인민 학교의 三개 교실의 건축 공사를 협조하였다. 뿐만 아니라 동 부대 용사들은 인민들의 주택 건축 사업도 협조하고 있는바 지난해 九월 녀성 농민의 주택을 비롯하여 五명의 군무자 가족과 二명의 전재민들의 주택을 신축하였다." 〈지원군 용사들 향토 건설을 협조〉, 《로동신문》, 1954.1.11.

22 (1958년 북한에서 주둔 중국인민지원군 완전 철수 전까지) 중국인민지원군 부대가 북한의 전후 복구를 지원하는 사적에 대한 기록은 북한 정부의 기관지인 《로동신문》에 종종 실렸다. 〈중국인민지원군 용사들 김책 공대 복구공사를 협조〉(1954.4.6.), 〈애산강 복구공사를 협조하는 지원군 용사들〉(1954.5.14.), 〈지원군 용사들 동래강 제방 수축 공사를 협조〉(1954.5.19.), 〈지원군 용사들의 협조로 달천강 제방 복구공사 진척〉(1954.5.28.), 〈지원군 용사들의 협조로 일어선 새 마을에서〉(1954.9.16.), 〈서평양 · 고원 · 정주 기관구들의 신축공사에 참가한 중국인민지원군 제四○七 부대 장병 동지들에게〉(1955.2.7.), 〈지원군 용사들도 협조해 나섰다〉(1955.3.20.), 〈우리의 건설 사업에 이바지하는 중국 인민지원군의 거대한 기여〉(1955.3.27.), 〈건설장의 중국인민지원군〉(1955.9.4.), 〈중국인민지원군 용사들 관개공사를 협조하여 출동〉(1956.3.14.), 〈관개 하천 공사를 협조하는 중국인민지원군 장병동지들에게〉(1956.3.19.), 〈관개공사에서 인민군과 중국인민지원군이 모범을 따르자〉(1956.3.21.), 〈평양시 복구 건설을 중국인민지원군 용사들이 협조〉(1957.6.18.), 〈지원군 장병들의 로력 협조〉(1958.6.25.), 〈중국인민지원군 장병들 평양시 건설을 협조〉(1958.7.2.) 등을 들 수 있다.

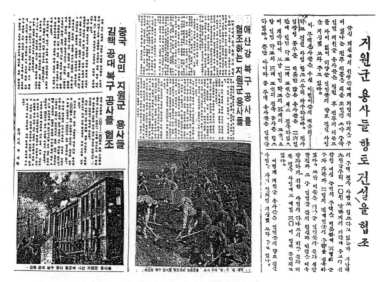

[자료] 중국인민지원군 부대가 북한의 전후 복구를 지원하는 사적과 관련된 일부
기사들(《로동신문》1953.6.12. 1953.10.22. 1954.1.11. 1954.4.6. 1954.5.14.)

〈영광을 평양에 남긴다〉라는 기록영화는 전후 북한 재건 지원에 나선 중
국인민지원군이 현지에서 협조활동을 적극적으로 수행하는 장면과, 전후
초기인 1953년 7월 말부터 1954년 초까지 과거 미군의 폭격으로 초토화된
평양지역의 복건사업에서 그들이 거둔 거대한 성과를 기록하는 목적으로
제작되었다. 이에 따라 복구중인 평양의 공사 현장에서 지원군 병사들이 북
한군민과 협조하여 전적으로 복건임무를 수행하는 현황과 폐허에서 새로
건설된 병원, 학교, 사무용 건물, 극장, 길거리의 모습이 모두 이 영화에
수록되었다.[23] 이를 통해 북한과 중국 양국 간 혈맹관계를 갖춘 형제국가로
서의 이른바 '영원한 친선과 단결'을 보여주었는데, 전쟁 시기에 북한군민
과 어깨를 나란히 하여 전투했었고 오늘날에 다시 그들과 함께 힘을 합쳐

---

23 「把光荣留在平壤」, http://www.cndfilm.com/20100510/101566.shtml, 中央新闻纪录
   电影集团 中央新闻纪录电影制片厂 纪录电影资料室(중앙신문기록영화집단 중앙시보
   기록영화제작소 기록영화자료실), 참조.

북한의 전후 복구를 수행하는 중국인민지원군의 영웅적 투쟁정신을 칭송하는 동시에 '비전쟁시기'에 있어서 연속된 국제주의를 크게 앙양했다.

〈전투의 우의〉

〈영광을 평양에 남긴다〉에 이어 제작된 기록영화 〈전투의 우의〉는 1954년 3월 북한의 '중화인민공화국 방문 조선인민대표단'이 중국을 방문한 역사적 사건을 배경으로 한 장편 기록영화이다.[24] 연출은 왕수가 맡았으며 촬영팀은 총촬영기사 학옥생과 촬영기사 한호연, 우서소, 동건으로 구성되었다.[25] 1954년 3월 4일 '중국인민정치협상회의 전국위원회(中國人民政治協商會議全國委員會)'와 '중국인민 항미원조총회(中國人民抗美援朝總會)'가 먼저 중국을 방문한 북한인민대표단에 대한 환영의 뜻을 표하였으며 이러한 방문 교류야말로 "중·조 인민 사이에 숭고한 국제주의적 단결 및 우의의 진일보 견고와 발전, 중·조 양국 간 호조와 합작의 강화, 그리고 극동지역과 전 세계 평화의 보위에 유리하다"는 입장을 밝혔다.[26] 뒤이어 1954년 3월 14일 오후에 김응기를 수반으로 한 북한인민대표단이 요승지, 이예용(易禮容), 진이(陳沂), 유관일(劉貫一)의 동행 하에 북경에 도착하였으며, 당시 중국인민정치협상회의 전국위원회 부주석 겸 중국인민항미원조총회 주석인 곽말약 일행과 북경 각 정당 인사들, 과학, 교육, 문학, 예술을 비롯한 각 분야 종사자들, 지원군가족, 수많은 노동자, 학생들의 열렬한 환영을 받았다.[27] '중화인민공화국 방문 조선인민대표단'[28]은 3개월간에 걸친

---

24 영화촬영이 끝난 직후 1954년 7월에 〈중국 방문 조선인민대표단(朝鮮人民訪華代表團)〉이라는 이름으로 편집되고 있었는데 직후 상영되었을 때 〈전투의 우의〉로 개칭되었다. 「中朝人民珍貴的友誼永遠紀錄下來了」, 『大衆電影』, 1954년 14호, 1954.7, 27쪽.

25 「戰鬥的友誼」, 유인물, 1954.

26 〈我政協全國委員會和抗美援朝總會-致電歡迎朝鮮人民訪華代表團〉, 《人民日報》, 1954.3.4.

27 〈朝鮮人民訪華代表團到京-首都車站上擧行了盛大歡迎會〉, 《人民日報》, 1954.3.15.

28 "대표단은 정식 대표 40명과 요원 13명이 구성된다. 대표 중에는 각 민주당파와 사회단체

중국 방문 기간에 "우리나라(중국) 인민에게 조선인민의 친절한 감정을 전달하고, 영웅적 조선인민이 국민경제를 회복시키기 위해 건설사업을 수행하는 정황을 소개하면서 우리나라(중국) 인민이 경제 건설에서 거둔 성과를 참관했다."[29] 대표단과 동행하였던 예술단은 "중국 각지를 순회 공연하여 조선인민의 예술발전의 성과들을 뵈여주는 한편 조·중 량국 예술인들의 우의와 친선을 일층 강화하며 량국 간의 문화 교류를 더욱 촉진함에 다대한 기여를 하였다."[30] 〈전투의 우의〉는 바로 북한인민대표단과 동행한 예술단이 3개월의 기간에 내몽고자치구(內蒙古自治區)의 성도인 호화호특(呼和浩特)을 비롯해 성도(成都), 란주(蘭州), 상해(上海), 연변자치구(延邊自治區), 호남(湖南) 등 중국 각 지역을 방문한 경과에 대한 상세한 기록을 주제로 한 영화였다. '대표단이 곳곳을 방문하는 동안 중국인민의 열렬한 환영을 받는 장면'뿐만 아니라, '모택동 주석 대표단 접견', '북경 회인당(懷仁堂)에서 열린 성대한 환영회에서 유소기 부주석의 접견과 예술단의 제막 공연'[31] 등 중요한 행사 실황, '한국전쟁에 참전했던 지원군 부상자 위문',

의 책임자, 위국전쟁(한국전쟁)중 탁월한 공훈 세웠던 조선민주주의인민공화국 영웅, 생산전선에서의 선진적인 인물—노동영웅, 모범노동자와 모범농민, 그리고 저명한 작가, 예술가와 공훈배우, 과학자, 교직자를 포함한다. 1952년 1월 2일 중국인민지원군특등공신인 불후의 국제주의 전사인 나성교에게 얼음구멍에서 구출되었던 조선 소년 최영이 대표로서 호남성 신화현 송산향 동자촌(湖南省新化縣松山鄕桐子村)에 가서 그의 중국 아버지 나질개(羅迭開)를 찾아볼 것이다. 대표단과 동행하는 조선인민군협주단, 조선국립예술극장, 조선국립고전예술극장 3개 예술단체들은 우리나라(중국)에서 광범위하게 연출활동을 진행할 예정이다." 〈朝鮮人民訪華代表團介紹〉, 《人民日報》, 1954.3.15.

29 〈社論—歡迎朝鮮人民訪華代表團〉, 《人民日報》, 1954.3.17.
30 조선중앙통신사, 『조선중앙년감 1954~1955년』, 조선중앙통신사, 1954, 469쪽.
31 1954년 3월 16일 밤 7시 30분 '중화인민공화국 방문 조선인민대표단 환영회'가 북경 회인당에서 열리게 되었다. 단장 김응기를 수반으로 하는 대표단과 동행한 3개 예술단체들이 환영회에 참여하여 중국 중앙인민정부 부주석 유소기와 장란(張瀾), 국무원 총리 주은래, 부총리 동필무(董必武), 진운(陳雲), 등소평(鄧小平), 중국인민지원군 사령원 팽덕회, 중국인민정치협상회의 중국위원회 부주석 심균유(沈鈞儒), 중국인민정치협상회의 중국위원회 부주석 겸 중국인민항미원조총회 주석 곽말약 등 각계 각층의 영도 및 대표의 접견을 받았다. 곽말약과 김응기는 각자 환영사와 답사를 한 후에 북한인민대표단과 중국인민정치협상회의 중국위원회, 중국인민항미원조총회가 서로 우승기를 비쳤다. 환영의식이 끝

'황계광, 구소운, 양련제, 손점원 등 지원군 열사들의 능묘 성묘', '지원군 열사 황계광 모친 회견', '지원군 열사 나성교 모친 회견', '지원군 열사 사원후(史元厚) 모친 회견'을 비롯한 과거 '항미원조'에서 적극 투쟁했던 영웅적 전사들과 열사 가족들에 대한 위문, 중국의 사회주의개조 물결 속에 새로운 모습을 보여준 공장과 농촌 참관에 관한 내용이 모두 영상에 수록되었다.[32]

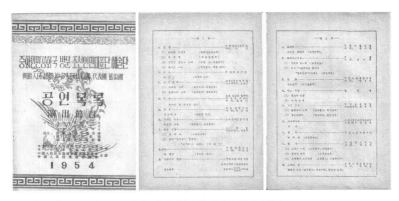

[자료] 1954년 중국에서 개최된 중화인민공화국 방문
조선인민대표단 예술단 공연 선전물의 앞표지와 내부 한국어 목록

난 직후 조선인민군협주단과 국립예술극장, 국립고전예술극장으로 구성된 동행예술단이 제막 공연을 진행하기 시작했다. (《首都各界在懷仁堂擧行盛會－歡迎朝鮮人民訪華代表團, 劉少奇副主席昨晚接見代表團》, 《人民日報》, 1954.3.17.) 제막 연출은 구체적으로 제1부와 제2부 나누었다. 제1부에서는 합창(〈쓰딸린 교성곡〉, 〈동방홍〉, 〈김일성 장군의 노래〉, 〈복구의 노래〉), 무용(〈장미〉, 남성중창(〈우리의 자랑〉, 〈운전사의 노래〉), 무용(〈병사의 춤〉, 무용(〈신강처녀〉), 가야금 병창(〈매봉산 타령〉), 테너 독창(〈로씨야〉, 〈가극 "진주잡이" 중에서 "나지라"의 로맨스〉), 무용(〈봄 맞이〉), 민족기악 합주(〈민요련곡〉) 9개 부분들이 구성되었고 제2부에서는 교향악(〈승리를 향하여〉), 쏘프라노 독창(〈청진포 뱃노래〉, 〈가극 "이완쑤싸닌" 중에서 ""안또니다"의 로맨스〉), 합창(〈민요련곡〉), 민요독창(〈물방아 타령〉, 〈약산동대〉), 녀성 중창(〈련락병의 노래〉, 〈샘물터에서〉), 가야금 독주(〈산조〉), 창무(〈농부가〉), 합창(〈건설의 노래〉, 〈병사의 합창〉, 〈노래하자 조국산천〉), 노래와 춤(〈평화와 친선〉) 9개 부분으로 나누어 보았다. 「朝鮮人民訪問中華人民共和國 代表團 藝術團－演出節目(중화인민공화국 방문 조선인민대표단 예술단－공연 목록)」, 유인물, 1954.

32 「戰鬪的友誼」, 유인물, 1954, 참조.

특히 영화 속 '지원군 열사 황계광 모친 회견'이라는 부분에서 북한인민대
표단 부단장인 이영호가 "어머니, 수많은 조선 어머니들이 어머니에게 감사
의 뜻을 표하며 수많은 조선 자녀들이 어머니의 건강에 대한 관심을 가지고
있습니다."라고 말하고 황계광 모친이 "당신들은 계광이 전투했던 곳에서
왔으니 당신들을 보면 계광을 보는 것 같다. 계광을 사랑할 만큼 당신들을
사랑한다."라는 대화를 나누는 장면, '지원군 열사 나성교 모친 회견'에서
1952년 지원군 열사 나성교에게 얼음구멍에서 구출되었던 조선 소년 최영
이 호남에서 나성교의 가족과 만나 같이 밥을 먹는 장면, 이별하기 전에 나
성교 어머니가 직접 만들어준 신발을 자기의 '조선인 아들'에게 선물로 주고
부단장인 최영호에게 "조선정부와 노동당이 최영을 잘 가르쳐 키우기 바란
다."라고 신신당부하는 장면, '지원군 열사 사원후(史元厚) 모친 회견' 부분
에서 북한 전방지원 모범인물인 구부력과 사원후의 어머니가 포옹하고 사
원후가 어렸을 때 사용했던 호미와 낫, 쇠국자를 기념으로 북한에 가지고
가게 해달라고 하여 감동시키는 장면들[33]을 통해 중국과 북한 양국인민의
전쟁시기부터 전후평화시기로 이어진 피로 맺은 두터운 우의를 반영하면서
사회주의 진영의 형제국가 간에 숭고한 국제주의를 크게 선양했다. 이어서
미래 평화로운 사회주의 건설시기 양국의 경제, 문화 등 온갖 분야에서의
상호 원조 및 협조 가운데 이러한 우의가 반드시 더욱더 견고해지고 발전될
것이라 전망도 보여준다.

---

33 谷斯範,「親逾骨肉的友情-看紀錄電影「戰鬥的友誼」」,「大衆電影」, 1954년 22호,
    1954.11, 3~4쪽 ; 郝玉生,「生活在友誼之中」,「大衆電影」, 1954년 22호, 1954.11, 4~5
    쪽, 참조.

6-1 모택동이 북한인민대표단을 접견한 후 받았던 그들이 직접 만들어준 선물을
    보고 있다.
6-2 중경에서 시민들이 대표단의 도래를 열렬히 환영한다.
6-3 환영회 직후 제막 공연에서 '조선국립예술극장'의 배우들이 무용 〈장미〉를
    보여주고 있다.
6-4 대표단이 황계광, 구소운, 양련제, 손점원 등 지원군 열사들의 능묘를 성묘하고
    있다.
6-5 대표단이 한국전쟁에 참전했던 지원군 부상자들을 친절하게 위문한다.
6-6 대표단이 지원군 열사 황계광의 고향 사천(四川)성에서 황계광의 가족을
    위문하며 그의 어머니와 대화를 나누고 있다.
6-7 대표단이 지원군 열사 사원후의 고향 산동(山東)성에서 사원후의 가족을 위문할
    때, 북한 전방지원 모범인물 구부력과 사원후의 어머니가 포옹하고 있다.
6-8 대표단이 나성교의 고향 호남성에서 나성교의 가족을 위문하고, 한국전쟁 때
    나성교에게 얼음구멍에서 구출되었던 조선 소년 최영이 나성교 어머니가 직접
    만들어준 신발을 선물로 받는다.

한국전쟁이 끝난 직후 중국 팔일영화제작소도 지속적으로 북한에서 로케
이션 촬영을 하고 한국전쟁이나 전후 복구와 관한 주제의 영화들을 제작해
왔다. 1954~1955년 장편 기록영화 〈강철운수선〉과 단편 기록영화 〈중국
인민지원군 항미원조 전적 전람관〉, 〈우의만세〉, 〈환락과 우의〉, 〈대동강
상〉, 〈구사부상의 영웅들〉 등이 제작되었다.

〈강철운수선〉

한국전쟁에서 미군이 중국인민지원군의 수송선을 차단한 목적으로 1951년 초부터 압도적 우세를 점한 공군을 이용, 지원군의 전선으로 물자를 수송하는 도로교통을 지속적으로 폭격하기 시작했다. 그로 인해 대량의 다리, 기차역과 철도가 파괴되었는데 차량 통행이 안 되어 전선에 군수물자가 제때에 보급이 어렵게 되었다. 이에 대해 1951년 초 주은래는 심양에서 개최된 '제1회 지원군 후방지원회의'에서 전쟁 중의 정확한 역할과 위상을 분석하고 교통 운수의 중요성을 특별히 강조했다. 이어 전선 지원군 총사령원 팽덕회는 "전방 물자 공급을 위해 한 번의 공격으로 무너지지 않고, 폭격해도 끊어지지 않는 강철운수선을 반드시 세워야 한다."라는 명령을 하달했다. 따라서 지원군 전사들은 북한군민을 힘껏 협조하여 파괴된 운수선을 서둘러 복구하면서 온갖 운수팀을 조직하여 다양한 방식으로 대량의 탄약, 식품, 약품을 비롯한 군수물자를 전선으로 보냈다.

영화 〈강철운수선〉은 바로 이러한 시간을 배경으로 한 작품으로, 한국전쟁 시기 압록강부터 38선까지 특히 1953년 초부터 '317지역'에서 중국인민지원군 후방운수부대의 위대한 '반(反)봉쇄투쟁'을 집중적으로 기록했다.[34] 1953년 1월 1일 새해를 맞이하여 강철운수선상의 영웅 인물의 감동적 사적을 진실히 기록할 목적으로 당시 팔일영화제작소 소장인 진파(陳播)가 새로운 부조촬영팀을 신속하게 조직했다. 촬영팀은 연출 풍의부와 화순, 사문치 3인, 촬영기사 설백청, 이이강, 진준(陳俊), 장동양(張冬凉), 장지휘, 진서준 등 18명, 조명기사 왕소복(王筱福)과 왕문(王文), 현장스탭 황보선(黃寶善), 양위(楊蔚)와 심유춘(沈有春) 총 26인으로 구성되었다. 그들은 1953년 1월 3일 북한으로 와서 1년간 로케이션 촬영임무를 마친 후에 1954년 영화 〈강철운수선〉의 제작을 완성했다. 이 영화는 '1945~1955년 중국

---

34 中國人民解放軍總政治部, 앞의 책, 29쪽 ; 「鋼鐵運輸線」, 유인물, 1954, 참조.

문화부 우수 영화상' 중 '장편 기록영화 2등상'이라는 영예를 수여받았다.[35]

영화에서는 먼저 미군이 전선의 중국인민지원군에 대한 보급이 제때에 되지 못하게 하여 지원군 전사들을 '질사, 아사, 동사' 시키도록 지원군 운수선을 차단할 목적으로 한 '교살전'을 기록했다. 구체적으로는 폭탄을 맞아 끊어진 다리, 노반이 부서진 채 포탄 구덩이나 물구덩이가 된 도로, 그리고 곳곳에서 폭파된 철도를 비롯하여 미군이 1952년 말 1953년 초 겨울에 북한 숙천과 만성 일대의 '317지역'을 대상으로 한 120여 일간의 밤낮없는 연속적 폭격으로 극심하게 파손된 운수선의 목불인견의 참상을 보여준다. 이로써 미군의 이른바 '교살전'과 '집중폭격'이라는 만행이 철저히 폭로될 뿐 아니라 운수선 복구임무의 막중함도 설명하게 된다.[36] 운수선을 서둘러 복구하고 운수 임무의 엄격한 집행, 이 과정에서 특정한 영웅 인물에 대한 보도는 이 영화의 주제 부분이다. 따라서 전선에서 군수물자가 턱없이 부족한 상황에서 후방운수부대 철도 병사들이 지원군 고사포부대와 공군의 엄호 아래 죽음을 무릅쓰고 철도 복구 임무를 강행하는 모습, 영하 30도의 열악한 환경에서 얼어붙은 호수에서 부서진 다리의 교각을 복구하는 장면, 중국 국내에서 긴급히 운반해온 가교 기계를 이용해 교면을 신속히 건축하는 것과 교면에서 새로운 철도를 부설하는 과정, 또한 당지 북한인민이 소달구지를 이용하여 복구 공사의 필수 자료를 운송하고 '강철운수선'의 건설에 힘을 바치는 모습이 모두 이 기록영화에 수록되었다.[37] 전선에 필수한 만 톤의 탄약과 충족한 양식 및 생활용품을 제때에 수송하기 위해 지원군 후방운수부대 전사들은 북한군민과 함께 적기의 주야를 불분한 폭격과 악렬한 날씨환경 등 곤란을 극복하여 다리와 철도를 성공적 복구한다 이러한

---

35 陈播, 『中国电影编年纪事(综合卷 · 上)』, 中央文献出版社, 2006, 366쪽.

36 華純, 「在朝鮮運輸綫上的一年」, 『大衆電影』, 1954년 21호, 1954.11, 6쪽 ; 德軒, 「回憶在朝鮮「三一七」地區的戰鬥-影片『鋼鐵運輸線』觀後」, 『大衆電影』, 1954년 23호, 1954.12, 33쪽, 참조.

37 「鋼鐵運輸線-電影宣傳畫」, 유인물, 1954.

서술뿐만 아니라 317지역의 '강철운수선'의 건설과정 가운데서 나왔던 전형적인 전투 영웅인물에 관한 교육적 의의를 다룬 내용도 특별히 강조하게 되었다. 317지역에서 천 개가 넘는 시한폭탄을 제거하는 전문가 곽금성(郭金聲), 운수임무를 그르치지 않기 위하여 적기의 폭격 아래 안위를 고려치 않고 운수차를 서둘러 수리하는 영웅기사 왕길괴(王吉魁)와 이국형(李國珩), 그리고 수많은 폭탄 심지어 천근의 폭약을 제거하지만 한 번의 시한폭탄 해체 현장에서 희생했던 장봉오(張鳳梧), 1952년 5월 청천강 다리의 복구 현장을 지휘하는 과정에서 미군의 폭격으로 희생한 중국인민지원군 일등급 전투영웅 양련제를 비롯한 과거 한국전쟁의 후방 곳곳에서 운수선 복구사업에 헌신한 영웅투사에 관한 빛나는 공적도 영상에서 함께 언급되었다.[38] 이렇듯 파괴된 운수선 복구를 위한 후방운수부대 전사들의 고도의 영웅성과 용감성에 대한 집중적 고찰 및 선양과 수반은 '강철운수선'의 성공적 건설이 전선에서 피를 흘리며 분전하는 중국인민지원군 전사들의 안위를 위한 후방운수부대의 애국주의적 전투정신과 북한인민의 국제주의적 원조인 것으로 귀결되었다.

| 7–1 | 7–2 | 7–3 | 7–4 |
| 7–5 | 7–6 | 7–7 | 7–8 |

---

38 单万里, 앞의 책, 128~129쪽 ; 華純, 「在朝鮮運輸綫上的一年」, 『大衆電影』, 1954년 21 호, 1954.11, 6쪽, 참조.

7-1 미군의 폭격으로 인해 파괴된 다리가 제시된다.

7-2 지원군 후방 운수부대 전사들이 영하 30도의 열악한 환경에서 얼어붙은 호수에서 부서진 교각을 복구하고 있다.

7-3 지원군 운수 차량의 통행을 위해 북한인민들이 자발적으로 눈을 쓸고 있다.

7-4 북한인민이 소달구지를 이용하여 다리 복구공사에 필수적인 자료를 운송하고 있다.

7-5 후방 운수부대가 가교기계를 이용해 교면을 건축하고 있다.

7-6 복구 공사는 지원군 고사포대의 엄호 하에 진행되고 있다.

7-7 미군의 전투기가 지원군의 고사포를 맞고 추락한다.

7-8 다리와 철도의 성공적 복구로 군수물자를 만재한 기차가 거침없이 전선을 향해 달려간다.

〈중국인민지원군 항미원조 전적 전람관〉

장편 기록영화 〈강철운수선〉에 비하여 이 시기에 팔일영화제작소가 제작했던 단편 기록영화 〈중국인민지원군 항미원조 전적 전람관〉, 〈우의만세〉, 〈환락과 우의〉, 〈대동강상〉, 〈구사부상의 영웅들〉에 관한 영상 혹은 내용을 담은 상세한 서술은 찾기 힘들다. 단지 일부의 자료를 통해 이러한 영화들의 제작진과 주제를 확인할 수 있다.

기록영화 〈중국인민지원군 항미원조 전적 전람관〉은 연출 장가의, 촬영기사 이이강과 장지휘로 구성된 촬영팀이 1954년 2월 즈음에 로케이션 촬영하러 북한으로 달려가서 연내에 제작 완성한 작품이다.[39] 이 영화 주제에 관한 기록은 "지원군 전적 전람회를 보도하는 내용"[40]이라는 서술밖에 없다. 당시 북한 기념시설의 건축정황에 따라 이는 1953년 8월 17일 북한 평양 중구역 해방산동에서 개관된 '조국해방전쟁기념관'[41]의 분관인 '중국인민지원군 항미원조 전적 전람관'에서 1954년 초에 거행된 '지원군 전적 전람

---

39 陈播, 앞의 책(ㄹ), 337쪽.

40 中國人民解放軍總政治部, 앞의 책, 32쪽

41 '조국해방전쟁기념관'은 1953년 8월 17일에 평양시 중구역 해방산동에 개관하였고 이후 1974년 4월 평양시 서성구역 보통강 기슭에 이전하여 '조국해방전쟁승리기념관'이라는 새로운 이름으로 재개하였다.

회'를 기록한 것으로 추측된다.

〈우의만세〉

〈중국인민지원군 항미원조 전적 전람관〉에 이어 제작되었다. 연출은 곡분이 담당했으며 로케이션 촬영은 진서준과 여납, 문영광 등이 맡았다. 이 영화는 한국전쟁이 끝난 직후 북한에 주둔 중인 중국인민지원군 병사들이 북한인민들의 향토를 복구하여 새로운 생활을 맞이하는 것을 적극 도와주고 있는 정황을 기록했다.[42] 이로써 북·중 양국 간의 국제주의적 친선과 우의가 크게 앙양하게 되었다.

〈환락과 우의〉

〈환락과 우의〉는 육방이 연출하였고, 촬영은 장지휘, 조진운, 적초, 장보지(張保之), 우성지(於成志)가 맡았다. 앞서 영화 〈전투의 우의〉에 대해 언급했듯이 '조선인민군 협주단'이 1953년 3월부터 '중화인민공화국 방문 조선인민대표단 예술단'과 동행하여 3개월간에 걸쳐 중국 방문 기간 곳곳에서 공연하고 있었다. 〈환락과 우의〉는 바로 '조선인민군 협주단'이 북경에서의 공연 기간 중 북경 문학예술계 인사들과 함께 이화원(頤和園)에서 모여 즐기는 원유회를 기록한 영화였다.[43]

〈대동강상〉

1954년 팔일영화제작소에서 제작된 다른 또 하나의 기록영화는 〈대동강상〉이다. 연출 심섬과 촬영기사인 장운청, 화민, 범우림 등으로 구성된 촬영팀이 1954년 3월 중국을 출발하여 북한에서 로케이션 촬영을 시작했

---

42 中國人民解放軍總政治部, 위의 책, 32쪽
43 中國人民解放軍總政治部, 위의 책, 32쪽

다.[44] 이 영화는 중국인민지원군이 북한의 전후 복구사업을 협조하는 주제의 작품인데, 1954년 지원군 전사들이 대동강 다리를 복구하는 공사를 적극 지원하는 내용을 집중적으로 수록했다.[45]

〈구사부상의 영웅들〉

1955년에는 〈구사부상의 영웅들〉이 제작되었다. 이 영화는 1957년 중국 문화부가 거행한 '1945-1955년 중국문화부 우수 영화상' 중 '단편 기록영화 2등상'이라는 영예를 수여받았다. 1953년 5월부터 영화의 연출을 맡았던 유패연과 학광이 먼저 북한 전선의 전지병원에서 취재한 '전장에서의 현장 구호'와 '전지병원 부상병사 치료'를 주제로 한 기록영화의 시나리오를 1954년 1월 28일 유패연과 학광의 인솔 하에 촬영기사인 설백청, 장동양, 당여기, 왕맹연(汪孟淵), 진진중(陳振中), 주루동(朱鹿童), 조명기사인 구은귀(歐銀貴), 사무 장의강과 주채빈(朱彩斌)으로 구성된 촬영팀이 북한으로 달려가서 10개월의 로케이션 촬영을 통해 1955년에 제작을 완성한 영화이다.[46] 이 영화는 처음에 〈위생전선〉이라는 제목으로 설정되었으나 "중국 인민지원군 후방 위생 인원들이 북한 전장에서 구사부상(救死扶傷)하는 감격적이고 눈물겨운 사적"[47] 가운데서 보여준 영웅적 국제주의 정신을 강조하기 위해 〈구사부상의 영웅들〉이라는 두드러진 제목으로 바뀌었다.

앞서 살펴보았듯이 전후 복구시기인 1954~1955년 제작된 기록영화는 무려 10편이었다. 전시에 제작된 한국전쟁을 주제로 한 기록영화와 마찬가지로 북한군민과 중국인민지원군의 영웅적 투쟁 모습을 부각시켜 애국주의

44 陳播, 앞의 책(ㄹ), 337쪽.
45 中國人民解放軍總政治部, 앞의 책, 33쪽
46 陳播, 앞의 책(ㄹ), 336~337쪽.
47 中國人民解放軍總政治部, 앞의 책, 33쪽

교양을 주입시키면서 공산주의 정권의 당위성과 우월성을 선양하는 목적으로 한 작품들일 뿐만 아니라, 그 중 대부분은 한국전쟁이 끝난 직후 북한 전역에서 전개된 전후복구사업에서 북한에 주둔하고 있는 중국인민지원군이 북한인민의 온갖 복구공사를 적극 지원하는 공적을 기록하거나 북·중 양국 간의 친선 방문과 정치, 경제, 문화 등 다양한 분야에서의 교류를 다룬 것이다. 이로써 신중국 공산주의정권의 강대한 모습을 보여주면서 북·중 양국은 전쟁시기부터 전후평화시기로 이어온 피로 맺은 두터운 우의, 즉 사회주의 진영의 형제국가 간의 숭고한 국제주의를 크게 선양한다.

1950년 초반에 영화 제작 장비의 부족과 상대적으로 낙후한 영화 제작 기술, 영화 〈무훈전〉에 대한 '부르주아 개량주의'라는 비판부터 한동안 엄격해진 극영화 검열과 영화감독을 대상으로 한 사상 개조로 말미암아 중국 예술영화의 제작은 빈약기를 초래했다. 이러한 특정한 상황에서 시보영화와 기록영화의 대량 제작은 예술영화의 빈자리를 일정한 정도로 채웠다. 물론 1956년 이후 〈상감령〉, 〈38선상(三八綫上)〉, 〈장공비익(長空比翼)〉, 〈철도위사(鐵道衛士)〉 등 한국전쟁을 소재로 한 예술영화가 종종 등장했으나 한국전쟁기와 전후복구시기에는 오히려 하나도 제작이 안 되어서 공백기라 할 수 있다. 때문에 예술영화를 대신하여 높은 신속성과 선전선동성을 지닌 시보영화와 기록영화들이 중국 국내인민에게 전쟁에 관한 메시지를 전달했을 뿐만 아니라 정치적 이데올로기를 선전하고 선동하는 역할도 지속적으로 맡고 있었다.

5.2. 전후복구기 북·중 영화 교류 양상

5.2.1. 중국에서 상영된 북한영화

휴전협정이 체결된 지 얼마 안 된 1953년 11월, 2년 넘게 중국 동북영화제작소에서 작업하고 있던 모든 북한영화인들이 귀국하여 북조선국립영화촬영소가 다시 평양으로 이전되었다. 이에 따라 전시에 중단되었던 북한 내에서의 영화 제작이 재개되었다. 또한 전후 문학예술사업에 대한 당적 지도가 강화됨에 따라 북한영화의 자주제작을 위한 기본적 능력이 급속히 회복되었고 중국과의 영화 교류도 점차 활성화되었다. 이로써 1954-1955년 2년간 북한영화인들이 과거 전쟁 시기 중국영화인들의 지원과 협조로 동북영화제작소에서 완성한 작품인 〈비행기사냥군조〉, 〈정찰병〉, 〈땅의 주인들〉뿐만 아니라, 전후 시기 북한 본토에서 제작된 〈우리의 영웅들(英雄大會)〉[48], 〈아름다운 노래〉, 〈빨찌산처녀〉 등 일련의 한국전쟁 주제의 예술영화 및 기록영화들이 중국에서 잇따라 소개되었다.

〈표 7〉 1954-1955년 중국에서 상영된 북한영화[49]

교류 연도	제작 연도	제목	종류	연출	시나 리오	촬영	출연
1954	1953	〈비행기사냥 군조〉	예술 영화	강홍식	한상운	고형규	채호명, 박학, 유원준, 김세영, 초석봉, 조춘하, 김영, 전일, 박섭 등
1954	1953	〈정찰병〉	예술 영화	전동민	한상운	오웅탁	박학, 전운봉, 심영, 강봉현, 유원준 등

---

48 기록영화 〈우리의 영웅들〉은 중국에서 〈영웅대회(英雄大會)〉라는 제목으로 상영되었다. 이 시기 북한에서 제작된 기록영화 목록을 살펴보면 이는 1954년 5월 1일에 제작 완성된 〈우리의 영웅들〉이라는 작품으로 추정할 수 있다. 이 영화의 정확한 주제와 그 속에서 수록된 구체적 내용은 알려지지 않는데 연출은 리영준, 촬영은 리명세가 맡았다는 것을 알 수 있다. 「조선영화제작일람」, 『조선영화』, 1958.9, 60쪽, 참조.

49 위의 표 내용은 『大衆電影』, 《人民日報》, 『조선영화』, 『로동신문』 그리고 일부 해당 영화에 관한 유인물과 영상자료 등을 참조하여 작성했다.

교류 연도	제작 연도	제목	종류	연출	시나 리오	촬영	출연
1954	1953	〈땅의 주인들〉	기록 영화	김하연	김하연, 신영순	최순흥, 황한조	*
1954	1954	〈우리의 영웅들〉	기록 영화	리영준	*	리명세	*
1954	1954	〈아름다운 노래〉	예술 영화	전동민	주동인	한창해	*
1955	1954	〈빨찌산처녀〉	예술 영화	윤용규	김승구	오응탁	문예봉, 김강, 최운봉, 심영, 이재현, 유경애, 전운봉, 남승민 등

"미 제국주의의 침략을 반격하는 전쟁에서 영웅적 조선인민과 우리나라 (중국) 인민이 함께 거둔 위대한 승리를 기념하고, 중·조 양국 인민 간의 깊고 두터운 우의와 문화 교류를 강화시킬 목적으로" 중국 중앙인민정부 문화부가 1954년 '조선민주주의인민공화국성립기념일(朝鮮民主主義人民共和國成立紀念日)'인 9월 9일부터 9월 15일까지 1주일동안 중국 북경, 심양, 상해, 무한, 중경, 광주, 서안(西安), 천진, 남경, 하얼빈, 창춘, 성도, 안산, 려대(旅大)[50], 태원(太原), 제남(濟南), 남녕, 항주, 곤명(昆明), 란주 등 20개 대도시에서 특별한 북한영화 상영행사인 '조선민주주의인민공화국영화주(朝鮮民主主義人民共和國電影週)'를 개최했다. 이를 통해 1953년 제작된 북한 예술영화 〈비행기사냥군조〉, 〈정찰병〉과 기록영화 〈땅의 주인들〉이 "중국인민들로 하여금 스크린을 통해 반침략전쟁 중에서 조선인민의 굳센 영웅적 이미지와 영용한 투쟁모습과 올바른 사회주의 리얼리즘의 길에서 젊은 조선 영화사업이 거둔 거대한 성취를 또다시 실감할 수 있도록 하는 조선영화인들이 극히 어려운 상황에서 만든 영화작품"으로 처음 중국에 소개되었다.[51] '조선민주주의인민공화국영화주' 활동이 시작되

---

50 현 대련(大連)시, 1981년 2월9일 중국 국무원의 비준에 '려대'는 '대련'이라는 이름으로 개칭되었다.

51 〈中央文化部將在九月份擧辦朝鮮電影週〉,《人民日報》, 1954.8.17.

기 전인 1954년 9월 7일 밤, 북경 수도극장에서 거행된 개막식에서 중국 중앙인민정부 문화부 부부장인 정서림(丁西林)과 주중 북한 대사관 임시 대리대사인 김귀남(金貴南)이 발표한 내용을 보면 정서림은 북한 인민의 휘황한 전적을 깊이 반영하고 영웅적인 인물들이 전투하는 모습을 진실하게 부각시킨 영화들을 높이 평가했으며 중국에서 북한영화의 상영은 북한과 중국 양국 인민 사이의 우의와 단결의 강화에 도움이 된다고 이야기했다. 김귀남은 중국에서 북한영화주와 같은 영화교류활동의 거행은 양국 인민의 우의와 단결을 강화시킬 수 있다는 점을 강조하는 동시에 영화 교류는 북한 인민과 형제와 같은 중국 인민 사이의 다른 문화 교류의 전개를 촉진시킬 수 있는 계기라고 그 의미를 설명했다.[52]

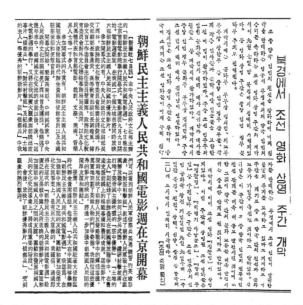

[자료] '조선민주주의인민공화국영화주'활동의 개막과 관련된 기사들
(《로동신문》, 1954.9.12.(좌), 《人民日報》, 1954.9.8.(우)

---

52 〈朝鮮民主主義人民共和國電影週在京開幕〉, 《人民日報》, 1954.9.8; 〈북경에서 조선 영화 상영 주간 개막〉, 《로동신문》, 1954.9.12., 참조.

[자료] 1954년 9월 7일 밤, 북경 수도극장에서 개최된 '조선민주주의인민공화국영화주'
　　　개막식 가운데 대표 상영 영화로 선전된 〈정찰병〉의 설명서(중국어, 한국어,
　　　러시아어, 영어)

　"영화주" 개막 당일, 한국전쟁시기 북한에서 장기간 영화 촬영임무를 수
행하고 기록영화 〈항미원조 제1작〉을 연출한 바 있었던 중국영화인 서소빙
은 세 편의 영화들이 모두 북한인민의 조국에 대한 무한한 충성과 자기의
영수인 김일성 원수에 대한 추대 및 신임 그리고 평화가 전쟁을 무조건 이
겨낼 수 있다는 신념이 가득 찬 작품이라고 소개하고 그들의 높은 정치성과
예술성을 강조했다.[53]

중국에서 '조선민주주의인민공화국영화주'의 거행은 큰 인기를 끌었다. 극장에 찾아갔던 관객들이 많았으며 영화관 좌석들이 수일 앞서 전부 예약 되어 버렸다는 기록도 있다.[54] 북한영화 〈비행기사냥군조〉와 〈정찰병〉, 〈땅의 주인들〉의 상영이 얼마나 큰 영향력을 끼쳤는지를 구체적 통계 데이 터를 통해 일정한 정도로 알 수 있다. 영화주는 북경에서 열린 일주일 동안 수도극장, 대화극장, 교도구극장(交道口劇場), 신중국극장 네 극장에서 총 120회, 구체적으로 예술영화 〈정찰병〉 96회, 〈비행기사냥군조〉 16회, 기록 영화 〈땅의 주인들〉 8회, 〈우리의 영웅들〉이 동시 상영될 예정이었는데[55] 결과적으로 150회가 추가 상영되었고 평균 객석점유율이 75.7%로 총 11만 8200명의 관객이 동원되었다.[56] 또한 려대에서 상영된 97회 가운데서는 7 만 명이 넘는 관객을 동원했고 안산 각 극장에서 85회 상영 기간에 동원한 관객 수가 약 5만 명이 되었다.[57] 뿐만 아니라 상해 7개 극장에서 199회 상 영에 188,658명 관객을 동원했고[58] 남경에서는 102회 상영에 103,635명 의 관객을 동원했으며[59] 서안에서는 영화 3편뿐만 아니라 북한 영화 〈또 다시 전선으로〉와 〈향토를 지키는 사람들〉을 동시 상영시켜 139회에 103,655 명의 관객을 동원했다.[60] 끝으로 중경에서는 평화극장(和平劇場), 오일극장(五一劇場), 문화궁극장(文化宮劇場)에서 78회 상영기간 평균 객 석점유율이 65.43%, 관객 71,322명을 동원했다는 구체적 통계가 있다.[61]

53 徐肖冰, 〈朝鮮電影工作者的成就和榮譽−祝賀朝鮮民主主義人民共和國電影週〉, 《人 民日報》, 1954.9.9.

54 〈중국에서 조선영화 대 인기〉, 《로동신문》, 1954.9.22.

55 〈中央人民政府文化部主辦朝鮮民主主義人民共和國電影週〉, 《人民日報》, 1954.9.4.

56 陈播, 앞의 책(ㄱ), 441쪽.

57 『朝鮮民主主義人民共和國電影週』結束−放映的影片受到我國廣大觀衆熱烈歡迎〉, 《人民日報》, 1954.9.19.

58 陈播, 『中国电影编年纪事(发行放映卷·中)』, 中央文献出版社, 2008, 695쪽.

59 陈播, 위의 책(ㅁ), 754쪽.

60 陈播, 『中国电影编年纪事(发行放映卷·下)』, 中央文献出版社, 2008, 1383쪽.

61 陈播, 위의 책(ㅂ), 1776쪽.

[자료] 중국 관객이 북한영화를 환영하다는 내용과 관련된 기사
(《로동신문》, 1954.9.22.(좌), 《人民日報》, 1954.9.19.(우))

　　북한영화주활동이 끝난 직후 예술영화 〈비행기사냥군조〉와 〈정찰병〉은 중국에서 또다시 상영되었다. 영화 〈정찰병〉은 1954년 9월 19일부터 9월 26일까지 1주일동안 북경 홍성극장, 대관루극장, 섬궁극장, 승리극장, 신가구극장(新街口劇場)에서 순차적으로 단독 상영되었다.[62] 이어 영화 〈비행기사냥군조〉도 다음 달인 1954년 10월 18일부터 10월 27일까지 10일 동안 북경 각 극장에서 단독 재상영되었다.[63]

　　기록영화 〈우리의 영웅들〉의 정확한 주제와 그 속에 수록된 구체적 내용은 알려지지 않았다. 때문에 다음으로는 1954년 중국에서 열렸던 '조선민주

---

62 《人民日報》, 1954.9.19., 9.20, 9.25, 9.26.
63 《人民日報》, 1954.10.17., 10.27.

주의인민공화국영화주' 중 등장한 나머지 세 편의 북한영화인 〈비행기사냥
군조〉와 〈정찰병〉, 〈땅의 주인들〉을 살펴보고 이들을 분석할 것이다.

[자료] 중국 중앙인민정부문화부가의 주최로 1954년 9월 9일부터 9월 15일까지 중국의
20개 대도시에서 개최된 "조선민주주의인민공화국영화주(朝鮮民主主義人民共
和國電影週)" 북경(北京) 지역에 배포된 선전물 앞뒷면(총 4면)

〈비행기사냥군조〉

〈비행기사냥군조〉는 1953년에 제작된 영화이다. 연출은 해방 직후 북한
최초의 예술영화인 〈내 고향〉을 연출한 강홍식이 맡았으며 시나리오는 한
상운이 작성했다. 중국에서 중국어로 더빙된 영화 〈비행기사냥군조〉의 메
인타이틀을 통해 이 영화의 개략적 내용을 알 수 있다. 〈비행기사냥군조〉
는 실제 인물과 실제 일어났던 일을 각색한 것인데, 한국전쟁기에 북한인민
군이 미 제국주의 공중강도를 타격하는 영웅적 사적을 반영하였다. 구체적
으로는 주인공 북한인민군 전사 김만식(채호명 분)이 기지를 발휘하여 보병

무기를 이용, 거대한 위력으로 혼자 한 달 안에 적기 11대를 격추한 것과 북한인민군 비행기사냥군조가 6개월 동안 총 1155대 적기를 격추하여 적의 공중우세를 분쇄한 놀라운 공적을 다룬다.[64] 이 영화는 유엔군의 참전으로 전세가 역전되어 임시 후퇴하던 시기에 발표된 김일성의 연설 〈새로운 방공격준비를 철저히 갖추자〉를 따라 제작되었다. 이 연설에서 김일성은 "적비행기와 싸우려면 절대로 적비행기를 무서워하지 말아야 한다. 적비행기를 무서워하면 패배주의에 빠지게 되며 따라서 적과 싸울수 없게 된다. 우리는 적비행기와의 투쟁을 적극적으로 벌려 적기가 우리의 상공에 함부로 날아들지 못하게 하여야 한다" 그리고 "고사포와 고사기관총뿐 아니라 중기관총, 경기관총을 비롯한 각종 저격무기 다 동원하라"라고 말하며, 반항공방어 강화를 위해 비행기 사냥군조를 결성하는 것의 중요성과 필수성을 강조했다.[65]

영화가 시작될 때 북한인민군 병사들은 김일성의 "방공격 준비를 갖추고 비행기 사냥군조를 조직해라."라는 교시에 따라 적극적으로 방공무기를 조립한다. 하지만 마음속으로는 적비행기를 무서워하고 있는 상황이다. 그러나 "적비행기와 싸우려면 무서워하면 안 된다.", "적비행기보다 우리의 위치를 더 은폐하는 것이 유리하다." 또한 "우리는 모든 두려움을 해소해야만 적비행기를 제대로 격추할 수 있다"라는 김일성의 연설 내용과 당의 화신이라 할 수 있는 교도원의 교육을 받은 병사들은 자신들의 잘못을 빠르게 깨닫고 자아비판하며 두려움을 극복한다. 그리고 자신감을 가진 채 성공적으로 적비행기를 격추하여 상상할 수 없는 큰 승리를 이끌며 인민의 향토와 인민의 목숨을 지킨다. 영화의 결말에서 주인공 김만식은 한 달에 적비행기 11대를 성공적으로 격추하여 김일성의 축전을 받는다. 축전에서 김일성은 김만식을 향해 "조국의 독립과 자유를 위해서 반미제국주의 무력 침략에 저

---

64 『鏡頭紀錄本−對空射擊組』, 中央電影局東北電影製片廠, 1954, 3쪽.
65 한상언, 앞의 논문(ㄴ), 292~293쪽 참조.

항하는 정의적 전쟁에서 숭고한 애국주의 정신을 발휘해서 적비행기를 격추하고 빛이 찬란한 공훈을 세웠다."라는 칭찬했다. 하지만 무엇보다 이 영화의 최종 목적은 관객들에게 '애국주의'라는 추상적이고 공허한 이론이 구체적으로 어떻게 형상화되는지를 보여주는 것이다. 또한 침략자에 대한 원한과 애국주의는 영웅주의를 생겨나게 하는 가장 기본적이고 귀중한 근원이라는 사실을 선전하고 있다.[66] 현실에서 나타나는 김일성의 모든 교시는 영화 속에서 상부의 지시를 받은 교도원이 병사들에게 개인주의를 포기하라는 애국주의적 계도를 하는 것으로 노골적으로 표현된다. 이를 통해 북한 공산주의 정권은 김일성의 지도를 굳게 믿어야만 조국을 구할 수 있고 행복하게 살 수 있다는 신념을 북한 인민의 마음속에 성공적으로 깊이 새겨 넣게 된다.

영화 〈비행기사냥군조〉에서는 새해를 맞아 평화로운 마을이 미군의 폭격으로 파괴되는 모습이 등장한다. 갑작스러운 폭격으로 인해 인민들이 죽는다. 어린 아이의 시체를 품에 안은 어머니의 표정이 부각된다. 이를 통해 영화는 북한 인민들이 미제 침략자에 대한 적개심으로 타오르게 만든다. 이런 적개심은 고향과 가족을 잃은 북한 인민들로 하여금 용감히 인민군에 참군하거나 빨치산이 되어 조국 해방에 투신하도록 격려했다. 이 영화의 중국 상영은 단순히 중국 관객들에게 북한 인민에 대한 동정심과 공명을 불러일으키는 것뿐만 아니라, 그들로 하여금 북한 인민과 함께 공동의 적에 맞서 적극적으로 싸울 열정과 결심을 일으켰다. 당시 중국은 평화로운 시대처럼 보였지만, 중국공산당 정권은 미제가 조국의 통일에 방해된다고 판단하였다. 왜냐하면 이른바 친미주구인 장개석이 여전히 대만을 점거하려 하는 등, 미제의 위협이 지속적으로 존재하였기 때문이다. 그러므로 중국 정부는 중국인민들에게 제국주의, 자본주의에 대한 증오와 더불어 평화와 행복을

---

66 沈文, 「不平常的功勳- 看朝鮮影片「對空射擊組」」, 『大衆電影』, 1954년 16호, 1954.8, 11쪽.

가져온 신중국 공산주의 정권에 대한 감은과 깨질 수 없는 신뢰감을 끊임없이 불어넣어야 했다. 〈비행기사냥군조〉와 같은 북한영화의 상영은 중국 정부가 영화라는 예술형태의 직관적 선전·선동성을 통해 상술한 정치적 이데올로기를 국민에게 넓고 깊게 보급시키려는 것이었으며, 동시에 국가가 더욱더 안정화되고 공산당의 지도 밑에 1950년대 초중반 중국에서의 사회주의개조가 제대로 진행될 수 있도록 애쓴 것이라 간주할 수 있다.

[자료] 중국 중앙영화국 동북영화제작소가 펴내는 영화 〈비행기사냥군조〉 더빙용 대본

〈정찰병〉

〈비행기사냥군조〉와 함께 중국 관객들과 만나게 되었던 영화 〈정찰병〉은 1950년 8월 부산 부근의 어느 한 전선을 배경으로 한 작품이다. 영화의 시나리오는 〈비행기사냥군조〉의 시나리오를 작성했던 한상운이 작업하였고 연출은 전동민이 맡았다. 이 영화는 상부에서 하달한 적들의 방어 상태 정찰 임무를 맡은 북한 병사 리학철(박학 역)이 이끄는 한 지대(支隊)가 미군 로버트 대위(심영 역)를 생포하고 하워드 고문(유원준 역)을 처단하며, 적의 작전지도를 탈취하여 적 포진지 습격전을 성과적으로 수행, 아군의 승

리로 끝난다는 이야기이다.[67]

"사람들을 참다운 혁명가, 공산주의자로 키우는 데서 가장 중요한 것은 그들의 가슴속에 당과 혁명에 대한 무한한 충성심을 깊이 있게 심어주는 것입니다. 우리의 문학과 예술은 응당 여기에 선차적인 관심을 돌리고 당과 혁명에 대한 충성심을 키워주는데서 나서는 문제들을 감동 깊게 형상하여야 합니다"라는 김일성의 교시에 따라 영화예술에 당의 유일사상, 김일성의 혁명사상을 구현하는 것을 비롯한 정치적 이데올로기에 대한 선전 및 선동은 당적 영화로서의 북한 영화예술 제작의 기본적 임무 및 요구이며 가장 중요한 과제였다. 영화 〈정찰병〉을 연출한 전동민은 이른바 김일성의 혁명적 사상과 현명한 지도, 고매한 덕성을 사상적으로 뚜렷하고 예술적으로 감명 깊게 형상하는 것을 언제나 첫째가는 창작과제로 내세웠다. 때문에 이 영화 속 전형적 영웅인물인 주인공 리학철을 형상화하면서 김일성과 당의 현명한 지도를 의미하는 사령관의 명령을 높이 받들고 적후로 떠나가는 북한인민군 전사들의 슬기롭고 영맹한 투쟁모습을 감동적 화폭으로 그렸다.[68] 영화에서는 먼저 긍정적인 주인공 리학철을 비롯한 정찰병들이 적과 전투하는 영웅적 모습을 보여주었다. 이를 통해 그들이 보여준 용감성과 대담성 즉 그들의 대중적 영웅주의 성격과 숭고한 애국주의 정신이라는 특성에 대하여 깊이 있게 밝혔다. 또한 영화에서는 무엇보다 북한인민군 정찰병들이 대담한 정찰활동과 투쟁으로 전투명령을 수행하고 영웅적인 위훈을 세울 수 있게 된 힘의 원천이 어디에 있는가 하는 점을 힘 있게 강조하고 있다. 즉 모든 영웅적 위훈은 "조국해방전쟁을 위대한 승리로 이끄시는 경애하는 수령 김일성동지"의 영명한 결책과 정확한 지시로부터 나오며, 북한군민이 모두가 다 한결같이 김일성에 대한 끝없는 흠모와 무한한 충성심을 갖고,

---

67 장명욱, 「인민군대의 영웅성과 용감성을 보여준 예술영화 《정찰병》」, 『조선영화』, 1987년 6월호, 24~25쪽.

68 김룡봉, 「당의 품속에서 영생하는 연출가 전동민」, 『조선영화』, 1986년 7월호, 84쪽.

그가 하달한 명령을 무조건 철저히 수행하는 것으로 귀결되었다. 또한 영화에서 정찰병 리학철은 김일성의 초상화를 자기의 정신적 의탁으로 삼아 언제나 갖고 있으며 전투임무 수행에서 어려울 때나 대원들을 교양할 때면 격려물이나 교양물로 사용한다. 이러한 장면은 바로 김일성에 대한 북한인민군 병사들의 충실성이 얼마나 진실하고 뜨거운 것이었는가, 즉 김일성에 대한 개인숭배를 구체적으로 보여주는 생동한 형상이었다.[69]

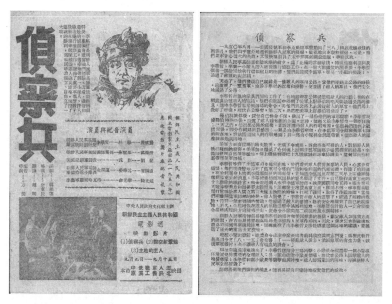

[자료] "조선민주주의인민공화국영화주" 무한(武漢) 지역에서의 선전물 중 영화 〈정찰병〉 설명서 앞뒷면

영화 〈정찰병〉은 중국에서 상영되었을 때도 뜨거운 반향을 불러일으켰으며 영화 속 북한인민군 정찰병의 지혜와 용감, 김일성의 화신이나 김일성 사상의 대변인이라 할 수 있는 주인공 리학철의 높은 사상적 각성과 훌륭한

---

69 김룡봉, 앞의 책, 81쪽.

지도력, 민족의 우월성을 많이 찬미하였다.

　지혜와 용감 - 이는 바로 이들 정찰병의 특점이다. 일부 사람들이 말하듯 용감이라는 것을 단순히 담력의 크기라고 인식하는 것은 일종의 우스운 생각이다. 사실 이는 사상에 대한 문제이다. 자기의 득실만 고려하는 이기적인 사람은 영원히 용감하게 될 수 없다. 반대로, 완전히 자기(의 이익, 득실)를 포기하고 조국과 인민의 명운만 관심하는 사람은 하늘과 같은 일도 완성할 수 있다.

　정찰과 부과장인 리학철은 그의 전사에게 「적을 통한(痛恨)해야만 비로소 자기의 조국을 사랑할 수 있다!」라고 했다. 이 말이 바로 정찰병의 영혼과 사상을 정확히 가리킨다. 그들은 통한을 알았다. 이런 통한은 뜨거운 불과 같은 전투에서 생겨난 것이다.

　어떤 막중한 임무를 집행하기 전 리학철은 전사들에게 조선 최고사령관의 「8.15」명령서를 읽어주었다. 그는 열렬한 감정을 가지고 한 단락을 읽었다. 「조선인민군은 조국인민에게 인민에게의 무한한 충성과 숭고한 사명을 완성하기 위한 헌신적인 정신을 보여주어야 한다.」 바로 이러한 고귀한 사상을 바탕으로 정찰병들이 매우 용감하고, 침착하고 기민하게 되었다.

　영화에서는 소수의 정찰병만을 보여주고 있지만 이는 조선인민군 전부의 정신적 실질을 표현한다. 영화에서는 인민군의 전투 스토리만 표현했음에도 불구하고 온 조선민족이 가지고 있는 위대한 영혼을 우리에게 뚜렷하게 보여준다. 이 민족은 꼽을 수 없을 정도로 수많은 고통을 받았지만, 어떻게 고통을 극복하고 자신의 생명으로 적을 타격하여 자기 조국의 자유를 지키고 있는지를 알려 준다. 이런 민족의 앞에서 야만적이고 염치없는 침략자가 얻을 수 있는 결과는 실패밖에 없다. 이 실패는 바로 역사가 이미 정해놓은 수치스러운 결말이다.

　영화 〈정찰병〉이 사람을 감동시키는 부분은 손에 땀을 쥐게 하는 줄거리에만 있는 것이 아니라, 영화 속에 드러난 사상과 이 민족의 진실한 감정에 대한 깊은 표현에도 존재하고 있다.[70]

---

70 "智慧加勇敢－這就是這些偵察兵的特點. 關于勇敢, 我遇見過個別人曾經産生一種可笑的看法, 以爲勇敢是膽子大小的問題. 實際這是個思想問題. 一個人如果自私,

위에서 인용한 것처럼 중국 문학가인 양삭(楊朔)과 황강(黃鋼)은 북한인 민군이 조국과 인민을 위해 영웅적이고 헌신적으로 투쟁하게 된 가장 중요한 까닭과 강력한 원동력은 "당에 의한 육성, 김일성 장군의 위대한 감화, 북한인민이 자유투쟁을 쟁취하는 전통적 교육과 인민군중의 기대와 지원"[71]이라 말한다.

중국에서 영화 〈정찰병〉에 대한 평가의 핵심은 크게 3가지로 나뉜다. 첫째, 북한 전사의 집단주의 사상을 칭찬하는 것이다. 이를 통해 신중국 정부는 중국인민들이 개인주의를 철저히 포기하고 집단주의를 적극 관철하여 모택동을 수반으로 하는 중국공산당 정권의 현명한 지도 밑에 혼신의 정력으로 공유제 및 국유화를 향한 조국의 사회주의 개조에 몰두하도록 하였다. 둘째, 북한 인민의 국가에 대한 충성을 강조하는 것이다. 국가에 대한 충성은 가장 고귀한 사상이며 모든 사회주의 사업의 건설이 이루어지게 만드는 가장 중요한 바탕이라 해도 과언이 아니다. 모든 중국 인민들이 북한 인민들을 본보기로 삼아 신중국 정부를 중심으로 긴밀하게 단결하며, 정부가 시행한 정치, 경제, 문화 등 모든 분야에 대한 정책을 무조건 지지하고 적극적

專考慮個人的利害得失, 永遠也不可能變得勇敢. 反過來, 如果有這樣人, 他能完全拋開自己, 關心的只是祖國和人民的命運, 天大的事他也能作得出來. 那個偵察科副科長李學哲曾經對他的戰士說:「... 要痛恨敵人, 才能熱愛自己的祖國！...」這句話點破了偵察兵的靈魂思想. 他們懂得痛恨, 這種痛恨是從烈火般的鬥爭裏生長起來的. ...在執行一次艱巨的任務前, 李學哲的戰士們念著朝鮮最高司令官的「八·一五」命令書, 他帶著熱烈的感情念到其中的一段:「向祖國人民顯示朝鮮人民軍對祖國人民的無限忠誠, 和爲完成崇高使命而獻身的精神...」就在這樣高貴的思想基礎上, 這些偵察兵變得無比的勇敢, 無比的沈著機警. ...我知道, 影片上出現的雖是少數偵察兵, 卻表現了整個朝鮮人民軍的精神實質. 影片上表現的雖然只是人民軍的戰鬥故事, 卻向我們清清楚楚顯示出整個朝鮮民族所具有的偉大靈魂, 這個民族遭受過數不盡的痛苦, 但他們從痛苦裏站起來, 知道怎麼用她全部的生命去打擊敵人, 維護著自己祖國的自由. 在這樣的民族面前, 野蠻無恥的侵略者所能得到的結果不會是別的, 只有失敗, 只有歷史所早已注定的可恥的結局. ...影片「偵察兵」所以動人的地方, 不僅僅在于驚心動魄的情節, 還在于它的思想, 在于它深刻地表現了這個民族的真實感情." 楊朔,「要痛恨敵人, 才能熱愛祖國─「偵察兵」觀感錄」, 『大衆電影』, 1954년 16호, 1954.8, 6~7쪽.

71 黃鋼,「朝鮮電影貫注着愛國主義的情感」, 『大衆電影』, 1954년 16호, 1954.8, 3~5쪽.

으로 투신하여 최대한 기여하는 것이 바로 신중국 정부가 중국인민에게 요구하는 바이다. 셋째, 북한 인민들을 통해 과거의 고통을 다시 언급하고 민족의식의 중요성을 강조한다. 중국도 북한과 마찬가지로 일본 제국주의의 침략과 국공내전이라는 장시간의 고통을 거쳐 신중국 시대를 맞이했다. 따라서 중국은 북한의 역사적 고통과 최후의 승리에 대한 진술을 통해 중국인민이 민족의식을 깨우치도록 시도하였다. 북한과 같은 고통을 받아본 민족으로서 지금은 평화롭게 살고 있음에도 오늘날의 행복한 삶이 과거 일제 침략자와 미제 지지 하의 장개석의 국민당 정권과 목숨을 건 격투를 통해 선혈을 흘려 얻은 것이라는 사실을 절대 잊으면 안 되며 또한 앞으로도 공산주의 신중국 정부를 계속 굳게 믿고 대만의 수복뿐만 아니라 자본주의의 사탕발림을 조심해야 한다는 것을 말하고 있었던 것이다. 다시 말해, 집단주의와 국가에 대한 충성, 정확한 민족의식의 고취가 바로 신중국 정부가 중국 국민들에게 급히 전달해야 할 사항이었으며 그것이 곧 이 영화를 상영시킨 이유였다.

〈땅의 주인들〉

〈땅의 주인들〉은 1954년 중국에서 거행된 '조선민주주의인민공화국영화주' 중 등장한 유일한 기록영화였다. 연출은 김하연이 담당했고 시나리오는 김하연과 신영순이 공동 작성했으며 촬영은 최순흥과 황한조가 맡았다. 〈식량전선〉(1951), 〈싸우는 철도일군들〉(1952) 등의 영화와 마찬가지로, 이 영화는 "미제침략자들을 반대하여 전선과 후방에서 싸우고 있는 조선인민의 생활과 영웅적 모습을 진실하게 묘사한 훌륭한 작품들이 많이 창작되였으며 그것들은 인민들을 더욱 용감한 투쟁과 애국적 위훈에로 고무하고 있습니다."[72]라는 김일성의 교시에 따라 전쟁시기에 제작한 후방인민들의

---

72 김일성, 『김일성전집』 15권, 조선로동당출판사, 1996, 252쪽.

영웅적 투쟁모습을 수록한 작품들 중 하나였다. 이러한 기록영화들은 "전선의 승리를 믿음직하게 보위하기 위하여 전시생산과 전선원호사업에 떨쳐나선 후방인민들의 로력적 위훈과 견결한 투지, 고상한 정신, 도덕적 풍모를 잘 보여주었다."[73] 〈땅의 주인들〉은 한국전쟁에서 북한 농민들이 전적으로 생산하여 전선을 지원하는 모범적 사적과 위대한 승리에 대한 기록을 주제로 한 영화이다.[74]

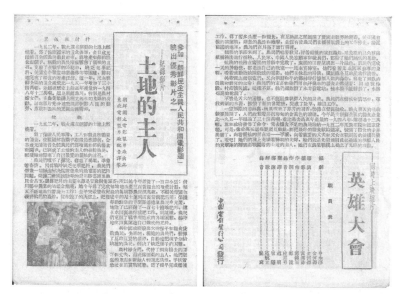

[자료] "조선민주주의인민공화국영화주" 에서 등장한 유일한 기록영화인 〈땅의 주인들〉의
　　　단독 설명서 앞뒷면

　구체적으로 이 영화에서는 한국전쟁 중인 1952년을 배경으로 북한의 농민들이 땅의 주인들로서 포탄 구덩이를 메우고 댐을 수축하여 봄갈이를 하는 모습부터, 주야불문 농사를 짓는 열정이 넘친 장면, 농번기에 북한인민

73　김룡봉, 앞의 책, 88쪽.
74　〈朝鮮民主主義人民共和國電影週在京開幕〉,《人民日報》, 1954.9.8.

군과 중국인민지원군 전사들이 농사에 적극 협조하는 감동적인 장면, 열기가 하늘로 치솟는 추수 현장까지 보여주면서 김일성이 "식량의 증산과 절약을 위해 투쟁하리라!"라는 호소에 따라 북한 농민들이 열악한 전쟁환경에서 다양하고 심각한 어려움을 극복하고 꾸준한 노력으로 거둔 빛나는 성과를 보여준다. 영화에 의하면 1952년 연간 식량 생산량은 1951년보다 34만 톤을 초과하였고 과거 연생산량이 가장 높은 1948년보다도 13만 톤을 넘어섰음을 보여준다. 이 밖에 북한 농민들의 적극성을 불러일으키는 목적으로 이 영화에서는 김일성의 호소에 적극 호응하고 생산운동 중 자신의 근로와 용감으로 놀라운 사적을 거둔 본보기 같은 영웅적 인물에 대한 소개도 넣어두었다. 따라서 전시 비료의 결핍 상황에서 돼지를 비롯한 가축을 대량 사육함으로 비료 부족 문제를 성공적으로 해결하는 '2급 국기훈장' 수여를 받은 개천군 운부리 농민 김창옥, 정보마다 300 봉지 식량이라는 증산계획을 완수하기 위해 끊임없이 소토작업을 수행하는 개천군 중흥리 처녀 김락희, 미제의 무차별 폭격 가운데서 자기의 안위를 고려하지 않고 파괴된 길거리와 폐허중의 진흙을 옮겨 비료로 쓴 귀성군 농민 홍영재, 이미 퇴비 170짐을 만들어 냈음에도 지속적으로 논에서 퇴비를 부지런히 쌓고 있는 노동훈장 수여를 받는 평원군 통덕군 농민 신원섭, 당과 정부가 식량이 부족한 농민들의 1952년의 농업세와 국가원곡을 면제하다는 명령을 반포했음에도 불구하고 꾸준히 가장 좋은 식량을 조국에 바치기로 한 풍산호조조(豐產互助組) 성원인 유만옥을 비롯한 전쟁 시기 후방 농업전선에서 빛나는 공훈을 세웠던 모범적 인물들의 영웅적 투쟁과 애국주의 정신을 이 기록영화를 통해 북한인민에게 소개한다.[75] 이 영화의 제작과 상영은 당이 전시생산과 전선원호사업을 전개하리라는 호소를 적극호응하고 선전하면서 전쟁 말기 즈음에 후방 북한인민들의 생산 자각성과 적극성을 높이는 데 있어서 틀림

---

75 「土地的主人」, 유인물, 1954, 참조.

없이 중요한 역할을 수행하고 있었다.

기록영화 〈땅의 주인들〉은 1954년 중국에서 개최된 북한영화주 가운데서 상영횟수가 〈비행기사냥군조〉, 〈정찰병〉에 비해 적었으나 이 두 예술영화 못지않게 확실한 영향을 끼쳤다. 이 영화에서 보여준 전쟁 시기 북한 농민들이 김일성을 수반으로 하는 북한 공산주의 정권의 현명한 지도 밑에 후방에서 전적으로 생산하여 전선을 제때에 지원하는 사적은 중국관객들에게 "고난의 전쟁 세월에 조차 적의 잔혹한 파괴를 이겨낼 수 있고 온갖 곤란을 겪어도 극복하여 농업전선에서 놀라운 풍작을 이룰 수 있었던 북한인민들이 정전 직후인 오늘날의 평화로운 북한 땅에서도 반드시 더 큰 풍산(豐産)과 승리를 거둘 수 있다"는 기대와 기원을 불러일으켰다.

뿐만 아니라 이 영화의 중국 상영은 교양적으로 큰 의미로 지니고 있었다. 이는 바로 당의 영도에 절대로 복종해야만 승리를 거둘 수 있다는 '진리'를 중국인민에게 전달하고 깊이 주입시키려는 것이다. 영화에서는 "영용하게 전투하는 전선인민, 용감하고 근면한 땅의 주인들이 자기의 영수인 김일성 원수의 영도 밑에 영원한 승리를 거둔다"는 사실을 보여주면서, 한국전쟁에서 "조선인민이 시종일관 굴복하지 않아 완강하게 각 전선에서 승리를 거둔 것"에 대한 가장 중요한 원인을 "노동당과 김일성의 영도"와 "북한인민이 영수의 호소를 자기의 사상과 행동의 준칙으로 삼아 열렬하게 옹호하고 지지하는 것"으로 귀결하고 있다.[76] 중국에서는 이 영화를 통해 한국전쟁 시기 김일성의 지도 아래 전시농업생산과 전선원호사업에 떨쳐나선 후방 북한 농민들이 세웠던 놀라운 위훈을 본보기로 하여 모택동을 수반으로 하는 중국 공산당 정부가 대내적 위신을 강화하는 동시에 중국인민들의 응집력을 높이고 그들에게 당의 정치, 경제 및 문화 등 각 분야의 온갖 지도노선 및 방침을 단호히 집행하게 교양했다. 특히 이 영화가 중국에서 상영

---

76 原野, 〈朝鮮農民的戰鬥─朝鮮紀錄片「土地的主人」介紹〉, 『大衆電影』, 1954년 16호, 1954.8, 13쪽.

된 1954년은 마침 사회주의 개조사업이 전개된 이듬해였다. 이 즈음에 영화 〈땅의 주인들〉의 상영은 영화 속 북한농민과 대응되는 중국농민뿐만 아니라 중국 수공업자와 자본주의 상공업자들로 하여금 모두 조국의 사회주의 개조사업, 즉 개인소농경제에서 사회주의 집체경제로의 '농업 사회주의 개조'와 개인수공업에서 수공업생산합작사제도로의 '수공업 사회주의개조', 그리고 생산수단의 자본주의소유제에서 사회주의공유제로의 '자본주의상공업 사회주의개조'를 의미하는 '3대개조'라는 계획에 적극 투신하여 엄격히 수행하도록 권유하고 선동하는 역할을 맡았다.

〈아름다운 노래〉

〈아름다운 노래〉는 중국에 1954년 정식적으로 수입되었고 중국어 자막으로 만들어져 1955년에 상영된 북한 음악예술영화이다. 한국전쟁 정전 직후 북한 음악, 무용, 가극 등 예술분야에서 거둔 일련의 성취를 집중적으로 다룬다.[77] 영화의 연출은 전동민이, 시나리오와 촬영은 주동인과 한창해가 각각 맡았다.[78]

"조선해방 10주년"을 맞이하여 중국 문화부가 1955년 8월 12일 오후 8시 북경 수도극장에서 영화초대회를 거행했다. 〈아름다운 노래〉는 이 초대회 가운데서 유일하게 상영된 북한영화작품이었다. 당시 중국문화부 대리부장 전준서(錢俊瑞)와 다른 각 부문의 부부장 이철인(李哲人), 오생수(吳生秀), 주건인(周建人), 엽성도(葉聖陶), 외교부 부장 보조인 진가강(陳家康), 문화부 영화사업관리국 국장 왕란서(王蘭西), 주중 북한 대사인 최일과 주중 대사관 참사관 김귀남 등 대사관인원들, 그리고 중국 각 민간단체의 책임자, 각계의 인사, 일부의 전투영웅, 모범노동자과 기관 요원들이 이 초대회에 참석했다.

---

77 中國電影發行放映公司, 앞의 책, 229쪽, 참조.
78 「조선영화제작일람」, 『조선영화』, 1958.9, 58쪽. 「美麗之歌」, 유인물, 1954, 참조.

一 文化部舉行電影招待会慶祝朝鮮解放十周年

新華社十二日訊　中華人民共和國文化部為慶祝朝鮮解放十周年,在今晚舉行電影招待会,各界人士應邀出席。放映電影「翼麗的歌」。

管理局局長王闌西致詞說,幾年以來,中朝兩國文化交流方面得到很大的發展。中朝兩國文化工作者之間存在著深厚的友誼,已在不斷受到考驗。中朝兩國人民最近幾年在反抗侵略者的英勇鬥爭中用鮮血凝成了深厚的友誼,已經在兩國的電影攝製中反映了出來。為了鞏固和發展這種友誼,中國電影工作者正在作進一步的努力。朝鮮民主主義人民共和國駐華大使館參贊・朝鮮電影工作者代表團團長致答詞,對電影招待会表示感謝。他說,朝

鮮優秀的電影作品反映了「八・一五」以後,朝鮮民主主義人民共和國自由獨立的民族藝術的成長。這些優秀的影片在歌頌朝鮮等藝術作品「翼麗的歌」,紀錄了朝鮮放映的影片...

中國科學文化藝術的密切合作,加強了兩國人民的友誼團結,鼓勵了兩國人民的社會主義建設...

俟當地・及其他各省人民舉辦・出席招待会的有中央有關文化部門領導人各界代表・外交使節・文化藝術界代表・戰鬥英雄・勞動模範和機關工作人員以及...

招待会上表演了...人士。戰鬥英雄・勞動模範和機關工作人員以及使館人員...

中華人民共和國駐華大使館・朝鮮民主主義人民共和國駐華大使館...

[자료] 조선해방 10주년을 경축으로
중국 문화부가 주최한 영화
초대회와 관련된 기사
(《人民日報》, 1955.8.13.)

영화감상 전에 왕란서는 "수 년 동안, 중조 양국은 문화교류 층면에서 큰 발전을 거두었다. 그중에 영화예술에서의 교류는 중국 전체 영화일군에게 특별하게 유익하다. 중국 영화일군은 많은 조선영화를 역제(譯製)하고 중국에서 상영시켜 수많은 관객들의 사랑을 얻었다. 중국영화도 조선에서 조선인민의 환영을 받았다. 중조 양국 인민들이 최근 몇 년간 침략자에 저항하는 영웅적 투쟁 가운데서 피로 맺어진 우의는 이미 양국의 영화제작 과정에서 반영되었다. 이러한 우의를 견고히 하고 발전시키기 위해 중국 영화일군이 진일보한 노력을 하고 있다."라는 축사를 하였다. 이어서 김귀남은 영화 초대회의 개최에 대해 감사하는 마음을 표하면서 "과학문화예술에서의 밀접한 합작이야말로 양국 인민의 우의와 단결을 강화하면서 양국 인민의 사회주의 건설을 고무했다."라고 말했다. 바로 이 공식적 석상에서 상영된 영화 〈아름다운 노래〉는 "「八・一五」 이후 조선민주주의인민의 민족적 예술이 찬란하게 발전되는 성과를 반영하고, 조선인민이 조국의 자유와 독립을 위해 단호하게 전투하고 조국의 부강을 위해 완강하게 건설하는 단단하고 풍부한 전투적 감정을 보여준 우수한 작품"으로 중국 관객들에게 소개되었다.[79]

79　〈文化部舉行電影招待會慶祝朝鮮解放十周年〉,《人民日報》, 1955.8.13.

영화초대회에 관한 자료를 구체적으로 살펴보면 영화 〈아름다운 노래〉는 '조선국립예술극장', '조선인민군협주단', '조선국립고전예술극장', '조선국립최승희무용연구소' 등 네 단체들이 출연한 〈김일성장군의 노래〉, 〈법성포의 뱃노래〉, 〈부채춤〉, 〈샘물터에서〉, 〈영산회상〉, 〈평북영변가〉, 〈섬멸하는 길을 향하여(向着殲滅之路)〉, 〈장고춤〉, 〈행복한 운전기사〉, 〈청진포의 뱃노래〉, 〈장미〉, 〈응봉산요〉, 〈콩쥐팥쥐〉, 〈승리를 향해 달리다〉, 〈회복의 노래〉 등 15개 음악, 무용과 가극 공연들로 구성된 작품이었다. 영화는 전쟁에서 승리를 거둔 조선인민이 전후 복구건설을 진행하는 장엄한 면모에 대한 묘사부터 시작하여 휴일에 모란봉극장 무대에 등장한 각 중앙예술단체의 종합공연 장면으로 이어진다. 첫 번째 공연은 국립예술극장합창단이 연출한 〈김일성장군의 노래〉로 "조선인민이 경애하는 원수인 김일성의 영광스러운 투쟁 역사를 칭송하고" "가사마다 조선 전국 인민이 영수에 대한 찬양과 경애하는 감정이 넘쳐흐른" 작품이다. 두 번째는 제3차 세계청년축전에서 영예상을 받았던 〈법성포의 뱃노래〉로 "자연과의 투쟁에서 인간의 승리에 대한 묘사를 통해 선부의 근로열정과 불굴의 투쟁 의지를 칭송하는 곡"이다. 셋 번째 공연은 북한 무용가인 최승희가 연출한 민족 무용 〈부채춤〉으로 "조선 민족 무용의 기본적 특성인 선(線)의 아름다움을 고도하게 보여준다." 국립예술극장합창단의 여성 중창인 〈샘물터에서〉는 네 번째 공연이다. 이 노래는 후방에서 북한인민의 인민군에 대한 무한한 사랑과 전쟁의 승리에 대한 낙관적 정서를 보여주고 있다. 다섯 번째 공연은 조선국립고전예술극장 기악부가 연주한 〈영산회상〉이다. 이 곡은 "우아하고 서정시적 선율로 조선 민족 음악의 높은 수준을 보여준다." 여섯 번째는 인민군 협주단 성악가 안혜영이 "고향에 대한 인민의 무한한 사랑"을 표출한 시골민요 〈평북영변가〉 독창이다. 이어서 일곱 번째 공연에서 인민군협주단 합창의 〈섬멸하는 길을 향하여〉가 나온다. 이는 "육체로 적의 포안(砲眼)을 막고 진격의 길을 연 전투영웅들의 영웅적 행위의 고무 하에 영수에게 선서하고 전장을 향해 전진하는 고상하고 감동적 감정을 칭송한 것"이다. 뒤이어 나온 여덟 번째 공연은 북한 공훈 무용가 최승희의 춤이다. 앞선 등장한 〈부채춤〉과 마찬가지로 그의 독무 〈장고춤〉도 북한 민족 무용의 매력과 특색을 보여준다. 아홉 번째는 인민군협주단 합창단이 출연한 중창인 〈행복한 운전기사〉이다. 이 노래는 "전시(戰時) 전선의 운수를 보증하기 위해 투쟁하는 운전기사의 생활"을 통해 북한 노동계급의 고양된 투지와 영웅적 사적을 구가한다. 열 번째 공연은 북한 저명한 성악가이자 공훈 배우인 김완우의 독창 〈청진포의 뱃노래〉이며 열한 번째는 국립예술극장의 무용 공연인 〈장미〉이다. 의지가 매우 강인하여 흔들리지 않는 '장미정신'을 선양함으로써 관객들에게 "모든 어려움을 극복하는 투쟁을 해야만 모든 행복과 원만을 얻을 수 있다는 이치를 명확하게 밝힌다." 열두 번째 공연은 "민족적 선율로 현대적 내용을 표현하는 방식으로 적군을 철저히 섬멸하는 1211고지의 영웅들을 찬송"한 노래 〈응봉산요〉이다. 열세 번째는 국립예술극장이 공연한 가극인 〈콩쥐팥쥐〉이다. 이는 가극 〈콩쥐팥쥐〉의 일부를 영화에 수록한 것인데 "선녀들이 계모로부터 온갖 학대를 받는 콩쥐를 도와 '선이 악을 이긴다'는 스토리를 통해 인민들이 선(善)을 지지하고 찬양하는 신념을 의미하는" 것이다. 이어 국립예술극장 교향악단이 연주한 〈승리를 향해 달린다〉라는 곡이 열네 번째 공연으로 등장한다. 이 곡은 "현악기로 연주한 〈영웅주의 스토리〉와 관악기 연주한 〈진격 신호〉를 중심으로 시작되며 이어 관악을 수반으로 한 현악인 〈조국에 충실〉이 등장한 다음에, 처량한 음조를 통해 조선 남반부인민의 비참한 생활을 묘사하고 분노의 감정에 가득 찬 음률을 통해 전략적 후퇴시기에 적에 대한 인민의 증오를 연주한다. 이어 전투 전 순간의 감정과 최후 장엄한 선율을 통해 승리를 향해 전진하는 인민군의 영용한 전투가 묘사된다." 영화는 최종적으로 국립예술극장 합창단이 부른 〈회복의 노래〉로, "노동의 선율 가운데서 나선 조국의 노동자가 투쟁하는 면모를 반영한" 격앙된 노랫소리로 막을 내리게 된다.[80] 음악 예술영화 〈아름다운 노래〉 중 15개 공연에 대한 구체적 살핌에 의해서 총결해 보자면, 북한의 전통적 예술과 고전적 문화, 그리고 민족 예술의 높아진 발전과 풍부한 성과를 보여주는 것뿐만 아니라, 위대한 수령 김일성에 대한 경애와 숭배, 전쟁 시기 전선의 북한인민군과 후방 노동계급의 영웅적 투쟁을 묘사하며 민족주의와 애국주의에 대한 교양도 이루어진다.

[자료] 북한 음악 예술영화 〈아름다운 노래〉가 중국에서 상영되었을 때 발행된 전단지 (상) 1955년 8월 12일 중국 문화부가 주최한 "경축조선해방십주년영화초대회(慶祝朝鮮解放十周年電影招待會)"에서 등장한 영화 〈아름다운 노래〉의 중국어, 한국어, 러시아어, 영어 선전용 합본(아래 왼쪽) 초대회 초대장(아래 오른쪽)

---

80 「美麗之歌」, 유인물, 1954; 「慶祝朝鮮解放十周年電影招待會－美麗的歌」, 유인물, 1954; 「美麗之歌」, 『大衆電影』, 1956년 4호, 1956.2, 앞표지, 참조.

〈빨찌산처녀〉

〈빨찌산처녀〉는 1955년 중국관객들과 만나게 된 마지막 작품이었다. 이 영화는 1955년 8월 8일 "미국 강도를 반대하는 투쟁에서 영용무쌍하고 굴복치 않게 마지막 순간까지 적과 전투하여 장렬하게 희생되는 조선 빨치산 여대원인 김영숙에 대한 영웅 스토리"라는 예고로 중국관객에게 소개되었다.[81]

이어 북한 예술영화 〈빨찌산처녀〉는 8월 13일부터 8월 31일까지 무려 2주일이 넘는 상대적으로 긴 기간 동안 수도극장, 대화극장, 신중국극장, 교도구극장, 신가구극장, 승리극장, 중앙극장, 섬궁극장, 대관루극장, 광안문극장(廣安門劇場) 등 북경의 각 갑(甲)급 극장에서 상영되었다.[82]

[자료] 영화 〈빨찌산처녀〉의 상영 광고
(《人民日報》, 1955.8.8., 1955.8.14.)

---

81 《人民日報》, 1955.8.8.
82 《人民日報》, 1955.8.13., 8.14, 8.31.

북한 예술영화 〈빨찌산처녀〉는 1952년 6월 김일성의 전쟁영웅들을 형상화한 문학예술작품을 만들라는 교시에 따라 제작된 작품인데 1950년 하반기 적에게 강점된 황해도 일대 어느 한 농촌마을을 무대로 하여 침략자들을 반대하며 빨치산 투쟁을 펼친 후방인민들의 영웅적 투쟁모습을 보여주고 있으며 특히 영웅인물인 조옥희를 원형으로 한 주인공 김영숙(문예봉 역)을 집중적으로 형상화한 영화였다.[83] 연출은 영화 〈소년빨찌산〉과 〈향토를 지키는 사람들〉을 연출한 바 있던 윤용규가 담당했으며 시나리오는 김승구가 집필했다. 이 영화는 1953년부터 중국 동북영화제작소에서 제작이 시작되었으나 1953년 7월 휴전협정의 체결과 1953년 11월 조선국립영화촬영소의 모든 영화인들이 귀국함으로 인해 제작이 일시 중단되었다. 전후 북조선국립영화촬영소가 다시 평양으로 옮겨지자 중단되었던 이 영화의 제작은 재개될 수 있었다. 1954년 8월 김일성은 완성된 필름을 감상하고 "예술영화 〈빨찌산처녀〉는 지난 조국해방전쟁시기 고향땅에 기여든 미제침략자들을 반대하여 용감히 싸운 조옥희영웅을 원형으로 하여 만들었는데 영화의 주제와 사상이 좋습니다."라는 말로 이 영화에 대한 주제 및 사상적 내용을 높이 평가했다. 그럼에도 불구하고 이 영화는 다른 나라의 영화와 비슷한 장면이 있다는 김일성의 또 다른 지적을 받았다. 그래서 "나이 어린 남순이가 지하실에 감금되여있는 영숙이에게 밥을 던져주는 장면", "주인공이 사형장으로 끌려나가는 장면" 등을 다시 촬영하였고 새롭게 형상하게 되었으며 단순한 다리 폭파 장면이 "지하공작원인 만수(최운봉 분)가 장작을 떨어뜨려 미국놈들의 주의를 그곳으로 쏠리게 한 다음 그 소리를 신호로 하여 주인공 영숙이가 남용이(김강 분)와 함께 다리를 폭파하는 것으로" 진실감이 묻어나게 재구성되었다. 1954년 12월 28일 김일성은 수정된 새 작품을 다시 감상한 후에 "우리는 앞으로 어떤 영화를 만들든지 절대로 남의 영화

---

83 김룡봉, 앞의 책, 113쪽

의 본을 따려고 하지 말고 우리 인민의 요구와 지향에 맞게 만들어야 하겠습니다. 그래야 인민들이 우리 영화를 보고 좋아합니다."라며 처음 보았을 때보다 좋아졌다며 이전의 문제들이 개선되었다는 긍정적 평가를 내렸다. 이로써 영화 〈빨찌산처녀〉는 개봉되어 공식적으로 북한 관객들과 만나게 될 수 있게 되었다.[84]

영화 〈빨찌산처녀〉는 한국전쟁시기에 극악한 미제 침략자를 반대하여 적과 싸워 이겨내는 이야기를 북한의 전형적인 한 여성의 투쟁을 통하여 집약적으로 보여주고 있다. 영화의 주인공이 소유한 고귀한 특성인 "조선과 인민에 대한 충성, 원쑤에 대한 불타는 증오와 승리에 대한 확신, 참다운 생환에 대한 랑만, 인간에 대한 끓어 넘치는 사랑의 산 모범을" 형상화하였다. 구체적으로 이 영화는 당의 명령을 엄격히 수행하기 위해 자기의 목숨마저 아끼지 않는 빨치산의 처녀 김영숙이 적에게 강점된 마을에 잠입하여 당지의 인민과 빨치산 동지들과 함께 적에 저항하는 지하공작을 하면서 빨치산 본부가 하달한 '인민들의 강제 노동으로 준공된 다리를 또 다시 폭파하라'는 임무를 진행하고 있었는데, 북한인민을 먼저 후송시킨 후 적에게 체포되어 무서운 매질과 야수적 고문을 당하더라도 빨치산의 소재를 밝히지 않아 장렬한 최후를 맞게 된 내용이다.[85] 김승구는 시나리오 창작에 있어 김일성의 따뜻한 배려에서 자라나 교양을 받은 새로운 젊은 세대에 속하는 전형적인 북한 여성인 주인공 빨치산 대원 김영숙에 대한 형상화를 통해 그의 "조국과 인민에 대한 사랑", "자기의 목숨을 바쳐 싸울 수 있는 그러한 강의", 그리고 "조국 강토와 인민을 침범하는 원쑤들을 증오하며 원쑤와의 싸움에서 용감성, 대담성, 영웅주의, 견인성을 유감없이 발휘하는 것"을 비롯한 온갖 탄복하고 칭송할만한 고매한 덕성을 두드러지게 보여주었다고 자평했다.[86]

---

84 문예봉, 『내 삶을 꽃펴준 품』, 문학예술출판사, 2013, 171~173쪽, 참조.
85 오상근, 〈조선예술영화 「빨찌산처녀」〉, 《로동신문》, 1954.11.27.

영화에서 〈빨찌산처녀〉가 북한에서 상영되었을 때는 마침 전후 복구 시기였다. 영화에서 영숙과 같이 당과 인민에 충성하는 강력한 신념으로 조국을 위한 전쟁에서 목숨까지 바치는 이상적인 영웅인물을 형상화하는 것은 북한인민들로 하여금 승리의 열매가 쉽게 이루어진 것이 아닌 당의 열사들이 선혈을 흘려 얻는 것이라는 사실을 잊어버리지 않고, 조국의 평화를 유지하는 것에 전적으로 이바지하면서 온갖 난관 앞에 굴하지 않고 적극 극복해서 아름다운 새 생활을 창조하도록 고무하는 것이다.

〈빨찌산처녀〉의 중국에서의 상영은 중국관객들에게 큰 영향을 끼쳤다. 전쟁에서 '친밀한 전우'라 할 수 있는 북한인민을 우수한 본보기로 삼아 그들의 지조를 굳게 지키고 굴복하지 않는 영웅적 전투 정신을 중국인민에게 교양시킨 것이다.

> 우리는, 과거에 조선인민과 함께 어깨를 나란히 전투하고 침략자들을 타격하는 중국인민으로서 제국주의 침략에 반항하는 투쟁 속 조선인민들의 희생과 대가, 생명을 바쳐서 지조를 굳게 지키고 굴복치 않는 사람들이 극동과 세계의 평화 그리고 우리나라(중국)의 안전에 기여하는 것에 대한 의의를 깊이 이해한다. 우리는 영화에서 묘사된 굴복하지 않는 조선의 영웅적인 아들 딸들을 자랑으로 여기고 그들에 따라 크나큰 격려와 고무를 받는다.[87]

당의 교육을 받는 북한 빨치산 투사인 김영숙의 영웅적 이미지를 부각시킨 것은 단순히 북한인민에 대한 무한한 존경과 흠모를 불러일으키려던 것이 아니다. 모든 적군과 투쟁하는 계획이 성사되었지만 주인공 김영숙 혼자

---

86 김승구, 〈조선 녀성의 전형 형상을 위하여〉, 《로동신문》, 1954.11.27.
87 "我們, 曾經和朝鮮人民並肩作戰, 共同打擊侵略者的中國人民, 深刻地理解朝鮮人民在反抗帝國主義侵略的鬥爭中所付出的犧牲和代價, 也深刻地理解那些在戰鬥中獻出了生命的堅貞不屈的人們對遠東和世界的和平, 對我國的安全所作的貢獻的意義. 對於影片裡所描寫的那些堅貞不屈的朝鮮的英雄兒女, 我們同樣引為驕傲. 從他們身上, 我們同樣得到了很大的激勵和鼓舞." 馮明, 〈堅貞不屈的人們－看朝鮮影片「游擊隊的姑娘」〉, 《人民日報》, 1955.8.16.

의 노력에 의해 이루어진 것이 아니라 인민대중과 밀접하게 관련되어 있는 것이다. 대단한 애국주의 정신을 갖춘 북한인민들이 영숙이 빨치산이라는 신분을 숨겨주며 목숨을 바쳐 그를 엄호하고, 전단지를 붙이는 것과 메시지의 전달, 대중을 조직하여 반미전투에 고무하는 것을 도와주는 진정한 애국자라는 이미지로 형상화하는 등 진정한 '인민의 힘'을 보여준다.[88] 따라서 '조국과 당에 대한 충성'과 '주인공 의식'이라는 기본적 관념을 이 영화를 통해 중국관객에게 보여준다. 즉 영화 〈빨찌산처녀〉의 중국에서의 상영은 중국인민들로 하여금 조국에 끝까지 충성하고 당이 제정한 온갖 방침 및 계획을 무조건 수용하여 조국의 사회주의 건설사업에 있어 효율적 추진을 위해 자신의 모든 힘을 바치도록 효과적으로 선동하는 것에 목적이 있다.

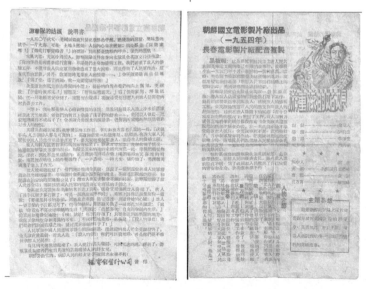

[자료] 중국에서 발행된 북한 예술영화 〈빨찌산처녀〉 설명서

---

88 馮明, 위의 기사; 王震之, 「英雄人們的女兒-評朝鮮影片《游擊隊的姑娘》」, 『大衆電影』, 1955년 15호, 1955.8, 16~17쪽, 참조.

앞에서 전후복구기 중국에서 상영된 북한영화들에 대해 살펴본 바와 같이, 이는 과거 한국전쟁기 중국에 상륙한 북한영화들과 비슷한 경향을 보이고 있다. 휴전되었지만 '전쟁'에 대한 재현 및 회고는 여전히 북한영화 창작에서의 핵심 주제였다. 이러한 예술영화와 기록영화들에서는 전쟁 시기 북한에서 미제침략자가 저지른 야수적 만행에 대한 폭로, 전선의 북한인민군과 중국인민지원군이 평화를 위해 적과 영웅적으로 투쟁하는 모습에 대한 부각, 그리고 후방 노동계급이 최후의 승리를 보장하기 위해 적극적으로 생산·운수하고 조국의 해방사업을 전적으로 지원하는 공적에 대한 형상화를 구체적으로 보여주고 있다. 이로써 공산주의 정권의 당위성과 우월성, 그리고 숭고한 애국주의 정신이 적극적으로 선전되고 고양되면서, 제국주의에 대한 적개심이 높이 앙양됨에 따라 휴전 직후에도 국내에서 남아 있는 자본주의 잔재를 겨냥한 청산임무를 수행할 정확성과 필요성을 더욱 강력히 강조하게 되었다.

이러한 정치적 이데올로기에 대한 선전 및 선동은 북한인민으로 하여금 전쟁시기의 투쟁 정신을 계승하게 만들면서 여전히 김일성을 수반으로 한 북한 공산주의 정권의 지도 밑에 전후 복구사업에 투신하도록 격려하는 역할을 맡고 있었다. 뿐만 아니라 이러한 전쟁을 주제로 한 북한영화들은 전시(戰時)에 전선에서 혈투하는 병사와 후방에서 생산지원 임무에 열중하는 농민과 노동계급의 영웅성에 대한 직접적 표출이라 할 수 있으며, '공농병' 문예이론에 충실한 중국영화와 같은 경향으로 인해 중국관객에게 큰 반향을 불러일으킬 수밖에 없었다. 중국관객들은 이러한 영화 속 북한군민들을 본보기로 조국과 인민에 충성하는 애국주의와 민족의식을 함양하게 되었다. 이는 중국 인민들이 신중국 정부를 중심으로 과도 시기에 정부가 시행한 정치, 경제, 문예 등 각 분야에 관한 온갖 결정 및 지시들을 의무적으로 순응하고 지지하는데 영향을 주었다. 또한 국민경제의 회복 특히 '과도시기 총노선' 중 '제1차 5개년 계획(第一個五年計劃)'의 제정에 따라 1953년 하반기부터 중국에서 전국적으로 전개된 '사회주의 공업화'와 농업, 수공업과 자본주의 상공업의 사회주의 국유화 추진을 의미하는 '3대개조' 계획의 제대로 된 실행에 기여하는 것이 바로 북한영화가 중국에서 상영된 의도이기도 했다. 다시 말해, 이 시기 북한영화가 중국에서 소개됨에 따라 공산주의 정권이 오랜 미제와의 전쟁이라는 궁지에 빠져 있었음에도 불구하고 지속적으로 보여주고 있는 군사적 · 정치적 · 경제적인 지도력을 끊임없이 입증하고 칭송받게 되었다. 이는 중국인민들로 하여금 신중국 정부와 공산당 정권의 영도를 굳게 믿음으로 과도 시기의 사회주의 건설사업에 적극 투신하여 구체적인 정책 및 지시들을 엄격히 수행할 수 있도록 선동하는 역할을 맡았으며 신중국 초기 사회질서의 안정화 및 경제개발의 효율화 실행을 보장하는 데에 도움을 주었다.

5.2.2. 북한에서 상영된 중국영화

한국전쟁에서 미군의 무차별 폭격과 포격으로 인하여 산업 건물, 주택, 학교, 병원 그리고 기타 문화기관과 함께 영화촬영소와 수많은 극장 및 영화관들이 파괴되었다. 때문에 영화제작 혹은 공식적 영화상영이 거의 불가능했다. 북한인민들의 문화적 요구를 충족시키기 위해, 그리고 전후 인민경제 복구 건설 투쟁을 더 일층 고무시키기 위하여 북한 각지에서 문화 시설들이 소련과 중국 등 우방이 보내준 문화기재와 북한에 주둔 중인 중국인민지원군의 적극적 협조에 의하여 대대적으로 복구 또는 확장 및 증설되었다.[89] 전후 복구의 급속한 추진에 의해 휴전이 얼마 지나지 않은 1953년 말부터 새롭게 복구된 북한 영화관들에서 영화의 정상적 상영이 점차 가능해졌으며 1954년과 1955년 즈음에는 북한에서 타국영화의 상영도 재개되었

---

[89] 〈각지 극장, 영화관들 속속 개관〉, 《로동신문》, 1954.1.15.

고 상대적으로 그 활동이 빈번해졌다.[90]

　북한에서 사회주의 형제국인 중국 영화의 상영활동도 휴전 후에 지속되고 있었다. 1953년에 예술영화 〈백모녀〉, 〈인민의 전사〉, 〈포도가 익을 때〉, 〈내몽인민의 승리〉, 〈육호문〉, 〈남정북전〉과 기록영화 〈항미원조 제1작〉, 1954년에 예술영화 〈풍년〉, 〈비밀편지(雞毛信)〉, 〈양산백과 축영대(梁山伯與祝英臺)〉, 〈마수는 끊어졌다(斬斷魔爪)〉, 기록영화 〈항미원조 제2작〉, 〈김일성 원수 조선정부대표단을 인솔해 북경에 도착〉, 〈건설되는 안산 제강(鞍鋼在建設中)〉, 〈八·一 체육대회(八一運動大會)〉, 1955년에 예술영화 〈영웅기관사(英雄司機)〉, 〈三년(三年)〉, 〈조국의 꽃봉오리(祖國的花朶)〉, 〈토지(土地)〉, 〈마방대의 방울소리(山間鈴響馬幇來)〉, 기록영화 〈1954년의 국경절(一九五四年國慶節)〉, 〈돈황벽화(敦煌壁畫)〉, 〈빛나는 五년(光輝的五週年)〉 등 무려 20편이 넘는 중국 예술, 기록 및 시보 영화작품들이 잇따라 북한에서 상영되었다.

---

90 "전쟁 후 각지 영화 상영 시설물은 대대적으로 복구 또는 확장되었다. 전쟁 후 1년간 공화국 각지에는 47,000 여개의 좌석을 가진 150개소의 상설 영화관들과 84개소의 생산 직장 구락부들과 159개의 이동 영사대들이 근로자들을 위하여 일상적으로 예술영화 및 기록영화, 시보 등을 상영하였다. 그리고 전후 1년간에 46개소의 상설 영화관이 새로 신설되었으며 47대의 이동 영사대와 48개소의 로동자 구락부를 신설하여 영사 설비를 갖추었다." 조선중앙통신사, 『조선중앙년감 1954-1955년』, 조선중앙통신사, 1954, 403쪽. 1955년에 들어서면서 북한 경제의 급속한 복구에 따라 수많은 영화관들이 복구 및 증설되었으며 전후 북한 영화사업의 회복과 가일층 발전을 크게 추진하였다. "전쟁후 영화 상영 시설들은 1000석의 좌석을 가진 평양 대동문 영화관과 각 시, 군 영화관들을 비롯하여 생산 직장들에 대대적으로 복구 확장되어 1955년 달 현재 7만 9237석의 좌석을 가진 214개소의 상설 영화관과 농촌 주민과 생산 직장 종업원들을 대상으로 하는 305대의 이동 영사대들이 설치되었으며 여기에는 728대의 영사기들이 배치되어 있다." 조선중앙통신사, 『조선중앙년감 1956년』, 국제생활소, 1956, 140쪽.

교류 연도	제작 연도	제목	종류	연출	시나리오	촬영	출연
1953	1950	〈백모녀〉	극영화	왕빈, 수화(水華)	수화, 왕빈, 양윤신(楊潤身)	전강	전화(田華), 이백만(李百萬), 진강, 호붕(胡朋), 이임림(李壬林), 장수유(張守維), 조로(趙路), 이파(李波) 등
1953	1951	〈내몽인민의 승리〉	극영화	간학위(幹學偉)	왕진지(王震之)	두유(杜楡), 이광혜	우촌(于村), 백대방(白大方), 은화삼(恩和森), 광포도이기(廣布道爾基), 방화(方化) 등
1953	1951	〈인민의 전사〉	극영화	적강	유백우(劉白羽)	부굉(付宏)	이장화(李長華), 유흔(劉欣), 두덕부, 서련개(徐連凱) 등
1953	1952	〈남정북전〉	극영화	성음, 탕효단(湯曉丹)	심서몽(沈西蒙), 심묵군(沈默君), 고보장(顧寶璋)	주금명(朱今明), 고온후(顧溫厚)	진과(陳戈), 탕화달(湯化達), 풍철, 유패연, 장서방(張瑞芳), 철우(鐵牛), 항곤(項堃), 황약해(黃若海) 등
1953	1952	〈육호문〉	극영화	여반	진명(陳明)	두유	곽진청(郭振淸), 이자평(李紫平), 사첨(謝添), 진사화(陳士和), 이시(李時), 이효공(李曉功) 등
1953	1952	〈포도가 익을 때〉	극영화	왕가을	손겸(孫謙)	포걸	두덕부, 이백만, 구양여추(歐陽如秋), 유의(柳毅), 유연근(劉燕瑾),

91 위의 표 내용은 《로동신문》, 『大衆電影』, 《人民日報》, 『中国纪录电影史』(单万里, 中国电影出版社, 2005), 『我们的足迹』(郝玉生, 中国新闻纪录电影制片厂, 1998), 『中国电影编年纪事(综合卷·上)』(陈播, 中央文献出版社, 2006), 『影片目錄(一九五二年一一九五六年)』(中國人民解放軍總政治部, 八一電影製片廠, 1957), 그리고 일부 해당 영화에 관한 유인물과 영상자료 등을 참조하여 작성했다.

						우양, 위화문(魏華門) 등
1953	1951	〈항미원조 제1작〉	기록 영화	서소빙, 왕침	*	양서충, 유덕원, 모삼 등	*
1954	1953	〈풍년〉	극 영화	사몽 (沙蒙)	손겸, 임삼 (林杉)	포걸	이서전(李舒田), 차의(車毅), 왕염(王炎), 왕풍(王楓), 조자악(趙子岳), 서련개, 장평(張平), 임농(林農), 왕배(王蓓) 등
1954	1953	〈마수는 끊어졌다〉	극 영화	심부 (沈浮)	조명 (趙明)	요사천 (姚士泉)	도금(陶金), 능지호, 한비(韓非), 장벌(張伐), 우비(于非), 진술(陳述) 등
1954	1953	〈비밀편지〉	극 영화	석휘 (石揮)	장준상 (張駿祥)	나종주 (羅從周)	채원원(蔡元元), 채안안(蔡安安), 서적(舒適), 장예(蔣銳), 주백훈(周伯勳) 등
1954	1953	〈양산백과 축영대〉	극 영화	상호 (桑弧), 황사 (黃沙)	상호, 서진 (徐進)	황소분 (黃紹芬)	원설분(袁雪芬), 범서연(範瑞娟), 장계봉(張桂鳳), 여서영(呂瑞英), 위소운(魏小雲) 등
1954	1954	〈항미원조 제2작〉	기록 영화	왕침	*	유덕원, 모삼, 성옥증, 임걸 등	*
1954	1953	〈김일성 원수 조선정부 대표단을 인솔해 북경에 도착〉	시보 영화	*	*	*	*
1954	1954	〈건설되는 안산 제강〉	기록 영화	담진 (覃珍), 왕영동 (王映東)	*	진민혼 (陳民魂), 정묵 (程默), 포만검 (包萬儉)	*

				왕위일		노명	
1954	1953	〈八・一 체육대회〉	기록 영화	(王爲一), 담우륙 (譚友六)	사도혜민 (司徒慧敏)	(魯明), 오본립, 서소빙 등	*
1955	1954	〈영웅 기관사〉	극 영화	여반	악야 (岳野)	고홍도 (高洪濤)	곽진청,왕추영(王秋穎),서련개,안미이(顔美怡),황약해(黃若海) 등
1955	1954	〈三년〉	극 영화	조명	갈금 (葛琴)	풍사지	장서방, 항곤, 서적, 백리, 난고(蘭谷),능지호 등
1955	1955	〈조국의 꽃봉오리〉	극 영화	엄공 (嚴恭)	임란 (林蘭)	연성	조유근(趙維勤),이석상(李錫詳),장균영(張筠英),장원(張園),곽윤태(郭允泰) 등
1955	1954	〈토지〉	극 영화	수화	곽소천 (郭小川), 매백(梅白), 유림(俞林), 이얼(李氷), 수화	포걸	이파(里坡),왕일원(王一元),배연(裴然),이임림,호붕(胡朋),유춘림(劉春林),엽향운(葉向雲),고평(高平),이임림 등
1955	1954	〈마방대의 방울소리〉	극 영화	왕위일	백화 (白樺)	나종주	풍기(馮奇),우양,손경로(孫景璐),유경(劉瓊),오양(吳漾),범설붕(範雪朋),양산(梁山) 등
1955	1954	〈돈황벽화〉	기록 영화	*	*	*	*
1955	1954	〈1954년의 국경절〉	기록 영화	소군 (蘇軍)	*	오몽빈 (吳夢濱)	*
1955	1955	〈빛나는 五년〉	기록 영화	소군	*	학옥생 (郝玉生), 왕소명 (王少明)	*

이 시기 중국영화는 단독적 상영활동보다는 중국영화 상영행사를 통해 북한인민에게 소개되는 경우가 더 많았다. 북한에서는 한국전쟁 휴전 당년

인 1953년부터 1955년까지 연속 3년 동안 10월 상순, 중국의 명절인 국경절[92]을 맞이하여 거행되었던 중국영화 상영주간행사를 통해 북한관객들이 중국영화를 감상할 수 있었다.

휴전 직후 북한에서 중국영화는 보다 중요하게 취급되었다. 일반적으로 사회주의 국가들의 영화들을 묶어 상영 프로그램을 기획했던 것과는 달리 중국영화들은 단독으로 상영 프로그램이 짜여졌다. 1953년 9월 11일부터 문화선전성 영화 관리국 주최로 폴란드, 루마니아, 체코슬로바키아, 몽골, 불가리아 등 이른바 인민민주주의 나라들의 우수한 예술영화와 기록 및 시보영화들이 '인민 민주주의 재 국가 영화 특별 상영주간'이라는 이름으로 북한 모란봉 야외극장에서 개최되었다.[93] 이 영화주가 끝난 지 얼마 되지 않은 10월 1일에 같은 인민민주주의 나라이자 과거의 '전우', 오늘날의 '맹우'인 중화인민공화국 건국 4주년 경축의 목적으로 '중국 영화 특별 상영주간'이 북한 평양에서 열렸다. 영화주 가운데서 중국 예술영화 〈백모녀〉, 〈인민의 전사〉, 〈포도가 익을 때〉, 〈내몽인민의 승리〉, 〈육호문〉, 〈남정북전〉과 기록영화 〈항미원조 제1작〉이 개봉되었다.[94] 중국영화의 북한에서의 상영은 큰 인기를 끌었다. "관람자 10만을 산하는 대성황"[95]을 이루었는데 모란봉 야외극장에서만 1953년 10월 1일부터 10월 7일까지 중국영화의 14회 상영을 통해 북한 관객 6만 2,000명을 동원했다. 이러한 영화들은 영화주간 활동을 마치게 된 후에도 북한 관객들의 요구에 따라 한동안 지속적으로 상

---

92 국경절이란 법적으로 규정된 중화인민공화국의 건국을 기념하는 날이라는 뜻이다. 1949년 10월 1일에 중화인민공화국의 건국이 선포되었다.

93 라승표, 〈인민 민주주의 여러 나라들의 우수한 영화 특별 상영 주간〉, 《로동신문》, 1953.9.12.

94 祖武, 「朝鮮人民熱愛中國電影-中國電影特別放映週在朝鮮」, 『大衆電影』, 1953년 21호, 1953.11, 3쪽. 또한 북한과 체코슬로바키아, 헝가리 3개 인민민주주의국가에서는 중화인민공화국 건국 4주년 경축하기 위해 1953년 국경절(10월 1일)전후에 중국영화주를 거행했다. 비슷한 즈음에 불가리아와 몽골에서도 중국영화 예술영화 〈남정북전〉, 〈취강홍기(翠崗紅旗)〉, 기록영화 〈항미원조 제1작〉과 〈1952년의 국경절(一九五二年國慶節)〉이 상영되는 것이 기록되었다. 陳播, 앞의 책(ㄷ), 386쪽.

95 조선중앙통신사, 『조선중앙년감 1954-1955년』, 조선중앙통신사, 1954, 468쪽.

영되었다.[96]

[자료] 1953년 10월 평양에서 열린 '중국영화특별상영주간'과 관련된 보도(『大衆電影』,
1953년 21호)

1953년 북한 평양에서 거행된 '중국 영화 특별 상영주간' 중 등장한 중국
영화들은 모두 모택동의 「연안문예좌담회에서의 강화」 정신에 따라 제작되
었던, 높은 당성과 계급성 및 인민성을 갖춘 작품이었다. 이러한 영화들은
중국공산당의 정치적 이데올로기에 복종하고 모택동의 교시와 당의 온갖
정치적 방침 및 정책들에 근거하여 선전·선동하는 문예물로서 지배적 이
데올로기, 그리고 전형적 '공농병' 영웅 인물과 더불어 조국의 평화와 발전

---

96 祖武,「朝鮮人民熱愛中國電影─中國電影特別放映週在朝鮮」, 『大衆電影』, 1953년 21
    호, 1953.11, 3~4쪽.

을 백방으로 방해하는 적을 대비함으로써 선명한 선악구도를 보여준다. 이러한 명확한 정치적 지향성은 "길고 간고한 혁명전쟁의 도로를 밝게 비추는 등대"와 같은 중국혁명의 위대한 승리를 이끌어 낸 이른바 '모택동 군사사상'을 높이 구가하는 것이며 중국공산당의 당위성, 선진성 및 우월성, 구체적으로 전쟁 시기와 인민민주건설 시기에서 그의 현명한 지도력을 입증하는 것이다.[97] 이로써 관객들은 과거 전쟁 시기에서 최종의 승리를 거두어 조국의 해방을 가져온 공산주의 정권이 평화로운 민주건설 시기에서도 빛나는 미래를 개척할 수 있다는 것에 대한 신뢰감을 가질 수 있게 되었다. 또한 이는 관객들로 하여금 당의 노선 정책에 호응하고 협조하는 적극성을 가져올 수 있었다. 이런 영화들이 북한에서 상영되었다는 것은 미제의 마수와 전쟁의 어두운 그림자에서 벗어난 북한인민에게도 강심제를 주사했듯이 틀림없이 그들로 하여금 승리와 평화를 가져온 김일성을 수반으로 하는 북한 공산주의 정권의 당위성과 우월성에 넘친 신임과 무한한 기대로 당의 영도 밑에 조국의 전후 복구건설에 적극 투신하도록 격려하는 것이다.

앞서 언급한 한국전쟁 시기 북한에서 로케이션 촬영한 중국인민지원군의 부조작전을 기록한 대표적인 전쟁 주제의 영화 〈항미원조 제1작〉은 이번 영화주에서 등장한 유일한 기록영화였다. 이미 살펴본 바와 같이, 이 영화에서는 침략자로서의 미군의 폭행을 폭로하는 동시에 순치상의(脣齒相依)라고 할 수 있는 북·중 양국 간의 역사적 관계를 서술하면서, 해방 공간 북한 민주건설에서 김일성의 지도 밑에 북한인민들이 얻은 놀라운 성과, 북한인민군과 중국인민지원군이 함께 전투하여 거둔 일련의 승리를 보여주었다. 영화에서 전세의 역전에 결정적 영향을 미친 중국인민지원군의 적극 원조에 대한 강조와 공통의 적인 미제에 대한 양국 군민의 힘을 합친 전투모습에 대한 구현은 북한관객들에게 혈맹관계의 형제 국가 중국인민의 고귀

---

97 李道新, 앞의 책, 254~255쪽, 참조.

한 국제주의 정신에 대한 감동과 칭찬을 불러일으켰다.

> 조선인민은 신중국영화를 사랑한다. 그들은 전람주 가운데서의 기록영화 〈항미원조〉와 예술영화 〈백모녀〉, 〈육호문〉 등을 더 좋아한다. 첫날에 영화 〈항미원조〉가 상영된 후에 관객들은 수차례 박수를 치면서 "좋다, 좋다!"라고 큰소리로 외쳤다. 평양시 종합 인쇄공장의 노동자인 전혁진은 감격스레 말한다. "영화 〈항미원조〉는 나를 깊이 감동시킨다. 나는 중국인민이 얼마나 평화를 사랑하는지 직접적으로 확인했다. 우리 공통의 적인 미국침략자를 반대하기 위해 그(중국)는 자기의 우수한 자녀−지원군을 우리를 원조하러 보냈다. 오늘날에 우리는 승리했다. 우리는 반드시 일을 잘하고, 실제 행동을 통해 중국인민에 대답하고 우리의 조국행방전쟁을 성심성의로 지원하는 모택동 주석에 대답할 것이다."[98]

전쟁 시기 '전우' 중국의 국제주의적 원조에 그지없는 감은(感恩) 뿐만 아니라, 영화에서 과거 해방 공간 공업의 대규모 국유화, 토지개혁 등 민주개혁에 의한 북한의 발전된 모습 그리고 전쟁에서 조국의 해방을 위해 중국인민지원군과 어깨를 나란히 전투하는 영웅적 장면은 북한관객들로 하여금 김일성을 수반으로 하는 공산주의 정권의 당위성과 우월성을 느낄 수 있도록 만들었다. 따라서 이는 북한인민들에게 애국주의 정서를 불러일으켰고, 얻기 힘든 전후 평화를 귀중히 여겨 당의 지도 밑에 전후 복구사업에서 적극적으로 투쟁하는 결심과 원동력이 될 수 있었다.

---

[98] "朝鮮人民熱愛新中國影片, 他們更愛看展覽週中的紀錄片「抗美援朝」和故事片「白毛女」, 「六號門」等. 當第一天「抗美援朝」影片放映後, 觀羣們多次的熱烈鼓掌高喊「橋達!」「橋達!」(即:「好啊!」「好啊!」) 一位平壤市綜合印刷廠的工人田赫鎭激動的說:「影片抗美援朝太感動我了, 我親眼看到了中國人民是那樣的熱愛和平, 為了反對我們共同的敵人−美國侵略者, 他們送出了自己優秀的兒女−志願軍來援助我們, 今天, 我們勝利了, 我一定要作好工作, 以實際行動來回答中國人民, 來回答誠心誠意支援我們祖國解放戰爭的毛澤東主席.」" 祖武, 「朝鮮人民熱愛中國電影−中國電影特別放映週在朝鮮」, 『大衆電影』, 1953년 21호, 1953.11, 3∼4쪽.

〈백모녀〉

　중국 동북영화제작소가 1950년 제작한 영화 〈백모녀〉는 북한에서의 상영 시 큰 인기를 끌었다. 이 영화는 평양 모란봉 야외극장에서 개봉 이틀 만에 무려 1만 5,000명이 넘는 관객을 동원했다.[99] 1953년 중국영화상영주폐막 직후에도 북한에서는 새로운 영화관의 개관을 비롯한 다양한 행사에서 〈백모녀〉가 종종 재상영되었다.[100]

해주시에 새 영화관 개관

지난 九월 二二일부터 공사에 착수한 해주시 영화관은 물 맑고 경치 좋은 광석교 옆에 훌륭히 건설되였다.

영화관은 五〇〇명을 수용할 수 있는바 군무자、영、에 군인들을 위하여 二층 하층에 특별석을 만물었으며 매점、화장실 등도 구미였다. 첫 상영 영화로서 중국 영화 「백모녀」、쏘련 영화 「막심까」、「츄크와 게크」 등은 상영하였는바 대 만원을 이루었다.

통신원 고승의

[자료] 북한에서 중국영화 〈백모녀〉의 상영과 관련된 기사
(《로동신문》, 1953.12.11.)

　영화의 연출은 왕빈과 수화가 함께 맡았다. 이 작품은 1944년 연안노신예술문학원(延安魯迅藝術文學院) 예술가들이 당시 원장인 주양의 지시에

99　祖武, 위의 글, 4쪽.
100　고승의, 〈해주시에 새 영화관 개관〉, 《로동신문》, 1953.12.11.

따라 1938~1943년 사이 진찰기변구(晉察冀邊區) 항일근거지에서 민간에 떠도는 '백모선녀(白毛仙姑)'라는 전설에 의거하여 집체창작한 가극을 원작으로 하고 있으며 1946년에 하경지(賀敬之)와 1947년에 정의(丁毅)의 두 번에 걸친 수정을 거쳐 문학화되었다. 1949년 초 영화인 수화, 왕빈과 양윤신은 중국공산당의 영향 하에 '희망'을 상징하는 주인공 희아(喜兒, 전화 분)가 전형적인 농민으로서 꾸준히 성장, 계급적 원한과 계급적(프롤레타리아트의) 자각 및 의식을 돋보이게 부각시키기 위한 목적으로 각색되었다. 원작에 대한 성공적 영화화로 영화 〈백모녀〉는 "인민영화사업에서의 새로운 성취이자 모주석의 문예사상을 정확히 구현하는 문예사상의 결과물"이라는 칭찬을 받았다.[101] 따라서 이 영화는 1951년 '제6차 국제영화축전(카를로비바리 국제영화제)'에서 「특별영예상」과 '1949-1955년 중국문화부 우수 영화상' 선정 중 '우수 영화 일등상'이라는 영예를 수여받았다.

이 예술영화는 중국 항일전쟁 시기인 1930~1940년대를 배경으로 한 소녀의 이야기를 그리고 있다. 구체적으로 이 작품은 하북성 부평 지역에서 간악한 지주인 황세인(黃世仁, 진강 분)에게 능욕을 당해 자기의 어버지 양백로(楊白勞, 장수유 분)가 지주의 압박으로 죽게 된 후에, 지주의 마수에서 벗어나기 위해 심산의 동굴에서 숨어 사는 바람에 머리가 하얗게 세었던 한 농촌 소녀 희아를 등장시킨다. 그녀는 모택동을 수반으로 하는 중국공산당의 영도 하에 있는 '팔로군'[102]의 도래와 공산주의 해방운동에 따라 마침내 자신을 억압한 압제자들을 징벌하고 고향에 들어와서 과거의 애인인 왕대춘(王大春, 이백만 분)과 다시 만나게 되어 새살림을 하게 되었다.

〈백모녀〉는 정치적 이데올로기 선동을 멜로드라마적 줄거리 구성에 접목

---

101 羽山, 〈電影「白毛女」的成就〉, 《人民日報》, 1951.9.17.
102 항일전쟁 시기 중국공산당이 국민당과 연합하여 항일하기 위해, 1937년 8월에 중국 노농 홍군 중 북방의 주력부대를 국민 혁명군 제8로군으로 개편하였다. 이 군대를 팔로군이라 고도 불렀다.

시킨 신중국 초기의 대표적 예술영화로서 선명한 선악구도를 통해 항일전쟁시기부터 국공내전시기까지 인민을 자기의 노예로 삼아 압박하고 그들의 피땀을 착취한 지주계급과, 지주와 서로 결탁한 친미주구인 국통구 국민당정부의 악행을 날카롭게 비판하면서 공산당의 당위성과 우월성을 크게 선전했다.

영화에서는 오랫동안 빈궁한 인민을 잔인하게 착취하고 있었던 지주계급과 중국국민당정부를 "살인의 마왕과 사람을 잡아먹는 야수"라고 묘사한다. 이와 대비적으로 중국공산당 해방구 인민정부를 인민의 구세주라는 최고 신분으로 확립시킨다. 노동인민들이 팔로군의 도래에 환호하는 모습과 중국공산당 정권 치하 해방구에서 '소작료와 이자 삭감(減租減息)'이라는 정책의 실행이 노동인민의 호응과 감격을 불러일으켰던 장면, "팔로군이 드디어 왔다!", "고통을 받는 사람들이 이제야 억압에서 벗어날 수 있다." "모택동의 대오가 왔다!", "우리 정부가 반드시 우리 백성의 주인이 되어야 한다!" 등 일련의 노골적 대사를 통해서도 노동인민들의 지주계급과 국민당정권에 대한 불만 내지 증오, 그리고 공산당의 현명한 영도에 대한 호응과 신임을 철저히 표출시킨다. 전형적인 영웅인물을 형상화하는 것은 모택동의 「강화」 정신에 따라서 제작된 이러한 선전영화에서 빠트릴 수 없는 중요한 설정이다. 지주의 장기간 압박과 갖은 시달림을 받아왔던 남주인공 왕대춘은 애인 희아와 살아가던 토지를 지주에게 강제적으로 뺏긴 후에 과감히 입대를 결정하여 영광스러운 팔로군 전사가 되었다. 마침내 자기의 대오를 따라 고향을 해방시키고 공개재판을 통해 지주 황세인을 엄중히 처벌한다. 영화에서는 왕대춘을 형상화하는 것과 그의 사적에 대한 서술을 통해 공산당 군대인 팔로군을 정의의 화신으로 만들었으며, '입대'라는 것이 사람에 의한 올바른 선택이며 일정의 성장 내지 승화, 또한 숭고하고 선진한 덕목이라 말했다. 이러한 정치적 이데올로기에 대한 선전 및 선동이야말로 바로 중국공산당이 영화를 통해 인민대중을 각성시키려는 것이다. 또한 영화는 중국인민의 당에 대한 무한한 신뢰와 당이 제정한 노선과 정책에 대한 호응을 보여주며 공산주의 정권의 당위성과 우월성 또한 확보한다. 이는 북한에서 영화 〈백모녀〉가 수용된 주요한 이유인 것이다.

〈내몽인민의 승리〉

〈백모녀〉와 함께 북한관객들과 만나게 된 〈내몽인민의 승리〉도 동북영화제작소가 1950년에 제작한 또 하나의 영화였다. 이 작품은 신중국 성립 직후 제작된 최초의 소수 민족을 주제로 한 예술영화이며, 국공내전 초기에 중국 내몽골 인민들이 공산당의 도움으로 국민당이 자기를 지속적으로 압박하고 예속화시키기를 도모하는 음모를 폭로한 후에 공산당의 영도 밑에 몽한연군(蒙漢聯軍)을 조직하여 마침내 국민당의 간첩활동을 이겨 내는 내용을 다룬다.[103] 연출은 간학위, 시나리오는 왕진지가 맡았다. 이 영화는 중국관객과 만난 지 얼마 되지 않았을 때 정치적 비판으로 인해 강제적으로 상영 중지되었고 이어 공산당 정부의 심사와 지시에 따라 재촬영 및 수정을 걸쳐 재상영될 수 있었다. 연출 간학위를 수반으로 하는 촬영팀은 1949년 여름부터 내몽골로 달려가 로케이션 촬영을 시작해서 같은 해 겨울부터 동북영화제작소의 세트장에서 실내촬영을 시작했다.

1950년 봄 이 영화가 제작 완성되어 〈내몽봄빛(內蒙春光)〉이라는 이름으로 중국에서 상영되었다. 북경에서 일주일 동안 상영되어 관객의 호평을

---

103 이 영화 내용에 대한 개술은 영화 시작 부분의 자막("1947년에 반격의 나팔이 울렸다! 중국인민해방군이 각각 전장에서 장미(蔣美)도당에 대한 전면반격을 시작했다. 같은 해 5월에 내몽골 각 계층 인민들이 중국공산당의 영도 밑에 내몽골자치구 인민정부를 성립했다. 장(蔣)도당은 소수 민족에 대한 피비린내 나는 통치를 계속하고 미제의 반소반공의 명령을 집행하기 위해 내몽골 변두리의 어떤 점령지에서 대한족주의의 음모를 또다시 꾸몄다.(1947年反攻的號角响了!中國人民解放軍在各個戰場上對蔣美匪幫開始了全面反攻. 同年五月內蒙古各階層人民在中國共產黨的領導下, 成立了內蒙古自治區人民政府. 蔣匪為繼續其對少數民族的血腥統治, 並執行美帝反蘇反共的命令, 在內蒙邊沿匪佔區某地, 又一次進行其大漢族主義的陰謀.)")을 참고했다.

받고 있었음에도 불구하고 당시 중앙선전부 부장인 육정일과 중앙통전부부 장인 이유한(李維漢), 전국문학예술계연합회 영도인 양한생(陽漢笙)을 중심으로 구성된 중앙영화국의 재심에서 몽골족인 도아기 왕 어르신(道兒基 王爺, 황약해 분)이 노예를 잔인하게 압박하고 국민당의 고혹과 교사로 부하를 보내 오난부(烏蘭夫) 영도하의 내몽골 자치운동연합회 간부의 척살을 도모하는 혼군 이미지로 부각되는 것과, 영화 결말부분에서 도아기 왕 어른 신이 국민당의 총살로 죽게 되는 설정이 민족(한족과 소수민족)의 단결과 통일 전선의 안정에 크게 불리하다는 비판과 중국서북지역 대표가 이 영화를 보게 된 후에 영화내용과 정치적 정책이 서로 맞지 않다는 의견에 대한 전달로 인한 상영중지라는 결정에 따라 이 영화의 상영은 부득이 종료되었다. 그러나 주은래가 직접 영화 〈내몽봄빛〉을 재심한 후에 이 영화에서 편협한 민족주의가 들어가 있지만 수정 직후 재상영이 가능하다는 문예물에 대한 보호적이고 지원적인 결정을 내렸다. 따라서 1950년 7월 중국문화부가 이 영화를 위한 특별 좌담회를 개최했다. 회의 가운데서 당의 민족정책에 순응하여 내세운 일련의 수정 사항들[104], 또한 모택동의 영화 제목을 반

---

[104] 1950년 7월 중국 문화부가 개최한 특별좌담회에서 제출된 수정 의견은 다음과 같다. "첫째, 왕공(王公)의 죄악을 (국민당)간첩에게 돌리고, 민족 내부의 모순을 국민당반동파와의 모순으로 옮긴다. 예를 들어, 말을 이용함으로써 사람을 끌고 죽이는 장면, 칼로 돌득포(은화삼 분)에게 사람을 죽이는 것을 협박하는 장면과 맹혁파특(광포도이기 분)을 죽이는 장면 중 명령을 하달하는 사람이 모두 왕공에서 간첩으로 바꾼다. 노동자들과 어린이들을 때리는 장면 등 강도를 줄인다(將王公的罪惡轉移到特務身上, 將民族內部矛盾轉移到與國民黨反動派的矛盾上去. 如馬托死人, 拿到叫頓得布殺人, 殺死孟赫巴特等場面, 由王公的命令改為特務的命令, 打工人和騎馬的小孩等場面則予以減輕). 둘째, 좋은 왕공을 한 명 더 추가하거나 왕공에게 좋은 아들을 한 명 추가한다(增加一個好的王公, 或者給王公加一個好的兒子). 셋째, 왕공이 원래 좋은 사람인데 다른 한 명의 섭정왕이 그를 지배하고 국민당의 간첩과 결탁하는 것으로 설정해야 한다(表現王公本來是好的, 但另外有一個控制他的攝政王與國民黨特務勾結的). 넷째, 왕 어르신의 왕부(王府) 안에서 간첩 한 명을 추가한다. 모든 국민당의 간첩과 서로 결탁하여 인민들을 억압하는 것이 모두 왕 어르신(王爺) 모르게 이루어진다(在王府里增加一個奸細, 一切與國民黨特務勾結欺壓人民的事, 都是瞞着王爺做的). 다섯째, 왕 어르신이 처한 환경에 대한 묘사를 강화하고 왕 어르신과 국민당 간첩 사이의 모순을 확대하고 왕 어르신이 동요하는 복선을 깔아두며 마침내 우리에게 쟁취하는 것으로 설정한다(加強對王爺當時所處環境

드시 개명해야한다는 직접적 요구에 따라 영화 〈내몽봄빛〉은 다시 수정되어 〈내몽인민의 승리〉라는 새로운 제목으로[105] 1951년에 중국관객과 다시 만나게 되었다.[106] 곧이어 영화는 1952년 '제7차 국제영화축전(카를로비바리 국제영화제)'에 「최우수 시나리오상」을 수여받았다.

영화 내용과 제목에 대한 수정은 극중 왕 어르신을 결백한 인물로, 그의 죄상을 전반적으로 국민당 간첩에게 옮긴 것으로, 중국 내부의 한족과 소수민족 사이의 민족모순을 부정하고 국민당에게 비난의 화살을 퍼붓는 식이었다. 주요 모순의 전환과 함께 영화에서 국민당은 인민대중을 괴롭히고 심지어 잔인하게 학살하는 악마로 묘사되었다. 또한 요사스러운 말로 소수민족 인민을 현혹하며 실질적으로 예속화를 널리 시행하는 주모자라는 이미지를 만들어 냈다. 반면 공산당은 민족 평등과 단결이라는 민족정책을 바탕으로 고난을 받는 소수민족 인민들을 국민당 노예 통치의 마수에서 벗어나게 하며 자유, 희망과 행복을 얻을 수 있게 만든 구세주라는 이미지로 대비시켜 부각했다. 이로써 〈내몽인민의 승리〉는 성공적으로 국민당 통치의 굴레에서 벗어나 공산당의 따뜻한 품에 안기는 것으로 귀결되었다. 또한 공산당 정권이 청렴한 정치를 행하고, 인민대중을 사랑하고, 오로지 당의 현명한 지도와 당 치하의 인민정부의 올바른 노선과 정책의 시행 밑에 노예생활을 벗어나 진정한 자유와 민주를 얻을 수 있다는 '진리'에 대해 밝힘으로써 공산주의 정권의 당위성과 정의성을 크게 선양하였다. 이 뿐만 아니라 극중

的描寫, 加强王爺和國民黨特務之間的矛盾, 安排使王爺動搖的伏筆, 而王爺終於被我們所爭取)." 于学伟, 张悦, 「由《內蒙春光》到《內蒙人民的勝利》」, 『電影藝術』 2005년 1호. 2005.1, 60쪽.

105 모택동이 이 영화를 직접적으로 감상한 후에 강청(江青)을 통해 영화의 제목인 〈내몽봄빛〉에 대한 불만을 표출하고 뒤이어 〈내몽인민의 승리〉라고 제목을 바꿀 것을 주장했다. 물론 연출 간학위는 〈내몽골인민의 승리(內蒙古人民的勝利)〉로 바꾸면 되냐고 다시 제의했으나 영화의 제목은 여전히 모택동의 뜻으로 〈내몽인민의 승리〉로 결정되었다. 干学伟, 张悦, 위의 글, 60쪽.

106 干学伟, 张悦, 위의 글, 58~60쪽, 참조.

공산당과 소수민족이 함께 국민당의 간첩활동을 간파하고, 노예화를 지속적으로 시행하기를 도모하던 국민당을 내몽골 자치구에서 쫓아낸 사실을 통해 당이 군중에 의지하여 군중을 적극 동원하는 동시에 군중이 당에 충성하고 당이 제정한 노선 및 방침에 영합하고 당과 군중이 긴밀하게 결합하면 모든 난관을 뛰어넘을 수 있다는 사실을 보여주었다.[107] 이러한 강력한 선전 및 선동적 내용은 북한인민에게 김일성을 수반으로 하는 북한 공산주의 정권의 구체적 계획과 지시에 호응하고 조국의 전후 복구사업에 기여하기를 교양시킨 것에 보조적인 역할을 수행할 수 있었다.

〈인민의 전사〉

다음 등장한 작품인 〈인민의 전사〉는 1946년 즈음에 중국 동북지역에서 벌어진 국공내전을 배경으로 동북영화제작소가 1951년에 제작한 예술영화였는데 1952년 '제7차 국제영화축전(카를로비바리 국제영화제)'에서 「자유투쟁 쟁취상」을 수여받았다. 연출은 적강, 시나리오는 유백우가 맡았다. 영화는 항일전쟁이 끝난 직후인 해방 초기에 중국공산당 치하의 인민지원군이 동북 송화강 남안 해방구에서 전개한 토지개혁으로 농민들이 토지를 나누어 받고 열정적으로 생산하여 전방을 적극 지원한다는 내용과, 친미주구인 장개석 국민당정부 부대의 임시점령과 그들과 결탁한 지주의 압박으로 토지를 뺏겨 박해를 받는 농민의 아들 유흥(劉興, 이장화 분)과 만량재(萬良材, 유흔 분)가 공산당 부대인 인민해방군에 입대하여 당의 육성과 교육으로 중국공산당에 입당하고 건공을 세워서 평범한 농민에서 '인민의 전사'로 성장하는 이야기를 다룬다. 〈백모녀〉에서 왕대춘과 마찬가지로 영화 〈인민의 전사〉에서는 유흥과 만량재라는 전형적인 영웅인물의 설정과 사적 소개를 통해 '조국을 위한 혁명적 투쟁 내지 희생이 가장 영광스러운 일이

---

107 鄭文森, 〈內蒙人民的勝利〉, 《人民日報》, 1951.3.16.

다.'라는 논리적 관념을 인민에게 주입시켰으며 '입대, 입당, 임무의 성공적 수행'이라는 것은 진정한 영웅이 되려면 필수적으로 경험해야 할 3단계라 규정하게 되었다.[108] 구체적 영웅인물에 대한 형상화와 그들이 세운 공적에 대한 칭송을 통해 '입대'를 '성장의 의식', '입당'을 '영웅의 표기'로 귀결시켰을 뿐만 아니라 극중 해방구의 광대한 중국농민들의 입에서 나온 구호와 같은 대사들도 강력한 정치적 선동성을 지닌 채 중국공산당에 대한 옹호를 보여주었다. "모주석을 따라서 걸어가려 한다!", "중국공산당 만세! 모주석 만세!", "장개석을 타도하리라!", "강도 장개석을 소멸하고 지주계급을 타도하리라!", "고난의 인민을 해방시켜라!" 등 높은 선동성을 지닌 노골적 대사들의 직접적 표출은 새롭게 성립된 신중국에서 비로소 평화롭게 살고 있음에도, 오늘날의 행복한 삶이 과거 미제 지지 하의 장개석의 국민당 정권과 목숨을 건 격투를 통해 선혈을 흘려 얻은 것이라는 사실을 절대 잊지 말자는 것을 각성시키면서 그들로 하여금 평화시기에도 자본주의의 사탕발림을 조심하고 얻기 힘든 행복한 생활을 소중히 여겨 공산당에게 감사하고 굳게 믿는 마음으로 꾸준히 충성하도록 교양했다. 뿐만 아니라 영화 〈인민의 전사〉 가운데서 공산주의 정권이 '인민을 위해 투쟁하는 전사' 내지 '인민의 구세주'로서 당위성과 우월성이라는 정치적 이데올로기에 대한 선전을 하는 것은 이 영화를 보게 된 북한관객들에게 미제 그리고 친미주구인 남한 이승만 정권과 지속적으로 단호하게 투쟁해야 하는 것을 알려주며, 그들의 마음속에 김일성을 끝없이 흠모하고 그를 수반으로 하는 북한 공산주의 정권의 모든 결책 및 지시를 적극 호응해야만 전후 조국의 복구건설을 제대로 완수할 수 있고 행복하게 살 수 있다는 신념을 성공적으로 새겨 넣는다.

---

108 李道新, 앞의 책, 271쪽, 참조.

〈남정북전〉

영화 〈남정북전〉은 1953년 북한에서 개최된 중국영화주 중 등장한 유일한 상해영화제작소의 작품이었다. 연출은 과거 1949년 동북영화제작소에서 제작한 영화 〈자기 대오로 돌아왔다〉를 연출한 바 있던 성음이 탕효단과 함께 담당했으며, 시나리오는 심서몽과 심묵군, 고보장이 공동 작성한 것이었다. 성음은 이 영화의 주제를 "해방전쟁 가운데서 모주석의 위대한 전략적 사상"이라는 "엄숙한 과제"로 설정했고,[109] 탕효단도 마찬가지로 이 영화의 주제를 "화동해방군이 어떻게 모주석의 전략적 방침을 정확하게 수행했는지" 보여주고자 하는 것이라고 했다.[110] 이에 따라 신중국 초기 제작된 다른 국공내전을 주제로 한 중국 예술영화들과 달리, 영화 〈남정북전〉에서는 여전히 중국공산당 치하의 인민해방군 전사들과 지방유격대 민병들의 영웅적 전투모습을 보여주었음에도 불구하고, 인민대중의 도탄에 빠진 비참한 생활 혹은 어떠한 전형적 영웅인물에 대한 부각에 집중하는 것보다는 전역에서 승리를 거둘 수 있게 결정적인 역할을 한, 현명한 지도사상인 "'모주석의 천재적인 기동전 전략사상'을 예술적이고 사실적으로 표현"하는 것이 이 영화의 핵심적 주제였다. 영화 〈남정북전〉은 "모택동의 위대한 전략적 사상을 전면적으로 표현한 것에 대한 첫 시도이며 초보적 성공을 거둔 영화작품이다."라는 긍정적 평가를 받았다.[111]

영화 〈남정북전〉의 배경이 되었던 시기는 장개석의 국민당부대가 중국과의 전장에서 인민해방군에게 심각한 타격을 입히기 위해 전략배치를 바꾸어 우세병력을 집결하여 공산당의 점령지인 서북과 화동 두 해방군에 대해 이른바 '중점진공'이라는 공세를 전개하던 국공내전의 중간기간인 1947년 초반이었다. 영화에서는 인민해방군 화동부대가 '앞으로의 전진을 위한 후

---

109 成蔭, 「〈南征北戰〉 導演的話」, 『大衆電影』, 1952년 15호, 1952.8, 3쪽.

110 湯曉丹, 〈南征北戰〉 獻映的話」, 《解放日報》, 1952.12.28.

111 張立雲, 〈體現毛主席偉大戰略思想的優秀影片-「南征北戰」〉, 《人民日報》, 1952.10.27.

퇴', '적을 깊숙이 유인하고 집결시켜 섬멸한다.'라는 모택동의 현명한 전략적 지도 방침을 엄격히 집행하여 산동전장에서 도촌(桃村) 등 해방구 마을과 촌락에서 철수하는 척하다가 30만 명의 국민당 부대를 산간으로 유인하여 대사하(大沙河), 봉황산(鳳凰山), 마천령(摩天嶺) 곳곳에서 저지하고 마침내 그들을 포위하여 섬멸함으로 적의 '중점진공'을 철저히 분쇄하는 내용을 다룬다. 인민해방군이 국민당 부대의 우세병력을 섬멸하고 화동전장에서 결정적 승리를 거두어 향후의 대반격에 매우 유력한 조건을 구비했다는 역사적 승리에 대한 재현은 국민당과 공산당의 전략적 의도와 전술적 수준 차이, 그리고 공산주의 정권의 우월성, 특히 국공내전시기에 언제나 대체할 수 없는 결정적인 역할을 수행하고 있었던 모택동의 위대한 군사적 전략사상을 크게 선양하고 있다.[112] 이러한 개인 전략 사상의 정확성에 대한 강도 높은 칭송에 이어 모택동 개인숭배에 대한 선도는 영화의 결말부분에서 클라이맥스를 맞이한다. 마천령을 다투어 점령하여 적군의 군단장을 생포한 거대한 승리를 거둔 인민해방군 사단장(진과 분)의 연설을 통해 노골적이라 할 수 있는 매우 직접적인 메시지를 집중적으로 전달한다. 그는 당의 대변인으로서 "우리는 또 다시 전쟁에 크게 이겼다. 우리의 형제 부대들이 서북전장, 동북전장, 화북전장, 진기로예(晉冀魯豫)의 전장에서, 전국의 각각 전장에서 연속적으로 큰 승리를 취득했다! 여러분, 우리가 승리를 거둘 수 있는 까닭은 우리가 모주석의 전략 방침을 충실하게 집행했기 때문이다. 적이 우리를 전면적으로 공격할 때, 우리가 어떤 곳을 일시적으로 포

---

112 이 영화 내용에 대한 개술은 영화 시작 부분의 자막(1947년초, 장개석 도당이 전국의 전장에서 아군의 엄중한 타격을 받은 후부터 전략배치를 바꾸어 우세병력을 집결하여 우리 서북, 화동 양 해방구에게 '중점진공'을 전개했다. 우리 화동부대는 모주석의 전략적 방침을 집행하여 소북(강소성 북반부)에서 7번의 전쟁 중 모두 승리를 거둔 후에 장개석 도당의 '중점진공'을 분쇄하기 위해 큰 걸음으로 후퇴하기 실행했다.(一九四七年初, 蔣介石匪幫在全國戰場上遭到我軍嚴重打擊後, 改變戰略部署, 集結了優勢兵力, 對我西北, 華東兩解放區進行重點進攻. 我華東部隊執行了毛主席的戰略方針, 於蘇北七戰七捷後, 為粉碎蔣匪重點進攻, 實行了大踏步後退.))를 참고했다.

기하고 큰 걸음으로 후퇴하지 않으면 우리는 오늘날의 큰 걸음으로 앞으로 나아가는 것이 있을 수 없다. 이는 바로 우리 모주석 전략적 사상의 위대한 승리이다."라고 인민을 교양시킨다. 이와 더불어 군중과 병사들이 손과 총을 높이 들고 '모주석 만세!'라고 귀청이 째질 듯한 큰 소리를 외치는 장면을 통해 모택동 사상은 의심할 여지가 없는 진리라 규정하게 되면서 모택동의 지시를 꾸준히 정확하게 집행하는 것이 모든 난관을 넘어 승리를 거둘 수 있는 유일한 방법이며, 모택동과 그를 수반으로 하는 중국 공산당 정권을 자연스레 영웅화 내지 신격화시켜 정치적 선전 및 선동으로 이용한다. 이 영화에서 최고지도자에 대한 개인숭배와 공산주의 정권에 대한 충성이라는 선동성이 높은 정치적 이데올로기는 북한에서 그대로 수용될 수밖에 없었다. 또한 이는 전후복구기, 즉 정치, 경제 등 각 분야가 모두 안정되지 않고 방치되거나 지체된 각종 일들이 시행되기를 기다리는 특정한 시기에 북한 김일성 집권통치의 강화에 도움이 되었다.

앞서 살펴본 모택동이 언급한 '공농병' 영화 중 '병'에 집중한, 즉 전쟁을 주제로 한 예술영화 〈백모녀〉, 〈내몽인민의 승리〉, 〈인민의 전사〉, 〈남전북전〉, 기록영화 〈항미원조 제1작〉과 달리, 이번 영화주에서 등장한 또 다른 두 편의 영화 〈육호문〉과 〈포도가 익을 때〉는 각각 '공'과 '농'에 집중하며 중국공산당 지도 아래의 경제 건설 가운데서 공업과 농업에 관한 내용을 다룬 영화였다. 이 두 작품을 통해 신중국 성립 전후, 즉 신민주주의시기 말기와 사회주의과도시기 초기에 경제적 발전에 있어서 중국공산당 정권의 우월성이 뚜렷하게 드러난다. 특히 공업과 농업에 대한 구조, 개조 및 혁신에 관한 구체적 노선 및 계획의 실행에서 보여준 비범한 영도력을 입증하고 있다.

〈육호문〉

영화 〈육호문〉은 국공내전시기에 오랫동안 압박과 착취를 받고 있었던 노동계급이 중국공산당의 지도하에 신세를 고치고 주인이 되었다는 내용을 다룬 예술영화로 동북영화제작소가 1952년에 제작하여 '1949~1955년 중국문화부 우수 영화상' 선정 중 '우수 영화 3등상'이라는 영예를 수여받았다. 연출은 과거 신중국 최초의 예술영화인 〈다리〉에서 주연배우로 나왔던 여반이 맡았다. 시나리오는 천진(天津) 짐꾼의 집체작으로, 왕혈파(王血波)와 장학신(張學新)이 집필한 동명 무대극 〈육호문〉을 진영의 각색으로 작성되었다.

영화 전반부에서는 이른바 '해방 전야'인 1949년 초에 장개석의 중국국민당 국통구인 천진 '육호문'이라는 부두 화물하치장에서 두목 마팔배(馬八輩, 진사화 분)와 그의 아들 마금용(馬金龍, 사첨 분)이 당지의 국민당 정부, 경찰청 등과 서로 결탁하여 부두의 짐꾼을 혹독하게 착취하는 사실을 보여준다. 그들은 노동자의 임금 지불을 함부로 멈추고 급여를 독촉하러 찾아간 짐꾼들을 마구 때리며, 심지어 짐꾼 호이(胡二, 곽진청 분)의 어린 아들을 잔인하게 던져 죽인다. 이 장면을 통해 국민당 치하 국통구의 정경유착으로 인해 노동인민들이 안심하고 살지 못했다는 사실을 강조했다. 이와 함께 영화 후반부분에서는 해방 직전 호이와 정점원(丁占元, 이자평 분)을 수반으로 하는 육호문 하치장의 노동자들이 지하당의 인솔 하에 파업을 전개하여 임금을 받아내고 신중국 수립 직후 공산당 인민정부의 현명한 교도와 적극적 협조 밑에 이른바 '반동분자'인 마금용 부자의 거듭 교란을 차단하면서 '짐꾼 임시 안내소(搬運工人臨時服務站)'를 창설함으로써 행복한 삶을 살기 시작했다는 내용을 다룬다. 영화 전반부에서 묘사된 국민당 치하 중국 노동계급의 비참한 생활과 대조를 이룬 끝부분은 선진적 노동자들이 적극적으로 입당을 지원하는 장면이다. 이는 중국공산주의 정권의 당위성과 우월성을 입증할 수 있는 유력한 증거로서, 중국공산당이야말로 진정한 지도자이자 노동인민들을 자본주의의 굴레에서 벗어나게 하고 공산주의의 햇빛에서 행복하게 살 수 있도록 하는 유일한 구세주라는 이미지를 부각시킨다. 따라서 신중국 정부가 건국 초기에 제정한 사회주의과도시기 공업, 농업, 수공업 등 다양한 분야에 관한 온갖 결책의 반포와 시행은 정치 분위기가 상대적으로 불안정했음에도 불구하고 광대한 노동계급의 열렬한 옹호 및 지지를 얻는 것이 지극히 당연한 일이었다. 이 영화가 북한관객에게 끼친 영향도 역시 마찬가지였다.

> 평양방직기계제작소 노동자인 윤태종은 「육호문」을 보고 이렇게 말했다. "과거의 중국 노동자 형제들이 쿨리(苦力)라고 불리며 압박을 받고 있었다. 그러나 그들은 공산당과 모주석의 영도 밑에 신세를 고쳐 주인이 되었다. 이는 우리 노동계급의 무적의 힘을 충분히 보여주며 나를 고무시켰다. 나는 우리 조국이 전쟁의 참상에서 회복되는 중에 가장 큰 힘을 이바지하기로 굳게 결심하였다."[113]

공산당 지도하에 중국 노동계급의 투쟁사를 그린 〈육호문〉은 공산주의 정권을 신격화시키면서 정치적 이데올로기를 선전하여 중국인민뿐만 아니라 북한관객, 특히 이 영화를 보게 된 북한 노동자들로 하여금 긴밀하게 단결하고 당이 제정한 정치적 노선 및 계획 그리고 수령 김일성의 온갖 지시에 무조건 복종하고 전후 북한 복구사업 중 해결해야 할 가장 중요하고 시급한 문제인 중공업생산에 투신하여 임무를 적극 수행하도록 선동했다.

---

113 "平壤紡織機械製造所工人伊泰鐘看了「六號門」這樣說: 「過去中國工人兄弟叫苦力, 受壓迫, 但在共産黨毛主席領導下他們翻了身, 當了國家的主人, 這充分的顯示了我們工人階級的無敵力量, 影片鼓舞了我, 我決心要在恢復我們祖國戰爭創傷中, 貢獻出我的最大力量!」 祖武, 「朝鮮人民熱愛中國電影-中國電影特別放映週在朝鮮」, 『大衆電影』, 1953년 21호, 1953.11, 4쪽.

〈포도가 익을 때〉

〈육호문〉에 이어 〈포도가 익을 때〉도 동북영화제작소가 1952년에 제작한 또 다른 예술영화로 연출은 왕가을, 시나리오 작성은 손겸이 맡았다. 1949년 9월 중국인민정치회의 제1회 전체회의 석상에서 체결한, 임시헌법과 같은 역할을 하는 〈중국인민정치협상회의 공동강령(中國人民政治協商會議共同綱領)〉에서 "모든 철저히 개혁된 지역에서, 인민정부가 농업생산과 그의 부업 발전을 중심으로 하는 임무를 수행하기 위해 농민과 모든 농업생산에 종사할 수 있는 노동력을 조직하며 농민들로 하여금 '자원'과 '호혜'라는 원칙으로 점진적으로 다양한 형태의 노동호조(勞動互助)와 생산활동을 전개하도록 지도해야 한다."라는 결정에 따라 중국 각 지역에서 농업생산합작사가 건립되었다. 이는 신중국 초기에 농업의 정상적 발전과 농업의 사회주의개조를 촉진하는 것에 적극적 역할을 하고 있었다.

영화 〈포도가 익을 때〉는 바로 신중국 건국 초기, 즉 사회주의 과도시기에 농업의 정상적 발전과 농업의 사회주의개조를 촉진하는 것에 적극적 역할을 하고 있었던 농촌생산합작사제도의 시행을 배경으로 한 예술영화였다. 이 영화는 중국관객들에게 과거의 고통스러운 생활과 투쟁의 역사를 서술한다. 뿐만 아니라 사회주의 과도기인 오늘날의 새 생활, 특히 농촌에서의 생기가 가득 찬 새로운 모습을 묘사하는 예술작품에 대한 강력한 요구에[114] 순응하여 남사촌(南沙村)이라는 농촌마을에서 주 아주머니(周大娘, 구양여추 분)가 10마지기의 논에서 총 1,200근의 포도를 수확했으나 포도가 대풍년이라 판로가 없는 것을 고민하고 있을 때, 농촌합작사 책임자인 정로귀(丁老貴, 두덕부 분)가 중국공산당 당지부 서기(위화문 분)의 계발교육과 올바른 지도하에 마침내 새로 연 포도주 공장을 통해 판로를 찾아 농민의 포도 적체 문제를 적극적으로 해결해주며 폭리를 얻으려던 투기상

---

114 王朝開, 〈評電影「葡萄熟了的時候」〉, 《人民日報》, 1953.4.4.

들을 성공적으로 제압하는 이야기를 다룬다.

영화 〈포도가 익을 때〉는 5일(1953년 10월 5일)에 (북한)관객들과 만나게 되었다. 이 날에 먼 변두리에서 온 농민들과 합작사의 사원들이 찾아왔다. 그들은 이 영화를 본 후에 박수치며 칭찬했다. 평양의 변두리에서 온 농민 강도철은 "이(영화)는 농민들에게 우리가 합작사에 의지하고 집단화의 길을 걸어야만 더 잘 살아 사회주의를 향해 나아갈 수 있다는 것을 알려준다." 평양 감북리 소비합작사 주인인 김용태는 영화를 감상한 후에 "내가 이 영화를 본 후에 많이 배웠다. 특히 합작사 주인인 정로귀의 고집불통, 군중의 의견을 청취하지 않아서 군중의 이익에 손상을 입힐 뻔하는 것은 나한테 매우 큰 깨달음을 주었다. 앞으로 나는 반드시 군중의 의견을 많이 듣고 나의 업무 태도를 바꾸어 모범적 합작사 근무자가 될 수 있도록 하겠다."라고 간절하게 말했다.[115]

위에 인용한 북한관객의 감상문과 같이, 중국 사회주의 과도시기의 일종인 '농업 집단화' 방침인 농촌합작사제도 시행의 합리성과 필요성, 또한 농촌의 경제 발전 과정에서 당의 현명한 지도력, 그리고 대중 속으로 들어간 수많은 선진적 당원의 대단한 감화력, 이어 당, 지방인민정부와 합작사가 삼위일체로 광대한 농민의 이익을 위해서 했던 최선의 노력은 영화 〈포도가 익을 때〉에서 힘주어 강조하는 핵심 부분이자 이 영화가 북한에서도 제대로 수용될 수 있었던 원인이었다. '농업 집단화'가 북한에서 당과 정부의

---

[115] "影片「葡萄熟了的時候」是在五日與觀衆見面的, 這天有許多來自很遠的郊區農民和合作社的社員們, 大家看了這部影片后, 都拍手稱好, 平壤市郊模範農民康道哲說:「這部影片給農民上了一課, 他告訴我們要依靠合作社, 走集體化道路才能使生活更好, 才能走向社會主義。」金容泰是平壤感北里消費合作社主人, 他看過影片後這樣誠懇的說:「看了這部影片, 我學到了很多東西, 特別是影片中的合作社主任丁老貴的頑固腦筋, 不聽取羣衆意見, 使羣衆利益險遭損傷, 這點對我啓發很大, 今後我一定要多多聽取羣衆意見, 改變自己的工作作風, 爭取作一個模範的合作社工作者。」祖武,「朝鮮人民熱愛中國電影-中國電影特別放映週在朝鮮」,『大衆電影』, 1953년 21호, 1953.11, 4쪽.

정책이 된 것은 1954년 1월 14일 당중앙위원회 석상에서 「농업협동경리의 조직문제에 관하여」라는 지시가 나오면서부터였다. 이 자리에서 농업협동조합의 조직·운영상 기본원칙이 제시되고, 각 조합이 선택해야 할 3종류의 표준 형태(제1형태는 '농촌노력협조단', 제2형태는 '토지협동조합', 제3형태는 조합원의 전체 토지, 농기구, 축력을 조합에 통합하고 분배는 오로지 노동의 질과 양만으로 행해지는 완전한 사회주의 형태)가 처음 제시되었다. 이는 1954년 3월 11일 농업협동조합에 대한 각종 우대 조치를 규정한 내각결정 제40호 「농업협동조합의 강화발전대책에 관하여」와 같은 해 5월 4일 농업성령 제2호 「농업협동경리의 국가등록에 관한 규정」을 통해 널리 펼쳐지게 되었으며, 11월 1일부터 3일까지 당중앙위원회 전원회의에서는 '농업 집단화'를 대중적 단계로 확대하기로 결정했다. 또한 중국 영화 〈포도가 익을 때〉에서 명확히 반영된 '농업 집단화'에 관한 구체적인 조치인 개인 양곡상의 금지와 곡물수매 캄파니아의 전개는 1954년 6월 당중앙위원회에서 펼쳐진 토의와 8월 23일 내각전원회의에서 논의된 바에 따라 9월에 실태조사를 거쳐 11월 1일부터 비로소 정식적으로 시작되었다.

'농업 집단화'에 관한 이러한 의사결정 및 해당조치의 토의, 공포 및 실행은 1953년 8월 5~8일 당중앙위원회 제6차 전원회의에서 김일성이 "1954년부터 사유토지와 사유생산도구를 가지는 원칙 아래 일부지역에서 경험적으로 농업협동조합을 조직한다"고 언급한 후에 1953년 12월 8일 당중앙위원회 정치위원회에서 다시 "1954년부터 일부 지역에, 경험적으로 농업협동조합을 조직하여 운영해야 한다"고 주장하면서 도입된 바 있었다.[116] 이와 결부하여, 1953년 10월에 중국공산당과 신중국 정부 지도하에 중국농촌에 널리 보급된 농업생산합작사의 우월성을 과찬하고 이어 '농업 집단화' 제도의 시행을 크게 선양하는 목적을 지닌 중국예술영화 〈포도가 익을 때〉의

---

116 서동만, 앞의 책, 658~672, 참조.

북한에서의 상영은 당시 맹아 상태에 있는 북한의 '농업 집단화'의 길에 있어 꽃이 피고 열매를 맺는 것에 촉매 작용을 하고 있었다. 영화에서 보여준 '농업 집단화' 제도의 성공적 시행과 그에 의해서 농민들이 얻는 이익은 확실히 북한관객 특히 농민계층을 설득력 있게 교양시킬 수 있었다.

앞에서 살펴본 1953년 10월에 한국전쟁 휴전직후 북한에서 최초로 개최된 '중국 영화 특별 상영주간' 가운데 등장한 영화와 마찬가지로 전쟁영화와 신중국 성립 직후인 사회주의과도시기 전국적으로 전개된 사회주의 건설을 주제로 한 영화, 즉 전형적인 신중국 '공농병' 영화들은 1954년의 중국영화주에서도 여전히 주력군의 역할을 했다. 1954년 9월 즈음에 중국에서 성공적으로 개최된 '조선인민민주주의인민공화국영화주'의 폐막이 얼마 지나지 않았던 10월 북한에서는 "위대한 중화인민공화국 창건 五주년을 기념"할 목적으로 중국의 국경절을 맞이하여 10월 1일부터 중국영화 특별 상영 활동인 '중국영화상영주간'을 개최했다. 중국영화상영주는 10월 상순인 10월 1일부터 10월 10일까지 10일 동안 중국예술영화 〈풍년〉, 〈남정북전〉과 〈마수는 끊어졌다〉 3편과 기록영화 〈항미원조 제2작〉, 〈건설되는 안산 제강〉과 〈八‧一 체육대회〉 등 3편을 상영하기로 했으나[117] 결과적으로 영화주 기간이 12일로 연장되어 예술영화 〈비밀편지〉, 〈양산백과 축영대〉, 시보영화 〈김일성 원수 조선정부대표단을 인솔해 북경에 도착〉[118]이 추가되었다.[119] 영화주가 개막되기 전인 9월 30일, 개막식이 북한 당과 정부 인사, 재평양 외국 인사와 평양 시내 노동자의 다수 참석 하에 평양 영화관에서 거행되었다.

---

117 〈중국영화 상영순간 설정〉, 《로동신문》, 1954.9.12.
118 시보영화 〈김일성 원수 조선정부대표단을 인솔해 북경에 도착〉은 9월 30일 중국영화상영주간 개막에 제하여 거행된 개막식에서 "단편 기록영화 〈조선 정부 대표단 북경에서〉"라는 이름으로 상영되었다. 〈중국영화 상영주간 개막〉, 《로동신문》, 1954.10.3.
119 〈중국영화 상영주간 폐막〉, 《로동신문》, 1954.10.17.

[자료] 1954년 북한에서 개최된 '중국영화상영주간'과 관련된 기사들
(《로동신문》, 1954.10.3. 9.12. 10.17.)

개막식 석상에서 북한 문화선전성 부상인 김태근은 개막사를 통해 "장구한 혁명 투쟁 속에서 장성 및 발전된 중국영화들"의 고상한 예술성과 사상

성을 칭찬하고, '중국영화상영주간'의 개최는 "공통의 원쑤 미제를 반대하는 투쟁에서 피로써 맺어진 조·중 량국 인민 간의 전투적 우의와 친선 단결을 강화하며 량국 간의 문화 교류를 촉진하는데 크게 기여한 것"이라고 강조했다. 또한 당시 북한 주재 중국 임시 대리 대사인 감야도(甘野陶)는 "이번 중국영화 상영주간을 통하여 제一차 五개년 인민 경제 계획 수행과정에서 중국 인민들이 이룩한 빛나는 투쟁성과들과 유구한 역사를 가진 중국의 고전예술과 현대적 체육 문화 발전의 면모들을 감상하게 된 것이다."라는 연설과 함께 1954년 중국영화상영주간에서 등장한 영화들의 주제를 소개해 주었다. 따라서 1953년부터 중국에서 전개된 사회주의 인민 경제 '제1차 5개년 계획'과 이에 대한 수행과정에서 거둔 성과를 소재로 한 예술영화 〈풍년〉, 기록영화 〈건설되는 안산 제강〉, 중국의 고전적 무대예술 형식인 '월극(越劇)'을 통해 중국 고대 민간이야기 '양산백과 축영대'에 대한 연역(演繹)을 기록한 희곡예술영화 〈양산백과 축영대〉, 현대적 체육 문화 발전의 면모를 보여준 기록영화 〈八·一 체육대회〉, 이외에 신중국 건국 초기 반(反)간첩 주제로 한 영화 〈마수는 끊어졌다〉, 항일전쟁을 주제로 한 아동영화 〈비밀편지〉, 조·중 양국 간의 전투적 우의와 친선 방문이라는 내용을 다룬 기록영화 〈항미원조 제2작〉과 시보영화 〈김일성 원수 조선정부대표단을 인솔해 북경에 도착〉이 10월 1일부터 "중국영화 상영주간이 평양시를 비롯한 전국 각 중요 도시 三九개 소에서 일제히 개막"되어 북한 인민들과 만나게 되었다.[120] 기왕의 중국영화상영주간과 달리 이번에는 단지 평양 지역에만 국한된 것이 아니라 북한 전국으로 배급되고 또한 상영기간이 연장되었기 때문에 노동자, 농민, 군인, 학생 등 각계각층 인민을 대상으로 1953년의 무려 7배인 총 76만 8,000명 관객을 동원했다.[121]

지금까지 한국전쟁 시기 최종의 승리를 위해 중국인민지원군이 북한군민

---

120 〈중국영화 상영주간 개막〉, 《로동신문》, 1954.10.3.
121 〈중국영화 상영주간 폐막〉, 《로동신문》, 1954.10.17.

과 어깨를 나란히 하여 미군과 영웅적으로 혈투하는 공훈을 수록한 기록영
화 〈항미원조 제2작〉, 1953년 11월 12일 김일성을 수반으로 하는 조선정부
대표단이 중국을 방문하러 북경에 도착하여 당일 총리 주은래의 접견을 받
아 다음 날인 13일에 주석 모택동과 회견하게 되는 실황을 기록한 시보영화
〈김일성 원수 조선정부대표단을 인솔해 북경에 도착〉, 그리고 1953년의 중
국영화 상영주간에서 이미 북한관객들과 만난 바 있는 과거 중국 국공내전
시기 공산당 치하의 인민해방군이 이른바 '모주석의 천재적인 기동전 전략
사상'을 적극 따라 실천하여 마침내 국민당부대의 '중점진공'을 분쇄하여 거
둔 역사적 승리를 주된 내용으로 한 예술영화 〈남정북전〉에 대해 알아보았
다. 다음부터는 이를 제외한 나머지 영화들이 구체적으로 어떠한 영화였는
지를 살펴보고, 이러한 영화들의 보급이 북한관객에게 어떠한 영향을 끼쳤
는지를 분석할 것이다.

〈풍년〉

동북영화제작소가 1953년 제작한 영화 〈풍년〉은 사회주의 과도시기인
1953년 즈음에 중국의 광대한 농촌 지역에서 농업생산합작사제도의 보급에
따라 적극 전개된 이른바 '애국증산운동'이라는 다수확 투쟁을 배경으로 한
예술영화였다. 연출은 사몽이 맡았으며 시나리오는 손겸과 임삼이 공통으
로 작성했다. 이 영화는 '1949-1955년 중국문화부 우수 영화상' 선정 중
'우수 영화 3등상'이라는 영예를 수여받았다.

이 영화는 진가장(陳家莊)이라는 어떤 농촌 마을의 농업생산합작사에서
벌어진 이야기를 다룬다. 진가장의 농업생산합작사는 촌 당지부 서기인 진
초원(陳初元, 이서전 분)의 지도 밑에 해마다 다수확을 거두어 면모가 달라
져갔다. 이러한 애국증산운동이 기세 등등하게 진행되고 있음에도 불구하
고 합작사 주임인 손부귀(孫富貴, 조작악 분)는 계속되는 풍작에 도취되어
이 이상의 다수확을 거둘 수 없으며 단위당 수확량은 이미 최고 수준에 도

달했다고 자만자족한다. 이와 반대로 진초원은 전국 노동 모범자로서 국경절에 북경에서 모택동을 본 감격과 국영 농장을 참관한 이야기를 마을 사람들에게 전하면서 증산 구호를 내놓고 전체 합작사 사원들을 '애국증산운동'에 투신하도록 한다. 그가 주장한 밀식이라는 재배방식, 화학비료의 사용, 그리고 관개용수를 확보하기 위한 우물 파기 등 영농에 관한 선진적 주장과 계획은 손부귀를 수반으로 하는 보수적인 합작사 사원들에게 철저한 부정을 당한다. 특히 진가장은 토양이 유사(流砂)지질이기 때문에 우물 파기 조치에 대해 강력히 반대한다. 우물 파기 계획을 중심으로 한 증산 문제에 대한 토론이 옥상각신하다가 교착 상태에 빠졌을 때 진가장에 내려온 상급영도인 현(县)당위의 왕(王)정치위원(장평 분)은 진초원의 우물 파기 계획을 지지하고 격려해 주었다. 마침내 현당위는 진초원에 대한 고무와 더불어 낡은 경험주의 사상을 갖춘 합작사 사원들에 대한 비판과 교육을 한다. 또한 진초원뿐만 아니라 소동(小東, 임농 분), 금화(金花, 왕배 분) 등 선진인물들이 우물 파기 기술에 대한 연구에 적극적으로 나서 한 번의 실패를 두려워하지 않고 끝까지 열중하는 고귀한 정신도 찬양한다. 정부의 대대적 이론상의 지도 및 실천상의 지지와 방조로 모든 수리공사는 순조롭게 완성되어 수많은 우물이 메마른 땅에 물을 대 준다. 이에 따라서 단위당 수확량은 목표를 훨씬 초과하여 진가장은 '애국증산운동'에서 거대한 승리를 거둔다.

영화 〈풍년〉은 중국 사회주의 건설 중 광대한 농촌지방에서 농업생산합작사제도의 보급과 함께 전개된 '애국증산운동' 가운데서 진취성보다 안일성으로 낡은 경험주의와 자만자족에 빠진 낙후 농민집단과, 진취적 기상으로 당의 현명한 지도 밑에 농업생산임무를 적극 수행하는 선진 농민집단의 전혀 다른 모습을 대비적으로 부각시켜 농촌생산합작사제도의 선진성을 보여주고 농민들을 조국의 사회주의 농업에, 특히 과도시기 사회주의 '3대개조' 중 농업의 사회주의 공유제개조에 적극 투신하도록 가일층 독려했다. 그리고 무엇보다 영화에서는 모든 성과가 이른바 '상급', 즉 당과 정부의 조직하에 호조합작운동의 전개로 귀결되고 공산당 정권의 우월성을 효과적으로 입증했다. 이러한 정치적 이데올로기에 대한 선전 및 선동은 북한에서도 농민계층부터 제대로 수용된 것이었다.

> 영화 〈풍년〉은 농민 생산 합작사에서의 다수확 투쟁을 주제로 하고 풍작이 자연적 조건에 의하여 이루어진 것이 아니라 자연을 정복하는 사람들의 창조적 로력에 의하여 이루어진다는 것을 뵈여 주고 있다. 또한 이 영화는 협동경리의 우월성을 과시하면서 사회주의 건설 도상에 있는 중국 농민들의 다수확 투쟁 모습과 행복한 생활 모습들을 뵈여 주고 있다. 영화 〈풍년〉은 우리나라 농민들에게 많은 교훈을 줄 것이며 그들을 다수확 투쟁에도 힘차게 고무한 것이다.[122]

위에 인용한 바와 같이, 영화 〈풍년〉의 상영은 형제국가 중국의 사회주의 건설 가운데 농업의 생산이념과 생산방식부터의 사회주의 현대화 개조로 거둔 거대한 성과를 직접적으로 보여주면서 북한 농민들에게 자연스레 농업생산에 대한 적극성과 창조성을 불러일으켰다. 또한 이는 농업 사회주의 개조의 성공적 선례로서 북한에서 전후부터 이루어진 생산에 대한 당의 통제권한 부여, 즉 유일관리제의 지속적 보강을 착착 추진했다. 특히 영화 상영 직후 다음 달인 1954년 11월 당중앙위원회 전원회의에서는 근로단체의 자립성을 감소시키고 그에 대한 통제를 한층 더 강화시킬 목적으로 당농민부가 농업부로, 노동부가 산업부로 그 명칭이 바뀌고 농민동맹과 직업동맹의 사업을 당조직지도부가 직접 장악하게 되는 결책을 시행하고 농업협동화의 대중적 전개와 전 사회의 사회주의적 개조가 일정에 오르게 되는 기반을 마련하고자 이를 가속화시켰다.[123] 이러한 강력한 사회주의 정치적 교양기능을 띤 문예물의 교류는 전후 북한 정부가 인민들을 효과적으로 통

---

122 〈중국예술영화「풍년」〉, 《로동신문》, 1954.9.28.
123 서동만, 앞의 책, 632~637쪽, 참조.

일·단결하고 전후시기에서 가장 시급한 문제인 경제적 복구에 관한 온갖 조치들, 특히 농업사업에 대한 당의 통제 및 지배력의 강화 그리고 농업생산 다수확 투쟁을 관철시키는데 매우 유리한 것이었다.

[자료] 중국영화 〈풍년〉에 대한 소개문
(《로동신문》, 1954.9.28.)

〈마수는 끊어졌다〉

〈마수는 끊어졌다〉는 〈풍년〉에 이어 이번 중국영화 상영주간에서 등장한 또 다른 예술영화였다. 이 영화는 상해영화제작소가 1953년에 재작한 작품인데 연출은 심부, 시나리오는 조명이 맡았다.

신중국 정부 수립 초기인 1950년을 배경으로 한 반(反)간첩 영화 〈마수는 끊어졌다〉는 대만 국민당 정부의 간첩인 백병충(白秉忠, 한비 분)이 중국동북지역의 어떤 군사공장에서 고급기사 주창명(周昌明, 도금 분)이 새로운 방공무기를 연구제작하면서 만든 설계도를 훔치기 위해 부품의 개진작업에 참가하러 홍콩에서 온 주창명의 오랜 친구의 조카라 사칭하여 공장에 들어갔지만 중국 공안부의 의심과 엄밀한 감시를 받게 된다. 결국 당지의 간첩 두목인 이탈리아 국적의 천주교 신부인 하주교(何主敎, 우비 분)와 석신부(石神父, 진술 분)가 서로 결탁하여 설계도를 훔쳐 거짓말로 주창명을 홍콩으로 꾀어내지만, 거부당한 직후 주창명의 암살을 준비했을 때 밀모가 발각됨에 따라 공안부에게 일망타진 된다.

〈마수는 끊어졌다〉는 과거 동북영화제작소가 1949년에 제작한 〈보이지 않는 전선〉과 상해곤륜영화제작소가 1950년 제작한 〈인민의 큰 손〉과 마찬가지로 전형적인 반간첩을 주제로 한 영화이다. 이 작품은 신중국 건국 전후 매우 불안정한 정치적 상황에서 중국인민, 특히 인민정부의 공안요원들이 친미주구 장개석의 국민당 간첩과 투쟁하고 기밀정보를 빼돌리고 인민단결을 방해하는 파괴 활동을 의도적으로 전개함으로써 최종적으로 공산당 정권을 와해시키고 대륙을 반격하려는 간첩들의 음모를 철저히 분쇄하여 조국의 안전 보호라는 구체적 임무를 제대로 수행하는 빛나는 사적을 반영했다. 영화는 보여준 '보이지 않는 전선', 즉 반간첩 투쟁을 통해 정부의 공안요원부터 보통 인민군중들이 모두 '은폐된 적'인 미제, 친미주구의 간첩과 적극적으로 투쟁하고 조국의 안전을 함께 지키는 지혜와 용기를 아울러 갖춘 애국자라는 점을 중국관객뿐만 아니라 북한관객에게도 보여주고 있다. 중국영화 〈마수는 끊어졌다〉가 북한에서 상영되었던 1954년은 전후 복구시기 초기이며 영화가 제작된 시기 정치적 분위기는 신중국 건국 초기와 비슷하게 불안정했다. 이때 이러한 반간첩 투쟁을 고무하는 정치적 이데올로기에 대한 선전은 북한인민의 경각심을 높이고, 그들에게 미제와 친미주구 이승만에 대해 기회를 엿보아 반격을 방비하고 격퇴하는 평화시기의 애국주의 교양을 강화시켰다. 따라서 북한인민에게 영화 결말부분에서 반복적으로 언급된 이른바 "승리과실의 보위자"가 되리라는 것을 선동하게 되는 것이다.

〈비밀편지〉

〈비밀편지〉는 상해영화제작사가 1953년에 제작한 과거 항일전쟁시기를 배경으로 한 아동예술영화이다. 영화의 연출은 석휘가 맡았으며, 시나리오는 중국 작가 화산(華山, 본명 양화녕楊華寧)의 동명 소설에 근거하여 장준상이 각색하여 창작되었다. 이 영화는 '1945-1955년 중국문화부 우수 영화상' 선정 중 '우수예술영화 3등상'이라는 영예, 그리고 1955년 '제9차 영국 에든버러 국제영화제'에서 '우승상'을 수여받았다.

항일전쟁시기 적 후방에 있었던 중국인민들은 일제침략자들에 관한 정보를 시시로 유격대에게 제공하여 그들의 활동을 도와주었다. 이 가운데서 그 정보가 긴급한 것이었을 때에는 그 편지에 닭털을 붙여서 표시하였다. 그렇기 때문에 이 영화는 중국에서 〈닭털편지(雞毛信)〉라는 제목으로 상영되었다. 그러나 북한에서 북한관객들이 쉽게 이해할 수 있도록 〈비밀편지〉라는 더 직설적인 이름으로 바꾸어 개봉되었다.[124]

[자료] 중국영화 〈비밀편지〉에 대한 소개문
(《로동신문》, 1954.10.4.)

---

124 〈중국예술영화 「비밀편지」〉, 《로동신문》, 1954.10.4.

영화 〈비밀편지〉는 신중국 성립 직후 처음으로 제작된 항일전쟁시기 중국 소년들이 항적하는 용감한 사적을 반영한 아동영화인이다. 영화는 화북 항일근거지에서 용문촌 아동단 단장인 해왜(海娃, 채원원 분)가 민병대장인 그의 아버지(서적 분)의 당부를 받아서 긴급정보가 쓰여 있는 닭털편지를 공산당 팔로군의 장 중대장(장예 분)에게 직접 보내는 과정을 다룬다. 해왜는 편지를 가지고 가다가 일본군을 만나 잡혀갔는데 대단한 용기와 지혜로 그곳을 벗어난다. 하지만 계속된 적의 추적으로 부상을 당하는데, 그럼에도 불구하고 마침내 임무를 완수하여 전쟁의 승리에 크게 이바지한다.

영화에서는 해왜라는 소년이 적의 폭력을 두려워하지 않고 슬기롭고 용감한 정신으로 임무를 엄격히 수행하는 전형적인 '어린 영웅' 이미지를 보여준다. 이 영화는 중국, 북한을 막론하여 소년에 대한 큰 교육적 의미를 지닌다. 중국아동예술영화 〈비밀편지〉의 북한 상영을 통한 주인공 해왜의 영웅적 사적은 북한 소년아동에게 어린 나이임에도 조국에 적극 이바지 할 수 있으며, 반드시 장차 나라의 평화와 번영발전에 전적으로 기여하는 일꾼이 되라는 애국주의 교양을 주입시키고, 그들을 격려하는 교시와 같은 중요한 선전 및 선동 역할을 수행한다.

〈양산백과 축영대〉

〈양산백과 축영대〉는 중국의 고전적 무대예술 형식인 '월극(越劇)'을 통해 중국 고대 민간 이야기 '양산백과 축영대'에 대한 연역을 기록한 컬러 희곡예술영화이다. 연출은 상호와 황사, 시나리오는 상호와 서진이 공통으로 맡았다. '월극'은 중국의 '5대 희곡'[125] 중 하나이며 20세기 초인 1906년 즈음에 중국 절강성 승현(嵊縣)에서 '낙지창서(落地唱書)'라는 노래를 팔아먹고 사는 연기자 원복생(袁福生), 이모정(李茂正), 고병화(高炳火), 이세천

---

125 중국에서는 경극(京劇), 월극, 황매희(黃梅戲), 평극(評劇)과 예극(豫劇)을 '5대 희곡'이라고 부른다.

(李世泉) 등의 공연을 통해 처음으로 '월극'이라는 설창형식의 존재가 세상에 알려졌다. 이러한 공연 형식은 '소가반(小歌班)'이라고 불리어 1917년부터 상해에 들어가서 소극(紹劇)과 경극의 연출 기교가 접목된 후에 인기를 끌어서 '소흥문희(紹興文戲)'라는 이름으로 흥행이 되었다. 이때 '남반(男班)'과 '여반(女班)'으로 나뉘어 지속적으로 발전되었다. 1930년대부터 '여반'은 점차 '남반'의 지위를 대체하여 무대를 주도하기에 이르렀다. '여반' 월극은 상해에서의 흥행에 따라 1930년 말 다수의 극단으로부터 월극이라고 불리기 시작했다. 1940년대 원설분(袁雪芬)이 발기한 '신월극' 개혁을 걸쳐 신중국 성립으로 인해 월극은 새로운 발전 시기에 들어가며 일련의 월극극단과 희극 연구소가 성립되었다. 특히 1951년 5월 중국 국무원이 '인민희곡은 민주정신과 애국정신 교육을 목적으로 한 광대한 인민의 중요한 무기'를 강조하기 위해 발표한 〈희곡 개혁사업에 관한 지시〉 중 '3개(三改)'[126]라는 구체적 요구에 따라 월극의 발전이 촉진되고 1950년대 초에 〈양산백과 축영대〉, 〈서상기(西廂記)〉, 〈홍루몽(紅樓夢)〉 등 중국 고전소설 및 희곡과 조선의 대표적인 고전소설인 〈춘향전(春香傳)〉이 월극 예술작품들로 창작되었다. 월극 공연은 오직 중국 국내에서만 진행되는 것이 아니라 한국전쟁시기 항미원조 위문연출, 소련, 동독을 비롯한 다른 사회주의 형제국가 간의 문화교류활동 등 다양한 국제무대에도 나섰다.

'양산백과 축영대'는 약 1700년 간의 긴 역사를 갖고 있으며, 동진시기 민간에서 기원하여 여러 문학 형태로 발전한 뒤 각 지역 문화에 변화 응용되면서 당, 송, 원, 명, 청을 거쳐 오늘날까지 지속적으로 전래되어 왔던

---

126 〈희곡 개혁사업에 관한 지시〉 중 언급한 '3개'는 구체적으로 학습을 통해서 희곡 연기자의 정치적 각오와 문화 수준을 제고한다는 것을 의미하는 '사람 개혁', 건국 전 극단의 불합리한 구제도에 대한 개혁을 가리킨 '제도 개혁', 그리고 희곡 대본과 희곡무대의 불량한 요소를 제거하는 것을 가리키는 동시에 진보적 의의와 시대적 정신을 가진 레퍼토리를 적극적으로 개편하고 창작한다는 것을 요구한 '희곡 개혁' 세 가지를 포함한다. 장아비, 「1950년대 창극 〈춘향전〉과 월극 〈춘향전〉의 비교 연구」, 전남대학교 대학원 석사학위논문, 2017, 18~19쪽, 참조.

구전문학이다. 구체적인 내용은 다음과 같다. 세도가의 딸인 축영대가 공부하기 위해 남자로 변장하여 남자만 학생으로 받는 서원에 들어가 양산백과 함께 공부를 하게 된다. 그러던 어느 날 양산백이 축영대가 여자라는 사실을 깨닫고 서로의 사랑을 확인하여 평생을 함께 할 것을 약속했으나, 축영대는 부모의 뜻대로 마문재(馬文才)에게 출가하게 되고 이를 알게 된 양산백은 병을 얻고 죽는다. 이 사실을 알게 된 축영대는 양산백의 무덤을 찾아가는데, 갑자기 양산백의 무덤이 갈라지며 축영대가 무덤 속으로 빨려 들어가고, 둘의 영혼은 나비가 되어 하늘을 날아가면서 끝을 맺는다. 즉 안타깝지만 아름다운 사랑 이야기이다.

'양산백과 축영대' 이야기와 '월극'의 교묘한 결합으로 창작된 〈양산백과 축영대〉는 신중국 최초의 무대 기록영화이자 첫 번째 컬러 희곡예술영화[127]로서, 이 영화의 북한에서의 상영은 북한인민에게 중국의 특색적인 찬란한 무대예술, 유구한 역사와 전통을 자랑하는 고전문학뿐만 아니라 선진적 컬러영화 제작 기술도 함께 보여주었다. 이 영화는 1954년 '제9차 국제영화축전(카를로비바리국제영화제)'에서 「음악영화상」과 '1945~1955년 중국문화부 우수 영화상' 선정 중 '우수 무대 예술영화 1등상'이라는 영예, 그리고 1955년 '제9차 영국 에든버러 국제영화제'에서 '연출상'을 수여받았다. 이 영화는 북한뿐만 아니라 동독, 소련, 영국, 홍콩 등 국가 및 지역에서도 당지 관객들과 만나게 되었을 뿐만 아니라 당시 중국 문화예술의 높은 제작수준을 상징하는 문예작품으로서 1953년 개최된 제네바회의에서도 상영되었으며 찰리 채플린은 "중국의 로미오 앤 줄리엣" 그리고 "비범의 영화"라는 칭찬을 했다.[128]

---

127 単万里, 앞의 책, 163~164쪽.
128 吴贻弓, 앞의 책, 309쪽.

〈건설되는 안산 제강〉

〈건설되는 안산 제강〉은 중국 중앙시보기록영화제작소가 1954년 4월에 제작 완성했다. 1953년부터 중국에서 전국적으로 전개된 사회주의 건설 사업에 관한 '제1차 5개년 계획'을 주제로 한 기록영화로, 연출은 담진과 왕영동이 공통으로 맡았으며 촬영은 총촬영기사인 진민혼과 촬영기사인 정묵, 포만검이 담당했다. 농업, 수공업과 자본주의 상공업에 대한 사회주의 개조, 즉 '3대개조'와 함께 '힘을 모아 공업화건설에 집중하는 것'은 '제1차 5개년 계획' 중 다른 하나의 핵심적 임무였다. 영화 〈건설되는 안산 제강〉은 바로 중국 '제1차 5개년 계획'의 시행 첫 해인 1953년에 모택동이 "공업이 없으면 견고한 국방이 없고, 이어 인민의 복지가 없으며 부강한 국가가 안 된다."라는 교도와 '소련의 경험을 바탕으로 중공업을 우선 발전시켜야 한다'라는 요구에 호응하여 안산제강소(鞍山鋼鐵廠)가 대형 압연 공장, 심리스 강관(Seamless steel pipe) 공장, 자동화 용광로를 성공적으로 건설하고 생산에 제대로 투입하는 짧은 시일 안에 거둔 놀라운 성과를 수록하면서, 안산제강소를 전국 중공업 기업의 선구자이자 모범으로 삼아 '제1차 5개년 계획'의 첫 해에 거두었던 위대한 승리를 중국 "중공업 발전중 하나의 거대한 사건이자 사회주의 공업 화건설의 위대한 시작"이라 소개하고 있다.[129] 안산제강소의 전신인 과거 일본침략자가 창설한 안산제철소(鞍山製鐵所)와 소화제강소(昭和製鋼廠)에 대한 소개부터, 1948년 동북지역이 공

---

[129] 이 부분 영화 내용에 대한 개술은 다음과 같은 영화 시작 부분의 자막을 참고했다. (우리 위대한 영수 모주석이 우리에게 "공업이 없으면 견고한 국방이 없고, 이어 인민의 복지가 없으며 부강한 국가가 안 된다."라고 교도했다. 안산제강소의 대형 압연공장, 심리스 강관 공장, 자동화용광로의 성공적 건설과 생산에 투입하는 것은 중국인민이 제1차 5개년 계획의 첫 번째 년도에서 거둔 하나의 위대한 승리이며, 중공업 발전 중의 거대한 사건이자 사회주의 공업화건설의 위대한 시작이다. 我們偉大的領袖毛主席教導我們說: 沒有工業, 便沒有鞏固的國防, 便沒有人民的福利, 便沒有國家的富強. 鞍山鋼鐵公司的新型的大型軋鋼廠, 無縫鋼管廠和自動化煉鐵爐的建成, 並投入生產, 是中國人民在第一個五年建設計劃第一年度裡所贏得的一個偉大勝利, 是我國重工業發展中的巨大事件, 也是我國社會主義工業化建設的一個偉大開端.)

산당 인민해방군에 해방된 후인 1948년 12월 26일에 안산제강소의 정식 성립, 전쟁으로 인해 초토화된 안산제강소에 대한 복구 건설, 1949년 7월 9일 기공식의 개최에 따른 본격적 생산의 시작, 안산제강소의 건설을 지원하기 위해 중국 정부가 각지의 인력과 물자를 뽑아서 보내는 것과 소련에서 나온 전문가들의 적극적 지도와 협조, 그리고 노동계급이 연중무휴로 조국의 공업화 건설 전선에서 벌인 정력적 투쟁으로 1953년 3월 9일 중국 최초의 자동화용광로가 작동을 시작하고 1953년 10월 27일 중국 최초의 심리스 강관이 성공적으로 압연되며 같은 해 11월에 대형 압연 공장의 건립에 따라 11월 30일에 중국 최초의 자제 레일이 나오는 것을 비롯한 안산제강소의 발전에 관한 역사적 순간과 중국의 전력공업과 조선업, 철도 수송업 등 국가의 건설에 있었던 굉장한 기여가 모두 포착되어 생생하게 제시되었다.

이 영화는 안산제강소의 건설 및 발전 경과, 특히 1953년부터 시작된 '제1차 5개년 계획'의 시작 단계인 첫 해에 거둔 놀라운 성과와 중국 사회주의 공업화 과정에서 맡은 중요한 역할을 보여주면서 사회주의 계획경제제도의 합리성과 우월성 그리고 중공업 우선 발전의 중요성 내지 필연성을 크게 입증했다. 한국전쟁 휴전 직후인 1954년부터 북한에서도 전후 인민 경제 복구 발전을 주제로 한 계획경제(計劃經濟)인 '3개년 계획'이 전개되었다. 그러나 이 때에 사회주의 종주국 소련의 영향을 받고 있었던 북한은 1925년 소련공산당 제14차 대회에서 결정된 스탈린이 주장한 '국가공업화의 총노선'의 경험과 1953년 스탈린 사후 중공업과 경공업·농업의 균형 있는 발전을 주창하는 말렌코프 노선 양자 사이에서 흔들리고 있었다. 물론 김일성은 중공업 우선론자로, 1953년 개최된 북한 당중앙위 제6차 전원회의 석상에서 이미 "우리는 공업을 건설함에 있어서 인민경제의 전반적 복구 발전을 촉진시킬 수 있는 기본 공업시설부터 건설하여야 하겠습니다."라고 발표하며 '중공업 중시 노선'의 중요성을 강조했으나 소련의 간섭과 북한 내부의 논쟁으로 인해 중공업 우선의 방침이 공식적으로 이루어지지 못 했다. 〈근로자〉 1954년 5월호에서는 명확히 김일성의 '중공업 중시 노선'을 반대하고 말렌코프 노선을 지지하여 중공업과 경공업을 동시적으로 발전하고 공업과 농업을 균형적으로 발전시키자는 방침이 주장되었다. 그렇지만 얼마 지나지 않은 1954년 11월 당중앙위 전원회의에서 김일성은 중공업을 우선 발전시켜야 하고 오직 중공업과 그 핵심인 기계 제조 공업만이 최신 기술의 토대 위에서 공업과 농업과 운수를 재건할 수 있다고 주장하고 중공업의 우선적 성장을 보장하면서 경공업과 농업을 동시에 발전시킬 것을 결정함으로 중공업 우선 노선을 부활시켰다.[130] 이러한 끊임없는 논쟁의 와중에 1954년 10월 영화 〈건설되는 안산 제강〉이 북한에서 상영되었다. 이는 김일성을 수반으로 하는 중공업우선론자들에게 매우 도움이 되는 것이었다. 이 영화는 중국에서 중공업 우선 발전노선의 시행과 그에 따라 안산제강소가 제대로 건설 및 발전되는 과정에서 거둔 성과를 보여주면서 중국의 사회주의 공업화 그리고 위대한 사회주의 국가가 되기 위한 거대한 힘에 기여하는 '중국의 강철기지'로서 전국의 전체적 경제발전을 인도하고 경공업, 농업을 비롯한 다른 산업의 발전을 이끌어갈 수 있는 중요한 역할을 반영했다. 이는 북한인민이 중공업 우선 발전노선의 성공적 예시로 인식하게 되고 계획경제에서 이 노선의 정확성, 중요성 그리고 필요성을 깊이 알게 되었다. 그러기에 이 영화의 주제는 김일성 등 중공업우선론자들이 광대한 인민대중의 이해와 지지로 '3개년 계획' 그리고 향후 북한 경제발전에 관한 계획경제의 중심을 중공업의 발전으로 전이하거나 확립하는 것에 매우 효과적 · 보조적 조직이자 인민들로 하여금 중공업의 발전을 중심으로 한 북한의 전후 복구 건설 임무를 적극 수행하도록 선전 · 선동하는데 이용될 수 있었다.

---

130 서동만, 앞의 책, 603~612쪽, 참조.

〈八 · 一 체육대회〉

〈八 · 一 체육대회〉는 1953년에 제작 완성된 작품으로 중국 군대에서 현대적 체육 문화의 발전을 주제로 한 컬러기록영화이다. 구체적으로 1952년 8월 1일 중국인민해방군 건군 25주년을 맞이하여 북경 선농단(先農壇)운동장에서 거행된 '팔일체육대회'를 기록했다.

이 영화는 팔일영화제작소와 북경영화제작소가 합작한 작품이며 '1949 – 955년 중국문화부 우수 영화상' 선정 중 '우수 영화 3등상'이라는 영예를 수여받았다. 연출은 왕위일과 담우륙, 시나리오와 편집은 사도혜민이 맡았다. 현장촬영팀은 총촬영기사인 노명과 촬영기사 오본립, 서소빙, 문옥장(文玉璋), 나종주, 주개(周凱), 전강, 장위(蔣偉), 풍사지(馮四知), 정목(程默), 석봉기(石鳳岐)와 용경운으로 구성되었다.[131]

팔일체육대회는 신중국 건국 직후 처음으로 거행된 군내(軍內)운동회로서 1952년 6월 10일 '제2차 중화전국체육총회'의 개최를 맞이하여 모택동이 "체육운동을 발전시켜 인민의 체질을 증강하라."와 주덕이 "인민체육운동을 보급시켜 생산과 국방을 복무하라."라는 지시와 호소에 적극적으로 호응하고 냉전이라는 복잡한 국제적 정세와 전반적으로 안정화되지 않은 국내의 정치적 분위기에서 민족정신의 향상과 체육사업의 발전 특히 국방체육의 발전을 격려한다는 점에서 큰 의미를 지닌다.

영화에서는 대회가 열리기 전에 각 민족 각 계층 출신의 전국 각지의 인민해방군중의 대표부대 전사들이 대회에 참가하기 위해 북경으로 달려오고 천단(天壇) 숙영지에서 모택동과 주덕의 심심한 위로를 받는 장면들부터 대회 당일에 선농단운동장에서 관중이 인산인해로 들어찬 가운데서 운동원들이 순서대로 입장하는 장면, 중국인민해방군 총사령인 주덕이 "해방군이 창군 25년 이래 당과 모주석의 영도 밑에 제국주의와 국민당의 통치를 뒤

---

131 中國人民解放軍總政治部, 앞의 책, 29쪽.

엎어 신중국을 건립했다. 반드시 지속적으로 중국 인민민주정권을 견고하게 국방을 견고하게 세계의 평화를 보위해야 한다. 현대화부대를 발전시키려면 반드시 전군의 체육문화활동을 전개해야 한다."라는 연설을 하고 "문화교육, 체육운동, 군사기술과 문예활동에 대한 부대의 성적을 검열하고, 장점을 선양하고 경험을 교류함으로 부대의 훈련을 힘차게 추진한다."라는 것을 이번 대회의 개최 임무로 명확하게 밝히며 인민해방군 전사들에게 "기존의 풍부한 경험을 바탕으로 흔들림 없이 완전한 정규화, 현대화를 향해 발전하고 조국과 평화를 보위하는 영광스러운 임무를 떠맡아야 한다."라고 호소하는 전체 연설장면, 곽말약이 인민정부를 대표하여 대회의 원만한 성공을 미리 축하한 후에 인민해방군문공단과 특별히 비행기를 타고 해외에서 달려온 체코슬로바키아 문공단의 공연, 8월 2일부터 10일까지 9일 동안의 다양한 체육 경기에 관한 부분 장면, 이어서 8월 11일에 "중국인민의 위대한 영수, 중국인민해방군의 창조자와 지도자"인 모택동과 총리 주은래가 폐막식을 직접 출석하는 장면들이 수록되었다.[132]

기록영화 〈八·一 체육대회〉가 중국에서 제작되어 널리 보급된 이유는 당시 발행된 이 영화와 관련된 선전 자료를 통해 알 수 있다. 첫째, 이는 중국영화인들이 처음으로 자기의 힘으로 제작 완성한 대형 컬러 문헌기록영화이며 성공적으로 중국인민해방군 건군 25주년을 기념으로 한 전군 제1차 체육대회를 반영한다. 둘째, 중국인민해방군 부대의 정규화, 현대화 건설 시기 전군에서 보편적으로 전개한 군중성, 전투성을 갖춘 문화체육활동을 뚜렷이 보여주며 '신체단련·조국보위'라는 정신을 제대로 표현한다. 셋째, 이 영화는 유력한 증거로서 중국인민해방군이 문화교육, 체육운동, 군사기술과 문예활동 가운데서 거둔 뛰어난 성적을 보여주면서 중국인민지원군이 하나의 조국과 세계의 평화를 보위하기 위하여 정규화, 현대화에 향한

---

132 「八一運動大會幻燈字幕(改正本)」, 유인물, 1953.9, 참조.

길로 달려가고 있는 공동의 문화소양을 구비하고 평화를 사랑하는 군대라는 점을 명확하게 입증했다. 넷째, 중국인민해방군 전체 장병과 병사들에게 광범한 전투성, 군중성문화, 체육활동을 가일층 개전하고 이어 전국 각지 인민들이 군중성을 띤 체육문화활동의 보편적 전개를 성공적으로 고무했다.[133]

특정한 군중 체육문화활동 현황에 대한 수록을 통해 이루어진 중국인민해방군의 끊임없는 성장과 훌륭한 전투정신에 대한 표현은 북한에서도 제대로 수용될 수 있었다. 형제적 국가의 군대가 정규화, 현대화에 적극적으로 나서고 있는 모습은 북한군민에게 전범이 되었고 깊은 교육적 의미를 줄 수 있었다. 기록영화 〈八 · 一 체육대회〉가 단순한 체육대회과정을 기록한 영화로서 북한에 소개된 것이 아니라 당의 군대가 인민성과 전투성을 문화, 예술 및 체육과 결합시키는 것이 일종의 성공적 경험으로서 북한인민에게 영향을 끼쳤던 것이다.

〈영웅기관사〉

1955년 10월에도 중국영화상영주간이 북한에서 그대로 개최되었으나 그 전인 1955년 상반기에 중국 예술영화 〈영웅기관사〉와 〈三년〉이 단독적으로 북한에 소개되었다. 동북영화제작소가 1954년 제작한 영화 〈영웅기관사〉는 1955년 1월에 북한관객과 만나게 되었다. 연출은 1952년 제작된 예술영화 〈육호문〉을 연출한 바 있었던 여반이 담당했으며 시나리오는 악야가 맡았다.

앞서 살펴본 낡은 경험주의와 자만자족에 빠진 낙후된 보수주의자를 비판하고 '애국증산운동'에서 승리를 거두기 위해 실패를 두려워하지 않고 대단한 진취심으로 농업생산에 투신하는 신중국 농민계층의 적극적 투쟁모습

---

133 「彩色文獻紀錄影片「八一」運動大會」, 中國影片經理公司華東區公司上海辦事處(유인물), 1953, 참조.

을 부각시킨 예술영화 〈풍년〉과 마찬가지로 영화 〈영웅기관사〉도 신중국 초기인 경제복구건설시기를 배경으로 신중국 공업 건설 특히 철도운수사업에서 전개된 '초과 적개 전인 운동'의 전개에 관한 내용을 통해 공산당원인 젊은 기차기관사 곽대붕(郭大鵬, 곽진청 분)을 대표로 하는 진보적 노동자 계급의 선진적 사상과 창조적 정신을 칭송하면서 기관구장 맹범거(孟範擧, 왕추영 분)와 같은 낡은 이론을 고집하고 노동자의 적극성과 창조성을 전반적으로 부정하는 전형적인 경험주의자, 보수주의자, 관료주의자를 강력히 비판하고 있다.

1950년 한국전쟁 발발 직후 당중앙의 '항미원조 보가위국'이라는 호소에 따라서 철도수송사업이 더욱 복잡성을 띠게 되었다. 중국 동북 안평(安平)역에서 999호 기관사인 곽대붕은 상급이 발기한 '초과 적재 전인 운동'에 호응하여 자기의 오랜 경험에 의하여 차량을 더 많이 달 수 있는 것을 확신하고 이를 실천에 옮겼으나 기관구장 맹범거와 낙후한 군중의 강력한 반대에 부닥친다. 그럼에도 불구하고 그는 기관구 당 위원장 유자강(劉子强, 서련개 분)의 적극적 지지, 소련기사의 직접적 지도 및 협조, 그리고 선진적 노동자들의 지극한 격려 밑에 지속적으로 합리적이고 효과적 방법을 연구하고 있었고 마침내 그의 '만재초축(滿載超軸)'이라는 창안에 의거하여 누구도 실현할 수 없다고 속단해 버린 어려운 임무를 완수하여 큰 성공을 거두어 이를 전국으로 널리 보급시킨다. 곽대붕의 사적이 철도부에까지 알려진 후에 그는 모범으로서 전국에 알려졌으며 유명한 영웅기관사가 되었다. 영화는 곽대붕의 성공을 경축하는 대회 석상에서 국장이 '전국에서 초과 적재 500킬로미터 주행 운동을 대대적으로 전개한 데 대한'이라는 철도부의 결정을 전달하는 장면으로 끝난다.[134]

---

134 김창식, 〈새로 상영되는 외국영화들-영웅기관사〉, 《로동신문》, 1955.1.27; 「電影宣傳書─英雄司機」, 유인물, 1954, 참조.

사진 : 동국 영화 『영웅 기관사』의 한 장면

[자료] 중국영화 〈영웅 기관사〉와 관련된 기사
《로동신문》, 1955.1.27.)

신중국 경제복구건설시기 철도운수사업에서 주인공 곽대봉의 고귀한 전투정신으로 하는 영웅적인 업적이 영화에서 메인으로 보여졌다. 또한 영화에서는 곽대봉을 당원 신분으로 설정, 상급 당지부인 기관구 당 위원장 유자강과 북경 국가철도부 노부부장(魯副部長, 황약해 분)이 진보적인 노동자를 격려하고 협조하면서 여전히 낡은 경험주의와 자만자족에 빠진 낙후 노동자를 비판하고 교양시킨 것에 대한 긍정적 판정을 통해 당과 인민정부의 정확하고 현명한 지도력과 이어 국가의 경제 건설과정에서 맡은 훌륭한 지도자라는 역할을 입증하고 강조하게 되었다. 〈영웅기관사〉가 북한에서 상영된 것은 영화 속 배경인 국공내전을 거쳐 신중국 건국 초기 경제복구시기와 비슷한 한국전쟁 직후의 전후 경제복구시기에 있는 북한관객 특히 북한의 노동자계급에게 큰 영향을 미칠 수밖에 없었기 때문이었다.

> 동북 필립『영웅기관사』는 로동계급의 선진 사상과 무궁무진한 창발성을 보여 주며 락후한 보수성에 물젖은 관료주의를 비판 반대하는 작품으로서 새 것과 낡은 것과의 투쟁을 진실하게 보여준다.[135]

북한인민 특히 북한 노동계급으로 하여금 김일성을 수반으로 하는 북한

---

135 김창식, 〈새로 상영되는 외국영화들-영웅기관사〉, 《로동신문》, 1955.1.27.

공산주의 정권의 정치적 노선과 구체적 결책 그리고 지시를 긴밀하게 따라 조국의 전후복구사업 특히 그 중의 핵심인 중공업생산의 정상화 회복과 발전을 통해 사회주의 현대화의 실현에 적극 투신하고 경험주의, 보수주의와 관료주의의 함정에 빠지지 않고 창조적이고 혁신적 정신으로 노력하도록 고무하는 것이 바로 영화 〈영웅기관사〉를 북한 정부 문화성에서 상영하도록 한 원인이자 목적이었다.

〈三년〉

영화 〈三년〉은 1954년 상해영화제작소가 제작한 신중국 성립 초기 이른 바 '부르주아 무법자를 준엄히 척결하는 것'을 목적으로 전국 자본주의상공업에서 전개된 '오반운동'을 배경으로 한 영화였다. 연출은 조명이 담당했으며 시나리오는 갈금이 맡았다. 이 영화는 1955년 5월 "중국 혁명 승리 후 경제 건설이 어려운 시기에 있어서 애국적 로동자들이 어떻게 자기 희생적 정신을 발휘하였으며 또 '오반'투쟁에서 어떻게 승리하였는가를 치열한 계급투쟁의 환경 속에서 보여주는" 작품으로 북한에 소개되었다.[136]

[자료] 중국영화 〈三년〉과 관련된 기사(《로동신문》, 1955.5.30.)

---

136 〈중국예술영화 "三년"〉, 《로동신문》, 1955.5.30.

신중국 건국 초기 국민경제의 회복과 초보적 발전, 그리고 한국전쟁에 참전하기 위해 북한 전선에 달려간 중국인민지원군을 지원하기 위하여 '증산·절약 운동'이 1951년 10월부터 중국 전국적으로 벌어졌다. 그러나 이러한 가운데 정부기관 내부에서 탐오나 낭비 따위와 같은 상황이 많이 나타났고 만연된 관료주의도 문제로 등장하였다. 따라서 중공중앙은 1951년 12월 '반탐오, 반낭비, 반관료주의'를 의미한 '삼반운동'을 내걸고 당과 정부기관 내부에서 해당자를 선별하기 시작했는데 1952년 1월 4일 중공중앙이 〈즉각 기한 내에 군중을 '삼반'투쟁을 전개하도록 동원시킬 것에 관한 지시〉를 하달, 그리고 1월 5일 주은래가 전국정치협상회의 제34차 상무위원회 석상에서 〈'삼반'운동과 민족부르주아〉라는 발언과 전국상공업에서도 '삼반운동'을 철저히 전개해야한다는 호소에 따라 '삼반운동'이 전국적으로 펼쳐졌다. 결국 상공업에서 전개된 '삼반'투쟁 가운데서 뇌물 수수, 탈세, 절도 등 문제가 심하게 터져 나왔다. 이 '탐오, 낭비, 관료주의'라는 '삼해(三害)'를 철저히 척결하기 위해 뇌물 수수, 탈세와 세금 누락, 국가재산 절도, 부실공사, 경제정보 절도라는 '오독(五毒)' 해결이 선행되어야 한다는 호소와 1952년 1월 26일에 중공중앙이 내린 〈기한 내에 도시에서 대규모의 결연하고 철저한 '오반'투쟁 전개에 관한 지시〉에 따라 사영상공업자에 대해 '반뇌물 수수, 반탈세와 세금 누락, 반국가재산 빼돌리기, 반부실공사, 반국가경제정보 절도'라는 '오반운동'이 전국 상공업에서 벌어졌다. 모택동은 1951년 10월 23일에 개최된 중국인민정치협상회의 제1회 전국위원회 제3차 회의 석상에서 이미 "지난 1년 동안 우리는 항미원조, 토지개혁, 반혁명 집단 등 3대 혁명의 위대한 승리를 쟁취했다. 국가는 유례없는 통일을 실현했다. 현재 부르주아와 프롤레타리아의 모순은 이미 국내의 주요 모순이 되었다."라는 발언을 했다.

　1952년 '오반운동'이 광범위하게 전개되는 것은 신중국 성립 직후 프롤레타리아트(노동자계급)와 부르주아지 사이의 대결이라 할 수 있다. 1952년

6월 말 '삼반오반운동'이 승리로 돌아감에 따라 당시 중국의 상공업에서 부르주아는 이미 계급으로서 존재하기 어려운 상황이 되었다. 중국의 사회주의과도시기인 경제회복기(1949-1952)에 모택동을 수반으로 하는 신중국 정부가 자기의 젊은 공산주의 정권을 공고히 하기 위해 전개했던 '부르주아 숙청운동'인 '삼반오반운동'이 끝난 이후 부르주아지는 사실상 과거와 같은 방식으로 생존할 수 없고 사회주의개조를 받아들이는 것 이외에 다른 선택이 없게 되었다. 정부는 대량의 사영상공업 자산을 회수했으며 자산을 내놓은 기업들은 생산 자산이 더 이상 존재하지 않게 되었고 공사합영으로 간 후 곧이어 사회주의개조 가운데서 완전 공유화기업으로 변화되었다. 즉 1951년 말부터 1952년 중후반까지 전국적으로 깊이 있게 전개된 '삼반오반운동'은 1953년부터 정식적으로 시작된 농업, 수공업과 자본주의상공업의 사회주의개조를 제대로 실행할 수 있는 유리한 조건을 마련했다.

예술영화 〈三년〉은 바로 신중국 경제회복기 상공업에서 '오반운동'이 전개되기 이전 무질서한 난국, 수행 과정 중 무법자본가에 대한 처벌과 교육, 그리고 운동이 승리로 끝난 직후의 새로운 면모를 모두 다룬 영화였다. 영화에서는 신중국 건국 초기인 1950년 즈음에 상해의 사영기업인 대명방적공장(大明紡紗廠)의 투자자 겸 경리인 나서성(羅西城, 항곤 분)이 투기로 폭리를 취하기 위해 온갖 핑계로 일만 시키고 노동자의 임금 지불을 멈추고 휴업을 선포하여 공장 폐쇄를 기도하는 동시에 몰래 모든 자금을 빼돌려 공장의 수많은 노동자의 생사를 염려하지 않고 장사하러 홍콩으로 가버린다. 이러한 어려운 상황에서 공장의 노동조합 주석이자 당지부 서기인 젊은 공산당원 조수매(趙秀妹, 장서방 분)의 영도와 정부의 원면과 방적기계를 비롯한 물자 지원과 기술상의 협조로 노동자들이 다시 조업하게 되었을 뿐만 아니라 생산량이 크게 향상되었다. 1951년 나서성은 홍콩에서 사업 실패 후 다시 상해에 돌아가서 당지의 무법자본가들과 함께 지속적으로 투기 거래를 하여 몰래 낡은 미면으로 정부가 내려보내는 좋은 면화를 바꾸어 공장

노동자들을 잔혹하게 착취하고 있었다. 1952년 '오반운동'투쟁에서 나서성의 불법행위가 청산됨에 따라 그는 노동자들 앞에 자기의 '오독'행위를 고백하고 다시는 잘못을 저지르지 않겠다고 고개를 숙여 약속한다. 마침내 대명방적공장의 노사 협의회가 성립되어 투자자를 단결하고 감독하여 공통적으로 국가의 계획적 생산에 복무하게 된다.[137]

영화에서는 무법한 자본주의 사업가의 추악한 착취행위와 사유제의 폐단을 폭로하고 당과 정부의 영도 밑에 거둔 거대한 성과를 보여주면서 공사합영제도와 사회주의 공유제의 우월성을 칭송하고 사회주의 공유제 개조의 중요성과 필요성을 강조했다. 오직 당과 정부의 현명한 지도 밑에 노동자를 가혹하게 착취하는 부르주아지의 광폭한 진공을 격퇴해고, 즉 자본주의의 잔재를 철저히 소멸해야만 노동계급이 상공업생산에서의 지배적 지위가 되고 사회주의 국영경제가 국민경제체계중의 주도적 지위가 확립될 수 있다는 논리가 영화 〈三년〉에서 핵심적 이데올로기로서 크게 강조되었다.

〈三년〉은 '오반운동'의 중요성과 필요성을 뚜렷이 보여주고 그의 성공적 실행을 통해 한국전쟁으로 큰 지출을 해야하는 상황에서 국가의 경제난이라는 문제를 어느 정도 해결하는 역할을 했으며, 건국 초기 상대적으로 안정되지 않은 정치적 분위기에서 공산주의 정권을 더욱 안정화시키는 역할도 하였다. 이러한 중요한 교육적 의미를 지닌 주제는 중국인민뿐만 아니라 북한인민에게도 큰 영향을 미쳤다.

> 이 영화는 오늘 우리의 일부 일꾼들에게 남아 있는 탐오, 랑비 현상을 일소하고 새로운 인민적 사업 작풍을 수립함에 많은 교훈을 주며 온갖 부르죠아 사상 잔재와의 투쟁에서 계급적 각성을 제고할 것을 가르쳐 준다.[138]

---

137 「故事片-三年」, 유인물, 1954, 참조.
138 〈중국예술영화 "三년"〉, 《로동신문》, 1955.5.30.

영화 〈三년〉이 1955년 5월 즈음에 북한에서 개봉된 것은 매우 커다란 의미를 지닌다. 1952년 2월 25일에 발행된《로동신문》에 게재된 〈중국에서의 반탐오 · 반랑비 · 반관료주의운동〉이라는 제목의 기사는 중국의 '삼반오반운동'에 관해서 상세히 전하고 있었다. '반탐오 · 반랑비투쟁' 북한에서의 첫 제창은 1955년 4월 1~4일 열린 당중앙위원회 전원회의에서의 이루어졌다. 회의에서는 사회주의적 개조에 착수한다고 선언하였으며 "당원들이 계급적 교양사업을 더욱 강화할 데 대하여", "당 및 정권기관 내 일부 일꾼들에게 아직 남아 있는 관료주의를 퇴치할 데 대하여", "경제절약, 재정 및 자재 통제규율과 반탐오 · 반랑비 투쟁 강화에 대하여" 등의 결정이 채택되었다.[139] 이렇듯 1951년 말부터 1952년 10월까지 중국에서 전국적으로 전개된 '삼반오반운동'은 북한에서 1955년 즈음에 경우 전개한 '반탐오 · 반랑비투쟁'을 선도하고 추진했다고 할 수 있다. 이에 따라서 '삼판오판운동'을 배경으로 한 중국영화의 상영은 북한의 '반탐오 · 반랑비투쟁' 임무를 수행하는 데 선전 및 선동 역할을 맡았다는 것은 명약관화한 일이다.

영화 〈三년〉은 중국 경제복구시기 이른바 '간악한 자본주의'와의 성공적 투쟁사로서 북한관객들을 자본주의가 착취계급으로서의 부당성, 낙후성과 사회주의 및 공상주의의 당위성, 선진성을 교양시켰으며 따라서 그들로 하여금 탐오, 낭비와 관료주의를 비판하고 당과 정부의 영도 밑에 꾸준히 부르주아 잔재와 투쟁하면서 사회주의 공유제의 체계에서 조국의 전후복구건설에 투신하고 적극적으로 생산하도록 격려했다. 이 영화의 북한에서의 상영은 경제복구시기에 북한정부의 사회주의적 개오(改悟)와 '반탐오 · 반낭비투쟁'에 관한 정치적 정책 및 조칙의 하달은 북한인민의 효율적 집행에 도움이 되었는데 휴전이 얼마나 되지 않은 복잡한 상황에서 김일성을 수반으로 하는 공산주의 정권을 안정화시키는 데에도 일정한 정도로 기여했다.

---

139 한천일, 「당중앙위원회 4월전원회의 문헌을 더욱 깊이 연구하자」, 『근로자』, 1955.5, 19쪽. 서동만, 앞의 책, 637쪽, 재인용.

1955년의 중국영화상영주간이 중국의 국경절을 맞이하여 10월 1일부터 북한에서 개최되었으며 이틀 전인 9월 29일 저녁 평양 모란봉 지하극장에서 개막 대회가 진행되었다. 대회에서 북한 문화선전성 부상인 김강, 작가동맹 중앙위원회 위원장인 한설야, 노동당 평양시위원회 위원장인 고봉기, 외무성 참사인 이봉제를 비롯한 당 및 정부기관 사회단체 인사들, 공훈배우들인 문예봉, 안기옥, 임소향을 위시한 문화예술인들 그리고 평양지구 노동자들이 다수 참석하였다. 외빈으로는 북한주재 소련 대사인 이와노브(Иванóв)와 북한주재 중국 대사 반자력(潘自力)을 비롯한 각국 외교 대표들, 재평양 외국인사들 그리고 일부분 중국 인민지원군 전사들이 초대되었다.

　　중국영화상영주간 개막에 제하여 문화선전성 영화관리국 국장인 김원봉과 북한주재 중화인민공화국 대사관 문화전원인 모대풍(毛大風)의 연설이 끝난 직후 개막식에 참석한 사람들이 예술영화 〈조국의 꽃봉오리〉와 기록영화 〈빛나는 五년〉을 감상했다.[140] 1955년 중국 국경절을 맞이하여 "중화인민공화국 창건 六주년 기념"으로 조직된 중국영화 상영주간에는 평양을 중심으로 북한 전국 각지에서 245회에 걸쳐 11만 5,971명 관객을 동원했다.[141] 해당 북한문헌이나 중국문헌 중 이번 영화주에서 예술영화 세 편과 기록영화 여섯 편이 등장한다는 것이 기록되어 있음에도 불구하고 확인 가능한 영화들은 그 중에 세 편의 예술영화 (〈조국의 꽃봉오리〉, 〈토지〉, 〈마방대의 방울소리〉)와 세 편의 기록영화 (〈돈황벽화〉, 〈1954년의 국경절〉, 〈빛나는 五년〉)뿐이다.[142]

140　〈중국영화 상영주간 평양시 개막 대회〉, 《로동신문》, 1955.10.1.

141　조선중앙통신사, 『조선중앙년감 1956년』, 국제생활소, 1956, 143쪽.

142　〈중국영화상영주간에 상영될 영화들〉, 《로동신문》, 1955.9.27; 「國際電影新聞-朝鮮, 越南和印度舉辦 "中國電影週"」, 『大衆電影』, 1955년 21호, 1955.11, 30쪽, 참조.

[자료] 1955년 북한에서 개최된 '중국영화상영주산'과 관련된 기사들
(《로동신문》, 1955.9.27., 1955.10.1.)

이번에 거행된 영화주의 목적이나 핵심적 의미는 "오늘 급속히 발전하고 있는 중국의 영화예술의 모습과 사회주의 건설의 길에서 거대한 로력적 성과를 거두고 있는 중국인민들의 창조적 투지를"[143] 북한관객들에게 보여주고 그들을 전후경제복구사업에서 가일층 적극적으로 투쟁할 수 있도록 고무하는 것이었다. 구체적으로 살펴보면 집단주의 사상을 선양하는 아동예술영화 〈조국의 꽃봉오리〉, 과거 신민주주의시기 공산당의 영도 밑에 농민들이 토지혁명투쟁 가운데서 거둔 승리를 주제로 한 예술영화 〈토지〉, 신중국 성립 초기 소수민족의 반간첩투쟁을 주제로 한 예술영화 〈마방대의 방울소리〉와 신중국 미술화동을 다룬 기록영화 〈돈황벽화〉, 역사적 의의를 지닌 한해인 1954년에 거둔 중요한 성과를 서술한 기록영화 〈1954년의 국경절〉과 1954년 10월 국경절을 맞이하여 거행된 열병식을 수록한 기록영화 〈빛나는 五년〉이 있었다.

---

143 〈중국영화상영주간에 상영될 영화들〉, 《로동신문》, 1955.9.27.

〈조국의 꽃봉오리〉

〈조국의 꽃봉오리〉는 동북영화제작소가 중공중앙문화부의 결정에 따라 1955년 2월에 장춘영화제작소로 이름이 바뀐 직후 제작 완성한 신중국 초기에 대표적인 아동영화이다. 연출과 시나리오는 각각 엄공과 임란이 맡았다. 중국 북경 어느 초등학교에서 5학년 갑(甲)반 40여명 학생들 중 오직 공부를 안 하고 소란만 피웠던 강림(江林, 이석상 분)과 오만하고 남과 어울리지 않고 같은 반 학우에게 관심을 하나도 기울이지 않았던 양영려(楊永麗, 장균영 분)가 자신의 이러한 단점 때문에 공산주의 소년단을 의미하는 선진적인 조직인 '중국소년선봉대(中國少年先鋒隊)' 대원이 될 수 없었지만 중국인민지원군 아저씨(곽윤태 분)의 "너희들은 공부를 잘하며 서로 도와주고 모범반의 영예를 쟁취하기를 바란다!"라는 당부와 담임선생 풍(馮)선생(장원 분)의 세심한 가르침, 그리고 반장 양혜명(梁惠明, 조유근 분)이 이끄는 학우들의 열정적 도움으로 마침내 집단주의의 중요성을 느끼고 모두의 협조 하에 자기의 결함을 성실하게 고쳐 6학년에 진학하면서 영광스럽게 소년선봉대 대원, 진정한 '조국의 꽃봉오리'가 되었다는 내용이다.

개인적인 낡은 습관이나 단점, 결함을 효과적으로 고치고 조직의 평화와 진보에 대한 지도적·협조적 역할을 맡은 '집단주의'에 대한 적극적인 양성과 발전은 영화 〈조국의 꽃봉오리〉에서 집중적으로 표출 및 강조된 핵심 내용이다.

북한에서 집단주의는 "자기 개인의 리익보다 사회와 집단의 리익을 더욱 귀중히 여기며 당과 수령을 위하여, 사회주의, 공산주의 위업의 종국적 승리를 위하여 서로 돕고 이끌면서 자기의 모든 것을 다 바쳐 투쟁하는 공산주의 사상, 공산주의 도덕의 기본원칙"으로 정의되며 "집단주의의 최고표현은 수령에 대한 끝없는 충실성"으로 귀결되었다. 김일성이 "개인주의와 리기주의를 반대하여 투쟁하여야 하며 사람들을 집단주의사상으로 교양하여야 합니다"라는 교시와 집단주의 교양에 대한 "공동의 목적과 리익을 위하여 서로 굳게 단결하고 동지적으로 긴밀히 협조하게 함으로써 사회주의, 공산주의를 성과적으로 건설할 수 있게 한 것", "사람들의 머리속에 남아있는 개인리기주의와 그 온갖 표현들을 철저히 극복할 있게 함으로써 그들을 혁명화, 로동계급화하는 데서 중요한 의의를 가진다"라는 정의를 극중 전형적인 인물에 대한 부각을 통해 명확히 하고 있다.[144]

[자료] 영화 〈조국의 꽃봉오리〉에 대한 소개문
(《로동신문》, 1955.9.27.)

144 조선민주주의인민공화국 사회과학원, 앞의 책, 569~570쪽.

지도자의 역할을 맡은 지원군전사와 담임선생의 호소, 교도와 구체적 협조에 따라 학생들이 공동의 목적인 '모범반'이라는 영예를 얻기 위해 자기의 휴식시간을 희생하며 공부를 잘 못한 강림를 도와 학과목을 보습하게 하고 발을 다쳐 학교에 못 가게 된 양영려를 위로하고 그가 시험에 정상적으로 참가할 수 있도록 도와준다. 또한 집단주의의 교양에 깊은 감화를 받은 강림과 양영려는 개인주의와 이기주의를 철저히 포기하고 강력한 봉사·이바지 정신으로 다른 사람을 주동적으로 돕고 공연경기에서 집단의 영예를 위해 자기가 가장 아끼는 치마를 친구에게 빌려준다. 줄거리는 모두 북한에서 국민에게 지속적으로 강조한 '집단주의'와 호흡이 제대로 맞았다. 이 영화가 북한에서 상영됨으로써 북한 어린이를 대상으로 한 집단주의 교육을 널리 보급하는데 도움이 되었고 특히 학생단체들을 학교에서 "학습에 더욱 열중하고 튼튼히 단결하여 훌륭한 학생"으로 되고 집단주의 교육과 교양에 의하여 개인주의와 이기주의 생각을 철저히 포기하면서 당과 수령을 충실하고 동지들과 튼튼히 단결하여 사회주의와 공산주의 사업에 전적으로 이바지하는 "앞날의 믿음직한 일꾼"이 되도록 양성하는 것에 대해 매우 효과적이었다.[145]

〈토지〉

〈조국의 꽃봉오리〉와 함께 중국영화상영주간에서 등장한 동북영화제작소가 제작한 영화 〈토지〉는 신중국 성립 초기인 1950년 6월 즈음에 중국에서 「중화인민공화국토지개혁법」의 공포 및 시행을 배경으로 한 영화였다. 연출은 수화가 담당하고, 시나리오는 수화, 곽소천, 매백, 유림 그리고 이얼이 함께 맡았다.

영화에서 사건발생지가 된 궁벽한 죽림촌(竹林村)은 1930년 가을에 중

---

145 〈중국영화상영주간에 상영될 영화들–조국의 꽃봉오리〉, 《로동신문》, 1955.9.27.

국공산당이 영도한 토지혁명운동의 영향을 받았으나 공산당 점령지인 해방구에서 멀리 떨어진 국민당 치하의 국통구에서 있어서 공산당원 사우생(謝友生, 유춘림 분)이 빈궁농민들이 지주를 타도하고 토지를 분배하며 혁명정권을 수립하는 것을 적극 이끌어 주었으나 지주 사자제(謝子齊, 엽향운 분)와 그의 악당들에게 잔인하게 살해를 당하고 만다. 그 이후부터 신중국 성립 전까지인 20년 동안 죽림촌 농민들은 지속적으로 지주의 마수에 벗어나지 못하고 그의 잔인무도한 압박 하에서 힘들게 살아왔다. 1950년 6월 28일 개최된 중앙인민정부위원회 제8차 회의에서 통과되어 이틀 직후인 30일에 공포된 "지주계급의 착취적이고 봉건적인 토지소유제를 폐지하고 농민의 토지소유제를 실행함으로써 농촌의 생산력을 해방시키고 농업생산을 발전시켜 신중국의 공업화를 위한 기초를 닦는"것을 목적으로 한 「중화인민공화국토지개혁법」의 전국적 시행에 따라 민병대장인 사우성의 아들 사성강(謝成剛, 이파 분)은 민병들을 인솔하여 지주의 양곡을 수색한다. 농민 조합 위원장이 된 사성강은 지주의 양곡을 농민들에게 배분하려고 했으나 지주 사자제와 그의 앞잡이 사우명(謝友明, 고평 분)은 죽림촌 사(謝)씨 농민과 석(石)씨 농민 사이의 문중 싸움과 농민 석대전(石大全, 이임림 분)과 사성강 사이의 이간질을 통해 농민들의 단결을 깨뜨리고 사성강을 죽이려한다. 마침내 이웃 마을 공산당당원인 왕정량(王正良) 동무의 적극적 도움으로 지주 사자제가 토지 배분사업을 파괴하려고 획책했다는 음모의 진상과 죄상이 폭로되면서 농민들 사이에 오해가 풀리고 다시 한 사람같이 단결하게 된다. 이에 따라 죽림촌에서의 토지 배분사업도 「중화인민공화국토지개혁법」의 구체적 지시 및 요구에 따라 농민들에게 합리적으로 배분되었다.

[자료] 영화 〈토지〉에 대한 소개문
(《로동신문》, 1955.9.27.)

영화 〈토지〉는 "토지를 중심으로 하는 날카로운 계급투쟁을 반영하고 있으며 당의 령도를 받는 농민들의 영용한 투쟁 모습과 착취계급에 대한 그들의 승리를 묘사하고 있는 작품"으로서 북한에 소개되었다.[146] 지주계급과 적극적으로 투쟁하는 전형적 중국 농민의 영웅적 이미지가 부각되어 북한 관객을 감동시켰다. 또한 영화에서 「중화인민공화국토지개혁법」의 성공적인 보급과 중국공산당과 신중국 정부의 현명한 지도, 광대한 농민들이 진정

---

146 〈중국영화상영주간에 상영될 영화들-토지〉, 《로동신문》, 1955.9.27.

한 '토지의 주인'이라는 정치적 이데올로기에 대한 선전이 뚜렷이 보인다. 영화 결말부분에서 토지개혁을 통해 목숨과 같은 진귀한 토지를 얻는 농민들은 만감이 교차하여 "모주석이 나를 구해준다!", "내가 숨이 붙어있는 한 모주석의 말을 듣고 우리 공산당에 따라 갈 거다!"라고 외쳤고, "공산당과 모주석의 말을 제대로 듣고 한마음이 되면 우리는 비로소 신세를 고쳐 지주 계급을 철저히 타도할 수 있다!"와 같은 노골적 대사들을 통해 농민이 성공적으로 토지의 주인이 되는 것이 특정한 단체인 중국공산당과 신중국 정부 그리고 특정한인물인 모택동의 공으로 돌렸다. 어떤 치열한 계급투쟁에 대한 표현보다 당과 정부가 농민의 구세주라는 이미지와 공산주의정권의 당위성과 우월성 그리고 제정된 온갖 정치적 노선과 방침, 구체적 결책, 지시 및 요구에 정확성을 보여주는 것은 오히려 이 영화가 선전하는 핵심이다.

중국공산당의 영도 밑에 중국 농민들의 영웅적 투쟁사가 북한에서 북한 공산주의정권의 위상을 높이고 인민 특히 농민에 대한 통치와 지배를 가일층 강화시키는 데에 매우 도움이 되었다. 구체적으로 살펴보면 1954년 말부터 북한에서 전국적으로 펼쳐진 '농업 집단화'사업 특히 개인양곡상이 금지되고 동시에 곡물수매 캄파니아가 '양곡수매사업'을 전개했는데 1955년 초에 이르러 난관에 부딪혀 농민의 거센 반발에 직면한다. 당 및 정권기관 일군의 과분한 공명심에 의해 관료주의적 사업방법에 대한 시도, 계급 적대분자들이 당과 정부의 정책을 파탄시키기 위한 책동이 효과적으로 억제되지 않는 것과 농민의 혁명성과 계급성보다 이기주의에 있는 것으로 인하여 '양곡수매사업'의 보급이 점차 협동적 성격에서 강제적 성격으로 변질되면서, 춘궁기에 식량부족의 상황은 피할 수 없게 되고 전후 복구시기 상품부족으로 인해 농민들은 화폐를 가지고 있어도 가장 중요한 생필품인 양식을 구하기 힘들게 되었다. 이에 따라 농민들은 굶주림 때문에 쓰러지는 상황이 발생하고 농민의 양곡 숨기기와 당 및 국가간부의 강제적인 양곡 색출과의 공방이 계속되었으며 농민들의 강력한 반항과 농업생산의 불안정이 조성되었다. 따라서 북한 당중앙 내부에서 사태의 심각성을 인식하게 된 후에 일부의 간부에 비판과 교육을 행하여 농촌 부농과 적대분자를 규명하고 농촌에서의 사회주의적 개조에 대해 은밀한 방법으로 반대하는 것, 정미업과 소상업 등 투기적 방법을 쓰는 것, 양곡을 시세를 보아 판매하는 것, 빈농의 농업협동조합 가입에 반대하는 것 등을 조사하는 목적으로 '농촌조사사업'을 전국적으로 실시했다. 또한 소련과 중국에서 지원한 밀가루를 양식이 결핍한 빈농들을 구제하기 위해 쓰였음에도 불구하고 이번 풍파는 북한 농민들의 당과 정부에 대한 신뢰감을 떨어뜨렸다.[147] 이러한 상황에서 같은 해 10월 북한에서 중국영화 〈토지〉의 상영은 북한 정권이 농민들의 불만을 잠재우고 그들을 정권에 대한 신뢰감을 회복시켜 농민들에 대한 통치와 지배를 증강하는 것에 유력한 정치적 선동 무기였다.

〈마방대의 방울소리〉

〈마방대의 방울소리〉는 1950년에 동북영화제작소에서 제작한 〈내몽인민의 승리〉에 이어 1954년 상해영화제작소가 제작한 또 하나의 소수 민족을 주제로 한 예술영화였다. 연출과 시나리오는 왕위일과 백화가 각각 맡았다. 국공내전초기에 몽골족 인민을 대상으로 한 영화 〈내몽인민의 승리〉와 달리, 〈마방대의 방울소리〉는 신중국 초기에 중국 서남 운남(雲南) 변경에서의 소수민족 묘족(苗族)과 합니족(哈尼族)에 집중하고 있는데 그들은 당과 정부의 지도 밑에 장개석 잔당 비적의 침범과 간첩활동을 성공적으로 타격하는 것과 당과 정부는 마방대라는 운송수단을 통해 대량의 생활물자와 생산도구를 소수민족 인민에게 제때에 지원하여 그들의 안정적인 삶을 보장하는 내용을 다룬다. 신중국 성립 이후 소수민족을 가일층 긴밀하게 단결시켜 공통의 적인 중국 변경에서 깊이 숨어 있는 제국주의와 국민당 부대 잔

---

147 서동만, 앞의 책, 672~680쪽, 참조.

존 세력을 타격하기 위해 해당 민족정책과 방침에 대해 깊이 있게 선전하는 것은 중공당중앙과 인민정부의 시급한 임무였다. 이 때에 영화는 큰 영향력을 가진 선전·선동 도구로서 자연스레 이러한 임무를 맡게 되었다.[148]

신중국 초기부터 '비적문제'는 당과 정부가 해결해야할 시급한 문제였다. 특히 어떠한 소도시, 국경과 가까운 농촌과 산간지역에서 국민당 잔여 세력이 조종하는 비적은 기층 인민정권을 기습하며 당지 주민을 억압하고, 또한 교통을 훼손시키고, 지방 당정간부를 학살하고 온갖 불법 행위를 저질렀다. 이러한 신생의 신중국 정권의 공고화와 정상적 사회질서를 크게 방해하거나 파괴시키는 등의 문제점을 해결하기 위해 1949~1953년 사이에 대규모 '비적 토벌 운동'이 전국적으로 펼쳐졌다. 이 가운데 1950년 2월 즈음에 국민당 잔당을 중심으로 한 비적을 소멸하고 사회질서와 민심을 안정화시킬 목적으로 소수민족 묘족의 집단 거주지 운남 변경에서 무장투쟁이 전개되었고, 진경(陳賡)의 지휘 밑에 1950년 2월 24일 운남의 해방을 선고하고 운남성위원회의 성립을 선포했다. 곧이어 그는 우세병력을 결집하여 1950년 9월 말까지 비적 8000 여명을 성공적으로 소멸시키고 10월 하순 '운남성비적 토벌위회'의 성립에 따라 비적 토벌 운동을 더 효과적으로 수행하여 연말에 이르러 운남성 경내에 소멸된 비적 인수가 6만 여명에 달했으며 10여개 현성(縣城)이 광복되었다.[149]

〈마방대의 방울소리〉는 바로 이 역사적 사건을 소재로 창작된 영화로 1950년 가을에 당과 정부가 하달했던 '민족무역정책'에 따라 운남 변경에 멀리 달려간 이른바 "모주석이 보내준 사람"인 무역대 대원들이 소수민족에게 물자를 운송하는 과정에서 당지 연방대장이 인솔하는 묘족부락과 합니족 부락의 적극적 협조로 변경인민이 급히 필요한 물자를 가득 실은 마방대를 성공적으로 호위하게 되면서, 장개석의 잔당으로 개인 상인인척 가장한 리삼

148 陆弘石, 『中国电影:描述与阐释』, 中国电影出版社, 2002, 307~308쪽.
149 李金明, 「史实介绍-建国初期的剿匪反特」, 『湘潮』 2009년 4호. 2009.4, 33~34쪽.

(李三, 양산 분)의 간첩활동을 철저히 파괴시켜 국경과 가까운 경외에서 숨어 있는 국민당 잔당으로 구성된 비적을 전부 섬멸하는 경과를 서술했다.

영화 〈내몽인민의 승리〉와 마찬가지로 "주선율과 다양화"[150]라는 내용 구성방식에 따라서 영화 〈마방대의 방울소리〉에서는 중국 운남 변강의 아름다운 경치, 소수민족의 특수한 민속과 민풍에 대한 소개, 그리고 묘족 처녀 람방(藍莠, 손경로 분)과 청년인 대오(黛烏, 우양 분) 사이의 러브스토리에 대한 묘사와 함께 핵심적 주제이자 정치적 목적인 공산당과 인민정부가 소수민족에 대한 깊은 배려와 민족정책의 우월성을 크게 선양했다.

[자료] 영화 〈마방대의 방울소리〉에 대한 소개문
(《로동신문》, 1955.9.27.)

---

150 陆弘石, 앞의 책, 334쪽.

이 영화는 "중국 서남 변강의 민족들이 중국공산당과 정부의 영도 하에 굳게 단결하여 자신들의 행복한 생활을 보위하기 위하여 장개석 잔당들에 대한 소탕전을 전개하며 승리를 쟁취하는 과정"[151]으로 북한에 소개되었다. 영화의 내용은 북한관객에게 당과 정부를 굳게 믿어야 행복을 얻을 수 있다는 신조와 같은 교시를 전달하는 것에 도움이 되고, 그들로 하여금 전후의 경제복구시기에도 과거 전쟁의 승리와 오늘날의 평화를 가져온 김일성을 수반으로 하는 공산주의 정권의 지도 밑에 자본주의 잔재에 대한 소탕전을 적극적으로 전개하고 계급 적대분자의 책동을 전적으로 억제하여 조국에 대한 무한한 충성 내지 은혜를 갚을 마음으로 조국의 사회주의와 공산주의 건설에 가일층 이바지하도록 격려했다.

〈돈황벽화〉

〈돈황벽화〉는 건국초기 신중국 정부 문화부의 조직 밑에 예술일군들이 감숙성 돈황 막고굴(莫高窟)에 있는 벽화를 묘사하는 미술활동을 수록한 기록영화이다. 연출과 촬영 스태프가 누구였는지 자세히 알려지지 않았다.

돈황벽화는 중국 고대 서위(西魏), 북주(北周)과 당조(唐朝)에 고대 예술 가들이 석벽에 그렸던 불상화, 산수화인데 큰 역사적·학술적 가치를 지닌다. 1951년 4월 돈황문물연구소와 중국역사박물관이 북경에서 '돈황문물전 람회'를 공동으로 개최했다. 이 전람회에서 다년간 쌓아 온 벽화에 대한 묘사작품들이 큰 인기를 끌었다. 이에 따라서 문화부 상급이 "돈황벽화의 묘사효과를 가일층 높여야 하고 묘사작업의 환경을 개선하여야 한다"라는 지시를 내리면서 벽화묘사작업의 품질을 높이고 특히 돈화벽화와 같은 전통적 색깔이 나올 수 있도록 과거 지속적으로 사용하고 있었던 화학안료와 대체안료대신 광물안료를 쓰라고 요구했다. 1954년 즈음에 국가문화부는 돈

---

151 〈중국영화상영주간에 상영될 영화들—마방대의 방울소리〉, 《로동신문》, 1955.9.27.

황석굴에 대한 보호는 매우 중요한 정치적 임무라 강조하면서 벽화를 묘사하는 미술일군에게 묘사야말로 모든 연구사업의 기초이라고 설명하고 돈황에서의 미술활동의 묘사와 연구만을 진행하라고 강력하게 요구했다.[152] 실제 영상을 찾아보기 힘들지만 1954년 제작한 기록영화 〈돈황벽화〉는 돈황석굴에서 로케이션 촬영함으로써 미술일꾼들이 문화부 상급의 결정에 따라 벽화묘사기교를 적극적으로 공부하고 실천하여 조국의 미술사업과 문물보호사업에 기여하는 모습을 기록한 영화라 추측된다.

중앙시보기록영화제작소가 성립된지 얼마 안 되었던 1953년 12월부터 1954년 1월까지 제1차 창작회의가 개최되었는데 12월 24일의 회의에서 정무원은 〈영화제작작업 강화에 대한 결정〉을 발표하며 구체적으로 "시보기록영화의 제작은 우리나라 인민들이 국가의 사회주의공업화와 사회주의 개조사업 중에서 거둔 성취와 세계평화사업에 기여한 것을 제때 보도하는 동시에 조국의 아름다운 강산, 명승, 고적, 중요한 물산과 문물을 계획적으로 촬용하여야 한다."라고 지시했다.[153] 영화 〈돈황벽화〉는 오직 벽화묘사라는 미술활동에 대한 보도뿐만 아니라 중국인민 그리고 북한관객들에게 중국의 고적인 돈황석굴과 중요한 문물인 아름다운 벽화의 규모, 외형 그리고 벽화의 구체적 모양과 내용에 대한 수록은 큰 의미를 지닌다.

〈1954년의 국경절〉과 〈빛나는 五년〉은 중국시보기록영화제작소가 1954년 말과 1955년 초에 제작 완성한 영화로 신중국 성립 5주년인 1954년 국경절 경축을 배경으로 하고 있다. 연출은 모두 소군(蘇軍)이 담당했다.

〈1954년의 국경절〉

영화 〈1954년의 국경절〉은 1954년에 10월 1일 북경 천안문광장에서 개최된 '중화인민공화국 성립 5주년 열병식' 장면을 보여주면서 건국 직후 최

---

152 李其琼, 「再谈敦煌壁画临摹」, 『敦煌研究』 2013년 3호, 2013.3, 24쪽.
153 高维进, 앞의 책, 115쪽.

근 몇 년간 정부사업에서 거둔 놀라운 성과와 군사사업에서 이루어진 비약적 발전 및 현대화 무기의 혁신을 서술하고 있다. 영화에서는 먼저 1954년 9월 15일에 제1회 전국인민대표대회 제1차 회의의 성공적 개최, 신중국의 첫 번째 헌법인 '중화인민공화국의 헌법'의 반포, 주석인 모택동, 부주석인 주덕, 상무위원회위원장인 유소기, 국무원총리 주은래, 최고인민법원원장인 동필무, 최고인민검찰원검찰장인 장정승(張鼎丞)을 수반으로 하는 제1차 중화인민공화국 국가기관 지도자의 선출을 비롯한 신중국 건국 5주년 즈음에 정치상황이 안정화·조직화되는 것이 언급되었다. 뿐만 아니라 10월 1일 당일 국경절 열병식에서 모택동, 주덕, 유소기, 주은래 등 당과 정부의 기타 지도자, 또한 소련대표단 단장인 니키타 흐루쇼프, 단원 니콜라이 불가닌, 아르툠 미코얀, 폴란드 대표단 단장인 볼레스와프 비에루트, 북한 대표단 단장인 김일성[154]을 비롯하여 루마니아, 몽골, 체코슬로바키아, 동독, 불가리아, 베트남, 알바니아 등 사회주의 형제국가의 지도자들이 천안문 성루에 올라가서 당시 중국 국방부장인 팽덕회의 호령으로 막이 오른 열병식에 등장한 육해공 삼군부대를 관람하는 모습도 수록되었다.[155]

〈빛나는 五년〉

〈1954년의 국경절〉에 이어 1955년 2월 제작 완성된 기록영화 〈빛나는 五년〉은 집중적으로 1954년 국경절 당일의 실황을 생생하게 담아낸 한 작

---

154 북한대표단은 "단장인 조선민주주의공화국내각수상인 김일성 원수와 단원인 부수상 겸 민족보위상인 최용건 차수, 최고인민회의 의장인 이영, 외무성부상인 이동건"으로 구성되었다. 대표단은 1954년 9월 28일 정오 12시 북경에 도착하여 공항에서 팽덕회, 등소평, 하용, 오난부, 이선념(李先念), 육정일 등 중국 공산당 및 정부기관의 인사들 그리고 중국 주제 북한 대사 최일과 사관 관원들의 환영을 받았다. 〈應我國政府邀請參加我國國慶典禮—朝鮮政府代表團到達北京, 周恩來總理等到機場歡迎〉, 《人民日報》, 1954. 9. 29.
155 「纪录片—九五四年国庆节」, http://www.cndfilm.com/special/xzhgchl/20090929/102089.shtml, 中央新闻纪录电影集团 中央新闻纪录电影制片厂 纪录电影资料室(중앙신문기록영화집단 중앙시보기록영화제작소 기록영화자료실).

품으로서 신중국 건국 5년 이래 군사사업 특히 군비 현대화의 발전 과정에서 거둔 빛나는 성과를 보여준다.

영화는 크게 '국방부장인 팽덕회의 각 부대 검열', '분열식 검열', '군중 퍼레이드' 세 부분으로 나누어볼 수 있다. 첫 부분인 '국방부장인 팽덕회의 각 부대 검열'은 국방부장인 팽덕회가 열병식 총지휘관인 화북군구부사령 양성무(楊成武)의 동행 하에 낙하산 부대, 기병부대를 포함한 각 부대의 대표 병단들을 검열한 후에 "대만을 해방하기 위해, 우리 신성한 변경에 대한 제국주의의 침략을 방어하기 위해, 아시아와 세계의 평화를 보위하기 위해 반드시 전투준비를 틈새 없게 갖추어야 하고, 군사적 · 정치적 훈련 그리고 통일의 의지를 강화하면서 사회주의 각오를 향상시켜 소련군대의 선진적 경험에 따라 현대화 작전기술을 장악하고 혁명적 영웅주의를 선양함으로 명령에 복종하고 기율을 준수하고 모든 군사임무의 성공적 수행을 위해 분투해야 한다!"라는 지시와 "중국인민해방군 만세! 중화인민공화국 만세! 우리 승리의 조직자 중국공산당 만세! 중국인민의 위대한 영수 모주석 만세!"라는 구호를 끝으로 마무리 되었다.

두 번째 부분인 "분열식 검열"에서 중국인민해방군 육해공 삼군부대, 기병부대, 삼륜 오토바이 부대, 트럭 보병부대, 로켓포부대, 탐조등부대, 탱크부대, 비행기 제대 등 부대의 대표 방진들이 천안문광장에서 행진하고 모택동, 주덕, 주은래 등 정부의 지도자 및 요원들의 검열과 소수민족 대표들, 티베트대표단 달라이 라마와 판첸라마, 그리고 외빈인 사회주의 형제국의 지도자와 대표단의 대원들의 관람 모습이 수록되었으며 "5년 동안 중국인민해방군은 이미 하나의 우량하고 현대화된 혁명군대가 되었다. 오늘날에 우리는 강대한 육군, 해군 및 특수부대를 가지고 있다.", "중국인민은 줄곧 평화를 사랑하고 전쟁을 반대하지만 전쟁의 위협을 두려워하지 않는다. 미국 통치 집단이 항상 중화인민공화국을 적대시하고 우리나라의 영토 대만을 강점하여 중국의 내정을 간섭하고 있다. 중국인민은 우리의 신성한 영토를 침범하는 것을 정대 허락할 수 없다! 중국인민은 대만을 꼭 해방시켜야한다! 우리는 반드시 파괴할 수 없는 대단결과 강대한 무장 역량으로 침략자에게 괴멸적인 타격을 주며 조국의 독립과 세계의 평화를 지켜야 한다!"를 비롯한 건국 직후 나날이 향상 발전된 군사력을 과시하고 미 제국주의와끝까지 투쟁을 하여 대만을 해방시킬 정치적 목적의 선전 및 선동성이 높은내레이션이 함께 나왔다.

세 번째 부분인 '군중 퍼레이드'에서는 소년 행렬, 노동자 장구(腰鼓)대대, 방직 여공 행렬, 농민 대열, 기관 간부 대열, 시민 대열, 회민(回民) 대열, 화상 대열, 청년학생 대열, 문예근무자 대열, 체육 대열에서 인민대중이 모택동, 유소기, 주은래, 주덕, 진운, 손중산(孫中山), 맑스, 엥겔스, 레닌, 스탈린의 대형 초상화와 "전국인민대표대회 제1차 회의의 성공적 개최경축!", "우리 반드시 대만을 해방시켜야 한다!"라는 슬로건이 찍혀 있는 현수막을 높이 들고 환호하면서 천안문 성루를 지나가는 퍼레이드 과정 전체를 집중적으로 기록했다.[156]

앞에 살펴본 바와 같이 중국에서 1954년 10월 1일 국경절을 맞이하여 제작한 기록영화 〈1954년의 국경절〉과 〈빛나는 五년〉은 열병식을 통해 신중국 건국 5년 이래 정치·군사사업에서 거둔 빛나는 성과를 철저히 보여주면서 미 제국주의와 적극 투쟁하여 대만을 해방시켜 조국의 강토를 결사적으로 지킬 결심을 표출했다. 북한 인민들에게 있어서는 과거 전쟁 시기에어깨를 나란히 하여 미제와 투쟁하는 전우이며 오늘날에 자국의 전후 복구사업에 전력으로 협조하는 사회주의 형제국인 중국에서 1954년 10월 1일국경절을 맞이하여 거행된 성대한 열병식에서 자기들이 경애하는 수령인김일성이 직접적으로 참가한 행사활동이니 자연스레 관심이 많을 수밖에없었다. 두 영화는 정치적 소통도구라는 역할을 하며 중국이 안정화, 현대

---

156 「光輝的五週年」, 中央新聞紀錄電影製片廠 電影科(유인물), 1954, 1~8쪽, 참조.

화 정치·군사 강국을 향해 발전되는 모습을 보고하고 있다. 이러한 영화들의 북한에서의 상영은 북한인민들로 하여금 중국을 본보기로 삼아 '오늘의 중국은 내일의 북한 모습이다'라는 강력한 자부심과 전쟁 시기 영웅적 인민군 전사들에 못지않은 대단한 전투력으로 전후 조국의 복구사업과 향후의 사회주의 건설에 투신하여 참신한 미래를 개척할 수 있도록 격려하는 큰 원동력이 될 것이었다.

전후복구기 북한에 상륙한 중국영화는 무려 20편이 넘는다. 구체적으로 살펴보면, 이러한 영화들의 주제는 크게 두 가지로 나누어진다.

첫째, 전쟁을 주제로 한 영화이다. 과거 제2차 세계대전이 끝나자 일어났던 중국 국공내전과 한국전쟁이 이러한 영화들의 배경이 되었다. 작품 속에서는 일반적으로 국공내전시기에 국통구에서의 중국인민을 억압하고 광대한 농민과 노동계급의 노동력을 착취하는 악행을 저지른 친미주구 장개석의 국민당군을 용감히 타격하고 신중국의 탄생을 가져온 중국인민해방군과 한국전쟁시기에 북한군민과 어깨를 나란히 하여 공통의 적인 미제 그리고 친미주구 이승만군과 결사적으로 투쟁하여 공산당의 지도 밑에 최종의 승리를 거둔 중국인민지원군 병사들의 영웅적 모습을 부각시켰다. 따라서 흉악한 죄행을 저지른 제국주의의 부당성과 낙후성, 그리고 공산주의 정권의 정치적·군사적 선진성과 우월성을 대비적으로 보여주며 인민대중에게 공산주의 정권에 대한 신뢰감과 애국주의 교양을 주입시킨 임무가 교묘하고도 성공적으로 제시된다.

둘째, 사회주의 건설을 주제로 한 영화이다. 국공내전시기 오랫동안 압박과 착취를 받고 있었던 수많은 농민과 노동자들이 중국공산당의 지도 밑에 신세를 고쳐 주인이 되었다는 내용뿐만 아니라, 신중국 성립 직후 전국적으로 전개된 사회주의 건설사업 가운데서 중국공산당과 정부의 현명한 지도 밑에 노동계급의 영웅적 투쟁으로 이루어진 대단한 성과, 구체적으로 전후의 경제적 곤경에 벗어나 국민경제의 효과적 회복과 초보적 발전, 공업과 농업, 자본주의 상공업의 대규모 국유화 과정, 그리고 부르주아 잔재를 철저하게 숙청하는 것을 목적으로 한 '삼판'과 '오판'운동이 질서 있게 실행되는 것이 모두 나타난다.

이렇듯 북한에서 상영된 중국영화에서 제국주의 침략자와 그와 서로 결탁한 친일·친미주구가 저지른 악행에 대한 날카로운 비판, 그리고 지속적으로 보여주고 있는 모택동을 수반으로 한 중국공산당과 신중국 정부의 현명한 지도 아래 사회주의 건설사업의 수행과정에서 거둔 빛나는 성과들은 모두 북한에서 인민의 응집력과 공산주의 정권에 대한 확고부동한 신뢰감과 기대감을 강화할 수 있는 바른 교시 혹은 성공적 경험이었다. 즉 북한 정부의 입장에서 앞서 언급한 특정한 주제로 한 중국영화들은 사회주의 건설에서 제대로 달려가는 중국을 성공적 선례로서 북한인민에게 전달시켜 전쟁의 약탈을 겪어 심하게 파괴된 북한 사회주의 경제의 회복과 발전 가능성을 알려준다. 이는 북한인민들로 하여금 김일성의 지도 밑에 전후시기에 가장 시급한 문제인 경제적 복구 및 발전에 관한 '중공업중시노선', '농업집단화'를 비롯한 온갖 구체적 계획 및 조치를 한결같이 엄격하게 수행하며 앞선 사회주의·공산주의 건설사업에 가일층 투쟁할 수 있도록 고무하는 것이라 할 수 있다. 또한 '자본주의 잔재 청산'이라는 중요한 임무를 해결하는 정확한 시범 혹은 성공한 선행자라 할 수 있다. 즉 북·중 양국 간 펼쳐진 영화교류활동 가운데 중국에서 상영된 중국영화들과 마찬가지로 북한에서 소개된 중국영화들도 북한 자국 정치 및 경제 정책의 보급과 실행을 선전·선동하는 '추진기'와 같은 보조적 역할을 하고 있었던 것이다.

제6장

맺음말

앞서 살펴본 바와 같이, 북한과 중국의 영화교류는 같은 사회주의 국가로서 이데올로기적 동질성, 역사적 친밀성, 지리적 인접성뿐만 아니라 소련 문예 특히 스탈린식 문예창작이론의 영향을 깊게 받았다. 이는 북한과 중국 문예의 유사성, 구체적으로 '창작 이론의 유사성'과 '발전 궤적의 유사성'이라는 것이 큰 원인이라 할 수 있다.

북한과 중국을 막론하고 영화사업의 발전은 모두 스탈린식 문예사상의 영향을 받았다. 북한이나 중국에서 영화 창작활동은 모두 당의 강력한 지배와 정부의 정치적 노선에 입각하여 지속적으로 전개되었다. 영화야말로 지배적 이데올로기를 선전·선동하는 수단으로서 당의 정책이나 최고지도자의 결정 및 교시를 인민대중에게 효과적으로 전달하고 교양시키는 역할을 맡았다. 무엇보다 영화는 당의 안정적 집권통치를 공고하게 만들기 위한 이데올로기적 국가장치 즉 인민대중의 사상을 통일시키도록 한 비폭력적 무기로 사용되었다. 따라서 정치성, 구체적으로 당성, 계급성과 인민성을 특징으로 한 '사회주의 리얼리즘'이라는 기본적인 영화창작 수법, 그리고 혁명적 주제 가운데서 전형적 인물을 우상화, 영웅화 내지 신격화함으로써 공산주의 정권의 당위성과 최고 지도자의 절대적 존재를 과시하는 문예 이론적 '스탈린주의'가 북한과 중국의 영화 창작 · 비평 과정에서 철저하게 스며들어 노골적으로 관객들에게 보여진다. 다시 말해 영화라는 것은 북한이나 중국에서 모두 지속적으로 당의 '기관지' 혹은 당의 온갖 노선, 정책, 결정 및 구체적 지시들을 본국 인민대중에게 전달하고 엄격히 집행하도록 요구하는 '확성기' 역할을 맡고 있었다.

북한영화와 중국영화의 문예 이론적 유사성과 함께 영화사업의 발전 궤적에서도 유사성이 존재한다. 해방기부터 북한과 중국에서의 영화 창작에서는 본국으로 유입된 소련영화의 영향을 받았다 특히 사회주의 리얼리즘 수법이 이식되면서 문예적 반우파 · 반종파주의 즉 제국주의와 자본주의 잔재에 대한 청산을 비롯한 문예계의 계급투쟁이 끊임없이 진행되었다. 그러나 1954년 12월 소련 제2차 작가대회에서 기존 '도식주의적 사회주의 리얼리즘'에 대한 비판 그리고 1956년 2월 개최된 소련 제20차 당 대회에서 '개인숭배 배격' 즉 '스탈린주의 청산'과 '평화공존론'의 채택에 따라 1956년 4월 북한에서도 지속적으로 수행되었던 '사회주의 리얼리즘'에 대한 반도식주의 비판을 전개하고 인간 내면과 객관적 현실부터 도출된 진실에 대한 본격적 탐구를 주장하는 영화창작의 예술성과 자유성이 요구되기 시작했다. 이와 만찬가지로 중국에서도 해빙기 소련 문예정책의 전변이 가져온 영향으로 인해 1956년 4월말부터 '백화제방 · 백가쟁명'이라는 정책을 실행하기 시작했다. 따라서 중국에서는 문예창작의 기본적 수법인 '사회주의 리얼리즘'에 대한 극좌, 도식주의, 교조주의라는 비판과 함께 사상해방, 사상자유화를 추구하는 경향이 있었다. 그럼에도 불구하고 거의 같은 시기인 1957, 1958년 중국과 북한에서는 흐루쇼프 시기 소련문예 노선의 영향에서 벗어나 문예계의 숙청이 잇따라 전개되었다. 양국에서는 모두 1956년 즈음 나타난 공산주의 중앙집권 통치를 직접적으로 위협하는 우경화 경향을 '수정주의', '자본주의 사상의 잔재' 심지어 '반당행위'라고 비판, 정치화하며 스탈린주의적 사회주의 리얼리즘 창작 방식으로 되돌아가게 되었다. 이렇듯 북한과 중국의 영화사업 발전 과정에서 비슷한 경향, 즉 발전 궤적의 유사성 그리고 앞서 언급한 문예 이론의 유사성으로 인해 북·중 양국 간의 영화교류가 중단이나 교차 없이 맞물려 지속적으로 전개될 수 있었다. 이 시기 북한영화, 중국영화는 공히 예술성이나 독창성보다는 정치성이 가장 중요했다. 그러기에 북·중 영화교류는 예술적 탐구나 상업적 흥행보다 정치적 소통의 성격이 더 뚜렷했다.

이어서 이 책에서는 1945년부터 1955년까지 북한과 중국 사이에 펼쳐진 영화교류활동과정에서 등장한 양국 영화를 살펴보았다.

1945년 8월, 제2차 세계대전의 종전에 따라 조선인들이 광복을 맞이하여 일제 강점에 벗어나 35년 만에 나라의 빛을 되찾았다. 중국인들 역시 8년여에 걸친 항일전쟁에서 최종의 승리를 거두었다. 그럼에도 불구하고 좌우 이데올로기의 대립으로 인해 한반도나 중국 모두 정치적 분위기는 여전히 불안정했다. 더구나 양국은 영화 촬영 및 제작 장비의 부족으로 인하여 영화작품의 제작이 많이 이루어지지 않았고 대부분 시보영화와 기록영화의 촬영에 집중되어 있었다. 1940년대 말에 이르러 북한이나 중국에서 정치적 상황이 안정화되고 양국의 국내 영화사업이 크게 발전되었는데 이와 더불어 양국 간의 영화교류의 서막도 열리게 되었다. 국가성립기인 1945-1950년에 북한에서는 중국영화 6편(극영화 4편, 기록영화 2편)이 상영되었고 중국으로 유입된 북한영화도 6편(예술영화 2편, 기록영화 4편)이 있었다.

한국전쟁기인 1950-1953년 북한영화의 제작과 북·중 영화교류는 다른 풍경을 보여주고 있었다. 해방기 5년 동안 북한의 영화사업은 급속하게 발전하였으나 한국전쟁이 터진 직후 미군이 한반도 북반부에서의 무차별 폭격과 포격으로 인하여 평양을 중심으로 한 북한의 대부분 지역이 초토화되고 북조선국립영화촬영소를 포함한 수많은 북한의 공공시설들이 파괴되었다. 따라서 영화사업을 비롯한 북한 인민경제의 평화적 발전이 부득이하게 중단되었다. 중국에서는 1951년 5월부터 공산당정부에 의해 발기된 영화

〈무훈전〉에 대한 '부르주아 개량주의'라는 비판과 후속 토론을 통해 일종의 정풍운동으로서 전국 문예계에 큰 진동을 일으켰다. 특히 영화 속 '반동적 부르주아 요소'에 대한 엄격한 검열은 중국영화인들이 영화를 창작할 자유를 억압하여 그들의 적극성은 크게 떨어지게 되었다. 이러한 양국 영화사업의 발전에서 전시(戰時) 상황은 북·중 영화 교류사상 유례없는 두 가지 특별한 교류활동을 초래했다.

첫째, 영화 〈무훈전〉에 대한 비판과 거의 동시기인 1951년 5월에 중국 동북영화제작소에서는 북조선국립영화촬영소의 직원 수 백 명을 수용하고 가까운 촬영 및 제작기지, 물질적 도움과 인력의 지원을 제공하여 그들이 전쟁의 틈바구니에서 영화를 정상적으로 제작할 수 있도록 최대한 협조했다. 따라서 1953년 11월 북한영화인 전원(全員)이 중국을 떠날 때까지 북한 예술영화 〈소년빨찌산〉, 〈또 다시 전선으로〉, 〈향토를 지키는 사람들〉, 〈비행기 사냥군조〉, 〈정찰병〉과 일련의 기록영화와 시보영화들이 이 곳에서 성공적으로 제작되었다.

둘째, 중국에서는 국내 극영화의 발전이 짧은 시일에 침체 상태에 들어간 어려운 상황에서 시보영화와 기록영화의 촬영 및 제작에 집중하기 시작했다. 또한 일부의 중국영화인들이 북한전선에 달려가서 수많은 한국전쟁을 기록한 시보영화 및 기록영화를 로케이션 촬영하고 이를 중국에서 상영했다.

한국전쟁시기 구체적으로 어떠한 중국영화가 북한에서 소개되어 어떤 특정한 극장에서 공식적으로 상영되었는지 혹은 이동영화차를 통해 어떤 지역에서 북한인민들과 만나게 되었는지를 파악하기는 어렵다. 그럼에도 불구하고 이 시기에 북·중 양국 영화 교류 속에 북한영화 5편(예술영화 3편, 기록영화 2편)이 중국에서 잇따라 상영되었던 것을 알 수 있었다.

전후복구기인 1953–1955년에 북한에서는 경제복구건설 특히 북조선국립영화촬영소의 재건, 소련, 중국, 독일을 비롯한 제 사회주의 국가의 기술적 뒷받침과 문화 기자재의 후원으로 전시(戰時)에 중단되었던 본국에서의 영화 제작이 재개되었다.

중국 영화사업은 1953년 말부터 영화 〈무훈전〉에 대한 비판을 시작으로 한동안 엄격해진 극영화 검열과 영화감독을 대상으로 한 사상 개조로 인한 극영화 제작의 빈약기에서 벗어나 신중국 성립 직후 전국적으로 전개된 사회주의 건설과 개조를 반영한 영화를 위주로 제작이 재개되어 영화창작 자유도가 상대적으로 호전되었다.

1953년 휴전협정 체결에 따라 한국전쟁이 끝났으나 중국 중앙시보기록영화제작소와 팔일영화제작소를 위주로 일부 영화인들이 지속적이고 계획적으로 북한에서 기록영화를 로케이션 촬영하고 있었다. 이러한 기록영화들의 주제는 한국전쟁에 대한 회고 그리고 북한 전후복구사업의 내용을 수록하는데 집중되었다.

이 시기 중국에서 상영된 북한영화들은 6편(예술영화 4편, 기록영화 2편)이었다. 그 중 3편은 1953년 전시(戰時)에 중국 동북영화촬영소에서 제작된 한국전쟁을 주제로 한 작품이고 나머지 3편은 1954년에 재건된 북조선국립영화촬영소에서 완성된 영화들인데 한국전쟁을 배경으로 한 영화창작을 연속성 있게 이어갔다. 같은 시기 북한에 상륙한 중국영화들은 무려 20편이 넘는다. 그중에는 극영화 15편, 기록영화 9편(2편 확인 불가), 시보영화 1편 등, 총 영화작품 25편이 담겼다.

위에 살펴본 바와 같이, 1945년부터 1955년까지 북·중 영화교류활동 가운데서 등장한 양국 영화작품은 무려 48편이나 되었다. '전쟁'은 가장 중요한 요소로서 이 시기 양국 대부분의 영화 창작에 있어 일관된 주제였다. 광복과 한국전쟁을 배경으로 한 북한영화들과 항일전쟁과 국공내전을 배경으로 한 중국영화들이 북·중 양국 간에 펼쳐진 영화교류에서의 주력군이었다. 전쟁과 긴밀히 연관된 주제 즉 광복 직후의 '인민민주주의 건설'을 다룬 북한영화들과 국공내전 종전 직후인 신중국 건국 초기의 '사회주의 건설'을 주제로 한 중국영화들도 교류활동에서 많이 등장했다. 이러한 주제상의 일관성뿐만 아니라 북한영화와 중국영화들의 이데올로기적 통일성은 북·중 영화교류가 제대로 이루어지고 지속적으로 촉진되었던 본질적인 요소였다. 이는 크게 세 가지로 나누어 살펴볼 수 있다.

첫째, 이항대립적인 요소들을 통해 전쟁에서 제국주의침략자가 조국의 강토이자 인민의 고향에서 저지른 야수만행을 폭로하고 전선에서 혈투하는 인민병사와 후방 인민의 전선에 대한 지원, 조국의 건설과 전후의 복구재건 사업에 적극적으로 투신하는 농민과 노동계급의 영웅성을 형상화함으로써 인민에게 제국주의에 대한 적개심을 높이 앙양하는 동시에 애국주의 교양을 강력히 주입시켰다.

둘째, 전쟁에서 거둔 놀라운 승리와 경제건설사업에서 올린 빛나는 성과를 모두 국가와 당(공산주의 정권)의 정치적·군사적·경제적 지도력으로 귀결함으로써 공산주의 정권의 당위성과 우월성을 역설하면서 인민대중의 응집력을 높이어 그들을 공산주의 정권에 대한 확고부동한 신뢰감과 기대감을 강화시켰다.

셋째, 전쟁시기와 평화로운 국가건설시기에 북한과 중국 간의 군사적·경제적 강력한 지원 및 협조를 보여줌으로써 양국은 같은 사회주의 국가이자 이른바 영원한 혈맹관계로서의 친선과 우의, 숭고한 국제주의, 그리고 사회주의 국가 진영의 강대를 크게 강조하였다.

북·중 영화교류활동을 통해 공통적인 정치적 이데올로기가 상대국으로 확산되었다. 이러한 외화의 수입 및 상영은 자국 정권의 안정적인 유지, 인민의 응집력의 촉진, 그리고 당과 정부가 제정한 정치, 경제, 문화 분야에서의 온갖 노선, 계획 및 구체적 명령과 지시의 정상적이고 효과적 전달과 실행에 도움이 되었다. 즉 타국영화가 영화교류를 통해 본국관객에게 소개되면서 이는 공산주의 정권의 존재에 심각한 위협이 될 만한 요소를 철저히 정리하고 국가의 사회주의·공산주의식 발전을 도모하며, 인민으로 하여금 당의 영도에 꾸준히 호응하여 조국의 국토안전 및 경제건설사업에 가일층 투쟁할 수 있도록 고무하기 위한 보조적 조치로 쓰이게 되었다.

앞서 살펴본 것처럼, 제2차 세계대전의 종전에 따라 소련문예가 거침없이 북·중 양국으로 유입되었다. 북한과 중국에서는 모두 깊은 당성, 계급성 및 인민성을 띤 '사회주의 리얼리즘'과 영웅주의를 집중적으로 강조한 스탈린주의식 소련 문예창작·비평 이론을 자국 영화를 비롯한 다양한 문예물 창작에 있어서 기본적 수법으로 수용했으며 동시에 양국 사이에 문예교류를 전개하고 추진할 가능성도 마련했다. 즉 지배적 지위에 처한 사회주의 종주국인 소련이 자국영화를 다른 사회주의 국가에서 대량 상영 및 보급하는 수직적 확산 과정에서 북·중 영화사업의 발전에도 자연스레 큰 영향을 미쳤다는 것이다. 그럼에도 불구하고 이 시기 북한이나 중국영화의 창작은 소련영화의 양상을 변함없는 절대적인 규칙으로 삼아 그대로 답습한 것이 아니라 소련영화를 가장 우수하고 바른 모델로 삼아 사회주의 리얼리즘이라는 수법을 본국의 실제적 국정과 연관된 주제에 접목하고 영화를 국가와 당의 통제 및 지배력을 최대한 확산하고 정치적 총노선과 군사·경제·문예 등 온갖 분야에서의 정책, 계획 및 지시를 구체화시키며 국가 내부의 단결과 안정을 위한 효과적 선전·선동 수단으로 활용하게 만들었다.

소련영화가 북한과 중국에서 수직적으로 확산된 것과 별도로 북·중 양국 사이에는 자국영화들이 상대국으로 수평적 확산되는 모습을 보여주고 있었다. 이 시기(1945~1955년) 영화 교류활동 가운데서 등장한 북·중 영화들을 살펴보면 자국의 정치적 이데올로기의 선전 및 선동에 주목한 전형적인 소련 모델에서 벗어나 양국 관계를 집중적으로 반영하는 특정한 양상도 나타났다. 이러한 영화들에 대해 간단히 요약하자면 이 시기 등장한 북한영화들은 주로 민주건설과 전쟁주제의 영화들로 구성되었고 북한관객들과 만나게 되었던 중국영화들은 주로 전쟁과 사회주의 건설 주제 두 가지로 나눌 수 있었다. 국공내전이 가져온 고통에 깊이 빠진 중국인민에게 광복 직후 민주건설을 주제로 한 북한영화, 그리고 한국전쟁에 시달리는 북한인민에게 사회주의 건설을 반영한 중국영화들은 모두 공산주의 정권의 현명한 지도 밑에 거둔 빛나는 성과를 보여주면서 자국민에게 상대국이 바른 사회주의 발전노선에서 달려가고 있으며 정확한 경험을 가르칠 수 있는 선진적 '사회주의 형제국'이라는 관계로 설명했다. 다른 한편으로 국공내전을 반영한 중국에서는 국공전쟁 중 '조선혁명지사'의 영웅적 투쟁을 통해 조선인부대의 군사적 지원을 보여주었는데 한국전쟁과 전후복구를 주제로 한 북한영화 가운데서 중국인민지원군이 전시(戰時)에 북한군민과 전선에서 어깨를 나란히 해 적과 용감히 격투하고 전후에 북한의 경제복구사업에 적극적으로 협조하는 모습을 부각시킴으로 그들의 고상한 국제주의 정신을 크게 칭송했다. 따라서 전쟁 와중에 말려들었던 조·중 양국 사이에 정치적·군사적·경제적으로 상호 지원하는 '영원한 전우'나 '순치상의(脣齒相依)의 혈맹'이라는 정치적 관계를 밝히게 되었다.

이렇듯 영화사에 대한 복구라는 것은 단지 어떤 나라의 영화 발전 역사의 공백을 매운 것이 아니라 정치사, 경제사, 사회사 등 다른 분야에 관한 연구의 전개에도 큰 도움이 되는 것이다. 이는 예술과 정치의 긴밀한 연관성, 즉 영화사의 구성 내지 구체적으로 어떤 특정한 시기의 영화 양상은 대체로 당시 정치적 분위기에 달려있기 때문이다. 이와 마찬가지로 양국의 영화교류사를 통해 쌍방 정치·경제·군사와 다른 문화예술 분야의 교류에서 맺은 관계를 일정한 정도로 엿볼 수 있다.

참고문헌

단행본

[한국자료]

경남대학교 북한대학원, 『북한현대사 1』, 한울, 2004.

국방부 군사편찬연구소, 『소련 군사고문단장 라주바예프의 6 · 25전쟁 보고서(3)』, 국가기록원, 2001.

국사편찬위원회, 『北韓關係 史料集 32』, 국사편찬위원회, 1999.

국토통일원 조사연구실, 『朝鮮勞動黨大會 資料集《第Ⅰ輯》』, 국토통일원, 1988.

김승, 『북한 기록영화. 그 코드를 풀다』, 한울아카데미, 2016.

김준봉, 『한국전쟁의 진실-하』, 이담북스, 2010.

김준엽 외, 『北韓硏究資料集《第一輯》』, 고려대학교 아세아문제연구소, 1969(ㄱ).

김준엽 외, 『北韓硏究資料集《第二輯》』, 고려대학교 아세아문제연구소, 1974(ㄴ).

김준엽 외, 『北韓硏究資料集《第三輯》』, 고려대학교 아세아문제연구소, 1978(ㄷ).

김재용, 『북한 문학의 역사적 이해』, 문학과지성사, 2004.

루크 페레티 지음, 심세광 옮김, 『루이 알튀세르의 이데올로기』, 앨피, 2014.

민병욱, 『북한영화의 역사적 이해』, 역락, 2005.

박영실, 『중국인민지원군과 북 · 중관계』, 선인, 2012.

박찬승, 『한국 근현대사를 읽는다』, 경인문화사, 2014.

V. I. 레닌 지음, 이길주 옮김, 『레닌의 문학예술론』, 논장, 1988.

서동만, 『북한-중국관계 1945-2000』, 선인, 2011.

슈테판 크라머 지음, 황진자 옮김, 『중국영화사』, 이산, 2000.

스테판 코올 지음, 여균동 옮김, 『리얼리즘의 歷史와 理論(개정판)』, 미래사, 1986.

C. V. James 지음, 연희원 옮김, 『사회주의 리얼리즘론—기원과 이론』, 녹진, 1990.

이명자, 『북한영화사』, 커뮤니케이션북스, 2007(ㄱ).

이명자, 『신문 · 잡지 · 광고로 보는 남북한의 영화 · 연극 · 방송 1945~1953』, 민속원, 2014(ㄴ).

이종석, 『북조선사회주의체제성립사 1945~1961』, 중심, 2000.

정태수, 『세계영화예술의 역사(개정증보)』, 박이정, 2016(ㄱ).

정태수, 『러시아-소비에트 영화사 I』, 하제, 1998(ㄴ).

정태수, 『러시아-소비에트 영화사 II』, 하제, 2001(ㄷ).

차락훈, 정도모, 『北韓法令沿革集〈第一輯〉』, 고려대학교 아세아문제연구소, 1969.

찰스 암스트롱 지음, 김열철·이정우 옮김, 『북조선의 탄생』, 서해문집, 2006.

최척호, 『북한영화사』, 집문당, 2000.

최척호, 『북한예술영화』, 신원문화사, 1989.

케이트 크리언 지음, 김우영 옮김, 『그람시·문화·인류학』, 길, 2004.

통일연구원, 『2009북한개요』, 통일연구원, 2009.

피종호, 『동독 영화』, 사곰, 2016.

한상언, 『해방 공간의 영화·영화인』, 이론과 실천, 2013.

[북한자료]

길재준, 리상전, 『중국 동북해방전쟁을 도와』, 외국문출판사, 2016.

김룡봉, 『조선영화사』, 사회과학출판사, 2013.

김일성, 『김일성선집』 2권, 조선로동당출판사, 1954.

김일성, 『김일성선집』 4권, 조선로동당출판사, 1954.

김일성, 『김일성저작집』 1권, 조선로동당출판사, 1979.

김일성, 『김일성저작집』 2권, 조선로동당출판사, 1979.

김일성, 『김일성저작집』 5권, 조선로동당출판사, 1980.

김일성, 『김일성저작집』 6권, 조선로동당출판사, 1980.

김일성, 『김일성저작집』 10권, 조선로동당출판사, 1980.

김일성, 『김일성저작집』 12권, 조선로동당출판사, 1981.

김일성, 『김일성저작집』 13권, 조선로동당출판사, 1981.

김일성, 『김일성저작선집』 3권, 조선로동당출판사, 1968.

김일성, 『김일성전집』 15권, 조선로동당출판사, 1996.

문예봉, 『내 삶을 꽃펴준 품』, 문학예술출판사, 2013.

조선중앙통신사, 『조선중앙년감 1949년』, 조선중앙통신사, 1949.

조선중앙통신사, 『조선중앙년감 1950년』, 조선중앙통신사, 1950.

조선중앙통신사, 『조선중앙년감 국내편 1951-1952』, 조선중앙통신사, 1952.

조선중앙통신사, 『조선중앙년감 1954-1955년』, 조선중앙통신사, 1954.

조선중앙통신사, 『조선중앙년감 1956년』, 국제생활소, 1956.

조선중앙통신사, 『조선중앙년감 1957년』, 조선중앙통신사, 1957.

조선중앙통신사, 『조선중앙년감 1958년』, 조선중앙통신사, 1958.

조선민주주의인민공화국 사회과학원, 『정치용어사전』, 사회과학출판사, 1970.

조선작가동맹, 『제2차 조선작가대회 문헌집』, 조선작가동맹출판사, 1956.

평양향토사편집위원회, 『평양지』, 국립출판사, 1957.

평양향토사편집위원회, 『조선전사24 현대편(민주건설기2)』, 과학, 백과사전출판사,
　　　1981.

[중국자료]

「鋼鐵運輸線」, 유인물, 1954.

「鋼鐵運輸線-電影宣傳畫」, 유인물, 1954.

「鏡頭紀錄本-對空射擊組」, 中央電影局東北電影製片廠, 1954.

「慶祝朝鮮解放十周年電影招待會-美麗的歌」, 유인물, 1954.

「故事片-三年」, 유인물, 1954.

高維進, 『中国新闻纪录电影史』, 世界图书出版公司 后浪出版公司, 2013.

军事科学院军事历史研究部, 『抗美援朝战争史(第三卷)』, 军事科学出版社,
　　　2000.

「紀錄片-反對細菌戰」, 유인물, 1952.

「光輝的五週年」, 中央新聞紀錄電影製片廠 電影科(유인물), 1954.

罗艺军, 『20世纪中国电影理论文选(上)』, 中国电影出版社, 2003.

柳迪善, 『新中国译制片史1949-1966』, 中国电影出版社, 2015.

毛泽东, 『毛泽东选集 第三卷』, 人民出版社, 1991.

文化部文学艺术研究院, 『周恩来论文艺』, 人民文学出版社, 1979.

「美麗之歌」, 유인물, 1954.

方方, 『中国纪录片发展史』, 中国戏剧出版社, 2003.

「保衛家鄉」, 유인물, 1953.

北京市地方志编纂委员会, 『北京志-文化艺术卷　戏剧志·曲艺志·电影志』,
　　　2000.

「少年游擊隊」, 유인물, 1952.

沈志华, 『冷战中的盟友-社会主义阵营内部的国家关系』, 九州出版社, 2013(ㄱ).

沈志华, 『冷战中的再转型-中苏同盟的内在分歧及其结局』, 九州出版社, 2013 (ㄴ).

沈志华, 『中苏关系史纲』, 社会科学文献出版社, 2011(ㄷ).

杨光钰, 『中国电影人-李俊(1922-2013)』, 中国电影出版社, 2014.

杨金生, 『北京电影制片厂影片总编目1950~1992』, 北京电影制片厂宣传发行 处, 1992.

「電影宣傳書-英雄司機」, 유인물, 1954.

吴贻弓, 『上海电影志』, 上海社会科学院出版社, 1999.

「友誼之歌, 正義的戰爭」, 유인물, 1951.

「游擊隊的姑娘」, 유인물, 1955.

刘丽娟, 『长春电影制片厂艺术电影汇编』, 吉林人民出版社, 2011.

陆弘石, 『中国电影:描述与阐释』, 中国电影出版社, 2002.

尹鸿, 凌燕, 『百年中国电影史(1900-2000)』, 湖南美术出版社 岳麓书社, 2014.

李多钰, 『中国电影百年(上)1905-1976』, 中国广播电视出版社, 2005.

李道新, 『中国电影文化史(1905-2004)』, 北京大学出版社, 2005.

李捷, 『毛泽东与新中国的内政外交』, 中国青年出版社, 2003.

上海电影制片厂, 『影片目錄 1949-1983』, 上海电影制片厂, 1983.

单万里, 『中国纪录电影史』, 中国电影出版社, 2005.

沈志华, 『毛泽东, 斯大林与朝鲜战争』, 广州人民出版社, 2016(ㄹ).

张山克, 『台湾问题大事记』, 华文出版社, 1988.

「戰鬥的友誼」, 유인물, 1954.

程来仪, 『正义与邪恶的较量-朝鲜战争战俘之谜』, 中央文献出版社, 2000.

「偵察兵」, 유인물, 1954.

「朝鮮人民訪問中華人民共和國 代表團 藝術團-演出節目(중화인민공화국 방문 조 선인민대표단 예술단-공연 목록)」, 유인물, 1954.

曹霞, 『中国当代文学批评研究(1949-1976)』, 南开大学出版社, 2015.

朱栋霖 외, 『中国现代文学史(下)1917-2000』, 北京大学出版社, 2008.

周扬, 『周揚文集 第一卷』, 人民文学出版社, 1984(ㄱ).

周扬, 『周揚文集 第二卷』, 人民文学出版社, 1985(ㄴ).

周扬,『周揚文集 第三卷』, 人民文学出版社, 1990(ㄷ).

中国中央文献研究室,『毛泽东文集 第二卷』, 人民出版社, 2001.

中国中央文献研究室,『毛泽东文集 第六卷』, 人民出版社, 1999.

中国中央文献研究室,『毛泽东文集 第七卷』, 人民出版社, 1999.

中国中央文献研究室,『毛泽东文艺论集』, 中央文献出版社, 2002.

中国中央文献研究室,『建国以来毛泽东文稿 第一册』, 中央文献出版社, 1989.

中国中央文献研究室,『建国以来毛泽东文稿 第三册』, 中央文献出版社, 1989.

中国中央文献研究室,『建国以来毛泽东文稿 第五册』, 中央文献出版社, 1989.

中国中央文献研究室,『建国以来毛泽东文稿 第六册』, 中央文献出版社, 1989.

中国中央文献研究室,『建国以来周恩来文稿 第三册』, 中央文献出版社, 2008.

中國人民解放軍總政治部,『影片目录(一九五二年－一九五六年)』, 八一電影製片
　　廠, 1957.

中國電影發行公司宣傳處,『電影宣傳資料(合訂本)－一九五四年第一册』, 中國電
　　影發行公司, 1954.

中國電影發行放映公司,『中國電影發行放映統計資料匯編(1949–1957)–第二册
　　輸出輸入業務部分』, 中國電影發行放映公司, 1958.

「重返前線」, 유인물, 1952.

中华人民共和国外交部 中国中央文献研究室,『毛泽东外交文选』, 中央文献出版
　　社 世界知识出版社, 1994.

中華全國文學藝術工作者代表大會宣傳處, 『中華全國文學藝術工作者代表大會
　　紀念文集』, 新華書店, 1950.3.

陈播,『中国电影编年纪事(发行放映卷·上)』, 中央文献出版社, 2008(ㄱ).

陈播,『中国电影编年纪事(制片卷)』, 中央文献出版社, 2006(ㄴ).

陈播,『中国电影编年纪事(总纲卷·上)』, 中央文献出版社, 2005(ㄷ).

陈播,『中国电影编年纪事(综合卷·上)』, 中央文献出版社, 2006(ㄹ).

陈播,『中国电影编年纪事(发行放映卷·中)』, 中央文献出版社, 2008(ㅁ).

陈播,『中国电影编年纪事(发行放映卷·下)』, 中央文献出版社, 2008(ㅂ).

「彩色文獻紀錄影片「八一」運動大會」, 中國影片經理公司華東區公司上海辦事處
　　(유인물), 1953.

「土地的主人」, 유인물, 1954.

「八一運動大會幻燈字幕(改正本)」, 유인물, 1953.9.

夏衍, 『夏衍电影论文集』, 东方出版中心, 2011.

郝玉生, 『我们的足迹』, 中国新闻纪录电影制片厂, 1998.

「抗美援朝朝鮮前方新聞特輯第一號梗概」, 유인물, 1951.

「抗美援朝第二部」, 유인물, 1954.

胡菊彬, 『新中国电影意识形态史(1949-1976)』, 中国广播电视出版社, 1995.

胡昶, 『长春市志 · 电影志』, 东北师范大学出版社, 1992(ㄱ).

胡昶, 『新中国电影的摇篮』, 吉林文史出版社, 1986(ㄴ).

胡昶, 『东影的日本人』, 长春市政协文史资料委员会, 2005(ㄷ).

[기타자료]

「纪录片一九五四年国庆节」, http://www.cndfilm.com/special/xzhgchl/200 90929/102089.shtml, 中央新闻纪录电影集团 中央新闻纪录电影制片厂 纪录电影资料室(중앙신문기록영화집단 중앙시보기록영화제작소 기록영화자료실).

門間貴志, 『朝鮮民主主義人民共和國映畫史- 建國から現在までの全記錄』, 現代書館, 2012.

Alexandre Mansourov, 「Stalin, Mao, Kim, and China's Decision to Enter the Korean War, Sept.16~Oct.15, 1950:New Evidence from the Russian Archives」, 『CWIHP Bulletin』, No.6~7, 1995~1996.

「把光荣留在平壤」, http://www.cndfilm.com/20100510/101566.shtml, 中央新闻纪录电影集团中央新闻纪录电影制片厂 纪录电影资料室(중앙신문기록영화집단 중앙시보기록영화제작소 기록영화자료실).

岸富美子, 石井妙子, 『満映とわたし』, 文藝春秋, 2015.

H.Steinecke, 『Theorie und Technik des Romans im 19.Jahrhundert』, Taschenbuch, 1970.

논문

干学伟, 张悦, 「由《內蒙春光》到《內蒙人民的胜利》」, 『電影藝術』 2005년 1호, 2005.1.

강인구, 「1948년 평양 소련문화원의 설립과 소련의 조소문화교류 화동」, 『한국사연구』 90호, 한국사연구회, 1995.

罗学蓬, 「钟惦棐和〈电影的锣鼓〉」, 『炎黃春秋』 2001년 12호, 中国艺术研究院, 2001.12.

모순영, 「김일성 시기 북한의 대외문화교류 연구」, 이회여자대학교 대학원 박사학위논문, 2014.

沈志华, 董洁, 「朝鲜战后重建与中国的经济援助(1954-1960)」, 『中共党史研究』, 2011년 3호, 2011.3.

알렉산드르 모르조프, 「소련 사회주의 리얼리즘에 관하여: '국민과 예술'의 문제 (К проблеме 〈народ и искусство〉. Опыт соцреализма в СССР)」, 『미술이론과 현장』 제7호, 2009.

吴迪, 「新中国电影第一部:《桥》的功过」, 『文史精華』, 2005년 5호, 2005.

왕원주, 「한국전쟁기간 중국의 군비지출과 대북지원」, 『통일인문학』 제52호, 2011.

유우, 「해방기 한중영화 교류 연구」, 『현대영화연구』 22호, 현대영화연구소, 2015(ㄱ).

유우, 「한국전쟁기 중국에서의 북한영화에 관한 연구」, 『현대영화연구』 25호, 현대영화연구소, 2016(ㄴ).

李其琼, 「再谈敦煌壁画临摹」, 『敦煌研究』 2013년 3호, 2013.3.

李金明, 「史实介绍-建国初期的剿匪反特」, 『湘潮』 2009년 4호, 2009.4.

李道新, 「当代中国电影:现实主义50年(上)」, 『電影藝術』 1999년 5, 1999.

이명자, 「해방공간에서 북한의 근대 경험이 매개체로서 소련영화의 수용 연구」, 『통일문제연구』 제54호, 2010.

李蓓蓓, 「苏联电影"社会主义现实主义"及对中国"十七年电影"的影响」, 『电影文学』 2009년 14호, 2009.7.

이종석, 「한국전쟁과 북한-중국관계(Ⅱ)」, 『전략연구』 제6호, 1999(ㄱ).

이종석, 「북한 주둔 중국인민지원군 철수에 관한 연구」, 『세종정책연구』 2014년 제19호, 세종연구소, 2014(ㄴ).

李天印, 「用电影胶片记录伟大的抗美援朝战争-八一电影制片厂赴朝鲜拍摄抗

美援朝战争纪实」,『军事记者』, 2010년 10호, 2010.10.

장아비, 「1950년대 창극 〈춘향전〉과 월극 〈춘향전〉의 비교 연구」, 전남대학교 대학원 석사학위논문, 2017.

전영선·김지니, 「북한의 대외문화교류 정책과 북·중 문화 교류」,『中蘇研究』제118호, 2008.

정영권, 「북한의 소련영화 수용과 영향 1945~1953」,『현대영화연구』22호, 현대영화연구소, 2015.

정태수, 「스탈린주의와 북한 영화 구조 연구」,『영화연구』18호, 한국영화학회, 2002 (ㄱ).

정태수, 「영화 〈내 고향〉과 〈용광로〉를 통해 본 초기 북한영화의 특징」,『현대영화연구』10호, 현대영화연구소, 2010(ㄴ).

한상언, 「북한영화의 탄생과 주인규」,『영화연구』37호, 한국영화학회, 2008(ㄱ).

한상언, 「6.25전쟁기 북한 영화와 전쟁 재현」,『현대영화연구』11호, 현대영화연구소, 2011(ㄴ).

함충범, 「북한영화 형성 과정 연구―소련과의 관계를 중심으로」,『현대영화연구』1호(창간호), 현대영화연구소, 2005.

Huang Yongyuan, 「개혁개방 이전 중국에 대한 북한 문화의 영향력: 1950~70년대 중국의 북한 영화 수입을 중심으로」,『東方學志』제177집, 2016.

洪宏, 「"人民电影": "十七年"电影与苏联电影"同质"论」,『扬子江评论』2007년 1호, 江苏省作家协会, 2007.2.

신문 및 잡지

[북한자료]
『영화예술』,『조선문학』,『조선영화』,《로동신문》

[중국자료]
『大衆電影』,『世界電影』,『電影文學』,『電影藝術』,『中国電影』,『人民文學』,『紅旗』,《吉林日報》,《東北日報》,《東北朝鮮人民報》,《文藝報》,《文匯報》,《延邊日報》,《人民日報》,《解放日報》

〈부록 1〉 중국에서 상영된 북한영화(1945~1955)

교류연도	제작연도	영화종류	영화제목
1950	1949	예술영화	〈내 고향〉
1950	1948	기록영화	〈민주건국〉
1950	1949	기록영화	〈수풍댐〉
1950	1949	기록영화	〈1949년의 8 · 15〉
1950	1950	예술영화	〈용광로〉
1950	1948	기록영화	〈38선〉
1951	1949	기록영화	〈친선의 노래〉
1951	1951	기록영화	〈정의의 전쟁〉
1952	1951	예술영화	〈소년빨찌산〉
1952	1951	예술영화	〈또 다시 전선으로〉
1953	1952	예술영화	〈향토를 지키는 사람들〉
1954	1953	예술영화	〈비행기사냥군조〉
1954	1953	예술영화	〈정찰병〉
1954	1953	기록영화	〈땅의 주인들〉
1954	1954	기록영화	〈우리의 영웅들〉
1954	1954	예술영화	〈아름다운 노래〉
1955	1954	예술영화	〈빨찌산처녀〉

* 이 시기 북 · 중 영화교류에서 등장한 북한영화는 총 17편이며 이 중 예술영화 9편, 기록영화 8편이 포함되어 있었다.

〈부록 2〉 북한에서 상영된 중국영화(1945–1955)

교류연도	제작연도	영화종류	영화제목
1949	1949	극영화	〈다리(橋)〉
1949	1949	극영화	〈자기 대오로 돌아왔다(回到自己的隊伍來)〉
1949	1949	기록영화	〈모주석의 열병(毛主席北平閱兵)〉
1949	1949	기록영화	〈부요한 동북(富饒的東北)〉
1949	1949	극영화	〈동북三년의 해방전쟁(東北三年解放戰爭)〉
1950	1949	극영화	〈중국의 딸(中華女兒)〉
1953	1950	극영화	〈백모녀(白毛女)〉
1953	1951	극영화	〈내몽인민의 승리(內蒙人民的勝利)〉
1953	1951	극영화	〈인민의 전사(人民的戰士)〉
1953	1952	극영화	〈남정북전(南征北戰)〉
1953	1952	극영화	〈육호문(六號門)〉
1953	1952	극영화	〈포도가 익을 때(葡萄熟了的時候)〉
1953	1951	기록영화	〈항미원조 제1작(抗美援朝第一輯)〉
1954	1953	극영화	〈풍년(豐收)〉
1954	1953	극영화	〈마수는 끊어졌다(斬斷魔爪)〉
1954	1953	극영화	〈비밀편지(雞毛信)〉
1954	1953	극영화	〈양산백과 축영대(梁山伯與祝英台)〉
1954	1954	기록영화	〈항미원조 제2작(抗美援朝第二輯)〉
1954	1953	시보영화	〈김일성 원수 조선정부대표단을 인솔해 북경에 도착(金日成元帥率領朝鮮政府代表團到達北京)〉
1954	1954	기록영화	〈건설되는 안산 제강(鞍鋼在建設中)〉
1954	1953	기록영화	〈八·一 체육대회(八一運動大會)〉
1955	1954	극영화	〈영웅기관사(英雄司機)〉
1955	1954	극영화	〈三년(三年)〉
1955	1955	극영화	〈조국의 꽃봉오리(祖國的花朵)〉

교류연도	제작연도	영화종류	영화제목
1955	1954	극영화	〈토지(土地)〉
1955	1954	극영화	〈마방대의 방울소리(山間鈴響馬幫來)〉
1955	1954	기록영화	〈돈황벽화(敦煌壁畵)〉
1955	1954	기록영화	〈1954년의 국경절(一九五四年的國慶節)〉
1955	1955	기록영화	〈빛나는 五년(光輝的五週年)〉

* 이 시기 북·중 영화교류에서 등장한 중국영화가 총 31편이며 예술영화 19편, 기록영화 11편, 시보영화 1편이 포함되어 있었다. 이 중 기록영화 2편은 확인하기 어렵기 때문에 위 표에서는 29편만 수록했다.

〈부록 3〉 한국전쟁을 기록한 중국의 시보영화 및 기록영화(1950~1955)

제작연도	영화종류	영화제목
1950	시보영화	〈항미원조 신문간보(抗美援朝新聞簡報)〉
1950	기록영화	〈조선서부전선의 승보(朝鮮西線捷報)〉
1951	시보영화	〈항미원조 조선 전선신문특집 제1호(抗美援朝朝鮮前方新聞特輯第一號)〉
1951	시보영화	〈항미원조 조선 전선신문특집 제2호(抗美援朝朝鮮前方新聞特輯第二號)〉
1951	시보영화	〈조선 전선 신문간보 제3호(朝鮮前線新聞簡報第三號)〉
1951	시보영화	〈조선 전선 신문간보 제4호(朝鮮前線新聞簡報第四號)〉
1951	기록영화	〈38선을 돌파하여 한성을 해방하다(突破三八線解放漢城)〉
1951	기록영화	〈항미원조 제1작(抗美援朝第一輯)〉
1952	시보영화	〈신문특집「미국세균전 죄증실록」(新聞特輯「美國細菌戰罪證實錄」)〉
1952	시보영화	〈조선 전선신문특집 제5호(朝鮮前線新聞特輯第五號)〉
1952	시보영화	〈신중국주보 제9호(新中國週報第九號)〉
1952	기록영화	〈세균전 반대(反對細菌戰)〉

제작연도	영화종류	영화제목
1953	시보영화	〈국제신문 제6호(國際新聞第六號)〉
1953	시보영화	〈신문특보「조선정전협정 조인」(新聞特報「朝鮮停戰協定簽字」)〉
1953	시보영화	〈신문주보 제27호(新聞週報第二十七號)〉
1953	시보영화	〈신문주보 제33호(新聞週報第三十三號)〉
1953	시보영화	〈신문주보 제34호(新聞週報第三十四號)〉
1953	시보영화	〈신문주보 제35호(新聞週報第三十五號)〉
1953	시보영화	〈신문주보 제37호(新聞週報第三十七號)〉
1953	시보영화	〈신문주보 제38호(新聞週報第三十八號)〉
1953	시보영화	〈신문주보 제41호(新聞週報第四十一號)〉
1953	시보영화	〈신문특집「김일성 원수 조선정부대표단을 인솔해 북경에 도착」(新聞特輯「金日成元帥率領朝鮮政府代表團到達北京」)〉
1953	시보영화	〈신문주보 제48호(新聞週報第四十八號)〉
1953	기록영화	〈부상 포로 교환(交換病傷戰俘)〉
1953	기록영화	〈가장 귀여운 사람들을 위문하다(慰問最可愛的人)〉
1953	기록영화	〈포로 관대(寬待俘虜)〉
1954	기록영화	〈항미원조 제2작(抗美援朝第二輯)〉
1954	기록영화	〈피로 맺어진 우의(鮮血凝成的友誼)〉
1954	기록영화	〈영광을 평양에 남긴다(把光榮留在平壤)〉
1954	기록영화	〈전투의 우의(戰鬥的友誼)〉
1954	기록영화	〈강철운수선(鋼鐵運輸線)〉
1954	기록영화	〈중국인민지원군 항미원조 전적 전람관(中國人民志願軍抗美援朝戰績展覽館)〉
1954	기록영화	〈우의만세(友誼萬歲)〉
1954	기록영화	〈환락과 우의(歡樂與友誼)〉
1954	기록영화	〈대동강상(大同江上)〉
1955	기록영화	〈구사부상의 영웅들(救死扶傷的英雄們)〉

* 위 표는 이 시기에 제작된 한국전쟁을 기록한 중국 시보영화 19편, 기록영화 17편을 수록했다.

찾아보기: 인명

ㄱ

간학위(幹學偉)_272, 282

갈뢰(葛雷)_178, 203

감야도(甘野陶)_297

강운천(姜雲川)_98, 195, 196

강호(姜湖)_147, 160

강홍식(姜弘植)_93, 109, 110, 241, 247

고강(高崗)_177

고봉기(高峰起)_320

고유진(高維進)_98

고진종(高振宗)_178

고형규(高亨奎)_109, 110, 147, 151, 241

곡분(谷芬)_216

권오직(權五稷)_153, 154

기석복(奇石福)_49

김강(金剛)_320

김경하(金慶河)_203

김귀남(金貴南)_243, 259, 260

김남천(金南天)_48, 49

김승구(金承九)_109, 242, 265, 266

김약수(金若水)_204

김영근_110

김원봉(金元鳳)_320

김위(金威)_195, 203

김인현(金仁鉉)_110, 204

김일성(金日成)_12-14, 16, 17, 19, 21,
   23, 26, 44, 45, 47, 48, 51-57,
   79, 80, 82-85, 110-112, 114-117,
   120, 122, 125, 127, 135, 136,
   138-140, 151, 158, 162, 167, 168,
   170, 176, 183, 186, 190, 193, 221,
   223, 224, 244, 248, 249, 251, 252,
   254, 255, 257, 258, 263, 265, 266,
   277, 286, 289, 291, 294, 298, 308,
   309, 314, 322, 331, 333, 335, 337

김조규(金朝奎)_49

김태근(金泰根)_296

김하연(金河淵)_242, 255

ㄴ

남일(南日)_186, 192

뇌진림(雷震霖)_195

능자풍(凌子風)_98

능지호(凌之浩)_179, 274

니콜라이 불가닌(Никола́й
   Алекса́ндрович Булга́нин)_
   333

니키타 흐루쇼프(Никита
   Сергеевич Хрущёв)_13, 26,
   30, 32, 36, 333

ㄷ

담우륙(譚友六)_274, 310

담진(覃珍)_273, 307

도학겸(陶學謙)_195, 203

동필무(董必武)_333

등화(鄧華)_177

ㄹ

리영준_242

ㅁ

막심 고리키(Максим Горький)_37
모대풍(毛大風)_320
모삼(牟森)_177, 195, 198, 203, 216,
    217, 273
모순(茅盾, 심안빙沈雁冰)_62, 63
모택동(毛澤東)_10, 13, 19, 30-34, 36,
    58, 59, 61, 64-69, 73, 74, 77,
    85-87, 89, 90, 94, 100, 101, 103,
    115, 121, 123, 124, 128, 130, 131,
    163, 168, 176, 190, 193, 219, 224,
    230, 233, 276, 283, 288, 289, 298,
    299, 307, 310, 311, 316, 327, 333,
    335
몬마 다카시(門間貴志)_138, 139
문영광(文英光)_195, 210, 238
문예봉(文藝峰)_147, 159, 242, 265
민병균(閔丙均)_49
민정식(閔正植)_93, 110

ㅂ

박학(朴學)_109, 147, 160, 241, 250
박헌영(朴憲永)_176, 206
반자력(潘自力)_320

방위책(方爲策)_203
볼레스와프 비에루트
    (Bolesław Bierut)_333
블라디미르 레닌(Влади́мир Ильи́ч
    Ле́нин)_23, 28, 32, 37, 39, 40,
    79, 81

ㅅ

사도혜민(司徒慧敏)_274, 310
사동산(史東山)_195, 203
사몽(沙蒙)_273, 298
사문치(史文幟)_216, 234
사제종(謝祀宗)_195, 210
상호(桑弧)_273, 304
서만일(徐萬鎰)_53, 155
서빈(徐彬)_203
서소빙(徐肖冰)_177, 195, 199, 217,
    244, 273, 274, 310
석익민(石益民)_177, 198, 203
석휘(石揮)_273, 302
설백청(薛伯靑)_216, 234, 239
성옥증(盛玉增)_203, 216, 217, 222, 273
성음(成蔭)_98, 272, 287
소군(蘇軍)_332, 274
소전린(邵荃麟)_62, 63
소중의(蘇中義)_177, 199
손겸(孫謙)_272, 273, 292, 298
손도림(孫道臨)_179
손수상(孫樹相)_177
손중산(孫中山)_335
수화(水華)_272, 274, 279, 280, 324
습중훈(習仲勳)_60

신영순(申永淳)_242, 255
신응호_204
심부(沈浮)_273, 301
심섬(沈剡)_216, 238
심영(沈影)_109, 147, 167, 241, 242, 250

ㅇ

아르툠 미코얀(Артём Ива́нович Ми
　коя́н)_333
아마카스 마사히코(甘粕正彦)_93
안막(安漠)_53, 155
애청(艾青)_199, 217
양서충(楊序忠)_178, 195, 198, 273
양윤신(楊潤身)_272, 280
양한생(陽漢笙)_283
엄공(嚴恭)_274, 322
여반(呂班)_98, 272, 274, 290, 312
연성(連城)_203, 274
오견(吳堅)_216, 221
오난부(烏蘭夫)_283
오본립(吳本立)_98, 274, 310
왕가을(王家乙)_98, 130, 272, 292
왕계민(王啟民)_203
왕빈(王濱)_98, 272, 279, 280
왕소암(王少岩)_195
왕수(王水)_216, 229
왕영굉(王永宏)_195, 203
왕영동(王映東)_273, 307
왕영진(王永振)_198
왕위일(王爲一)_274, 310, 328
왕유본(王瑜本)_216, 217, 222
왕진지(王震之)_272, 282

왕충선(王忠善)_178
왕침(王琛)_195, 199, 216, 217, 273
왕헌림(王獻林)_178
용경운(龍慶雲)_203, 221, 310
우민(于敏)_98
유경애(俞慶愛)_109, 147, 167, 242
유덕원(劉德源)_98, 177, 195, 196, 198,
　203, 216, 217, 273
유백우(劉白羽)_272, 285
유소기(劉少奇)_27, 101, 230, 333, 335
유소당(劉紹棠)_78
유운파(劉雲波)_178, 198, 203, 217, 222
유패연(劉沛然)_178, 216, 239, 272
유평백(俞平伯)_72
유홍민(劉鴻民)_203
육방(陸方)_216, 238
육정일(陸定一)_75, 76, 283
윤두헌(尹斗憲)_53, 147, 155, 165
윤용규(尹龍奎)_147, 155, 165, 242, 265
윤재영(尹在英)_91
이강(李剛)_177
이광수(李光洙)_49
이문화(李文化)_179, 195, 221
이석진(李夕津)_141
이승만(李承晩)_80, 83, 111, 112, 114,
　120, 122, 124, 127, 128, 151, 200,
　203, 225, 286, 302, 336
이오성(李五成)_203
이오시프 스탈린(Ио́сиф Виссарио́но
　вич Ста́лин)_23, 26, 28,
　30–32, 36, 37, 41, 80–85, 87, 176,
　308, 335
이와노브(Ивано́в)_320
이원조(李源朝)_48

이유한(李維漢)_283
이준(李俊)_196, 211, 212, 213
이진우(李振羽)_195
이태준(李泰俊)_48, 49
이화(李華)_179, 195, 222
임걸(任傑)_217, 273
임공재(任公宰)_203
임란(林蘭)_274, 322
임백거(林伯渠)_101
임염(任穎)_98
임표(林彪)_103
임필시(任弼時)_101
임화(林和)_48, 49

ㅈ

장가의(張加毅)_216, 237
장개석(蔣介石)_10, 90, 91, 99, 103, 115,
    118, 121, 123, 168, 171, 190, 194,
    197, 249, 255, 285, 286, 287, 290,
    302, 328, 329, 331, 336
장경홍(張慶鴻)_203
장극가(臧克家)_158
장세명(張世明)_178
장일광(張一光)_203
장정승(張鼎丞)_333
적강(翟強)_98, 272, 285
적초(翟超)_216, 203, 238
전동민(全東民)_241, 242, 250, 251,
    259

전소장(錢筱璋)_98
전풍(田楓)_178
정령(丁玲)_78
정률(鄭律, 정상진, 鄭尚進)_49
정서림(丁西林)_243
정준채(鄭準采)_91, 147, 149
조명(趙明)_273, 274, 301, 315
조창서(趙昌瑞)_203
조화(趙華)_177, 199, 203
종염비(鍾惦棐)_76, 77, 78
주덕(朱德)_100, 103, 310, 333-335
주동인(朱東仁)_242, 259
주양(周揚)_58-62, 70, 153, 154, 279
주은래(周恩來)_12, 14, 62, 94, 101, 190,
    206, 212, 224, 234, 283, 298, 311,
    316, 333-335
진경(陳賡)_329
진계곤(陳繼坤)_216
진광충(陳光忠)_216, 221
진기하(陳企霞)_78
진운(陳雲)_335
진황매(陳荒煤)_70, 71

ㅊ

채초생(蔡楚生)_195, 203
천상인(千尚仁)_110, 112, 147, 151, 160
최순흥(崔順興)_110, 112, 147, 151, 195,
    203, 242, 255
최승희(崔承喜)_261, 262

ㅋ

칼 맑스(Karl Marx)_32, 37, 335

ㅌ

탕효단(湯曉丹)_272, 287

ㅍ

팽덕회(彭德懷)_177, 186, 187, 192, 221, 234, 333, 334
포걸(包傑)_98, 272, 273, 274
풍설봉(馮雪峰)_78
풍의부(馮毅夫)_178, 216, 234
풍철(馮喆)_179, 272
프리드리히 엥겔스(Friedrich Engels) _32, 38, 335

ㅎ

하국영(夏國英)_195, 210
학광(郝光)_239
한극초(韓克超)_179, 222
한상운(韓相運)_241, 247, 250
한선초(韓先楚)_177
한설야(韓雪野)_320
한원래(韓遠來)_147, 160
해방(解方)_177
호교목(胡喬木)_60
호적(胡適)_72
호풍(胡風)_72
홍일성(洪日星)_204
홍학지(洪學智)_177
화순(華純)_178, 216, 234
황사(黃沙)_273, 304
히로히토(裕仁, ひろひと)_90

찾아보기: 작품명

ㄱ

〈가장 귀여운 사람들을 위문하다(慰問最
可愛的人)〉_180, 195, 209
〈간첩천일호(間諜天一號, 天字第一號)〉
_91
〈강철운수선(鋼鐵運輸線)〉_215, 216,
233, 234
〈건설되는 안산 제강(鞍鋼在建設中)〉
_271, 273, 295, 297, 307, 309
〈광망만장(光芒萬丈)〉_94
〈구사부상의 영웅들(救死扶傷的英雄們)〉
_215, 216, 233, 239
〈구역 위원회 서기, Секретарь рай кома〉
_28
〈국제신문 제6호(國際新聞第六號)〉
_180, 181, 186, 192

ㄴ

〈남북련석회의〉_92
〈남정북전(南征北戰)〉_173, 271, 272,
275, 287, 295, 298
〈내 고향〉_93, 104, 105, 106, 109, 110,
115-119
〈내몽인민의 승리〉_271, 272, 275, 282,
284
〈내일을 위해 단결하리라(團結起來到明
天)〉_173
〈농가락(農家樂)〉_173

ㄷ

〈다리(橋)〉_94, 95, 98, 99, 100, 115,
129, 130, 173
〈대동강상(大同江上)〉_215, 216, 233,
238
〈돈황벽화(敦煌壁畫)〉_271, 274, 321,
331, 332
〈동북三년의 해방전쟁(東北三年解放戰
爭)〉_97, 98, 102, 115, 122, 123
〈땅의 주인들〉_135, 241, 242, 245, 255,
256, 258, 259
〈또 다시 전선으로〉_136, 140, 143, 146,
147, 160-164, 169, 245

ㅁ

〈마방대의 방울소리(山間鈴響馬幇來)〉
_271, 321, 328, 329, 330
〈마수는 끊어졌다(斬斷魔爪)〉_271, 273,
295, 297, 301, 302
〈맹세, Клятва〉_22, 28
〈모주석의 열병(毛主席北平閱兵)〉_97,
98, 100, 115, 122
〈무야혈안(안개 낀 上海의 뒷거리, 霧夜血
案)〉_91
〈무훈전(武訓傳)〉_72, 144, 172, 173,
174
〈민주건국〉_92, 104, 107, 110, 111, 115,
127

〈민주동북(民主東北)〉_94, 97

〈민주선거〉_91

〈민주청년행진곡(民主靑年進行曲)〉
 _172

ㅂ

〈바르샤바 거리(Ulica Graniczna, 1949)〉
 _152

〈반드시 회하를 복구해야 하다〉(一定要把
 淮河修好)_174

〈발틱 대의원, Депутат Балтики〉
 _23

〈백모녀(白毛女)〉_173, 271, 272, 275,
 279, 280, 282

〈백의전사(白衣戰士)〉_94

〈베를린 함락, Падение Берлина〉
 _28

〈베를린, Берлин〉_22

〈병사 알렉산드르 마트로소프, Рядовой
 Александр Матросов〉_28

〈보가위국(保家衛國)〉_109

〈보석꽃(Каменный цветок, 1946)〉
 _152

〈보이지 않는 전선(無形的戰線)〉_94

〈부녀대표(婦女代表)〉_173

〈부상 포로 교환(交換病傷戰俘)〉_180,
 195, 207, 208

〈부요한 동북(富饒的東北)〉_97, 98,
 101, 115, 129, 131

〈붉은 깃발이 서풍에 펄럭이다(紅旗漫卷
 西風)〉_174

〈비밀편지(雞毛信)〉_271, 295, 297,

302, 303, 304

〈비행기 사냥군조〉_143, 136, 241, 242,
 245, 246, 247, 249, 250

〈빛나는 승리〉_92

〈빛나는 五년(光輝的五週年)〉
 _271, 274, 320, 321, 333, 335

〈빨찌산처녀〉_136, 241, 242, 264, 265,
 266, 267, 268

ㅅ

〈사억의 화과(四億的花果,
 中國之抗戰)〉_91

〈三년(三年)〉_271, 274, 315, 317, 318,
 319

〈삼반오반특집(三反五反特輯)〉_175

〈상감령(上甘嶺)〉_240

〈상요수용소(上饒集中營)〉_173

〈상해야화(上海夜話, 長相思)〉_91

〈새금화(賽金花)〉_91

〈석경산 제철소 1호 용광로 복원(石景山鋼
 鐵廠修復一號高爐)〉_174

〈성성기(中國自由萬歲, 聖城記)〉_91

〈세균만행〉_135

〈세균전 반대(反對細菌戰)〉_179, 195,
 203, 204

〈소년빨찌산〉_136, 143, 146, 147, 152,
 153, 154, 155, 156, 157, 158, 169

〈수풍땜〉_92, 104, 107, 110, 112, 115,
 127

〈스탈린그라드 전투,
 Сталинградская битва〉_28

〈승리의 민주선거〉_92

〈시궁창(龍須溝)〉_173

〈식량전선〉_135

〈신문주보　제27호(新聞週報第二十七號)〉_180, 182, 187

〈신문주보　제33호(新聞週報第三十三號)〉_180, 182, 187, 192

〈신문주보　제34호(新聞週報第三十四號)〉_180, 182, 188, 193

〈신문주보　제35호(新聞週報第三十五號)〉_180, 182, 188, 193

〈신문주보　제37호(新聞週報第三十七號)〉_180, 182, 189, 193

〈신문주보　제38호(新聞週報第三十八號)〉_180, 182, 189

〈신문주보　제41호(新聞週報第四十一號)〉_180, 182, 190

〈신문주보　제48호(新聞週報第四十八號)〉_180, 182, 191

〈신문특보「조선정전협정 조인」(新聞特報「朝鮮停戰協定簽字」)〉_180, 181, 186, 192

〈신문특집「김일성 원수 조선정부대표단을 인솔해 북경에 도착」(新聞特輯「金日成元帥率領朝鮮政府代表團到達北京」)〉_175, 180, 182, 190, 193, 271, 273, 295, 297, 298

〈신문특집「미국세균전 죄증 실록」(新聞特輯「美國細菌戰罪證實錄」)〉_180, 181, 184

〈신아녀영웅전(新兒女英雄傳)〉_172

〈신중국의 탄생(新中國的誕生)〉_174

〈신중국주보 제9호(新中國週報第九號)〉_180, 185, 192

〈신천대중학살사건〉_135

〈싸우는 철도일군들〉_135

〈38선〉_92, 109, 110, 114, 115, 127, 128

〈38선상(三八綫上)〉_240

〈38선을 돌파하여 한성을 해방하다(突破三八線解放漢城)〉_179, 195, 198

〈10월에서의 레닌, Ленин в октябре〉_23, 28

ㅇ

〈아름다운 노래〉_241, 242, 259, 260, 261, 263

〈아세아여성대회〉_92

〈양산백과 축영대(梁山伯與祝英臺)〉_271, 295, 297, 304, 305

〈여기사(女司機, 1950)〉_152

〈여량영웅전(呂梁英雄傳)〉_172

〈연안과 섬감녕 변구를 보위하다(保衛延安和陝甘寧邊區)〉_94

〈영광을 평양에 남긴다(把光榮留在平壤)〉_215, 216, 224, 228

〈영웅기관사(英雄司機)〉_271, 274, 312, 313, 314, 315

〈영원한 친선〉_92

〈용감한 사람(Смелые люди, 1950)〉_152

〈용광로〉_93, 108, 110, 113, 115, 123, 124, 125, 126

〈우리의 건설〉_22, 91

〈우리의 영웅들(英雄大會)〉_241, 242, 246

〈우의만세(友誼萬歲)〉_215, 216, 233,

238

〈위국보가(衛國保家)〉_87

〈위대한 변혁, Великий перелом〉_22, 28

〈위대한 토지개혁(偉大的土地改革)〉_175

〈육호문(六號門)〉_173, 271, 272, 275, 290, 291

〈인민군대〉_92

〈인민위원회〉_92

〈인민의 전사(人民的戰士)〉_152, 173, 271, 272, 275, 285, 286

〈일관도가 사람을 죽인다(一貫害人道)〉_173

〈일관도를 단속하다〉(取締一貫道)_175

〈일본간첩(日本間諜)〉_91

ㅈ

〈자기 대오로 돌아왔다(回到自己隊伍來)〉_94, 95, 98, 100, 115, 121, 122, 173

〈자라나는 민주모습〉_92

〈자유만세〉_91

〈장공비익(長空比翼)〉_240

〈전국 제1차 체육절〉_92

〈전국민청 3차대회〉_92

〈전세계에 고함〉_135

〈전투의 우의(戰鬪的友誼)〉_215, 216, 229

〈젊은 친위대, Молодая Гвардия〉_28

〈정의의 전쟁〉_146, 147, 148, 149, 151, 169

〈정전담판〉_135

〈정찰병〉_136, 140, 143, 241, 242, 245, 246, 250, 251, 252, 254

〈제2차 세계청년학생축전〉_92

〈제3차 세계청년학생축전〉_135

〈조국의 꽃봉오리(祖國的花朵)〉_271, 274, 320, 321, 322, 323, 324

〈조국통일을 위하여〉_135, 140

〈조선 전선 신문간보 제3호(朝鮮前線新聞簡報第三號)〉_179, 181

〈조선 전선 신문간보 제4호(朝鮮前線新聞簡報第四號)〉_179, 181

〈조선 전선신문특집 제5호(朝鮮前線新聞特輯第五號)〉_180, 181, 184, 192

〈조선서부전선의 승보(朝鮮西線捷報)〉_174, 195, 196

〈조선시보〉_92, 104, 106, 135

〈조소난(趙小蘭)〉_173

〈조일만(趙一曼)〉_108, 173

〈종군몽(從軍夢)〉_91

〈중국의 딸(中華女兒)〉_87, 94, 97, 98, 103, 115, 119, 120, 121, 173

〈중국인민지원군 항미원조 전적 전람관(中國人民志願軍抗美援朝戰績展覽館)〉_215, 216, 233, 237

〈중소우호월(中蘇友好月)〉_175

〈중앙민족방문단 서북에서(中央民族訪問團在西北)〉_175

〈즐거운 신장(歡樂的新疆)〉_175

〈지취화산(智取華山)〉_173

ㅊ

〈차파에프, Чапаев〉_22
〈철도위사(鐵道衛士)〉_240
〈충효절의(忠孝節義)〉_91
〈친선의 노래〉_92, 146, 147, 148, 149,
    150, 170
〈1949년의 5·1절〉_92
〈1949년의 8·15〉_92, 104, 107, 110,
    113, 115, 127
〈1947년 8월 15일〉_92
〈1918년에서의 레닌, Ленин в 1918
    году〉_23, 28
〈1950년 5·1절〉_135
〈1954년의 국경절(一九五四年國慶節)〉
    _271, 274, 321, 332, 335
〈1951년 8·15〉_135

ㅋ

〈코오르디의 광명, Свет в Коорди〉
    _28
〈쿠반의 코사크, Кубанские казаки〉
    _28

ㅌ

〈토지(土地)〉_271, 274, 321, 324, 326,
    328
〈티베트 해방 대군행(解放西藏大軍行)〉
    _174
〈八·一 체육대회(八一運動大會)〉_271,

274, 295, 297, 310, 311, 312

ㅍ

〈포도가 익을 때(葡萄熟了的時候)〉_173,
    271, 272, 275, 292, 293, 294
〈포로 관대(寬待俘虜)〉_180, 195, 196,
    211
〈풍년(豐收)〉_174, 271, 273, 295, 297,
    298, 299, 300
〈피로 맺어진 우의(鮮血凝成的友誼)〉
    _215, 216, 221

ㅎ

〈항미원조 신문간보(抗美援朝新聞簡報)〉
    _179, 181, 182
〈항미원조 제1작(抗美援朝第一輯)〉
    _175, 164, 179, 195, 198, 200, 271,
    273, 275, 277
〈항미원조 제2작(抗美援朝第二輯)〉
    _215, 216, 217, 219, 271, 273, 295,
    297, 298
〈항미원조 조선 전선신문특집 제1호(抗美
    援朝 朝鮮前方新聞特輯第一號)〉
    _179, 181, 182, 183
〈항미원조 조선 전선신문특집 제2호(抗美
    援朝 朝鮮前方新聞特輯第二號)〉
    _179, 181, 184
〈항일전팔년(抗日戰八年, 忠義之家)〉
    _91
〈해방된 대지〉_91

〈향토를 지키는 사람들〉_136, 140, 143,
    146, 147, 165, 166, 168, 169, 245
〈허튼소리(鬼話)〉_173
〈홍광〉_92
〈홍루몽(紅樓夢, 王熙鳳大鬧寧國府)〉_91
〈화북신문(華北新聞)〉_94

〈환락과 우의(歡樂與友誼)〉_215, 216,
    233, 238
〈황금별 수훈자, Кавалер Золотой
    звезды〉_28
〈황해 어민(黃海漁民)〉_174
〈흘동광산철도시설〉_92